INQUÉRITO POLICIAL

Uma análise jurídica e prática da fase pré-processual

Márcio Alberto Gomes Silva

INQUÉRITO POLICIAL

Uma análise jurídica e prática da fase pré-processual

4ª edição | revista ampliada atualizada

2018

EDITORA JusPODIVM
www.editorajuspodivm.com.br

EDITORA
*Jus*PODIVM
www.editorajuspodivm.com.br

Rua Mato Grosso, 164, Ed. Marfina, 1º Andar – Pituba, CEP: 41830-151 – Salvador – Bahia
Tel: (71) 3045.9051
• Contato: https://www.editorajuspodivm.com.br/sac

Copyright: Edições *Jus*PODIVM

Capa: Ana Caquetti

• A Editora *JusPODIVM* passou a publicar esta obra a partir da 4.ª edição.

A333i Silva, Márcio Alberto Gomes.
Inquérito policial - uma análise jurídica e prática da fase pré-processual / Márcio Alberto Gomes Silva – Salvador: JusPODIVM, 2018.
432 p.

Bibliografia.
ISBN 978-85-442-1817-4.

1. Direito. 2. Direito Processual. I. Alberto, Márcio Gomes Silva. II. Título.

CDD 341.4

Dedico este trabalho à minha esposa Aline (sem seu apoio e seu amor nada disso seria possível), aos meus queridos filhos Antônio Neto (meu primogênito e grande amigo) e Maria Carolina (minha princesa), aos meus pais Antônio e Edilde (meus exemplos em tudo) e aos amigos da Polícia Federal, Defensoria Pública do Estado de Alagoas, Polícia Civil do Estado de Sergipe, Universidade Federal de Sergipe, Faculdade de Aracaju, Faculdade de Ciências Aplicadas e Sociais de Petrolina, Faculdade Pio X e dos cursos preparatórios por onde passei (em cada instituição deixei um pouco de mim e cada uma delas agregou muito ao meu conhecimento e vivência).

NOTA À QUARTA EDIÇÃO

Apresento, com muito orgulho, a quarta edição do meu Inquérito Policial. O livro, desta feita, foi publicado pela Editora JusPodivm. O objetivo continua o mesmo: servir de base segura para orientar delegados de polícia (e outros policiais), promotores, juízes, defensores públicos, advogados e estudantes (especialmente os que pleiteiam aprovação para o cargo de delegado de polícia).

A presente obra se junta ao livro Prática Penal para Delegado de Polícia (também de minha autoria, publicado pela Editora JusPodivm) uma vez que o primeiro trata de doutrina/jurisprudência aplicável à fase pré-processual, e o segundo, da confecção de peças práticas privativas de delegado de polícia.

O livro foi revisado e atualizado pela inclusão da análise da Resolução 181/17 do CNMP e das Leis 13.344/16, 13.431/17, 13.432/17, 13.434/17, 13.441/17, 13.491/17 e 13.505/17, além de estudos mais aprofundados sobre a admissão da gravação clandestina, da mitigação à inviolabilidade de domicílio em caso de flagrante delito, do aproveitamento de prova resultante do acesso a dados de aparelho celular do investigado, possibilidade de decretação de prisão preventiva em desfavor de parlamentar no exercício do mandato, prisão decorrente de acórdão condenatório de tribunal de segundo grau, possibilidade do delegado de polícia dispensar fiança e conceder liberdade provisória, dentre outros importantes temas.

Por fim, ressalto que foram incluídas novas questões objetivas comentadas – agora são 300.

Boa leitura!

Aracaju, em novembro de 2017.

O AUTOR

PREFÁCIO

Conheci o Dr. Márcio Alberto na Defensoria Pública do Estado de Alagoas. Defensor aguerrido e combativo, dedicou-se intensamente ao mister da defesa do hipossuficiente, até ser convocado para atuar como delegado no âmbito da polícia judiciária federal. Perdeu a Defensoria Pública um grande profissional. Ganhou o Departamento de Polícia Federal um exímio delegado.

Haveria uma falsa percepção de incompatibilidade na sucessão funcional do idealizador da presente obra. Inicialmente como defensor, empenhado na defesa daqueles que de regra são indiciados ou processados criminalmente, e atualmente como persecutor, responsável pela presidência da investigação preliminar.

O inquérito policial, não como mera ferramenta de colheita indiciária, mas como filtro para eventual deflagração razoável de futuro processo, normalmente se revela como contundente apoio ao titular da ação penal.

A boa prática investigativa, assegurando a preservação de garantias, sem descurar da colheita do lastro indiciário caracterizador da justa causa, que conduz não só ao início do processo, como também à tomada de medidas cautelares no âmbito preambular, é inestimável ferramenta no âmbito defensivo.

O presente trabalho sinaliza o detalhamento da investigação preliminar, com perfunctório tratamento doutrinário e análise prática extraída da bagagem profissional do autor, prestando rica contribuição na construção técnica da ritualística policial.

São Paulo, em 27 de julho de 2012.

Nestor Távora

SUMÁRIO

1

INTROITO

O presente trabalho é uma obra despretensiosa que servirá de rápida consulta destinada a alunos do curso de direito e profissionais que labutam na seara criminal, especialmente delegados de polícia.

Levando em conta os atores que gravitam em torno do processo penal, o delegado de polícia é a autoridade mais próxima do fenômeno delitógeno e o primeiro a ser acionado com a ocorrência do crime, sendo chamado a decidir e a se posicionar cabalmente frente a importantíssimos temas que versam, mais das vezes, sobre os mais caros direitos dos cidadãos envolvidos (apenas para exemplificar rapidamente: liberdade, bens, direito de imagem, integridade física e intimidade do preso, dentre outros).

Compulsando a literatura que trata da prática no processo penal, observa-se uma incômoda lacuna no que toca ao tema aqui tratado. Autores de escol, quando se debruçam sobre o estudo da investigação penal, findam deixando de se manifestar cabalmente acerca de tópicos muito delicados e recorrentes na vida profissional dos delegados de polícia, advogados, promotores e juízes que atuam na fase inquisitorial, tais quais: possibilidade de relaxamento de prisão pelo delegado de polícia (melhor seria dizer, como se dirá alhures, possibilidade de não lavratura do auto de prisão em flagrante delito), hipóteses de não instauração de inquérito diante de requisição elaborada por juiz ou pelo Ministério Público, análise aprofundada do direito de vista dos autos de inquérito policial pelo advogado, frente à Súmula Vinculante 14, do Supremo Tribunal Federal, estudo profícuo e constitucional das prisões cautelares, dentre outros temas espinhosos.

Não há como dissociar o estudo teórico da realidade. Nada prepara o novel concursado (ou novo advogado) para prática, senão a própria prática. O mais estudioso dos candidatos aprovados em concurso público ou o mais perspicaz dos novos advogados, sentir-se-á inseguro diante das primeiras situações complexas apresentadas pelo exercício de sua função (seja qual for a carreira abraçada pelo profissional que labuta na seara penal).

Tal insegurança é ainda mais pronunciada quando se enfoca a atuação profissional do delegado de polícia, vez que, como dito supra, este é o primeiro personagem que enfrenta o fenômeno delitógeno, tomando decisões cabais em relação ao caso. Ele lida com pessoas (policiais responsáveis pela prisão e pela apresentação do preso, vítima, conduzido, imprensa, só para citar algumas das que exercem influência na decisão da autoridade policial) e não com a frieza do papel. E como é difícil lidar com pessoas em situação tão delicada.

Nesta senda, serão tratados nesta obra a atuação das polícias (militar, civil e federal) no combate ao crime, os princípios do processo penal afetos à fase pré-processual, o inquérito policial propriamente dito, a ação penal, a competência, os sujeitos processuais (e sua atuação no curso do inquérito policial), as provas colhidas no curso da investigação (a coleta de provas na fase inquisitorial, com comentários sobre a correta forma de coligi-las e acerca do seu aproveitamento no futuro processo), as medidas cautelares diversas da prisão, as modalidades de prisões cautelares (apenas as levadas a efeito no curso do inquérito), a liberdade provisória e o relaxamento de prisão, exemplos concretos da casuística policial, com referência a investigações reais e seus desdobramentos, com análise de temas pontuais que permeiam a vida prática dos profissionais que circundam a investigação criminal e a análise de quesitos de concursos públicos da seara policial.

2

A SEGURANÇA PÚBLICA

Tema de qualquer debate acerca das principais preocupações dos cidadãos brasileiros, a segurança pública é direito constitucionalmente consagrado. Por óbvio, não se trata de matéria que deve ser analisada isoladamente e que se resuma ao quantitativo das forças públicas responsáveis por tentar prover a paz. Não há como oferecer segurança pública à sociedade sem garantir acesso à boa educação, à saúde, ao lazer, ao emprego, enfim, sem descurar da observância dos outros direitos previstos no artigo 6º, da Constituição Federal. Eis o dispositivo magno:

> Art. 6º São direitos sociais a educação, a saúde, a alimentação, o trabalho, a moradia, o lazer, a segurança, a previdência social, a proteção à maternidade e à infância, a assistência aos desamparados, na forma desta Constituição.

Aliás, quanto menos se atenta para direitos outros da população, maior será a necessidade de investimento na área de segurança (mormente na repressão ao crime). Anote-se que investir em segurança significa, em grande medida, verter recursos para valorização dos profissionais que labutam na área (salários dignos e capacitação), para melhoria da estrutura física das instalações dos órgãos que dela cuidam e para compra de equipamentos, viaturas, armas e sistemas ligados à inteligência policial.

Passa por reconhecer a carreira de delegado de polícia como jurídica (isso foi materializado pelas Leis 12.830/13 e 13.047/14 e em várias Constituições Estaduais), merecedora do mesmo tratamento e vencimentos auferidos por membros do Poder Judiciário e do Ministério Público, com a inserção nas legislações de regência de prerrogativas que garantam o livre exercício da função (a inamovibilidade é uma garantia muito importante ainda não conferida às autoridades policiais[1]). É também reconhecer e valorizar os outros profissionais da área de segurança (escrivães, agentes, peritos criminais, papiloscopistas, policiais militares, policiais rodoviários federais, policiais ferroviários federais, enfim, todos os que gravitam em torno da rede de proteção estatal oferecida à sociedade).

Em nível constitucional, os artigos 144 e seguintes da Carta da República delimitam o tema. Citado dispositivo deixa claro que segurança pública é "dever do Estado, direito e responsabilidade de todos, é exercida para preservação da ordem pública e da incolumidade das pessoas e do patrimônio".

O mandamento em estudo também trata dos órgãos que têm a missão constitucional de garantir a segurança pública aos cidadãos. Basicamente, podemos dividir tais órgãos em dois grupos: o voltado ao policiamento preventivo (ostensivo) e o destinado ao policiamento repressivo (velado, descaracterizado, investigativo).

Estudemos o primeiro grupo. Por ser ostensivo, seus integrantes usam fardas, circulam com armas à mostra e suas viaturas são caracterizadas, tudo voltado à materialização do seu fim precípuo: a prevenção do delito. Serve para desestimular o cidadão a cometer crimes pela presença policial clara e efetiva. Nele estão inseridas a polícia rodoviária federal, a polícia ferroviária federal e as polícias militares.

Já no que toca ao segundo grupo, destinado ao policiamento repressivo (investigação de crimes praticados, buscando a identificação dos seus autores), temos agentes e viaturas descaracterizados. Aqui o que se busca é coligir provas que autorizem a deflagração da ação penal, com vistas a aplicar o poder-dever de punir do Estado, evitando a temida sensação de impunidade, uma das molas propulsoras do crime. Neste grupo estão as polícias civis dos Estados e a polícia federal.

Em síntese apertada, nos termos de lição de Rogério Greco[2], "caberia à polícia militar, precipuamente, o papel ostensivo de prevenir a prática de futuras infrações penais, enquanto que à polícia judiciária, civil, caberia, também de forma precípua, o papel investigativo".

O ideal é que não se perca de vista a distinção da atribuição constitucional de cada um dos grupos. Desvios de finalidade que autorizem, por exemplo, às polícias militares e à polícia rodoviária federal levar a efeito investigações devem ser evitados (mesmo confecção de mero termo circunstanciado por in-

1. O § 5º, do artigo 2º, da Lei 12.830/13, exige que o ato de remoção do delegado de polícia seja devidamente fundamentado. Trata-se de uma importante garantia contra remoções casuísticas e calcadas em interesses obscuros. A citada lei foi um firme passo no sentido de assegurar a autonomia necessária à condução das investigações.
2. GRECO, Rogério. **Atividade Policial**, Impetus, 2010, página 4.

tegrantes destas forças já se afigura medida ilegal e inconstitucional, como se verá alhures). Melhor solução é aparelhar todas as instituições de forma que cada uma delas exerça corretamente suas funções, contribuindo para aumentar a sensação de segurança da população como um todo.

Nos termos do parágrafo supra, cumpre discutir, em rápidas linhas, se seria salutar a adoção do ciclo completo nos organismos policiais no Brasil. Implantar o ciclo completo significaria, em síntese bastante apertada, permitir que todos os órgãos listados no artigo 144 da Constituição Federal atuassem nas duas funções acima desenhadas: preventiva e repressiva (na prática seria autorizar às polícias preventivas materializar procedimentos investigativos destinados a elucidar os crimes que chegassem a seu conhecimento, sem necessidade de encaminhar a ocorrência à polícia judiciária).

Como se deixou claro supra, o sistema constitucional de segurança pública imaginado pelo legislador de 1988 contemplou a especialização dos órgãos e a repartição de funções. A decisão foi sábia e consagrou o sistema de separação de atribuições, do patrulhamento ostensivo à execução da pena (se incluirmos a atribuição do MP para promover a ação penal pública, a competência do Judiciário para julgar os processos e a atribuição do sistema prisional para executar as penas impostas pelos juízes). Penso que agiu com acerto o constituinte originário.

Mas se o sistema é bom, por que é contestado? Quais as causas de sua aparente falência? Em primeiro lugar, é preciso partir de uma premissa muito importante: a redução da criminalidade não é alcançada apenas com suposta atuação eficaz das polícias (como já desenhado supra). O estudo, ainda que superficial, da criminologia nos mostra que o crime é um fenômeno complexo, com diversas causas, e que a atuação das forças policiais é apenas uma das tantas armas que o estado pode lançar mão para que o índice de criminalidade se situe em patamar aceitável. É preciso investir em planejamento urbano, iluminação pública, educação, saúde, transporte público, criação de postos de trabalho, saneamento básico, dentre outras áreas importantes, para que a população se sinta tocada pela mão do estado de outras formas (que não só pela ação persecutória). O aparelho policial não pode ser o único a ser responsabilizado por eventual incremento da violência nos centros urbanos (nem os outros integrantes do chamado controle social formal – MP, Judiciário e sistema prisional).

Continuemos. A pergunta feita no parágrafo anterior foi: se o sistema desenhado na *Lex Legum* é bom, por que é contestado? A resposta é simplória: porque ele nunca foi materializado como imaginou o constituinte originário.

Quando se pensou numa polícia ostensiva, apta a dar ao cidadão sensação de segurança pela sua presença e a desestimular a prática delitiva, foi imaginada a atuação de um efetivo suficiente para permitir o patrulhamento ostensivo em áreas consideradas críticas (comércio, portas de banco, locais onde a mancha criminal é mais intensa, dentre outros locais), que esse efetivo fosse bem treinado e tivesse noções acerca dos direitos fundamentais dos cidadãos (direitos humanos), que houvesse equipamentos adequados (letal, menos letal, de controle de distúrbio civil etc.), salários dignos para os que devotam sua vida à proteção da população (com o fito de evitar o "bico" e a corrupção), a atuação forte e isenta das corregedorias e dos órgãos de controle externo (de forma a coibir os desvios).

Quando se pensou numa polícia judiciária, imaginou-se uma polícia que tivesse efetivo suficiente para responder às investigações de sua alçada, na presidência das investigações feitas por profissional versado em ciências jurídicas, apto a proteger os direitos dos cidadãos no curso das apurações criminais, na preparação técnica dos seus integrantes (formação voltada ao respeito dos direitos individuais e à profícua coleta de provas da prática delitiva), perícia equipada e bem treinada (a prova pericial é importante arma para elucidação de crimes), delegacias confortáveis para receber vítimas e acomodar policiais, salário atrativo, equipamentos adequados (equipamentos discretos, viaturas, armas etc.), corregedoria e órgãos de controle externo atuantes.

Esse sistema, caso materializado corretamente (pelo menos no campo do dever ser) permitiria que: percebida uma infração que deixa vestígios, por exemplo, a cena fosse bem isolada (nos termos do artigo 6º, I, do CPP); a perícia fosse efetivada de maneira profícua (com o fito de cumprir o artigo 158[3], evitar a utilização do artigo 167[4] e a funesta consequência descrita no artigo 564, III, b[5], todos do CPP); policiais bem treinados fossem a campo entrevistar pessoas, colher imagens de câmeras, e coligir elementos outros que auxiliassem a autoridade policial a elucidar o fato; que eventuais situações flagranciais fossem solucionadas rapidamente, para que a polícia ostensiva voltasse rapidamente às ruas, dentre outros aspectos.

Como o sistema finda não sendo materializado da forma que deveria, é evidente que ele enfrenta problemas. Eventual ineficiência decorrente da falta de investimento efetivo dá espaço ao aparecimento de soluções mirabolantes. É o caso do ciclo completo de polícia, tal como apresentado, para as polícias ostensivas, hoje muito discutido como alternativa para melhoria da resposta

3. Art. 158. Quando a infração deixar vestígios, será indispensável o exame de corpo de delito, direto ou indireto, não podendo supri-lo a confissão do acusado.

4. Art. 167. Não sendo possível o exame de corpo de delito, por haverem desaparecido os vestígios, a prova testemunhal poderá suprir-lhe a falta.

5. Art. 564. A nulidade ocorrerá nos seguintes casos:
(...)
III - por falta das fórmulas ou dos termos seguintes:
(...)
b) o exame do corpo de delito nos crimes que deixam vestígios, ressalvado o disposto no Art. 167.

dada pelo estado à população (como dito supra, ciclo completo, em rápidas linhas, significa uma mesma instituição policial cuidar da ocorrência desde a fase preventiva/ostensiva até a apuratória/repressiva).

Apenas para retomar e complementar a ideia do sistema pensado pelo constituinte de 1988, é preciso que se diga que nosso sistema processual penal outorgou ao delegado de polícia, corretamente, diga-se de passagem, a presidência da polícia investigativa e dos apuratórios que nela tramitam. É sua tarefa cuidar de sopesar tipos penais, decidir acerca da utilização de técnicas investigativas, representar prisões cautelares, buscas, tudo na forma preceituada na Carta Magna e na legislação de regência.

Esse profissional, o delegado de polícia, finda sendo importante garantidor dos direitos humanos do cidadão, já que é apto a interpretar a legislação e decidir, no calor dos acontecimentos, acerca da existência ou não de situações flagranciais, tipificação de condutas, tipicidade ou atipicidade material (que pode redundar em liberar o equivocadamente detido), existência ou não de causas excludentes de ilicitude (que também pode redundar na libertação prematura do detido), arbitramento de fiança, etc. Essa escolha tem razão de ser: o delegado de polícia funciona no Brasil como a "autoridade autorizada por lei a exercer funções judiciais", descrita no Pacto de San Jose da Costa Rica (artigo 7º, item 5).

Quando se pensa em um sistema que deseje outorgar atribuição investigativa (investigação de civis) a polícias ostensivas, destinadas precipuamente a prevenir crimes, subverte-se essa estruturada pensada pelo legislador constituinte. Possibilita-se que a conduta de um cidadão brasileiro seja avaliada por profissional não versado em direito e que não prestou concurso para o cargo de delegado de polícia (servidor público que possui atribuição para primeiro enfrentar essa tipificação em nome do estado).

Não se diga que isso poderia ser materializado apenas em situações mais simplórias (infrações de menor potencial ofensivo, por exemplo). A título de exemplo, uma lesão leve causada por um golpe de faca pode ser tipificada como lesão corporal de natureza leve (infração de menor potencial ofensivo) ou tentativa de homicídio, a depender do dolo do agente. Será que tal análise pode ser feita no meio da rua? Por meio do preenchimento de um formulário? Definitivamente não! É preciso que não se perca de vista que o termo circunstanciado tem natureza jurídica de procedimento investigativo (criado pela Lei 9.099/95 como substitutivo do inquérito policial, e por isso presidido por delegado de polícia no âmbito da polícia judiciária[6]). Apesar de simplificado, envolve tipificação de delitos.

6. Remeto à leitura do tópico 4.22, onde o tema será esmiuçado.

Outro exemplo: um cidadão que é surpreendido portando um ou dois cigarros de maconha deve ser considerado usuário (caso em que deverá ser lavrado termo circunstanciado) ou traficante (situação que imporá a prisão em flagrante do indivíduo)? A resposta depende da análise da situação concreta e reclama análise de elementos probantes, entrevistas preliminares e estudo do Direito. Não pode ser escolha feita na rua, por profissional não habilitado a esse mister.

Como se lidará com fatos materialmente atípicos no ciclo completo? Quem for surpreendido subtraindo uma fruta de um hipermercado será preso? Como será a materialização desse procedimento? Em um quartel? Quem analisará a possibilidade do princípio da insignificância? Da tipicidade conglobante? Essa pessoa permanecerá encarcerada até que o juiz analise os fatos?

Adotando o pensamento simplista que gravita em torno da proposta de ciclo completo (o efetivo da polícia judiciária é insuficiente e não há delegados em todas as cidades) a outras searas, chegaríamos a soluções igualmente teratológicas em face da nossa Constituição Federal: como não há juízes em todas as comarcas, criemos a figura do juiz *ad hoc*; como não há promotores em todas as comarcas, criemos promotores *ad hoc*. E assim seguiria a sina da subversão da ordem constitucional em busca da solução mais simplória.

A própria polícia ostensiva findará fragilizada caso tal proposta seja materializada de afogadilho. Como não há qualquer previsão de melhoria da estrutura dos órgãos e isso significa aumento de atribuições, é inexorável que a resposta não será adequada.

A saída? Não é simplória e exige esforço hercúleo: investimentos pesados para incrementar o efetivo, melhorar a preparação, os equipamentos, os prédios e o salário das forças policiais. Depois de tais ações, reforçar controles externos e internos, para evitar desvios. Pronto. Solucionado estaria o problema das polícias no Brasil.

Anote-se que a solução acima desenhada não é suficiente, porque não trata dos outros atores do controle social formal (de nada adianta um aparato policial satisfatório sem que o MP, o Judiciário e o sistema prisional acompanhem dita evolução).

Ainda que se incremente todo o sistema de controle formal, o estado chegaria à metade da solução (considerando o objetivo central de diminuir a criminalidade). Como dito supra, segurança não se faz só com forças policiais. Se não houver foco na educação, na saúde, no estímulo à geração de empregos, no lazer, no saneamento básico, dentre outros pontos, não avençaremos de maneira efetiva no combate à violência.

3

PRINCÍPIOS NORTEADORES DO PROCESSO PENAL (E SUA APLICAÇÃO NO CURSO DA FASE PRÉ-PROCESSUAL)

Princípio significa início, começo. É a base que inaugura determinado instituto e que lhe dá alicerce. Antes do estudo efetivo do inquérito policial, tema central deste trabalho, cumpre comentar os princípios do processo penal e sua aplicação no curso do referido procedimento inquisitivo.

3.1. Devido processo legal: Anderson Souza Daura[1] assevera acerca deste princípio:

> O *due process of law* é corolário de suma importância para se atingir os direitos individuais e a busca dos deveres do Estado de Direito extirpando-se o autoritarismo, o arbítrio e, por consequência, as injustiças. Além de assegurar o princípio de legalidade, resume diversos outros princípios como o da presunção de inocência, o duplo grau de jurisdição, da igualdade, de economia processual etc. é uma base sólida para ordem jurídica atual e vigente, tendo ampla aplicação, o que garante os indivíduos contra atos concretos estatais equivocados ou quaisquer interpretações de lacunas de legislações positivas.

Ele é disciplinado em nível constitucional pelo artigo 5º, LIV, da CF, que prescreve que "ninguém será privado da liberdade ou de seus bens sem o devido processo legal".

Como visto na transcrição supra, é garantia contra ações arbitrárias do Estado. Reza que o processo penal deve seguir as normas legais em vigor, con-

---

1. DAURA, Anderson Souza. **Inquérito Policial – Competência e Nulidade de Atos de Polícia Judiciária**, Juruá, 2009, página 29.

ferindo oportunidade ao investigado/acusado de conhecer as regras que conduzirão o feito.

Em outra faceta, preceitua também que apenas o juiz natural da causa pode conduzir o processo (princípio do juiz natural). São vedados constitucionalmente juízos ou tribunais de exceção (criados depois da prática do fato para julgar especificamente este, com juiz/juízes designado(s) para causa). É a regra do inciso XXXVII, do artigo 5º, da CF.

Analisando o espectro do princípio na fase pré-processual, temos que as regras procedimentais que regem a investigação criminal devem estar postas e serem claras, de forma a possibilitar ao investigado saber exatamente, por exemplo, a ritualística na produção das provas, os direitos a ele assegurados no curso do feito, dentre outros aspectos.

É possível, ainda, falar na existência do princípio do delegado natural, grafado no artigo 2º, § 4º, da Lei 12.830/13 (o dispositivo determina que o inquérito policial não poderá ser avocado ou redistribuído por superior hierárquico, salvo por motivo de interesse público ou nas hipóteses de inobservância dos procedimentos previstos em regulamento da corporação que prejudique a eficácia da investigação). Assim é que, aportando a notícia de crime na seara policial, ela deve ser distribuída ao delegado que tenha atribuição para presidir o feito e só poderá ser redistribuído excepcionalmente, nas situações legalmente descritas. Eis o dispositivo legal:

> Art. 2º (...).
>
> (...)
>
> § 4º O inquérito policial ou outro procedimento previsto em lei em curso somente poderá ser avocado ou redistribuído por superior hierárquico, mediante despacho fundamentado, por motivo de interesse público ou nas hipóteses de inobservância dos procedimentos previstos em regulamento da corporação que prejudique a eficácia da investigação.

3.2. Contraditório: reza que as partes devem ter igual oportunidade de contraditar as alegações, provas e decisões produzidas e proferidas em seu desfavor. Fernando Capez[2] indica, com precisão, que referido princípio é norteado pelo binômio "ciência e participação". Tem previsão legal no artigo 5º, LV, da *Lex Maxima*.

Como se verá alhures, não tem aplicação na fase pré-processual, porque não existem partes no inquérito policial. Nem partes, nem acusação formal manejada contra ninguém. Estamos na fase investigativa, de aclaramento dos

2. CAPEZ, Fernando. **Curso de Processo Penal**, Saraiva, 2010, página 62.

fatos, com o fito de possibilitar, eventualmente, futuro manejo de ação penal (caso se detecte que, de fato, houve crime).

Isso não impede que o investigado/indiciado sugestione provas a serem colhidas pela autoridade policial, com o fito de comprovar suas alegações (nos exatos termos do artigo 14[3] do CPP). Não obsta, de igual forma, ser o investigado/indiciado assistido por advogado e este ter vista dos autos do inquérito (festejando o artigo 7º, XIV, da Lei 8.906/94 e a Súmula Vinculante 14 do STF). Aliás, em que pese ser inquisitivo o inquérito, as conclusões nele inseridas serão mais robustas se a autoridade cuidar de coligir provas que desconstruam a versão do indiciado/indiciado (melhor falar em versão, que defesa, posto que esta será levada a efeito apenas no curso do processo).

3.3. Ampla defesa: mesmo dispositivo analisado retro (artigo 5º, LV, da Carta da República). Consiste em dar ao réu todas as possibilidades de defesa (tanto técnica, quanto a autodefesa) no curso do processo.

Eugênio Pacelli de Oliveira[4] sintetiza:

> Pode-se afirmar, portanto, que a ampla defesa realiza-se por meio de defesa técnica, de autodefesa, da defesa efetiva e, finalmente, por qualquer meio de prova hábil a demonstrar a inocência do acusado.

As mesmas observações e argumentos lançados supra acerca do princípio do contraditório podem ser aqui desenhados, no que toca à aplicação do princípio em testilha na fase inquisitorial.

Não há porque falar em oportunidade de defesa propriamente dita, porque não estamos diante de acusação formalmente manejada pelo Estado. Ainda assim, é de bom tom que seja oportunizado ao investigado/indiciado indicar meios de prova, que devem ser analisados pela autoridade policial e deferidos (investigados), caso não importem em estratégia visando mera procrastinação do feito nem objetivem retirar o aparelho policial da correta linha investigativa.

3.4. Presunção ou estado de inocência: reza que o acusado só pode ser considerado culpado depois do trânsito em julgado da sentença penal condenatória. Está grafado no artigo 5º, inciso LVII, da CF.

3. Art. 14. O ofendido, ou seu representante legal, e o indiciado poderão requerer qualquer diligência, que será realizada, ou não, a juízo da autoridade.

4. DE OLIVEIRA, Eugênio Pacelli. **Curso de Processo Penal**, Lumen Juris, 2009, página 41.

Segundo Guilherme de Souza Nucci[5], "o estado de inocência é uma garantia constitucional voltada a barrar atitudes hostis, abusivas e persecutórias levianas dos órgãos estatais, não querendo significar deva o réu abster-se de agir, em seu próprio benefício, durante a instrução criminal".

Para Aury Lopes Jr. e Ricardo Jacobsen Gloeckner[6], "a garantia de que será mantido o estado de inocência até o trânsito em julgado da sentença condenatória implica diversas consequências no tratamento da parte passiva, inclusive na carga da prova (ônus da acusação) e na obrigatoriedade de que a constatação do delito e a aplicação da pena ocorrerão por meio de um processo com todas as garantias e através de uma sentença".

Isso não quer dizer que não pode o indiciado ou acusado (se estivermos em fase processual) ser submetido a uma das modalidades de privação cautelar da liberdade[7]. Por óbvio, a prisão provisória eventualmente decretada deve estar amparada em justificativa robusta da necessidade da medida extrema. Neste sentido jurisprudência do Tribunal da Cidadania[8]:

> Por força do princípio constitucional da presunção da inocência, as prisões de natureza cautelar – assim entendidas as que antecedem o trânsito em julgado da decisão condenatória – são medidas de índole excepcional, que somente podem ser decretadas (ou mantidas) caso venham acompanhadas de efetiva fundamentação a demonstrar a imprescindibilidade da medida.

Se no curso do processo o acusado não pode ser considerado culpado, com mais razão na fase pré-processual não deve ser tratado como tal. Nesta, ele é investigado ou, no máximo, indiciado (quando em face dele foi exarado despacho de indiciamento, da lavra do delegado de polícia que preside as investigações). Destarte, é de bom tom resguardar a imagem e, quando possível, a identidade do investigado/indiciado, evitando desnecessária execração pública deste.

A autoridade policial, atenta ao princípio em estudo, deve ter bastante cautela em suas declarações públicas. Em casos de repercussão, é interessante que a apresentação do resultado das investigações seja pautada apenas pela indicação das provas produzidas, sem que se faça menção a termos que indi-

5. NUCCI, Guilherme de Souza. **Manual de Processo Penal e Execução Penal**. Revista dos Tribunais, 2006, página 70.

6. LOPES JR., Aury e GLOECKNER, Ricardo Jacobson. **Investigação Preliminar no Processo Penal**. Saraiva, 2013, página 71.

7. No capítulo que trata da prisão (tópico 9.7), será analisada decisão do Supremo Tribunal Federal que permitiu a execução provisória de sentença condenatória, depois de decisão de tribunal de segundo grau.

8. STJ, 6ª Turma, HC 154636/SC, rel. Min. Og Fernandes, DJe 04/10/2010.

quem prejulgamento do investigado/indiciado, de forma a preservar a isenção exigida do Estado-investigação.

Pacelli[9], com propriedade, decreta que "até mesmo para o ato de indiciamento, que vem a ser uma formalização da situação do investigado em inquérito policial, é possível reclamar-se a presença de justa causa". O doutrinador prossegue afirmando que "também o indiciamento impõe uma carga significativa e socialmente onerosa à situação jurídica do inocente".

3.5. Favor rei: previsto no artigo 386, incisos II, V, VI e VII, do CPP:

> Art. 386. O juiz absolverá o réu, mencionando a causa na parte dispositiva, desde que reconheça:
>
> I - (...);
>
> II - não haver prova da existência do fato;
>
> III - (...);
>
> IV - (...);
>
> V - não existir prova de ter o réu concorrido para a infração penal;
>
> VI - existirem circunstâncias que excluam o crime ou isentem o réu de pena (arts. 20, 21, 22, 23, 26 e § 1º do art. 28, todos do Código Penal), ou mesmo se houver fundada dúvida sobre sua existência;
>
> VII - não existir prova suficiente para a condenação.

Prescreve que em caso de dúvida deve ser adotada a solução que mais beneficie o réu, em regra absolvendo-o (o artigo transcrito demonstra o ápice do *favor rei*, que redunda na absolvição, quando não for cabalmente demonstrado que o réu cometeu o crime). É festejar o brocardo *in dubio pro reo.* Antonio Alberto Machado[10] sentencia que:

> O princípio do *favor rei* funciona como importante regra hermenêutica destinada a proteger a liberdade do acusado, uma vez que é exatamente esse direito, a liberdade individual, aquele que está em jogo no processo-crime.

Na fase inquisitorial é de se aplicar o *favor rei* quanto ao instituto do indiciamento. Há que existir material probante suficientemente robusto para fazer com que a autoridade policial indique que o investigado efetivamente cometeu o crime apurado. Fala-se de *in dubio pro societate* apenas no momento da instauração do procedimento inquisitivo (havendo dúvida acerca da existência ou não de crime, é mister deflagrar investigação para aclarar as circunstâncias que gravitaram em torno do fato supostamente delituoso).

9. DE OLIVEIRA, Eugênio Pacelli. **Obra acima citada**, página 43.
10. MACHADO, Antonio Alberto. **Teoria Geral do Processo Penal**, Atlas, 2009, página 180.

3.6. Verdade real: O processo penal não se conforma com presunções ou verdades formais. Há que se perquirir a verdade real, instruindo o feito com todas as provas indispensáveis ao aclaramento dos fatos.

Se é certo que a verdade real é a pedra angular do processo penal, também é fato que essa expressão é um tanto quanto utópica. É que o juiz está adstrito às provas efetivamente carreadas aos autos, sendo escravo do material probante produzido pelas partes no curso do feito (ainda que porventura a efetiva verdade repouse fora do processo, intocável ao julgador). Não sem razão Antônio Alberto Machado[11] adverte que "o trabalho de reconstrução dos fatos no processo sempre estará exposto à falibilidade humana, em razão de inúmeros fatores, como, por exemplo, as emoções e sentimentos (vingança, ódio, medo, interesse, etc.) que muitas vezes distorcem a percepção e os depoimentos acerca dos fatos; as limitações da ciência e o erro científico, que sempre podem comprometer o resultado das provas periciais; a falseabilidade dos documentos enquanto meio de prova; e, enfim, a concepção de mundo, os valores e a subjetividade dos juízes que frequentemente enxergam um mesmo fato de variadas maneiras, sob ângulos diferentes ou segundo "múltiplas verdades".

Nesta toada, Guilherme de Souza Nucci[12] afirma, com propriedade que "em suma, ter certeza é, sempre, aspecto subjetivo, gerando, pois, uma verdade igualmente subjetiva, que pode não ser compatível com a realidade (aquilo que efetivamente ocorreu no mundo naturalístico)". E arremata que "a meta da parte, no processo, portanto não é gerar a verdade objetiva, visto ser atividade complexa e nem sempre possível. O objetivo da parte é construir, no espírito do magistrado, a certeza de que a verdade corresponde aos fatos alegados em sua peça, seja ela de acusação, seja de defesa".

Destarte, o princípio em estudo está trancafiado nos limites das provas produzidas pelo Estado-investigação, pelo Estado-acusação, pela defesa e pelo próprio Estado-juiz (a busca da verdade real autoriza a quebra da inércia do magistrado, conforme preceituado nos incisos I e II, do artigo 156, do CPP).

A autoridade policial, atenta ao fato de que a verdade real está limitada ao que for produzido em termos probantes no bojo dos autos, deve se esmerar na colheita de elementos robustos o suficiente para servir o Estado-acusação de trilha probatória segura a ser seguida na fase processual, caso reste comprovada a prática de infração penal (e mesmo na coleta de provas que poderão sustentar eventual futura condenação – caso das provas cautelares e não repetíveis, depois de submetidas a contraditório diferido).

---

11. MACHADO, Antonio Alberto. Obra citada, página 173.
12. NUCCI, Guilherme de Souza. **Provas no Processo Penal**, RT, 2011, páginas 15 e 16.

3.7. Vedação das provas ilícitas: as provas que atentem contra direitos materiais (provas ilícitas) e as que ataquem regras processuais (provas ilegítimas) devem ser expurgadas do processo. Tem guarida constitucional no artigo 5º, LVI, da CF. Este dispositivo foi regulamentado pelo Código de Processo Penal no artigo 157. O tema será esmiuçado alhures, no capítulo referente às provas.

Apenas para adiantar rápido comentário, a autoridade policial deve estar atenta à observância dos direitos individuais dos investigados e às regras processuais atinentes à produção das provas, com o fito de não colher indesejada prova ilícita/ilegítima, que caso reconhecida como tal pelo magistrado, pode redundar em futura absolvição do verdadeiro autor do fato criminoso, em face do desentranhamento de eventual prova cabal do cometimento do delito, conforme determinado pela cabeça do artigo 157 do CPP.

3.8. Igualdade das partes: as partes devem ter igualdade de forças no curso do processo. Mesmas oportunidades no que tange à produção de material probante, ônus, obrigações e faculdades.

Como no curso do inquérito policial não há que se falar em partes, não há aplicação prática do princípio em estudo.

3.9. Publicidade: previsto nos artigos 5º, LX e 93, IX, da CF:

> Art. 5º, LX – a lei só poderá restringir a publicidade dos atos processuais quando a defesa da intimidade ou o interesse social o exigirem;
>
> Art. 93, IX – todos os julgamentos dos órgãos do Poder Judiciário serão públicos, e fundamentadas todas as decisões, sob pena de nulidade, podendo a lei limitar a presença, em determinados atos, às próprias partes e a seus advogados, ou somente a estes, em casos nos quais a preservação do direito à intimidade do interessado no sigilo não prejudique o interesse público à informação;

Os atos processuais, via de regra, devem ser franqueados ao público. Há, entrementes, possibilidade de limitar a publicidade de certos atos se houver cabal necessidade (por exemplo, na situação descrita no artigo 792, § 1º, do CPP).

Em fase inquisitorial, como se verá alhures, o sigilo deve ser a regra, com o fito de assegurar o resultado efetivo da investigação (inteligência do artigo 20 do CPP). Sugere-se leitura do capítulo que trata do inquérito policial, no tópico referente ao caráter sigiloso do referido procedimento.

3.10. Livre convencimento ou persuasão racional do juiz: também com assento no artigo 93, inciso IX, da CF, transcrito acima. O julgador é livre na apreciação das provas produzidas, mas deverá fundamentar seu raciocínio jurídico de forma a possibilitar às partes conhecer as razões que o levaram a decidir. Encontra exceção no julgamento popular pelo Tribunal do Júri, onde vigora o princípio da íntima convicção (os jurados não fundamentam seus votos, que são secretos, por determinação da Constituição Cidadã). Serão costurados outros comentários acerca dos sistemas de apreciação das provas no capítulo respectivo.

Tem espaço em sede inquisitorial no que toca às decisões relativas a medidas cautelares representadas no curso da investigação. O magistrado deve fundamentar as razões que o levaram a deferir ou indeferir as medidas representadas pela autoridade policial (buscas, prisões provisórias, interceptação telefônica, telemática, etc.), em atenção ao reclamo constitucional acima citado e transcrito.

3.11. Duplo grau de jurisdição: possibilidade de revisão das decisões pelos órgãos jurisdicionais superiores. Não está expressamente previsto. Não tem aplicação quando há competência originária dos Tribunais.

3.12. Vedação do *bis in idem*: a mesma pessoa não pode ser acusada mais de uma vez pela prática do mesmo fato criminoso. Uma vez absolvido em sentença definitiva, não pode o Estado exercitar uma vez mais sua pretensão punitiva pelo mesmo fato.

Para evitar tramitação simultânea de procedimentos inquisitivos que apuram o mesmo fato delituoso, o delegado de polícia deve relatar imediatamente o apuratório mais recente (assim que verificado o lapso), sugestionando o arquivamento do feito e que eventuais provas colhidas neste e não levantadas no procedimento mais antigo sejam trasladadas (o apensamento de um feito ao outro deve ser evitado).

3.13. Oficialidade: o inquérito policial é procedimento produzido no âmbito de órgão oficial do Estado (polícia civil ou federal);

3.14. Impulso oficial: o procedimento inquisitivo deve ser movimentado de ofício pela autoridade policial, sem necessidade de que a vítima ou o investigado/indiciado solicite a prática de diligências aptas ao aclaramento dos fatos (estes personagens podem sugestionar a produção de provas, sendo que tais pleitos serão analisados e deferidos ou não pelo delegado de polícia em despacho fundamentado).

4 INQUÉRITO POLICIAL

4.1. CONCEITO

A adoção, no Brasil, do sistema processual acusatório, caracterizado pela publicidade, observância de direitos e garantias fundamentais do acusado e pela distribuição das funções de acusar e julgar a órgãos estatais distintos (Ministério Público e Poder Judiciário) reclama a existência de procedimento pré-processual escrito e formal, que assegure uma colheita de provas lícita (só um procedimento escrito dá azo à possibilidade de ataque a eventuais provas ilícitas).

Nesta senda, surge o inquérito policial como instrumento hábil à coleta de elementos de convicção suficientes para a deflagração de futuro processo penal.

Nestor Távora e Rosmar Rodrigues Alencar[1] deixam claro que "com a ocorrência da infração, é salutar que se investigue com o fito de coligir elementos que demonstrem a autoria e a materialidade do delito, viabilizando-se o início da ação penal".

Em rápidas linhas, inquérito policial pode ser conceituado como procedimento administrativo, sigiloso, escrito, inquisitivo, dispensável, elaborado pela polícia judiciária (presidido por delegado de polícia de carreira), que tem por objetivo elucidar fato supostamente criminoso. Passo a adotar esse novo conceito porque ao final do apuratório pode se chegar à conclusão de que crime não houve (quando se conclui, por exemplo, que a morte suspeita foi um suicídio). Caso se verifique que o fato investigado é efetivamente criminoso, o inquérito deve ter em mira coligir indícios de autoria e prova da materialidade do delito, de forma a oportunizar o manejo de ação penal em face daqueles que cometeram a infração.

---

1. TÁVORA, Nestor e ALENCAR, Rosmar Rodrigues. **Curso de Direito Processual Penal**, Editora Juspodivum, 2010, página 86.

Comentando a definição legal de inquérito policial, Aury Lopes Jr. e Ricardo Jacobson Gloeckner[2] sentenciam:

> No Brasil, a definição legal do inquérito policial não consta claramente em nenhum artigo do CPP, e, para ser obtida, devemos cotejar as definições dos arts. 4º e 6º do CPP, de modo que é a atividade desenvolvida pela Polícia Judicial com a finalidade de averiguar o delito e sua autoria.

Acerca da finalidade do procedimento inquisitivo, Guilherme de Souza Nucci[3] pontua que "é importante repetir que sua finalidade precípua é a investigação do crime e a descoberta do seu autor, com o fito de fornecer elementos para o titular da ação penal promovê-la em juízo, seja ele o Ministério Público, seja o particular, conforme o caso".

Anderson Souza Daura[4] afirma, acerca da investigação pré-processual, que "os atos de investigação estatal, quando da ocorrência de um ilícito penal, são a exteriorização do exercício do Poder de Polícia do Estado que de forma incondicional age visando combater a criminalidade dando sustentação à denúncia criminal e colhendo cautelarmente provas da autoria e materialidade delitiva que poderiam se perder até o momento da instrução processual em juízo".

4.2. CARACTERÍSTICAS

Estudemos com vagar os elementos do conceito acima desenhado.

4.2.1. Procedimento administrativo: é administrativo em contraposição ao processo, que é judicial. Aury Lopes Jr. e Ricardo Jacobsen Gloeckner[5], acerca desta característica, afirmam com precisão:

> Será administrativo quando estiver a cargo de um órgão estatal que não pertença ao Poder Judiciário, isto é, um agente que não possua poder jurisdicional. Destarte, podemos classificar o inquérito policial como um procedimento administrativo pré-processual, pois é levado a cabo pela Polícia Judiciária, um órgão vinculado à Administração - Poder Executivo - e que, por isso, desenvolve tarefas de natureza administrativa.

Em que pese ser descrito e delineado no Código de Processo Penal, o inquérito não conta com uma sequência de atos predeterminada, tal qual o pro-

2. LOPES JR., Aury e GLOECKNER, Ricardo Jacobson. **Obra acima citada.** Página 91.
3. NUCCI, Guilherme de Souza. **Obra acima citada**, página 127.
4. DAURA, Anderson Souza. **Obra acima citada**, página 105.
5. LOPES JR, Aury e GLOECKNER, Ricardo Jacobsen. **Obra acima citada**. Página 93.

cesso. As diligências ordenadas no seu bojo e o curso do procedimento são discricionários (mas isso não retira do delegado o dever de seguir o ritual imposto pelo Caderno Processual para produção da prova que tenciona coligir). Veremos alhures que o CPP se limita a listar diligências (não exaustivas), sem indicar sequência a ser seguida pela autoridade policial.

4.2.2. Sigiloso: o sigilo deve ser mantido para facilitar as investigações, conforme prescrição do artigo 20, do CPP. Este tópico merece uma análise mais detida. Impõe-se o estudo do inciso XIV, e dos §§ 10 a 12, do artigo 7º, do Estatuto da Ordem dos Advogados do Brasil - Lei 8.906/94 e da Súmula Vinculante 14 do Supremo Tribunal Federal.

O dispositivo legal em comento permite ao causídico vista dos autos de inquérito policial na defesa de seu cliente, sendo vedado ao delegado de polícia negar o acesso do caderno inquisitivo àquele. Vejamos o teor do mandamento (recentemente modificado pela Lei 13.245/16):

> Art. 7. São direitos do advogado:
>
> (...)
>
> XIV - examinar, em qualquer instituição responsável por conduzir investigação, mesmo sem procuração, autos de flagrante e de investigações de qualquer natureza, findos ou em andamento, ainda que conclusos à autoridade, podendo copiar peças e tomar apontamentos, em meio físico ou digital;
>
> (...)
>
> § 10. Nos autos sujeitos a sigilo, deve o advogado apresentar procuração para o exercício dos direitos de que trata o inciso XIV.
>
> § 11. No caso previsto no inciso XIV, a autoridade competente poderá delimitar o acesso do advogado aos elementos de prova relacionados a diligências em andamento e ainda não documentados nos autos, quando houver risco de comprometimento da eficiência, da eficácia ou da finalidade das diligências.
>
> § 12. A inobservância aos direitos estabelecidos no inciso XIV, o fornecimento incompleto de autos ou o fornecimento de autos em que houve a retirada de peças já incluídas no caderno investigativo implicará responsabilização criminal e funcional por abuso de autoridade do responsável que impedir o acesso do advogado com o intuito de prejudicar o exercício da defesa, sem prejuízo do direito subjetivo do advogado de requerer acesso aos autos ao juiz competente.

Importante ressaltar que o acesso a procedimento sigiloso (e o inquérito policial o é por natureza) reclama apresentação de procuração pelo causídico (§ 10, do artigo 7º, da Lei 8.906/94).

Evidenciando ainda mais o dispositivo legal acima transcrito e espancando qualquer dúvida acerca do direito do advogado de ter vista do procedimento inquisitivo instaurado para apurar suposta prática delitiva de seu cliente, o Supremo Tribunal Federal editou a Súmula Vinculante 14, em 02 de fevereiro de 2009. Vejamos o édito:

> Súmula Vinculante 14: É direito do defensor, no interesse do representado, ter acesso amplo aos elementos de prova que, já documentados em procedimento investigatório realizado por órgão com competência de polícia judiciária, digam respeito ao exercício do direito de defesa.

Apesar de suficientemente claro, cumpre analisar o texto da súmula. É óbvio que o acesso irrestrito de autos de inquérito policial ao advogado do investigado traria evidente prejuízo às investigações e seria contrário à própria natureza do procedimento, sigiloso por excelência. O estudo profícuo da Súmula 14 revela que o Pretório Excelso agiu com sabedoria, garantindo ao advogado o direito de acesso ao procedimento, mas, por outro lado, excepcionando o direito de vista apenas aos atos já praticados e devidamente juntados ao inquérito (isso foi reproduzido no § 11, do artigo 7º, do EOAB, por meio da Lei 12.245/16).

Vale dizer, somente atos já perfeitos e acabados e cuja juntada aos autos do inquérito foi determinada pelo delegado de polícia podem ser objeto da vista do advogado na defesa de seu cliente. Diligências em curso e as ainda não materializadas não podem ter seu acesso franqueado, sob pena da evidente inutilidade das mesmas, decorrente da publicidade.

Assim é que interceptações telefônicas em curso, representações de prisão e busca e apreensão ainda não deferidas ou deferidas e não cumpridas, requisição de perícias ainda não realizadas e intimação de testemunhas ainda não oitivadas, por exemplo, não podem ser mostradas ao advogado do investigado, sob pena da total imprestabilidade da prova produzida depois do acesso (difícil imaginar que investigado que fica sabendo que seu terminal móvel está interceptado continue realizando tratativas ilícitas por telefone).

O que fazer então se o advogado do investigado pedir vista de determinada investigação que ainda tem diligências em curso e outras já determinadas, mas pendentes de realização? Neste caso deve o delegado de polícia despachar de forma fundamentada (socorrendo-se da Súmula Vinculante 14, do STF, e do citado § 11, do artigo 7º, da Lei 8.906/94) e determinar o desentranhamento das folhas que façam referência a tais diligências. Este é o entendimento do Superior Tribunal de Justiça[6]:

> Conforme orientação firmada pelo Pretório Excelso, não se pode negar o acesso do Advogado constituído, aos autos de procedimento investigatório, ainda que nele decretado o sigilo. Contudo, tal prerrogativa não se estende a atos que por sua própria natureza não dispensam a mitigação da publicidade (v.g., futuras interceptações telefônicas, dados relativos a outros indiciados).

6. STJ, 5ª Turma, HC 103027/SP, rel. Min. Napoleão Nunes Mais Filho, DJE 30/03/09.

Pronto. A um só tempo foi respeitado o direito de vista do advogado do investigado e garantido o sigilo essencial ao desenrolar da apuração. Depois de ultimada a diligência pendente, deve a mesma ser devidamente juntada aos autos, também por intermédio de despacho fundamentado. No mesmo sentido Reinaldo Rossano Alves[7]:

> Com efeito, no caso de interceptação telefônica (Lei nº 9.296/96), sujeita a sigilo legal específico (art. 8º), o advogado do indiciado somente pode ter acesso aos autos com apresentação de procuração e mediante autorização judicial (artigo 10), e ao fim da diligência. O mesmo poderia se apontar, por exemplo, em uma busca domiciliar, autorizada judicialmente, que não teria o alcance desejado, caso sua realização não fosse mantida em sigilo.

Também referendando o quanto acima desenhado, Alexandre Cebrian e Victor Gonçalves[8] sentenciam:

> Esta súmula[9] deixa claro que os defensores têm direito de acesso somente às provas já documentadas, ou seja, já incorporadas aos autos. Essa mesma prerrogativa não existe em relação às provas em produção, como, por exemplo, a interceptação telefônica, pois isso, evidentemente, tornaria inócua a diligência em andamento.

Convém afirmar que, em caso de investigação que apure crimes cometidos por organizações criminosas, o juiz pode decretar o sigilo do apuratório (de ofício, ou atendendo a representação do delegado de polícia ou requerimento do MP). Decretado o segredo de justiça, o advogado do investigado/indiciado só poderá acessar os autos do inquérito policial se houver autorização judicial pretérita nesse sentido. É o que prescreve o artigo 23, da Lei 12.850/13:

> Art. 23. O sigilo da investigação poderá ser decretado pela autoridade judicial competente, para garantia da celeridade e da eficácia das diligências investigatórias, assegurando-se ao defensor, no interesse do representado, amplo acesso aos elementos de prova que digam respeito ao exercício do direito de defesa, devidamente precedido de autorização judicial, ressalvados os referentes às diligências em andamento.
>
> Parágrafo único. Determinado o depoimento do investigado, seu defensor terá assegurada a prévia vista dos autos, ainda que classificados como sigilosos, no prazo mínimo de 3 (três) dias que antecedem ao ato, podendo ser ampliado, a critério da autoridade responsável pela investigação.

7. ALVES, Reinaldo Rossano. **Direito Processual Penal**, Impetus, 2013, página13.
8. REIS, Alexandre Cebrian Araújo e GONÇALVES, Victor Eduardo Rios. **Direito Processual Penal Esquematizado**, Saraiva, 2013, página 52.
9. Os autores falam acerca da Súmula Vinculante 14 do STF.

É preciso enfrentar outro tema: o pedido de vista genérico, protocolado por causídico na seara policial, tencionando ter acesso a todo e qualquer apuratório existente para investigar crime supostamente praticado por seu cliente. Neste caso, há que se considerar que o pleito tem por base a Lei 12.527/11 (Lei de Acesso à Informação) e não o artigo 7º, XIV, da Lei 8.906/94. Por se tratar de pedido respaldado na Lei de Acesso à Informação, deve ser excepcionado pelo artigo 22 do referido mandamento legal:

> Art. 22. O disposto nesta Lei não exclui as demais hipóteses legais de sigilo e de segredo de justiça nem as hipóteses de segredo industrial decorrentes da exploração direta de atividade econômica pelo Estado ou por pessoa física ou entidade privada que tenha qualquer vínculo com o poder público.

A Lei 12.527/11 foi regulamentada, no âmbito da União, pelo Decreto 7.724/12. O artigo 6º, I, do decreto em espeque prescreve que:

> Art. 6º O acesso à informação disciplinado neste Decreto não se aplica:
>
> I – Às hipóteses de sigilo previstas na legislação, como fiscal, bancário, de operações e serviços no mercado de capitais, comercial, profissional, industrial e segredo de justiça.

Nesta toada, não há outra conclusão possível senão a de que o pleito genérico de acesso a todo e qualquer apuratório em curso para investigar infração penal praticada por determinada pessoa pode ser prontamente indeferido com base no artigo 20 do Código de Processo Penal:

> Art. 20. A autoridade assegurará no inquérito o sigilo necessário à elucidação do fato ou exigido pelo interesse da sociedade.

Destarte, a Lei de Acesso à Informação não incide sobre os inquéritos policiais, na medida em que estes possuem regulamentação própria no âmbito do Código de Processo Penal, que afirma a regra do sigilo dos mesmos, nos termos do supracitado artigo 20.

Ainda que assim não fosse, a negativa de acesso pode se basear no artigo 13, I, do Decreto nº 7.724/2012 (que regulamentou a Lei 12.527/11, como dito), que proíbe pedidos genéricos:

> Art. 13. Não serão atendidos pedidos de acesso à informação:
>
> I – genéricos;

Mais um ponto: é possível negar vista ao inquérito policial ao advogado do investigado/indiciado desde a portaria inaugural, caso se perceba que o acesso aos atos documentados poderá comprometer eventuais representações já encaminhadas ou mesmo prestes a serem encaminhadas ao juízo competente.

É que tal acesso certamente inviabilizaria eventual operação policial prestes a ser deflagrada.

Eis lição de Eugênio Pacelli[10] sobre o tema:

> Impende salientar que, embora o exercício da advocacia seja mesmo indispensável à defesa dos interesses de quem se achar submetido à persecução penal (aqui, na fase pré-processual), podendo o advogado, como regra, ter acesso aos autos do inquérito policial, o fato é que, se a investigação assim o exigir, será perfeitamente aceitável a restrição ao aludido acesso, quando for a hipótese de realização (representação à autoridade judicial) de provas de natureza cautelar e, por isso, urgentes.

Pacelli[11] assevera, no mesmo vetor do entendimento acima desenhado (de que o acesso, mesmo a atos já documentados, pode ser negado caso estes sirvam de base para representação por medida cautelar), que "elementos indiciários já documentados nos autos podem servir de base ao requerimento de novas diligências cautelares, das quais se deve guardar sigilo. Nem sempre se pode afirmar que a juntada de elemento de prova implique a desnecessidade de sigilo".

Neste caso (pedido de vista a atos já documentados em inquérito, que foram ou vão ser usados para lastrear pleito cautelar), é preciso ter em mente que o acesso do advogado aos documentos que lastrearam a representação por medida cautelar (inclusive à portaria) significará cientificá-lo da trilha investigativa escolhida pela autoridade policial que preside o feito, o que pode oportunizar destruição de provas, dificultando o aclaramento dos fatos e futuras representações por novas medidas no bojo do feito. Destarte, é sim possível negar ao advogado acesso a todo apuratório, desde a peça ovo, caso exista diligência (representação por medida cautelar, por exemplo) que seja calcada em elementos já juntados e se perceba que o acesso ao inquérito poderá indicar a existência de medidas cautelares representadas, em andamento ou deferidas e ainda não cumpridas, sem que isso signifique desrespeito à Lei 8.906/94 ou à Súmula Vinculante 14 (nesta toada, não há que se falar, de igual sorte, na prática, pelo delegado de polícia, de crime de abuso de autoridade[12]).

Por óbvio, o inquérito poderá ser acessado pelo advogado do investigado depois da deflagração da operação.

---

10. DE OLIVEIRA, Eugênio Pacelli. **Curso de Processo Penal**, Atlas, 2013, página 61.
11. DE OLIVEIRA, Eugênio Pacelli. **Obra acima citada**, página 62.
12. Nos termos do artigo 7º, § 12, da Lei 8.906/94, a negativa injustificada de acesso do advogado ao inquérito, "o fornecimento incompleto de autos ou o fornecimento de autos em que houve a retirada de peças já incluídas no caderno investigativo implicará responsabilização criminal e funcional por abuso de autoridade do responsável que impedir o acesso do advogado com o intuito de prejudicar o exercício da defesa".

Por fim, ainda acerca do sigilo no curso do inquérito, não se deve perder de vista lição de Manoel Messias Barbosa[13], para quem "o indiciado, enquanto objeto da ação investigatória, deve ser protegido, para que não ocorra o seu aniquilamento moral ou material pelo sistema repressivo. O sigilo dos atos investigatórios precisa ser mantido, quando necessário, pois, se não o for, interferências estranhas podem impedir ou dificultar a busca da verdade, ficando a sociedade desprotegida em decorrência de um falso conceito de liberdade".

4.2.3. Escrito: todos os atos devem ser reduzidos à forma escrita, conforme determinado pelo artigo 9º do CPP. Eis o dispositivo:

> Art. 9º. Todas as peças do inquérito policial serão, num só processado, reduzidas a escrito ou datilografadas e, neste caso, rubricadas pela autoridade.

E não poderia ser diferente já que adotado sistema processual que assegura ao investigado/indiciado (e, posteriormente, com o início do processo, ao acusado) uma série de direitos e garantias.

Documentar o ato praticado é importante meio de comprovar que ele foi levado a efeito observando as regras legais que regem sua prática (e caso se perceba que a prática desobedeceu a normas materiais ou processuais, mais fácil será reconhecer a prova dele resultante como ilícita ou ilegítima, conforme o caso).

Aliás, a autoridade policial deve atentar para tal princípio do inquérito policial. Tudo quanto praticado no curso do feito deve ser reduzido a escrito (apreensões e entregas de bens, vistas concedidas a advogados, dentre outros atos). O delegado de polícia deve ter especial cuidado em relação às apreensões levadas a efeito no curso do feito. É importante que seja cuidadosamente documentado todo ingresso de itens no bojo do inquérito, o local onde os mesmos ficarão guardados até que se ultime a investigação (em geral nos depósitos das delegacias) e o destino final dos bens quando do encerramento do feito (se foram devolvidos a seus donos, se acompanharão o inquérito quando do seu envio à justiça, se serão objeto de destruição, etc.). Tudo por escrito.

Atualmente se verifica tendência de virtualizar procedimentos e processos. Tal virtualização não obsta que as diligências sejam, de alguma forma, documentadas (gravadas, filmadas, etc.) – e isso é importante para demonstra a estrita observância da lei quando da prática do ato.

4.2.4. Inquisitivo (investigativo): no curso do inquérito policial não vigora o princípio do contraditório, presente apenas em juízo (na fase processual). Em rápidas linhas, o direito ao contraditório se traduz na necessidade de

13. BARBOSA, Manoel Messias. **Obra acima citada**, página 54.

audiência bilateral - na oportunidade dada à parte de se manifestar acerca da prova produzida pela parte adversa.

Em sede de inquérito policial, não há que se falar na existência de partes, nem na existência de acusação formal em face de alguém, daí porque desnecessário o contraditório.

Em que pese inquisitivo, admite-se que o investigado/indiciado indique ou solicite a juntada de provas ou documentos com o fito de comprovar suas alegações (leia o já citado artigo 14 do CPP). A efetiva produção da prova requerida ou a juntada de documentos solicitada pelo investigado/indiciado está na esfera da discricionariedade da autoridade policial, que pode julgá-las irrelevantes ou protelatórias. Em um caso ou em outro (admissão da prova ou rejeição da mesma), deve o delegado despachar de forma fundamentada.

De igual forma, o direito do investigado/indiciado de se fazer acompanhar por advogado ou defensor público é evidente. O que não se exige é a indispensabilidade da presença do causídico. Nesta toada, importante a análise do inciso XXI, do artigo 7º do EOAB, inserido pela Lei 13.245/16:

> Art. 7º. São direitos do advogado:
>
> (...)
>
> XXI – assistir a seus clientes investigados durante a apuração de infrações, sob pena de nulidade absoluta do respectivo interrogatório ou depoimento e, subsequentemente, de todos os elementos investigatórios e probatórios dele decorrentes ou derivados, direta ou indiretamente, podendo, inclusive, no curso da respectiva apuração:
>
> a) apresentar razões e quesitos;

A leitura do dispositivo deixa claro que é direito do advogado assistir a seu cliente no bojo do procedimento investigativo criminal. O novel direito não pode ser confundido com a necessidade de presença obrigatória de advogado em toda e qualquer oitiva na seara policial. O investigado/indiciado tem direito, como dito supra, de constituir, se quiser, advogado. Uma vez constituído, o delegado de polícia não pode impedir que o causídico acompanhe seu cliente na oitiva, sob pena de nulidade absoluta do ato (e dos atos subsequentes dele decorrentes), nos termos do dispositivo acima transcrito. É preciso salientar ainda que caso o cidadão seja investigado em mais de um procedimento, será necessário demonstrar a constituição de advogado em cada um dos feitos (caso se tencione a obrigatória participação do causídico em todos os apuratórios).

No curso da oitiva, fica claro que o advogado poderá apresentar razões (eventual petição explicitando a versão do seu cliente e indicando meios probantes que a sustentem – a efetiva materialização das diligências solicitadas pelo causídico, como já desenhado supra, será decidida fundamentadamente pelo delegado) e quesitos (sugestiono que o delegado faça as perguntas que entender pertinentes ao esclarecimento dos fatos e, ao final, permita que o advogado formule quesitos a seu cliente – caso a autoridade policial entenda que alguma pergunta é impertinente, pode indeferir a mesma, fazendo constar os motivos no termo).

Outro ponto: o delegado avaliará o pedido de adiamento da audiência previamente agendada em face da impossibilidade de comparecimento do advogado do investigado/indiciado. Caso se perceba que se trata de expediente procrastinatório, não vejo problema no seu indeferimento, dando-se ciência a ambos (investigado/indiciado e advogado). Em regra, não há problema em adiar a audiência e tal mudança de data não afeta sobremaneira o curso do procedimento investigativo.

A participação de advogado na defesa dos interesses do investigado/indiciado no curso do procedimento inquisitivo empresta um maior grau de confiabilidade à prova coligida. A presença de advogado/defensor público nos atos praticados no inquérito afasta ulteriores alegações de vilipêndio à integridade física/psíquica do investigado/indiciado, estratégia de defesa tão comum na fase judicial para desconstituir eventual confissão na fase policial.

Por fim, urge deixar claro que o fato de ser inquisitivo o inquérito policial não significa que estão permitidas arbitrariedades. Óbvio que os conceitos não se confundem. O delegado de polícia deve ser escravo da Constituição Federal e dos mandamentos legais que regem a matéria, tendo o máximo cuidado na produção da prova que demonstrará a prática do crime e quem foi seu autor, de forma a não a macular, nem atentar contra direitos individuais das pessoas envolvidas.

4.2.5. Dispensável: o titular da ação penal pode dispensá-lo, se tiver em mãos elementos que possibilitem o imediato oferecimento da peça inicial. Vários são os dispositivos legais que atestam a dispensabilidade do inquérito policial (artigos 12, 27, 39, § 5º e 46, § 1º, todos do CPP).

Essa característica exige uma análise mais detida. Se é fato que o titular da ação penal pode dispensar o inquérito policial como fonte de material probante para manejar a inicial acusatória, também é verdade que a instauração do procedimento é obrigatória em se tratando de crime que se processe mediante ação penal pública incondicionada. São realidades que não se chocam. Ao tempo em que o delegado de polícia é obrigado a instaurar apuratório inquisitivo sempre que tiver notícia da prática de crime de ação penal pública incondicionada (de ofício, inclusive – artigo 5º, I, do CPP), o Ministério Público (titular da ação penal pública) pode dispensar (se assim quiser) o inquérito policial como catalizador de indícios de autoria e prova da materialidade delitiva (e utilizar-se de outros elementos probantes). Essa é a leitura mais correta da legislação tupiniquim. Em síntese conclusiva, a polícia judiciária não escolhe o que investiga, o órgão é obrigado por lei a apurar todos os crimes de ação penal pública incondicionada[14].

Em que pese dispensável, por ser importante meio de coleta de provas da ocorrência delituosa e o instrumento mais hábil para condensar todos os elementos que gravitam em torno do crime, é muito difícil na prática encontrar ação penal não precedida de inquérito policial.

Por fim, cumpre deixar claro que o procedimento inquisitivo deve acompanhar a denúncia ou queixa sempre que servir de base a uma ou outra (artigo 12 do CPP).

4.2.6. Destinado a elucidar fato supostamente criminoso: como dito supra, modifiquei a parte final do conceito de inquérito policial, com o fito de dar-lhe definição mais ampla e atrelada ao que de fato ocorre (por vezes se conclui que o fato narrado na peça inaugural do procedimento inquisitivo não é criminoso). Tome-se como exemplo a apuração de suposto crime de homicídio que é concluída com a demonstração cabal de uma causa excludente de ilicitude (conclui-se, assim, que crime não houve). Caso se constate que o fato apurado realmente é delituoso, o objetivo último do inquérito será coligir prova da materialidade e indícios suficientes de autoria.

4.3. Formas de comunicação

Aqui trataremos das formas pelas quais o delegado de polícia pode vir a tomar conhecimento da prática de um delito e, diante dessa notícia de crime, instaurar o competente procedimento inquisitivo para apurá-lo.

4.3.1. Direta, espontânea, ou de cognição imediata: quando o próprio delegado toma conhecimento da ocorrência da infração penal em sua atividade rotineira (rondas, entrevista de informantes, informações policiais, pela televisão, por acaso);

4.3.2. Indireta, provocada, ou de cognição mediata: quando a vítima ou qualquer do povo comunica a ocorrência de crime à polícia (esta hipótese é chamada de *delatio criminis*, que pode ser simples, quando há mera comunicação ou postulatória, quando há requerimento para instauração de apuratório). Neste caso, via de regra, é lavrado um boletim de ocorrência, que deve conter o resumo do crime comunicado e todas as circunstâncias que facilitem a sua apuração (indicação de local, data, horário, testemunhas, vítima, dentre

14. A opção do legislador tupiniquim não é a melhor. Obrigar o aparelho policial a investigar todo e qualquer crime que se processe por meio de ação pública incondicionada finda desviando a atenção da polícia judiciária para apuração de delitos de pouco potencial lesivo. O ideal seria a seletividade das investigações: que fossem pinçados os crimes mais graves e que causam mais ofensa ao tecido social, para que se evite funesta impunidade nesses casos criminais mais sérios.

outros aspectos). Pode ser materializada ainda com a confecção de petição encaminhada à autoridade policial com todas as informações acerca da prática delitógena;

4.3.3. Coercitiva: quando ocorre prisão em flagrante delito. Esta modalidade de prisão cautelar será esmiuçada alhures;

4.3.4. Inqualificada: quando a comunicação é apócrifa (anônima). A doutrina e a jurisprudência pátria discutem a possibilidade de deflagração de investigação criminal tendo como pano de fundo uma notícia de crime apócrifa. O Pretório Excelso já se manifestou contrariamente a tal possibilidade (HC 84.827/TO, relatoria do Min. Marco Aurélio, DJ de 23/11/2007). Ocorre que o mesmo STF reconheceu a possibilidade de deflagração de investigação com base em notícia de crime anônima, desde que o início do procedimento inquisitivo seja precedido de diligências preliminares encetadas pelo aparelho policial com o fito de apurar a pertinência da mesma. O acórdão foi relatado pelo Min. Dias Toffoli[15]:

> Constitucional e Processual Penal. Habeas Corpus. Possibilidade de denúncia anônima, desde que acompanhada de demais elementos colhidos a partir dela. Inexistência de constrangimento ilegal. 1. O precedente referido pelo impetrante na inicial (HC nº 84.827/TO, Relator o Ministro Marco Aurélio, DJ de 23/11/07), de fato, assentou o entendimento de que é vedada a persecução penal iniciada com base, exclusivamente, em denúncia anônima. Firmou-se a orientação de que a autoridade policial, ao receber uma denúncia anônima, deve antes realizar diligências preliminares para averiguar se os fatos narrados nessa "denúncia" são materialmente verdadeiros, para, só então, iniciar as investigações. 2. No caso concreto, ainda sem instaurar inquérito policial, policiais civis diligenciaram no sentido de apurar a eventual existência de irregularidades cartorárias que pudessem conferir indícios de verossimilhança aos fatos. Portanto, o procedimento tomado pelos policiais está em perfeita consonância com o entendimento firmado no precedente supracitado, no que tange à realização de diligências preliminares para apurar a veracidade das informações obtidas anonimamente e, então, instaurar o procedimento investigatório propriamente dito. 3. Ordem denegada

Mais um *decisum* do Pretório Excelso:

> Instauração de inquérito policial contra magistrado federal – alegada ausência de justa causa – inocorrência – procedimento investigatório que visa à apuração de conduta típica – possibilidade – persecução penal e delação anônima – viabilidade, desde que a instauração formal do inquérito tenha sido precedida de

15. STF HC 98345/RJ, Rel. Min. Marco Aurélio, Rel. para o acórdão Min. Dias Toffoli, DJ 17/09/2010

averiguação sumária, "com prudência e discrição", destinada a apurar a verossimilhança dos fatos delatados e da respectiva autoria[16].

No mesmo sentido o Tribunal da Cidadania[17] (transcrevo apenas parte do acórdão):

> Embora a denúncia anônima não seja, por si só, idônea a dar ensejo à instauração de inquérito policial, muito menos à deflagração da ação penal, nada impede que ela possibilite uma investigação preliminar e que, apurados os fatos, seja instaurado inquérito policial e, posteriormente, uma ação penal, caso as informações de tal notícia sejam corroboradas por outros elementos de prova. Precedentes desta Corte e do Supremo Tribunal Federal.

Mais um julgado do STJ sobre o tema:

> Segundo a jurisprudência desta Corte, a denúncia anônima pode dar início à investigação, desde que corroborada por elementos informativos prévios que denotem a verossimilhança da comunicação. Diante da confecção de relatório de investigação preliminar, anterior à portaria de instauração do inquérito policial, constata-se que o procedimento investigatório foi embasado em outros elementos informativos, além da notícia anônima[18].

É de uma clareza meridiana que a constatação da efetiva ocorrência do crime noticiado de forma anônima faz cair por terra qualquer possibilidade de discussão acerca da natureza apócrifa da comunicação que movimentou o aparelho policial.

Óbvio que a autoridade policial deve ter a cautela de determinar diligências preliminares com o fito de perquirir se existe o mínimo de verossimilhança nos fatos noticiados antes de representar, por exemplo, medidas cautelares que venham a mitigar os direitos do investigado (interceptação telefônica, quebra de sigilo fiscal e bancário, busca e apreensão, prisão provisória, dentre outras). É seguir o quanto desenhado no artigo 5º, § 3º, do CPP. Normalmente o aparelho policial se desincumbe desta tarefa por meio de trabalho de campo sintetizado por meio de informação policial dirigida à autoridade policial (se o levantamento preliminar indicar indício de crime, o procedimento deve ser deflagrado).

Não é outra a conclusão de Pacelli[19], para quem:

---

16. STF, 2ª Turma, HC 109598 AgR/DF, relator Ministro Celso de Mello, julgado em 15/03/2016 (transcrição de parte da ementa).
17. STJ, HC 247921/ES, 6ª Turma, Rel. Min. Sebastião Reis Júnior, DJe 09/04/2013.
18. STJ, 6ª Turma, RHC 59542/PE, relator Ministro Rogério Schietti Cruz, julgado em 20/1/2016 (transcrição de parte da ementa).
19. DE OLIVEIRA, Eugênio Pacelli. **Obra acima citada**, página 53.

Diante da gravidade do fato noticiado e da verossimilhança da informação, a autoridade policial deve encetar diligências informais, isto é, ainda no plano da apuração da existência do fato - e não da autoria - para comprovação da idoneidade da notícia. É dizer: o órgão persecutório deve promover diligências para apurar se foi ou não, ou se está ou não, sendo praticada a alegada infração penal. O que não se deve é determinar a imediata instauração de inquérito policial sem que se tenha demonstrada nem a infração penal nem mesmo qualquer indicativo idôneo de sua existência. Em duas palavras, utilizadas, aliás, pelo Ministro Celso de Mello, com fundamento na doutrina de Frederico Marques, deve-se agir com prudência e discrição, sobretudo para evitar a devassa indevida no patrimônio moral de quem tenha sido, levianamente, apontado na delação anônima.

4.4. PEÇAS DE INSTAURAÇÃO

Procedimento formal que é, o inquérito policial deve ser inaugurado por peças predefinidas na legislação de regência. E são duas as possibilidades, dependendo se o apuratório iniciou com investigado solto ou se a deflagração do procedimento se deu em face da prisão em flagrante do autor do fato.

4.4.1. Portaria: peça que não ostenta forma rebuscada, onde o delegado declarará instaurado o inquérito, fazendo relato sucinto do fato apurado. É importante deixar claro: a) o local onde ocorreu o crime (importante para fins de análise ulterior da competência do juízo em que tramitará a futura ação penal); b) quando e de que forma foi o delito praticado (a fixação temporal será importante para estudo da prescrição e a descrição do fato para o correto enquadramento típico da conduta apurada); c) a tipificação (ainda que provisória); d) a identificação, se possível for, do suposto autor do fato; e) determinação de diligências iniciais voltadas à elucidação do crime.

É a peça primeira da investigação que se inicia com investigado solto. O delegado deverá ainda determinar o registro e autuação da peça (registrar em livro próprio e colocá-la entre capas).

Mesmo em caso de requisição do Ministério Público ou de juiz, a peça inicial deve ser a portaria. Rechaço a ideia de que a requisição poderá inaugurar o procedimento policial, como defendido Luiz Carlos Rocha[20] e Nestor Távora e Rosmar Rodrigues Alencar[21], porque o inquérito é procedimento administrativo formal que tramita no âmbito da polícia judiciária e deve ser deflagrado por determinação da autoridade que a dirige, o delegado de polícia (há, aliás, a possibilidade deste deixar de instaurar inquérito mesmo diante de requisição, conforme se verá alhures). Não basta mero despacho no rosto da requisição, mas efetiva confecção de peça da lavra do delegado, instaurando o procedimento com base na notícia de crime trazida no bojo do expediente requisitório.

20. ROCHA, Luiz Carlos. **Manual do Delegado de Polícia**, EDIPRO, 2002, página 339.

21. TÁVORA, Nestor e ALENCAR, Rosmar Rodrigues. **Obra acima citada**, página 105.

4.4.2. Auto de prisão em flagrante: peça que documenta a prisão em estado flagrancial (artigos 301 e seguintes do CPP). Lavrado o auto, instaurado estará o inquérito policial. Maiores comentários sobre o tema serão costurados quando estudarmos a prisão em flagrante.

4.5. FORMAS DE INSTAURAÇÃO

4.5.1. De ofício: quando o delegado de polícia toma conhecimento de uma infração penal de ação penal pública incondicionada e instaura o inquérito sem a necessidade de provocação (artigo 5º, I, do CPP). Neste caso, deve ele confeccionar portaria e declarar aberta a investigação. Trata-se de obrigação e não mera faculdade. Repito frase já desenhada supra, a polícia judiciária não escolhe o que investiga, ela tem o dever legal de apurar os crimes de ação penal pública incondicionada (em que pese a solução legal não ser a melhor, como também já declinado supra).

Neste tópico cumpre discutir questão interessante: a instauração de inquérito policial, de ofício pela autoridade policial, com o fito de investigar crime praticado por detentor de foro por prerrogativa de função. Não há como descortinar o tema sem analisar decisão do Supremo Tribunal Federal na Questão de Ordem na Petição 3825, relatada pelo Min. Sepúlveda Pertence. O Tribunal acolheu divergência iniciada pelo Min. Gilmar Mendes, no sentido de que não é possível a instauração de inquérito policial pela polícia judiciária para apurar crime supostamente cometido por autoridade que detém foro por prerrogativa de função junto ao STF. O magistrado findou por, em complemento ao seu entendimento, anular indiciamento determinado por delegado de polícia federal em face de parlamentar federal. Eis trecho relevante do acórdão:

> A iniciativa do procedimento investigatório deve ser confiada ao MPF contando com a supervisão do Ministro-Relator do STF. A Polícia Federal não está autorizada a abrir de ofício inquérito policial para apurar a conduta de parlamentares federais ou do próprio Presidente da República (no caso do STF).

No que toca às demais autoridades com foro de prerrogativa de função, válido analisar trecho de acórdão proferido pelo Tribunal da Cidadania[22], relatado pelo Min. Napoleão Nunes Maia Filho. No julgado, o relator deixa claro que entende que a prerrogativa de foro deveria se estender à fase pré-processual ou de investigação, mas finda por decretar a desnecessidade de requisição para instaurar inquérito pelo Tribunal competente para que se deflagre investigação em face de autoridade com prerrogativa de foro. Vejamos trecho do aresto:

22. STJ, HC 201000793642, 5ª. Turma, DJE 16/11/2010.

> Entretanto, este Corte, em mais de uma oportunidade, entendeu ser desnecessária a prévia autorização do Tribunal competente para se requisitar a instauração de Inquérito Policial contra autoridade pública detentora de foro privilegiado, por inexistir diploma legal a exigir tal medida; razão pela qual, considerando a missão constitucional desta Corte de uniformização da jurisprudência pátria, ressalvo o meu ponto de vista, a fim de declarar a validade do procedimento investigatório iniciado sem autorização do Tribunal a quo.

Aliás, para continuar o estudo do tema no Superior Tribunal de Justiça, o que a Corte prega é que basta que os eventuais pedidos de prazo para continuidade do inquérito policial e representações por medidas cautelares sejam remetidos ao Tribunal competente para processar e julgar a autoridade. Vejamos ementa de acórdão[23] elucidativo:

> O inquérito policial instaurado pela Autoridade Policial contra o ora Paciente, Prefeito do Município de Barra de São Miguel/PB, para a apuração da suposta prática do delito tipificado no art. 1º, II, do Decreto-Lei nº. 201/67, restou devidamente encaminhado para o Tribunal de Justiça do Estado da Paraíba, em razão da prerrogativa de função do investigado, inexistindo, pois, qualquer usurpação de sua competência.

Em síntese apertada, pode-se concluir que, afora as autoridades que detém foro por prerrogativa de função junto ao Supremo Tribunal Federal[24] (nesse caso o Ministro relator instaura inquérito em face de pedido do Procurador-Geral da República, da autoridade policial ou do ofendido – artigo 21, XV, do Regimento Interno do STF), não há necessidade de requisição do Tribunal competente ou do Ministério Público com atribuição para processá-las para instauração de inquérito policial, por ausência de previsão legal para tanto[25].

Vejamos julgado que sintetiza o quanto desenhado supra (o *decisum* trata de caso investigado diretamente pelo Ministério Público, mas a ideia nele contida pode ser tranquilamente transferida para o estudo do inquérito policial):

> CONSTITUCIONAL E PROCESSO PENAL. RECURSO ORDINÁRIO EM HABEAS CORPUS. NULIDADE DO PROCEDIMENTO INVESTIGATÓRIO. PREFEITO. AUTORIZAÇÃO DO TRIBUNAL DE JUSTIÇA PARA ABERTURA DAS INVESTIGAÇÕES PRELIMINARES. DESNECESSIDADE. AUSÊNCIA DE PREVISÃO NA LEI 8.038/90. EXIGÊNCIA DE SINDICABILIDADE JUDICIAL APENAS NO RECEBIMENTO DA DENÚNCIA. RECURSO DESPROVIDO. 1. O procedimento investigatório criminal conta com previsão legal do art. 8º da Lei Complementar 75/1993, do art. 26

23. STJ, HC 200701696309, 5ª Turma, DJ 25/02/2008, página 342.

24. Artigo 102, I, alíneas b e c, da CF/88.

25. Importante ressalvar que magistrados e membros do Ministério Público devem ser investigados pelo tribunal competente para julgá-los e por membro do MP designado para tal fim, respectivamente. Vide Leis Complementares 35/79 e 75/93.

da Lei 8.625/1993, sendo regulamentado pela Resolução n. 13/2006 do Conselho Nacional do Ministério Público, alterada pela Resolução n. 111/2014. 2. Os poderes investigatórios do Ministério Público são poderes implícitos, corolário da própria titularidade privativa do Parquet em promover a ação penal pública (Constituição da República, art. 129, I). Contudo, a Constituição, em seu art. 129, VIII, confere expressamente ao Ministério Público a atribuição de requisitar diligências investigatórias e a instauração de inquérito à autoridade policial, independentemente de sindicabilidade ou supervisão judicial. 3. O art. 5º do Código de Processo Penal, em seus incisos I e II, dispõe que, nos crimes de ação penal pública, o inquérito será iniciado de ofício ou mediante requisição da autoridade judiciária ou do Ministério Público, ou a requerimento do ofendido ou de quem tiver qualidade para o representar. Nesses termos, o próprio Ministério Público pode requisitar a instauração de inquérito policial, sem necessidade de prévia submissão do pleito ao Poder Judiciário, razão pela qual, na hipótese de procedimento investigatório criminal instaurado pelo próprio Parquet, não há se falar igualmente em pedido formal de autorização judicial. 4. Nas hipóteses de haver previsão de foro por prerrogativa de função, seja por disposição do poder constituinte, do constituído reformador ou decorrente, pretende-se apenas que a autoridade, em razão da importância da função que exerce, seja processada e julgada perante foro mais restrito, formado por julgadores mais experientes, evitando-se pois persecuções penais infundadas. Da prerrogativa de função, contudo, não decorre qualquer condicionante à atuação do Ministério Público, ou da autoridade policial, no exercício do mister investigatório, sendo, em regra, despicienda a admissibilidade da investigação pelo Tribunal competente. 5. Corolário do sistema acusatório, a investigação pré-processual, tendo como destinatário o órgão acusador, também deve ser desempenhada por órgão diverso daquele que julgará a ação penal. Nessa perspectiva, a prerrogativa de foro do autor do fato delituoso deve ser critério exclusivo de determinação da competência jurisdicional originária, aplicável quando do recebimento da denúncia ou, eventualmente, antes dela, caso se fizer necessária diligência sujeita à reserva jurisdicional, salvo previsão legal diversa. Há, entrementes, exceções no ordenamento que, mesmo que indiretamente, consagram sindicabilidade judicial nas investigações contra autoridades com prerrogativa de função. Pode-se citar o art. 21, XV do Regimento Interno do Supremo Tribunal Federal, que atribui ao relator a instauração de inquérito policial, a pedido do Procurador-Geral da República; o art. 33 da LOMAN impõe a admissibilidade pelo tribunal competente para prosseguimento da investigação criminal em face de magistrados; e, da mesma forma, o art. 18 da Lei Complementar 75/93 e art. 41, parágrafo único, da Lei 8625/1993, quanto aos membros do Ministério Público. 6. In casu, o recorrente, então prefeito da cidade de Miguel Pereira, foi investigado pela suposta prática dos crimes previstos nos arts. 12 e 16, ambos da Lei 10.826/03; art. 90 da Lei 8.666/93; art. 1º, § 1º, inciso I, da Lei 9.613/98, e art. 288 do Código Penal. O ordenamento jurídico (CRFB, art. 29, X) apenas determina a competência do Tribunal de Justiça para julgamento do prefeito, não havendo qualquer restrição à incidência plena do sistema acusatório no caso concreto. De rigor, pois, o exercício pleno da atribuição investigativa do Parquet, independente da sindicabilidade do Tribunal de Justiça, que somente deverá ocorrer por ocasião do juízo acerca do recebimento da denúncia ou, eventualmente, antes, se houver necessidade de diligência sujeita à reserva jurisdicional, conforme disposição expressa nos arts. 4º e 6º da Lei 8.038/90. 7. Recurso desprovido[26].

Contudo, caso o delegado de polícia deseje agir com maior cautela (com o fito de evitar futura arguição de nulidade), pode, ao receber notícia de crime que envolva detentor de foro por prerrogativa de função, remetê-la ao órgão do Ministério Público que oficie no tribunal competente para julgar a autoridade, solicitando que os fatos sejam analisados e que, caso o MP também entenda haver indícios da prática de infração penal, requisite a instauração de inquérito policial.

Por fim, é importante deixar claro, ainda, que o Supremo Tribunal Federal entendeu, no julgamento das ADI 4798, 4764 e 4797, que não é necessária autorização prévia da respectiva Assembleia Legislativa para que o STJ inicie processo crime contra governador (de igual sorte, não há que se falar em ciência prévia ou autorização do Poder Legislativo estadual para que seja iniciada investigação em face do chefe do Poder Executivo estadual).

A tese fixada pelo Pretório Excelso foi a seguinte:

> É vedado às unidades federativas instituírem normas que condicionem a instauração de ação penal contra governador, por crime comum, à prévia autorização da casa legislativa, cabendo ao Superior Tribunal de Justiça dispor, fundamentadamente, sobre a aplicação de medidas cautelares penais, inclusive afastamento do cargo.

4.5.2. Requerimento do ofendido: quando a vítima ou seu representante legal formula requerimento à autoridade para instauração. Esse requerimento é elaborado por meio de peça formal e pode ser indeferido, cabendo recurso ao chefe de polícia, nos termos do art. 5º, II, primeira parte, do CPP e do § 2, do mesmo dispositivo. O chefe de polícia é o Superintendente da Polícia (ou Delegado-Geral), no âmbito das Polícias Civis (alguns entendem que seria o Secretario de Segurança Pública), e o Superintendente da Polícia Federal ou Chefe de Delegacia descentralizada no âmbito da Polícia Federal. Por óbvio, o despacho de indeferimento deve ser fundamentado.

É de se anotar que o inquérito policial que apura crime de ação penal pública condicionada a representação ou ação penal privada só pode ser iniciado com autorização da vítima ou seu representante legal (artigo 5º, §§ 4º e 5º do CPP) - se a ação penal privada for personalíssima, a apuração só deve ser iniciada com a autorização da vítima. Essa exigência ocorre também no caso de prisão em flagrante delito, que só poderá ser levada a efeito com autorização da vítima.

26. STJ, 5ª. Turma, RHC 77.518/RJ, relator Ministro Ribeiro Dantas, julgado em 09/03/2017, DJe 17/03/2017.

4.5.3. Requisição do Ministério Público ou do juiz: é pacífico o entendimento de que se trata de sinônimo de ordem (apesar de não existir subordinação hierárquica entre delegado, Ministério Público e juiz). Por isso, diz-se que o delegado está obrigado a instaurar o inquérito quando requisitado por essas autoridades (artigo 5º, II, primeira parte, do CPP).

Cumpre melhor esclarecer o tema. Como dito supra, não há qualquer subordinação hierárquica entre delegado de polícia, membro do Ministério Público e juiz. Ora, se não há subordinação, por que a requisição é entendida como sinônimo de ordem de maneira pacífica pela doutrina? Simples. Porque requisições feitas por tais autoridades narram em seu bojo crimes de ação penal pública incondicionada (e há previsão legal expressa no sentido de que o delegado de polícia deve instaurar inquérito para apurar crimes desta natureza). A ordem não é, destarte, do juiz ou do MP, mas sim da lei e, por isso, deve ser cumprida.

Com fulcro no argumento acima desenhado é que a autoridade policial pode deixar de instaurar inquérito se perceber que não há justa causa para tanto (evidente implemento da prescrição da pretensão punitiva, atipicidade material do fato narrado, ter havido a extinção da punibilidade por qualquer causa, dentre outras situações que se enquadrarem neste conceito)[27].

Guilherme de Souza Nucci[28], com a precisão que lhe é peculiar, deixa claro que "é possível que a autoridade policial refute a instauração de inquérito requisitado por membro do Ministério Público ou por Juiz de Direito, desde que se trate de exigência manifestamente ilegal. A requisição deve lastrear-se na lei, não tendo, pois, supedâneo legal, não deve o delegado agir, pois, se o fizesse, estaria descumprindo um desejo pessoal de outra autoridade, o que não se coaduna com a sistemática processual penal".

Neste caso deverá o delegado fundamentar seu ato (negativo, de não instaurar procedimento) e fazer retornar o expediente requisitório à autoridade que o encaminhou à seara policial, via ofício. Caso esta insista, rebatendo os argumentos desenhados pelo delegado de polícia, o procedimento inquisitivo deve ser instaurado – não porque deve prevalecer o entendimento da autoridade requisitante, mas porque quando do momento da instauração do inquérito vigora o princípio do *in dubio pro societate* (nesse caso, melhor seria que o substituto legal do delegado que se manifestou contrariamente à instauração deflagrasse o procedimento, com o fito de não macular o entendimento jurídico deste).

4.5.4. Auto de prisão em flagrante: efetivado o flagrante, estará iniciado o inquérito. Como dito, o tema será pormenorizado alhures.

---

27. Anote-se que o desatendimento de requisição não configura, sequer em tese, crime de desobediência por parte da autoridade policial. Neste sentido julgado do STJ: RHC 651/SP, 6ª Turma, rel. Min. Vicente Leal, j. 15/09/1997.

28. NUCCI, Guilherme de Souza. **Obra acima citada**, páginas 137/138.

4.6. PRAZOS

4.6.1. Investigado/Indiciado solto: o prazo é de 30 dias (contados excluindo o dia do começo - artigo 798, § 1º, do CPP), podendo ser prorrogado pelo juiz em casos de difícil elucidação, por quantas vezes for necessário para conclusão dos trabalhos (inteligência do artigo 10, caput, e § 3º, do CPP). As prorrogações subsequentes não precisam ser feitas pelo prazo de 30 dias, podendo ser assinalado prazo maior que este, a depender do caso concreto (aliás, melhor estabelecer lapso temporal mais elástico, evitando desnecessário envio do apuratório não concluído a todo instante para Justiça apenas para pedido de novo prazo).

Seguindo a legislação processual penal, o correto é que, com o fim do prazo legal de 30 dias sem que o apuratório seja concluído, o delegado encaminhe o procedimento investigativo ao juiz, que abrirá vista do mesmo ao Ministério Público para que este se manifeste acerca do pedido de novo prazo para conclusão das investigações. É assim porque o MP é o titular da ação penal pública e não depende do encerramento formal do inquérito (através da elaboração de relatório) para denunciar ou promover o arquivamento do feito, por exemplo. Em havendo parecer favorável à prorrogação de prazo por parte do MP, caberá ao juiz a fixação deste e o envio dos autos à delegacia para continuidade das investigações.

Na prática, a solução legal não é a melhor. A figura do juiz servindo de intermediário entre a polícia judiciária e o Ministério Público é completamente dispensável, em se tratando de mero pedido de dilação prazal para continuidade das investigações. É que o inquérito tem como destinatário o órgão estatal acusador (em caso de ação penal pública), vez que sua razão de existir é subsidiar este de elementos de prova que possibilitem o manejo da ação penal (especialmente a confecção da inicial acusatória) - caso o fato apurado seja efetivamente criminoso (remeto o leitor ao tópico 4.2.6, supra).

Destarte, melhor seria que o trâmite do inquérito policial se desse diretamente entre aparelho policial e MP, salvo se for levado a efeito representação de medida cautelar (busca e apreensão, prisão provisória, interceptação telefônica, dentre outras), que necessariamente deve ser encaminhada ao juízo competente, porque a este cabe a análise e o deferimento ou não do pleito deduzido.

E assim o é no âmbito da Justiça Federal, devendo o feito passar pelo juízo apenas na primeira remessa (fim do primeiro prazo legal de 30 dias para conclusão do feito), para fins de registro. Vejamos os termos dos artigos 2º e 3º da Resolução 63, do Conselho da Justiça Federal, que determina:

> Art. 2º. Os autos de inquérito policial, concluídos ou com requerimento de prorrogação de prazo para o seu encerramento, quando da primeira remessa ao Ministério Público Federal, serão previamente levados ao Poder Judiciário tão-

-somente para o seu registro, que será efetuado respeitando-se a numeração de origem atribuída na Polícia Federal.

Art. 3º Os autos de inquérito policial que não se inserirem em qualquer das hipóteses previstas nos arts. 1º e 2º desta resolução e que contiverem requerimentos mera e exclusivamente de prorrogação de prazo para a sua conclusão, efetuados pela autoridade policial, serão encaminhados pela Delegacia de Polícia Federal diretamente ao Ministério Público Federal para ciência e manifestação, sem a necessidade de intervenção do órgão do Poder Judiciário Federal competente para a análise da matéria.

4.6.2. Indiciado preso (flagrante ou preventiva): prazo de 10 dias, contado do dia da efetivação da prisão. Neste sentido Nestor Távora/Rosmar Rodrigues Alencar[29] e Guilherme de Souza Nucci[30]. Em sentido diverso Fernando Capez[31], que afirma que deve ser seguida a regra geral da contagem de prazo em processo penal, grafada no artigo 798, § 1º, do CPP.

Penso que a melhor interpretação é a primeira, já que o próprio artigo 10 do CPP assim determina (este finda sendo, de certa forma, especial em face do artigo 798, § 1º, do mesmo diploma, que prevê prazo genérico).

É indubitável que o prazo aqui tratado é improrrogável (nos termos do artigo 10, primeira parte do CPP).

Assim é que, com a materialização da prisão cautelar nas modalidades flagrante e preventiva, o inquérito tem, necessariamente, que ser relatado em dez dias, ainda que o último dia de contagem caia em sábado, domingo ou feriado (não há prorrogação do prazo para o dia útil subsequente, devendo nesse caso o procedimento ser encaminhado ao plantão judiciário até o exato dia em que findar o lapso temporal). Extrapolado o interstício sem que seja o inquérito finalizado e remetido ao juízo competente, passa a prisão a ser considerada ilegal, podendo ser relaxada.

É de se anotar que o prazo de 10 dias improrrogável para conclusão do inquérito policial ocorre apenas no caso de prisão em flagrante delito e prisão preventiva. No caso de indiciado preso em face de prisão temporária não há prazo fatal para conclusão do apuratório (que continua a correr normalmente como se solto estivesse o indiciado), podendo inclusive haver sucessivas prorrogações do mesmo até a elucidação do fato. É que o prazo, no caso da custódia temporária, é de duração da prisão e não para conclusão do feito (por óbvio, se a prisão temporária for convertida em preventiva por ordem judicial, o inquérito passa a ter prazo fatal de conclusão, contado da data da decretação da prisão preventiva).

---

29. TÁVORA, Nestor e ALENCAR, Rosmar Rodrigues. **Obra acima citada**, página 98.

30. NUCCI, Guilherme de Souza. **Obra acima citada**, página 141.

31. CAPEZ, Fernando. **Obra acima citada**, página 140.

Já no caso das prisões em flagrante e preventiva, o elastério é referente à conclusão do feito (até porque a prisão preventiva, como se verá alhures, não tem prazo definido, podendo durar até o fim do processo, caso perdurem os motivos que a determinou e a em flagrante delito tem necessariamente que ser convertida em preventiva para se protrair no tempo – linha defendida nesta obra desde sua primeira edição e que findou abraçada pela legislação em vigor – Lei 12.403/11).

É salutar que o delegado tente realizar o máximo de diligências já na elaboração do auto flagrancial (ouça o máximo de testemunhas, requeste as perícias necessárias ao aclaramento dos fatos, leve a efeito o reconhecimento de pessoas e coisas, acareações, dentre outras). Isso poupará precioso tempo em face da exiguidade do prazo para conclusão do feito.

4.6.3. Prazos especiais: os inquéritos que apuram crimes de competência da Justiça Federal têm prazo de 15 dias, prorrogáveis por mais 15 dias, em caso de indiciado preso em flagrante ou por prisão preventiva (artigo 66 da Lei 5.010/66) e de 30 dias em caso de investigado/indiciado solto; os inquéritos que apuram crimes descritos na lei antidrogas têm prazo de 90 dias para investigado/indiciado solto e de 30 dias prorrogáveis por mais 30 em caso de indiciado preso (artigo 51 da Lei 11.343/06); os inquéritos que apuram crimes contra a economia popular têm prazo de 10 dias, esteja o investigado/indiciado preso ou solto (artigo 10, § 1º, da Lei 1.521/51).

4.7. DILIGÊNCIAS

Estão descritas nos artigos 6º e 7º do Código de Processo Penal. Como visto supra, o inquérito policial não tem sequência de atos predefinida na legislação de regência. A sequência atende à discricionariedade da autoridade policial e a necessidade de cada investigação, caso a caso.

Estudemos, brevemente, o rol exemplificativo do artigo 6º, do CPP:

4.7.1. Preservar o local do crime até a chegada dos peritos: trata-se da preservação do local da infração penal, de forma a não macular o corpo de delito até que seja ele periciado.

Alhures se dirá que corpo de delito são todos os elementos sensíveis deixados pelo fenômeno delitógeno (qualquer alteração física perceptível no mundo dos fatos em face da ocorrência do crime).

A preservação deve abranger área suficiente para isolar toda e qualquer alteração feita pelos criminosos e vítima, de forma a facilitar o trabalho dos peritos. É de bom tom que seja utilizada fita zebrada para delimitar o local isolado. Sugestiono a criação de dois anéis de isolamento: um primeiro efetivamente isolado, resguardando o local de crime e suas evidências, onde só será autorizada a entrada do corpo técnico (peritos e papiloscopistas); e um segundo onde ficarão as forças de segurança responsáveis pela investigação (polícia civil ou federal, conforme o caso) e pela manutenção da ordem (polícia militar). A imprensa, populares e mesmo parentes de eventuais vítimas deverão ser mantidos do lado de fora dos dois anéis.

Óbvio que dita preservação não pode pôr em risco a vida da vítima ou mesmo a dos criminosos. A primeira providência de policiais que chegam ao local do crime é fazer o quanto possível para resguardar vidas. Caso não seja possível, aí sim deve haver a preocupação em não alterar o estado de coisas até a chegada do corpo técnico.

Anote-se que mesmo o local de crime não devidamente preservado deve ser periciado (muitas vezes a cena é alterada por parentes da vítima, por equipes de socorro, dentre outras hipóteses). Óbvio que os peritos deverão atentar para as modificações alheias ao fenômeno delitógeno, com vistas a não ter suas conclusões atrapalhadas por ditas alterações. Importante, nesta toada, a leitura do artigo 169 do CPP:

> Art. 169. Para o efeito de exame do local onde houver sido praticada a infração, a autoridade providenciará imediatamente para que não se altere o estado das coisas até a chegada dos peritos, que poderão instruir seus laudos com fotografias, desenhos ou esquemas elucidativos.
>
> Parágrafo único. Os peritos registrarão, no laudo, as alterações do estado das coisas e discutirão, no relatório, as conseqüências dessas alterações na dinâmica dos fatos.

4.7.2. Apreender os objetos que tiverem ligações com o crime depois de liberados pelos peritos: é sequência lógica do inciso anterior. Depois de liberado o local de crime (feito o exame de local), deve o delegado de polícia apreender os objetos que tiverem ligação com o delito.

A apreensão é necessária ainda que a autoridade policial tencione periciar o objeto. Clarificando através de um exemplo: a polícia é acionada para apurar suposto crime de homicídio; chegando ao local, o aparelho policial deve isolar a área até a chegada dos peritos, depois de se certificar que a vítima efetivamente está morta; periciado o local, a autoridade policial está autorizada a arrecadar e apreender os objetos que tiverem ligação com o crime (cápsulas deflagradas de munição, armas de fogo, escritos, dentre outros itens); neste exemplo se faz necessário periciar o cadáver da vítima, as munições deflagradas e a arma de fogo; cumpre à autoridade policial providenciar a apreensão de tais itens (à exceção do corpo da vítima, que será levado ao Instituto Médico Legal para materialização de necropsia, independente de apreensão) e, só depois, requestar realização de perícia específica neles, com quesitação própria.

A apreensão, sempre que possível for, deve ser acompanhada pelo corpo técnico, de forma a não prejudicar a futura perícia (os peritos devem auxiliar na coleta e no acondicionamento dos itens a serem apreendidos). Isso porque, caso os objetos a serem apreendidos sejam manuseados de forma incorreta, podem desaparecer importantes rastros investigativos como, por exemplo, impressões digitais e materiais que permitam futuro exame de DNA.

4.7.3. Colher todas as provas que tiverem ligação com o crime: trata-se de permissão genérica de apreender qualquer meio de prova, ainda que não originário do local do crime (decorrente de buscas representadas e deferidas pela autoridade judiciária, objetos ou documentos fornecidos por pessoas físicas ou jurídicas atendendo a solicitação da autoridade policial, dentre outros).

Destaco aqui novidade legislativa: a Lei 13.432/17 regulamentou a atividade de detetive particular e permitiu a colaboração deste com a investigação criminal, desde que expressamente autorizada pelo contratante e com o necessário aceite do delegado de polícia (para determinar a juntada dos elementos trazidos pelo profissional em questão). É o que determina o artigo 5º do novel mandamento legal:

> Art. 5º O detetive particular pode colaborar com investigação policial em curso, desde que expressamente autorizado pelo contratante.
>
> Parágrafo único. O aceite da colaboração ficará a critério do delegado de polícia, que poderá admiti-la ou rejeitá-la a qualquer tempo.

Por óbvio, é preciso salientar que a atividade do detetive particular é limitada pela lei (ele não faz parte, em nenhuma medida, do aparelho de investigação estatal e não detém poderes para intimar pessoas, requisitar documentos, dentre outras diligências próprias da polícia judiciária – isso sob pena de prática de crimes) e se volta à coleta de elementos extrapenais de interesse do seu cliente (mediante consulta em fontes abertas, registros fotográficos ou filmagens em locais públicos, dentre outras possibilidades). A colaboração acima descrita se dá quando, no curso da sua atividade (para demonstração de infidelidade conjugal ou na busca de pessoa desaparecida, por exemplo) surgir elemento de convicção que interesse a investigação criminal em curso (que poderá ser fornecido à autoridade policial caso haja autorização expressa do cliente do detetive, ficando a sua juntada condicionada à discricionariedade do delegado de polícia).

4.7.4. Ouvir o ofendido (vítima): a vítima será ouvida em termo de declarações (vale dizer, não prestará compromisso de dizer a verdade e não pode ser punida por crime de falso testemunho caso minta – artigo 342 do Código Penal).

Pode o ofendido ser sujeito ativo do crime de denunciação caluniosa, se der causa à instauração, por exemplo, de procedimento inquisitivo, direcionando a apuração a pessoa que sabia ser inocente:

> Art. 339. Dar causa à instauração de investigação policial, de processo judicial, instauração de investigação administrativa, inquérito civil ou ação de improbidade administrativa contra alguém, imputando-lhe crime de que o sabe inocente.

Em alguns casos as declarações da vítima serão fundamentais para a elucidação do delito (crimes sexuais, por exemplo, vez que cometidos usualmente de forma clandestina, sem testemunhas oculares). A este respeito, trago à baila trecho do voto do Des. René Ricupero, relator da apelação criminal 990101494000, que tramitou no Tribunal de Justiça do Estado de São Paulo[32]:

> Em sede de crimes contra a liberdade sexual, tocados pela clandestinidade, tem-se conferido relevância especial à palavra da ofendida, desde que não se verifiquem graves contradições em seus depoimentos e que estejam em conformidade com outros elementos probatórios, ainda que indiciários.

O Tribunal da Cidadania[33] segue a mesma linha de pensamento:

> Nos crimes sexuais, a palavra da vítima, especialmente quando corroboradas por outros elementos de convicção, tem grande validade como prova, porque, na maior parte dos casos, esses delitos, por sua própria natureza, não contam com testemunhas e sequer deixam vestígios.

Saliento que o ofendido pode ser conduzido coercitivamente, caso deixe de comparecer injustificadamente, estando regularmente intimado para tal, inteligência do artigo 201, § 1º, do CPP.

Acerca da oitiva do ofendido, destaco a importância do estudo da Lei 13.431/17[34] (principalmente nos dispositivos relativos à escuta especializada e ao depoimento especial de criança ou adolescente vítima ou testemunha de infração penal).

Nos termos do mandamento acima mencionado, escuta especializada "é o procedimento de entrevista sobre situação de violência com criança ou adolescente perante órgão da rede de proteção, limitado o relato estritamente ao necessário para o cumprimento de sua finalidade" (artigo 7º). Já o depoimento especial é definido como o "procedimento de oitiva de criança ou adolescente vítima ou testemunha de violência perante autoridade policial ou judiciária" (artigo 8º).

---

32. TJ/SP, 13ª Câmara de Direito Criminal, j. 07/10/2010.

33. STJ, HC 59476/RJ, 5ª Turma, rel. Min. Gilson Dipp, DJ 13/11/06.

34. O artigo 29 do mandamento legal determina que o mesmo entre em vigor 1 ano depois de publicado (a publicação ocorreu em 05/04/2017).

A Lei 13.431/17 determina que a criança/adolescente seja resguardado de qualquer contato, ainda que visual, com o suposto autor do fato ou acusado ou qualquer outra pessoa que represente ameaça, coação ou constrangimento (artigo 9º).

O artigo 10 da lei citada determina que a colheita do depoimento especial será materializada em local apropriado e acolhedor, com o fito de garantir privacidade à criança ou ao adolescente vítima/testemunha de violência.

Interessante perceber que a lei estudada reza que o depoimento especial deve ser tomado uma única vez, em sede de produção antecipada de prova (leia o artigo 156, I, do CPP), com garantia da ampla defesa do investigado (em verdade, penso que deve também ser garantido o contraditório, já que a oitiva não será, em regra, repetida – destarte, impõe-se a participação do advogado do investigado/acusado na colheita das declarações que, por se tratar de prova antecipada, deve ser coligida por magistrado, com a presença do Ministério Público). Note que há obrigatoriedade da produção antecipada de prova quando a criança vítima/testemunha tiver menos de 7 anos ou em caso de violência sexual[35]. Eis a redação do artigo 11 da Lei 13.431/17:

> Art. 11. O depoimento especial reger-se-á por protocolos e, sempre que possível, será realizado uma única vez, em sede de produção antecipada de prova judicial, garantida a ampla defesa do investigado.
>
> § 1º O depoimento especial seguirá o rito cautelar de antecipação de prova:
>
> I – quando a criança ou o adolescente tiver menos de 7 (sete) anos;
>
> II – em caso de violência sexual.
>
> § 2º Não será admitida a tomada de novo depoimento especial, salvo quando justificada a sua imprescindibilidade pela autoridade competente e houver a concordância da vítima ou da testemunha, ou de seu representante legal.

É possível identificar falha na redação do inciso I, do § 1º, do artigo acima transcrito, que fala de adolescente de menos de 7 anos (adolescente, nos termos do artigo 2º do Estatuto da Criança e do Adolescente – Lei 8.069/90, tem idade entre 12 anos completos e 18 incompletos). Outro ponto: em que pese não estar explícita a alternatividade da aplicação da providência do § 1º, do artigo 11, aos seus incisos, penso que a melhor interpretação a ser manejada nesse caso é a extensiva (deve ser materializada, destarte, antecipação de prova na oitiva de vítima/testemunha menor de 7 anos em qualquer tipo de crime e de criança ou adolescente vítima de violência sexual).

35. Por óbvio, ainda que a prova seja colhida antecipadamente, caso futuramente (no curso do processo, por exemplo) exista fundada dúvida que se possa ser sanada por meio de nova oitiva da criança/adolescente, esta deverá ser materializada, no meu sentir.

Eis o roteiro legal da tomada do depoimento especial (a oitiva em sede policial deve observar, no que for aplicável, os passos abaixo descritos - parece ter havido erro de redação no artigo 20, § 3º, da lei em comento, que faz remissão ao artigo 14, quando, em verdade, deveria se referir ao artigo 12 abaixo transcrito):

> Art. 12. O depoimento especial será colhido conforme o seguinte procedimento:
>
> I - os profissionais especializados esclarecerão a criança ou o adolescente sobre a tomada do depoimento especial, informando-lhe os seus direitos e os procedimentos a serem adotados e planejando sua participação, sendo vedada a leitura da denúncia ou de outras peças processuais;
>
> II - é assegurada à criança ou ao adolescente a livre narrativa sobre a situação de violência, podendo o profissional especializado intervir quando necessário, utilizando técnicas que permitam a elucidação dos fatos;
>
> III - no curso do processo judicial, o depoimento especial será transmitido em tempo real para a sala de audiência, preservado o sigilo;
>
> IV - findo o procedimento previsto no inciso II deste artigo, o juiz, após consultar o Ministério Público, o defensor e os assistentes técnicos, avaliará a pertinência de perguntas complementares, organizadas em bloco;
>
> V - o profissional especializado poderá adaptar as perguntas à linguagem de melhor compreensão da criança ou do adolescente;
>
> VI - o depoimento especial será gravado em áudio e vídeo.
>
> § 1º À vítima ou testemunha de violência é garantido o direito de prestar depoimento diretamente ao juiz, se assim o entender.
>
> § 2º O juiz tomará todas as medidas apropriadas para a preservação da intimidade e da privacidade da vítima ou testemunha.
>
> § 3º O profissional especializado comunicará ao juiz se verificar que a presença, na sala de audiência, do autor da violência pode prejudicar o depoimento especial ou colocar o depoente em situação de risco, caso em que, fazendo constar em termo, será autorizado o afastamento do imputado.
>
> § 4º Nas hipóteses em que houver risco à vida ou à integridade física da vítima ou testemunha, o juiz tomará as medidas de proteção cabíveis, inclusive a restrição do disposto nos incisos III e VI deste artigo.
>
> § 5º As condições de preservação e de segurança da mídia relativa ao depoimento da criança ou do adolescente serão objeto de regulamentação, de forma a garantir o direito à intimidade e à privacidade da vítima ou testemunha.
>
> § 6º O depoimento especial tramitará em segredo de justiça[36].

36. Sob pena da prática do crime capitulado no artigo 24 da mesma lei: "Violar sigilo processual, permitindo que depoimento de criança ou adolescente seja assistido por pessoa estranha ao processo, sem autorização judicial e sem o consentimento do depoente ou de seu representante legal".

Acerca da atuação do delegado de polícia em inquéritos com vítima/testemunha criança/adolescente, é importante, ainda, atentar para o quanto desenhado no artigo 21 da Lei 13.431/17:

> Art. 21. Constatado que a criança ou o adolescente está em risco, a autoridade policial requisitará à autoridade judicial responsável, em qualquer momento dos procedimentos de investigação e responsabilização dos suspeitos, as medidas de proteção pertinentes, entre as quais:
>
> I – evitar o contato direto da criança ou do adolescente vítima ou testemunha de violência com o suposto autor da violência;
>
> II – solicitar o afastamento cautelar do investigado da residência ou local de convivência, em se tratando de pessoa que tenha contato com a criança ou o adolescente;
>
> III – requerer a prisão preventiva do investigado, quando houver suficientes indícios de ameaça à criança ou adolescente vítima ou testemunha de violência;
>
> IV – solicitar aos órgãos socioassistenciais a inclusão da vítima e de sua família nos atendimentos a que têm direito;
>
> V – requerer a inclusão da criança ou do adolescente em programa de proteção a vítimas ou testemunhas ameaçadas; e
>
> VI – representar ao Ministério Público para que proponha ação cautelar de antecipação de prova, resguardados os pressupostos legais e as garantias previstas no art. 5º desta Lei, sempre que a demora possa causar prejuízo ao desenvolvimento da criança ou do adolescente.

Em que pese ter sido nobre a intenção do legislador (proteção da criança/adolescente), verifico algumas dificuldades na materialização das medidas protetivas acima transcritas (especialmente pelo fato de que a oitiva da vítima/testemunha criança/adolescente deve ser materializada por meio do procedimento da antecipação de prova). É que a investigação criminal é muito dinâmica. Essa presteza (para que elementos de prova não desapareçam e oportunidades probantes não sejam perdidas) não parece se coadunar com a necessidade do delegado representar ao Ministério Público para que este proponha ação cautelar de antecipação de provas, na forma do inciso VI, do artigo 21, acima transcrito (melhor seria permitir representação direta do delegado ao Judiciário, pugnando pela colheita antecipada da prova).

Aliás, como representar pela decretação da prisão preventiva do investigado (na forma do inciso III, do artigo 21, da Lei 13.431/17) sem a coleta da oitiva da criança/adolescente vítima, sem submetê-la prontamente a exame de corpo de delito para constatação de eventuais lesões, dentre outras providências importantes para demonstração da materialidade delitiva e dos indícios de autoria reclamados pelo artigo 312 do CPP?

A saída mais adequada parece ser a materialização da escuta especializada (com a participação do delegado de polícia e/ou policiais devidamente capacitados para este fim[37]), a fim de coligir elementos que permitam instauração do inquérito (e o início efetivo do trabalho investigativo), com imediato acionamento do Ministério Público para manejo da cautelar de produção de prova antecipada[38] (a demora pode ocasionar esquecimento, permitir que a vítima seja ameaçada, que o agressor destrua provas ou fuja, dentre outras mazelas), nas hipóteses descritas no § 1º, do artigo 11, do mandamento em estudo (em face da obrigatoriedade da produção antecipada de prova) e, nos demais casos, a oitiva formal da vítima pelo delegado de polícia, com observância, no que couber, do artigo 12 da Lei 13.431/17.

Continuemos. Na linha defendida por esta obra (que reclama esmero do delegado de polícia na busca de cabedal probante robusto, que efetivamente elucide a prática delitógena), o artigo 22 da Lei 13.431/17 determina que os "órgãos policiais envolvidos envidarão esforços investigativos para que o depoimento especial não seja o único meio de prova para o julgamento do réu".

Não há dúvida de que a lei estudada é importante para proteção efetiva de crianças e adolescentes vítimas ou testemunhas. Entrementes, nota-se que a efetividade do mandamento legal dependerá de pesados investimentos por parte do estado. Será preciso acompanhar de perto o cumprimento do novel texto, com o fito de que ele não vire letra morta.

Por fim, cumpre destacar que a Lei 11.340/06 (Lei Maria da Penha), com as alterações introduzidas pela Lei 13.505/17, determina oitiva diferenciada da mulher em situação de violência doméstica e familiar, bem como da testemunha de violência doméstica, no curso da investigação criminal:

> Art. 10-A. É direito da mulher em situação de violência doméstica e familiar o atendimento policial e pericial especializado, ininterrupto e prestado por servidores – preferencialmente do sexo feminino – previamente capacitados.
>
> § 1º A inquirição de mulher em situação de violência doméstica e familiar ou de testemunha de violência doméstica, quando se tratar de crime contra mulher, obedecerá às seguintes diretrizes:
>
> I – salvaguarda da integridade física, psíquica e emocional da depoente, considerada a sua condição peculiar de pessoa em situação de violência doméstica e familiar;
>
> II – garantia de que, em nenhuma hipótese, a mulher em situação de violência doméstica e familiar e testemunhas terão contato com investigados ou suspeitos e pessoas a eles relacionadas;

37. Depois da escuta, penso que o melhor caminho para fazer chegar ao inquérito o que foi dito pela vítima/testemunha é a confecção de informação policial acompanhada de eventual mídia com a gravação do ato.

38. Aplica-se, por analogia e no que couber, o procedimento descrito nos artigos 381 e seguintes do NCPC (Lei 13.105/15).

III - não revitimização da depoente, evitando sucessivas inquirições sobre o mesmo fato nos âmbitos criminal, cível e administrativo, bem como questionamentos sobre sua vida privada.

§ 2º Na inquirição de mulher em situação de violência doméstica e familiar ou de testemunha dos delitos de que trata essa Lei, adotar-se-á, preferencialmente, o seguinte procedimento:

I - a inquirição será feita em recinto especialmente projetado para esse fim, o qual conterá equipamentos próprios e adequados à idade da mulher em situação de violência doméstica e familiar ou testemunha e ao tipo e à gravidade da violência sofrida;

II - quando for o caso, a inquirição será intermediada por profissional especializado em violência doméstica e familiar designada pela autoridade judiciária ou policial;

III - o depoimento será registrado em meio eletrônico ou magnético, devendo a degravação e a mídia integrar o inquérito;

O novel artigo 12-A da Lei 11.340/06 determina aos Estados e ao Distrito Federal a prioridade na criação de Delegacias Especializadas de Atendimento à Mulher (DEAMS), de Núcleos Investigativos de Feminicídio[39] e de equipes especializadas para o atendimento e a investigação das violências graves contra mulher.

O artigo 12-B (o caput e seus §§ 1º e 2º), que permitiriam a aplicação de medidas protetivas de urgência diretamente pelo delegado de polícia (especificamente as descritas nos artigos 22, III e 23, I e II, da Lei 11.340/06) foi vetado. Segundo redação aprovada pelo Congresso Nacional, a aplicação das medidas protetivas pelo delegado de polícia seria provisória, cabendo ao juízo, depois de comunicado pela autoridade policial no prazo de 24 horas, deliberar acerca da manutenção ou revisão das medidas, ouvido o Ministério Público no mesmo prazo. Andou mal o presidente da República ao vetar o dispositivo. A decretação de medidas protetivas diretamente pelo delegado de polícia aceleraria a proteção à mulher, tornando mais efetiva a atuação estatal na defesa da vítima (por vezes o lapso temporal compreendido entre a representação elaborada pela autoridade policial e a decisão judicial decretando a medida protetiva abre espaço para novos ataques manejados pelo agressor). Anota-se que a imposição de medidas cautelares diversas da prisão não se traduz em cláusula de reserva jurisdicional (diferente da decretação de custódia provisória, que depende necessariamente de ordem judicial) e seria perfeitamente possível ao Congresso Nacional outorgar tal atribuição ao delegado de polícia, por meio de lei (a autoridade policial pode, nos termos do artigo 322 do Có-

39. Homicídio praticado contra mulher por razões da condição do sexo feminino - artigo 121, § 2º, VI, do Código Penal.

digo de Processo Penal, arbitrar fiança – medida cautelar diversa da prisão prevista no artigo 319, VIII, do referido diploma legal).

Do artigo 12-B, permaneceu íntegro apenas o § 3º, que permite ao delegado de polícia requisitar serviços públicos necessários à defesa da mulher vítima de violência doméstica e familiar e de seus dependentes.

4.7.5. Ouvir o indiciado: o CPP se refere apenas ao indiciado, deixando de fazer referência ao investigado. A diferença de nomenclatura se deve ao fato de que em face do primeiro já houve despacho fundamentado de indiciamento apontando ser ele o autor do crime apurado, no entender da autoridade policial (o fato será tratado alhures em momento oportuno) e, no caso do segundo, ainda não existiu dita manifestação do delegado.

Em ambos os casos não se exigirá compromisso de dizer a verdade e deverá ser garantido o direito ao silêncio e a não autoincriminação. Esta observação, a princípio simples e óbvia, merece comentário mais aprofundado. É que há julgado do Superior Tribunal de Justiça[40] que determinou o trancamento de ação penal na qual a paciente havia sido condenada por crime de falsidade ideológica, sendo que o édito condenatório foi calcado em laudo pericial produzido com base em material gráfico fornecido pela ré, ainda no curso do inquérito policial (quando ela era simples investigada), sem que lhe fossem informados, de maneira clara, os seus direitos de não produzir prova contra si e ao silêncio (ambos de índole constitucional). Vale a pena transcrever a decisão na íntegra:

> HABEAS CORPUS. PROCESSUAL PENAL. DELITO DE FALSIDADE IDEOLÓGICA. PEDIDO DE TRANCAMENTO DA AÇÃO PENAL. "PRIVILÉGIO CONSTITUCIONAL CONTRA A AUTO-INCRIMINAÇÃO: GARANTIA BÁSICA QUE ASSISTE À GENERALIDADE DAS PESSOAS. A PESSOA SOB INVESTIGAÇÃO (PARLAMENTAR, POLICIAL OU JUDICIAL) NÃO SE DESPOJA DOS DIREITOS E GARANTIAS ASSEGURADOS" (STF, HC 94.082-MC/RS, REL. MIN. CELSO DE MELLO, DJ DE 25/03/2008). PRINCÍPIO "NEMO TENETUR SE DETEGERE". POSITIVAÇÃO NO ROL PETRIFICADO DOS DIREITOS E GARANTIAS INDIVIDUAIS (ART. 5.º, INCISO LXIII, DA CONSTITUIÇÃO DA REPÚBLICA): OPÇÃO DO CONSTITUINTE ORIGINÁRIO BRASILEIRO DE CONSAGRAR, NA CARTA DA REPÚBLICA DE 1988, "DIRETRIZ FUNDAMENTAL PROCLAMADA, DESDE 1791, PELA QUINTA EMENDA [À CONSTITUIÇÃO DOS ESTADOS UNIDOS DA AMÉRICA], QUE COMPÕE O "BILL OF RIGHTS"" NORTE-AMERICANO (STF, HC 94.082-MC/RS, REL. MIN. CELSO DE MELLO, DJ DE 25/03/2008). PRECEDENTES CITADOS DA SUPREMA CORTE DOS ESTADOS UNIDOS: ESCOBEDO V. ILLINOIS (378 U.S. 478, 1964); MIRANDA V. ARIZONA (384 U.S. 436, 1966), DICKERSON V. UNITED STATES (530 U.S. 428, 2000). CASO MIRANDA V. ARIZONA: FIXAÇÃO DAS DIRETRIZES CONHECIDAS POR "MIRANDA WARNINGS", "MIRANDA RULES" OU "MIRANDA RIGHTS". DIREITO DE QUALQUER INVESTIGADO OU ACUSADO A SER ADVERTIDO DE QUE

40. STJ, HC 107285/RJ, 5ª Turma, rel. Min. Laurita Vaz, DJ 07/02/2011.

NÃO É OBRIGADO A PRODUZIR QUAISQUER PROVAS CONTRA SI MESMO, E DE QUE PODE PERMANECER EM SILÊNCIO PERANTE A AUTORIDADE ADMINISTRATIVA, POLICIAL OU JUDICIÁRIA. INVESTIGADA NÃO COMUNICADA, NA HIPÓTESE, DE TAIS GARANTIAS FUNDAMENTAIS. FORNECIMENTO DE MATERIAL GRAFOTÉCNICO PELA PACIENTE, SEM O CONHECIMENTO DE QUE TAL FATO PODERIA, EVENTUALMENTE, VIR A SER USADO PARA FUNDAMENTAR FUTURA CONDENAÇÃO. LAUDO PERICIAL QUE EMBASOU A DENÚNCIA. PROVA ILÍCITA. TEORIA DOS FRUTOS DA ÁRVORE ENVENENADA (FRUITS OF THE POISONOUS TREE). ORDEM CONCEDIDA. 1. O direito do investigado ou do acusado de ser advertido de que não pode ser obrigado a produzir prova contra si foi positivado pela Constituição da República no rol petrificado dos direitos e garantias individuais (art. 5.º, inciso LXIII). É essa a norma que garante status constitucional ao princípio do "Nemo tenetur se detegere" (STF, HC 80.949/RJ, Rel. Min. SEPÚLVEDA PERTENCE, 1.ª Turma, DJ de 14/12/2001), segundo o qual ninguém é obrigado a produzir quaisquer provas contra si. 2. A propósito, o Constituinte Originário, ao editar tal regra, "nada mais fez senão consagrar, desta vez no âmbito do sistema normativo instaurado pela Carta da República de 1988, diretriz fundamental proclamada, desde 1791, pela Quinta Emenda [à Constituição dos Estados Unidos da América], que compõe o "Bill of Rights" norte-americano" (STF, HC 94.082-MC/RS, Rel. Min. CELSO DE MELLO, DJ DE 25/03/2008). 3. "Qualquer pessoa que sofra investigações penais, policiais ou parlamentares, ostentando, ou não, a condição formal de indiciado – ainda que convocada como testemunha (RTJ 163/626 –RTJ 176/805-806) –, possui, dentre as várias prerrogativas que lhe são constitucionalmente asseguradas, o direito de permanecer em silêncio e de não produzir provas contra si própria" (RTJ 141/512, Rel. Min. CELSO DE MELLO). 4. Nos termos do art. 5.º, inciso LXIII, da Carta Magna "o preso será informado de seus direitos, entre os quais o de permanecer calado, sendo-lhe assegurada a assistência da família e de advogado". Tal regra, conforme jurisprudência dos Tribunais pátrios, deve ser interpretada de forma extensiva, e engloba cláusulas a serem expressamente comunicadas a quaisquer investigados ou acusados, quais sejam: o direito ao silêncio, o direito de não confessar, o direito de não produzir provas materiais ou de ceder seu corpo para produção de prova etc. 5. Na espécie, a autoridade policial, ao ouvir a Paciente durante a fase inquisitorial, já a tinha por suspeita do cometimento do delito de falsidade ideológica, tanto é que, de todas as testemunhas ouvidas, foi a única a quem foi requerido o fornecimento de padrões gráficos para realização de perícia, prova material que ensejou o oferecimento de denúncia em seu desfavor. 6. Evidenciado nos autos que a Paciente já ostentava a condição de investigada e que, em nenhum momento, foi advertida sobre seus direitos constitucionalmente garantidos, em especial, o direito de ficar em silêncio e de não produzir provas contra si mesma, resta evidenciada a ilicitude da única prova que embasou a condenação. Contaminação do processo, derivada da produção do laudo ilícito. Teoria dos frutos da árvore envenenada. 7. Apenas advirta-se que a observância de direitos fundamentais não se confunde com fomento à impunidade. É mister essencial do Judiciário garantir que o jus puniendi estatal não seja levado a efeito com máculas ao devido processo legal, para que a observância das garantias individuais tenha eficácia irradiante no seio de toda a sociedade, seja nas relações entre o Estado e cidadãos ou entre particulares (STF, RE 201.819/RS, 2.ª Turma, Rel. Min. ELLEN GRACIE, Rel. p/ Acórdão: Min.

> GILMAR MENDES, DJ de 27/10/2006). 8. Ordem concedida para determinar o trancamento da ação penal, sem prejuízo do oferecimento de nova denúncia com base em outras provas.

Em que pese a profundidade da construção pretoriana, penso que andou mal o Tribunal da Cidadania. Tanto assim que a própria relatora fez questão de deixar claro sua preocupação com possíveis interpretações negativas dadas a sua decisão (de que essa seria um fomento à impunidade – item 7 do julgado). Penso que se trata da mais completa inversão de valores deixar de condenar uma pessoa sabidamente culpada porque não lhe foi informado de maneira explicita que o material gráfico por ela fornecido poderia ser utilizado em seu desfavor (ora, isso é uma ilação óbvia – a de que o material gráfico fornecido seria utilizado como lastro para perícia e que o resultado dessa poderia ser desfavorável ao seu fornecedor). É superdimensionar os direitos individuais escritos com pena de ouro pelo legislador constituinte, distorcendo-os de forma a, sem sombra de dúvida, fomentar a impunidade (como parecia não querer a insigne julgadora).

O estudo do aresto demonstra que a condenação foi calcada em prova técnica colhida em fase inquisitorial (e por isso submetida ao contraditório diferido na fase judicial). A linha dessa obra é justamente essa. Instar os policiais a buscar provas técnicas e robustas que não mudem ao sabor do vento e que deixem os demais órgãos estatais tranquilos para buscar a condenação (Estado-acusação) e para efetivamente condenar (Estado-juiz) o verdadeiro autor do delito.

Com o fito de evitar futuras discussões acerca da falta de ciência ao investigado/indiciado de seus direitos constitucionais ao silêncio e a não produzir prova contra si, sugestiono fazer constar nos termos de declaração (no caso de oitiva de investigado) e de interrogatório (oitiva de indiciado) menção expressa aos mesmos. De igual forma, salutar fazer constar no auto de colheita de material gráfico (ou qualquer outro auto ou termo de fornecimento de material para perícia) citação expressa acerca do direito de não produzir prova contra si e de que a análise pericial do material poderá eventualmente ser usada em seu desfavor. Isso com o fito de evitar o dissabor de assistir a absolvição de pessoa sabidamente culpada por determinada prática delitógena, com fulcro em construções como a acima transcrita.

Bom que se diga que, em regra, o STJ tem interpretado que a não comunicação, por parte do delegado de polícia, dos direitos constitucionais ao silêncio e a não autoincriminação ao investigado/indiciado constitui nulidade relativa (exige prova efetiva do prejuízo para ser declarada):

> RECURSO ORDINÁRIO EM HABEAS CORPUS. TENTATIVA DE HOMICÍDIO QUALIFICADO. DENÚNCIA. INTERROGATÓRIO POLICIAL. AUSÊNCIA DE INFORMAÇÃO DO DIREITO AO SILÊNCIO. NULIDADE. INOCORRÊNCIA. PREJUÍZO NÃO

> DEMONSTRADO. NEGATIVA DA AUTORIA. DESPROVIMENTO. 1. Nos termos da jurisprudência do Supremo Tribunal Federal, "o princípio do pas de nullité sans grief exige, em regra, a demonstração de prejuízo concreto à parte que suscita o vício, independentemente da sanção prevista para o ato, podendo ser ela tanto a de nulidade absoluta quanto a relativa, pois não se decreta nulidade processual por mera presunção" (RHC 123.890 AgR/SP, Rel. Ministra Cármen Lúcia, Segunda Turma, julgado em 05/05/2015, DJe 15/05/2015). 2. Hipótese em que a Defesa não apontou qualquer prejuízo decorrente da suposta falta de informação, no interrogatório policial, do direito ao silêncio. E o recorrente negou a autoria do delito. 3. Recurso ordinário a que se nega provimento[41].

Continuemos. O indiciado é ouvido em termo de interrogatório e o investigado em termo de declarações. Não há mais a necessidade de nomeação de curador ao indiciado menor de 21 anos, vez que o Código Civil fixou a maioridade em 18 anos (revogação tácita do artigo 15 do CPP). Duas testemunhas que tenham ouvido a leitura do termo devem com ele assinar (no caso de termo de interrogatório do indiciado).

O investigado/indiciado não presta compromisso de dizer a verdade, não podendo ser sujeito ativo de crime de falso testemunho, se mentir. Entrementes, caso perceba o juiz que o réu mentiu, seja no curso do inquérito ou do processo (este juízo de valor será feito no momento da fixação da pena base, no bojo de sentença condenatória), pode impor ao acusado reprimenda mais severa (quando da análise da personalidade do agente, uma das circunstâncias judiciais do artigo 59 do Código Penal). Isso porque o Brasil não pune o crime de perjúrio[42]. A título de ilustração, trago à baila trecho de brilhante decisão do juiz Leandro Jorge Bittencourt Cano[43]:

> Infelizmente, não existe o crime de perjúrio no ordenamento jurídico pátrio. Por outro lado, não há dúvida sobre o direito ao silêncio, podendo o réu durante o seu interrogatório nada responder sobre uma ou todas as questões que lhe forem dirigidas, sem que isso possa lhe acarretar qualquer prejuízo. Todavia, uma coisa é permanecer em silêncio, ato nitidamente omissivo, outra bem diferente é mentir, conduta altamente ativa, antiética e contrária aos valores mais comezinhos da sociedade, não nos parecendo, assim, que exista uma garantia ao suposto direito invocado. Na verdade, não estamos diante de um direito de mentir, mas simplesmente da não punição criminal da mentira, salvo se a sua postura redundar na inculpação de terceiros, no desvio da investigação para a

41. STJ, 6ª Turma, RHC 72.510/MG, rel. Min. Maria Thereza de Assis Moura, julgado em 06/10/2016, DJe em 21/10/2016

42. Perjúrio significa "juramento falso" (PESSOA, Eduardo, **Dicionário Jurídico**, Quileditora, 2010, página 274).

43. O édito condenatório foi prolatado em desfavor de Mizael Bispo de Souza, no bojo do processo 0035865-48.2010.8.26.0224, que tramitou na Vara Crime de Guarulhos/SP, em 14 de março de 2013 (feito que apurou a morte de Mércia Mikie Nakashima).

> busca de fatos inexistentes, ou mesmo se consubstanciar na assunção de ilícitos executados por outras pessoas (com o objetivo de inocentar o real criminoso, dando-lhe proteção em troca de uma promessa de recompensa ou qualquer outra espécie de benefício escuso). Com o devido respeito, não se pode tolerar o perjúrio como se fosse uma garantia constitucional, até pelo fato de o réu não precisar mentir para exercer o seu direito ao silêncio. A verdade é sempre um valor a ser defendido pelo Estado, o qual jamais poderá permitir e estimular a mendacidade. Esclarecendo, caso silencie, nada lhe acarretará; logo, não precisa mentir. Ao mentir, o acusado o faz de modo intencional, notadamente para enganar o julgador, na espécie, os jurados, e beneficiar-se da própria torpeza, perfídia ou malícia, em detrimento de bens jurídicos relevantes para a Magna Carta e o processo penal. Se o réu não está obrigado a falar, está cristalino que não precisa mentir.

Importante recomendar, neste diapasão, a leitura do artigo 19 da Lei 12.850/13, que permite a punição de colaborador premiado mendaz:

> Art. 19. Imputar falsamente, sob pretexto de colaboração com a Justiça, a prática de infração penal a pessoa que sabe ser inocente, ou revelar informações sobre a estrutura de organização criminosa que sabe inverídicas.

Acerca do delito acima transcrito, vale conferir comentário meu, lançado na obra Organizações Criminosas – Uma análise jurídica e pragmática da Lei 12.850/13[44]:

> Não custa lembrar que o colaborador renuncia, na presença de seu defensor, ao direito ao silêncio e está sujeito ao compromisso legal de dizer a verdade (artigo 4º, § 14, da Lei 12.850/13). Como dito supra, o integrante de organização criminosa não é obrigado a fechar com o Estado acordo de colaboração mas, caso queira ser agraciado com as benesses deste, deve efetivamente falar o que sabe e não pode mentir. Andou bem o legislador ao criar a exigência e ao tipificar a conduta do colaborador mendaz.

Continuemos. Apesar de ser o inquérito policial procedimento inquisitivo sem sequência de atos definida na legislação de regência, é de bom tom que a oitiva do investigado/indiciado seja o último ato de colheita de prova praticado pela autoridade policial. É inverter pensamento atrelado ao modo arcaico de investigar. Em um passado não muito distante (especialmente no período da ditadura militar), a investigação iniciava elegendo suspeitos e a partir da oitiva destes é que se buscavam as provas do crime apurado (no mais das vezes indicadas pelo próprio suspeito, depois da utilização de técnicas de tortura). A investigação que aqui chamo de arcaica buscava de forma incessante a confissão, outrora considerada a rainha das provas.

---

44. SILVA, Márcio Alberto Gomes. **Organizações Criminosas – Uma análise jurídica e pragmática da Lei 12.850/13**, 2ª edição, Rio de Janeiro, Lumen Juris, 2017, página 95.

Modernamente, o ideal é que o delegado colete o máximo de elementos de convicção antes de intimar e ouvir o investigado/indiciado. Isso porque não se deve esperar muito desta oitiva, vez que tem este os direitos de não se autoincriminar e ao silêncio, pode falsear a verdade (a única consequência jurídica contrária a seu interesse nesta hipótese é o aumento de sua pena base, se condenado for, como se viu supra) e, por fim, pode confessar ser o autor do delito na fase inquisitiva e se retratar no curso do processo. Ora, se a prova acusatória se limitar à confissão extrajudicial, caso esta ceda em juízo, poderíamos assistir à absolvição do verdadeiro autor do fato, por não ter cuidado o delegado de polícia de buscar outros elementos indicativos da responsabilidade criminal do indigitado criminoso.

Cumpre deixar claro que o indiciado/investigado pode ser conduzido coercitivamente à presença da autoridade, caso deixe de comparecer injustificadamente, estando regularmente intimado para tal, na forma do artigo 260 do CPP.

Por fim, importante salientar que o § 10, do artigo 185 (com redação dada pela Lei 13.257/16), do CPP determina que no interrogatório deverá constar a informação sobre a existência de filhos, respectivas idades e se possuem alguma deficiência e o nome e o contato de eventual responsável pelos cuidados dos filhos, indicado pela pessoa presa.

4.7.6. Proceder a reconhecimento de coisas e pessoas e acareação: o reconhecimento de coisas e pessoas deve obedecer ao preceituado nos artigos 226 e seguintes do CPP (o tema será pormenorizado alhures).

Acareação significa colocar frente a frente pessoas que tenham prestado informações divergentes, na forma dos artigos 229 e 230 do CPP. Possui pouca utilidade prática (geralmente os acareados mantêm suas versões e a divergência persiste).

4.7.7. Realizar exame de corpo de delito e outras perícias: Corpo de delito, como já desenhado supra, são todas as evidências e elementos sensíveis deixados pelo cometimento do crime. Exame de corpo de delito é a perícia feita no corpo do delito, sendo que sua ausência nos crimes que deixam vestígios (não transeuntes) é causa de nulidade da ação penal, não podendo supri-la nem a confissão do acusado - artigos 158 e 564, III, b, do CPP. O tema será pormenorizado alhures, quando estudarmos as provas em espécie.

Cumpre deixar claro neste tópico que a prova pericial é muito importante para a formação da convicção do delegado de polícia no curso da investigação e constitui robusto meio de prova. A moderna investigação clama pela produção de provas técnicas que não mudem ao sabor do vento, como muda, por exemplo, a prova testemunhal.

Por isso é importante determinar, como já declinado supra, a realização de tantas perícias quantas sejam possíveis para tentar aclarar os fatos investigados. Anote-se que esta é uma prova, no mais das vezes, que não necessita de repetição e que, depois de submetida ao contraditório diferido, pode lastrear condenação (inteligência do artigo 155, do CPP, em sua parte final).

4.7.8. Juntar folha de antecedentes, identificar o indiciado pelo processo datiloscópico: a juntada de folha de antecedentes é necessária sempre que alguém for indiciado nos autos de inquérito policial.

No que toca à identificação criminal, cumpre afirmar que a Constituição Federal assevera que o civilmente identificado não será criminalmente identificado, apenas nos casos em que a lei permitir, inteligência do artigo 5º, LVIII, da CF:

> LVIII - o civilmente identificado não será submetido a identificação criminal, salvo nas hipóteses previstas em lei;

A Lei 12.037/09 regulamenta o tema (ela revogou expressamente a Lei 10.054/00). O mandamento legal lista quais documentos serão considerados aptos a comprovar a identidade civil (artigo 2º).

Salutar a transcrição do artigo 3º da lei em estudo, que lista os casos em que será manejada identificação criminal, ainda que seja apresentado documento de identificação:

> Art. 3º Embora apresentado documento de identificação, poderá ocorrer identificação criminal quando:
>
> I – o documento apresentar rasura ou tiver indício de falsificação;
>
> II – o documento apresentado for insuficiente para identificar cabalmente o indiciado;
>
> III – o indiciado portar documentos de identidade distintos, com informações conflitantes entre si;
>
> IV – a identificação criminal for essencial às investigações policiais, segundo despacho da autoridade judiciária competente, que decidirá de ofício ou mediante representação da autoridade policial, do Ministério Público ou da defesa;
>
> V – constar de registros policiais o uso de outros nomes ou diferentes qualificações;
>
> VI – o estado de conservação ou a distância temporal ou da localidade da expedição do documento apresentado impossibilite a completa identificação dos caracteres essenciais.
>
> Parágrafo único. As cópias dos documentos apresentados deverão ser juntadas aos autos do inquérito, ou outra forma de investigação, ainda que consideradas insuficientes para identificar o indiciado.

A identificação criminal é a conjugação do registro fotográfico e da identificação pelo processo datiloscópico (colheita das impressões digitais de todos os dedos das mãos) – artigo 5º, da Lei 12.037/09.

Anote-se que a identificação criminal pode incluir coleta de material biológico para obtenção de perfil genético (parágrafo único do referido artigo 5º, incluído pela Lei 12.654/12), desde que autorizada esta (a coleta) por ordem judicial (exarada de ofício ou atendendo a representação da autoridade policial, do Ministério Público ou da defesa). Nesta toada, importante a transcrição do artigo 5º-A, da Lei 12.037/09 (incluído pela citada Lei 12.654/12):

> Art. 5º-A. Os dados relacionados à coleta do perfil genético deverão ser armazenados em banco de dados de perfis genéticos, gerenciado por unidade oficial de perícia criminal.
>
> § 1º As informações genéticas contidas nos bancos de dados de perfis genéticos não poderão revelar traços somáticos ou comportamentais das pessoas, exceto determinação genética de gênero, consoante as normas constitucionais e internacionais sobre direitos humanos, genoma humano e dados genéticos.
>
> § 2º Os dados constantes dos bancos de dados de perfis genéticos terão caráter sigiloso, respondendo civil, penal e administrativamente aquele que permitir ou promover sua utilização para fins diversos dos previstos nesta Lei ou em decisão judicial.
>
> § 3º As informações obtidas a partir da coincidência de perfis genéticos deverão ser consignadas em laudo pericial firmado por perito oficial devidamente habilitado.

A Lei 12.654/12 alterou ainda a Lei de Execuções Penais (Lei 7.210/84), nela incluindo o artigo 9º-A[45]:

> Art. 9º-A. Os condenados por crime praticado, dolosamente, com violência de natureza grave contra pessoa, ou por qualquer dos crimes previstos no art. 1º da Lei nº 8.072, de 25 de julho de 1990, serão submetidos, obrigatoriamente, à identificação do perfil genético, mediante extração de DNA - ácido desoxirribonucleico, por técnica adequada e indolor.
>
> § 1º A identificação do perfil genético será armazenada em banco de dados sigiloso, conforme regulamento a ser expedido pelo Poder Executivo.
>
> § 2º A autoridade policial, federal ou estadual, poderá requerer ao juiz competente, no caso de inquérito instaurado, o acesso ao banco de dados de identificação de perfil genético.

Em um futuro próximo, quando o referido banco de dados de perfis genéticos estiver suficientemente alimentado (isso dependerá do efetivo cumprimento dos dispositivos legais transcritos supra), o § 2º, do artigo 9º-A da LEP

45. Tramita no STF o RE 973837, sob relatoria do Ministro Gilmar Mendes, cuja repercussão geral foi reconhecida pelo plenário, no qual se discute a constitucionalidade a coleta de perfis genéticos determinada pelo artigo 9ª-A da Lei de Execuções Penais. A defesa alega que o dispositivo atenta contra o direito a não autoincriminação. Até o fechamento desta edição, o recurso não havia sido julgado.

será importante aliado da autoridade policial na elucidação de crimes (desde que a polícia judiciária tenha cumprido o que manda o CPP e coletado vestígios na cena do crime para posterior confronto com perfis de suspeitos).

A Lei 9.034/95 também regulamentava a matéria e ordenava, em seu artigo 5º, a identificação criminal de pessoas envolvidas com ações praticadas por organizações criminosas, independentemente da identificação civil (ela foi revogada pela Lei 12.850/13, que não prevê tal hipótese automática de identificação criminal).

Com a revogação do citado mandamento legal, é ainda mais importante atentar para o inciso IV, do artigo 3º, da Lei 12.037/09, que permite a identificação criminal determinada por decisão da autoridade judiciária, atendendo a representação do delegado de polícia, requerimento do Ministério Público ou da defesa, vez há grande incidência do uso de documentos falsos por integrantes de organizações criminosas, especialmente as voltadas à prática de tráfico de drogas, sequestros e assaltos a banco. Nestes casos a identificação criminal será grande aliada na busca da real identidade do investigado.

Frise-se que as demais hipóteses presentes no referido artigo 3º da lei de identificação criminal prescindem de autorização judicial. Nestes casos a identificação criminal será levada a efeito por despacho fundamentado da autoridade policial.

Por fim, cumpre chamar atenção para o artigo 6º, da Lei 12.037/09, que determina que "é vedado mencionar a identificação criminal do indiciado em atestados de antecedentes ou em informações não destinadas ao juízo criminal, antes do trânsito em julgado da sentença condenatória".

4.7.9. Pesquisar a vida pregressa do indiciado: o ideal seria ampla pesquisa a respeito das condições econômicas, da vida social e familiar do indiciado, a ser realizada por agentes de polícia. A providência tem interesse para os fins descritos no artigo 59, do Código Penal, na primeira fase de fixação de pena pelo magistrado. Vejamos o dispositivo:

> Art. 59 – O juiz, atendendo à culpabilidade, aos antecedentes, à conduta social, à personalidade do agente, aos motivos, às circunstâncias e conseqüências do crime, bem como ao comportamento da vítima, estabelecerá, conforme seja necessário e suficiente para reprovação e prevenção do crime:

Na prática, entrementes, a pesquisa se limita ao preenchimento de um formulário com perguntas prontas e respostas bastante enxutas dadas pelo indiciado.

4.7.10. Colher informações sobre a existência de filhos, respectivas idades e se possuem alguma deficiência e o nome e o contato de eventual responsável pelos cuidados dos filhos, indicado pela pessoa presa: a

Lei 13.257/16 (que trata das políticas públicas para primeira infância) incluiu o inciso X, no artigo 6º, do CPP, que determina que o aparelho policial deve identificar a existência de prole, vez que é agora possível conceder prisão domiciliar à mulher gestante, à mulher com filho de até 12 (doze) anos de idade incompletos e ao homem, caso seja o único responsável pelos cuidados do filho de até 12 (doze) anos de idade incompletos, nos termos do artigo 318, IV, V e VI do CPP (com a redação determinada pela citada Lei 13.257/16).

4.7.11. Realizar a reprodução simulada dos fatos: é a reconstituição da cena do crime (artigo 7º, do CPP).

A participação do indiciado/investigado não é obrigatória (decorre do seu direito à não autoincriminação e ao silêncio). Vejamos aresto elucidativo a esse respeito[46]:

> Não se pode compelir o indiciado a participar da reconstituição da prática criminosa, sob pena de se caracterizar injusto constrangimento. Ninguém pode ser obrigado a produzir prova contra si mesmo. Realização da diligência. Possibilidade. Não estando caracterizadas situações de contrariedade à moralidade e à ordem pública, o que se veda, é de ser realizada a reprodução simulada dos fatos, à luz do art. 7º, do Código de Processo Penal. Trata-se de importante fonte de prova e de convicção sobre como ocorreu o delito.

Se é certo que a participação do indiciado não pode ser compelida, como grafado supra, a doutrina e a jurisprudência discutem se a sua presença pode ser imposta coercitivamente.

Os que defendem a obrigatoriedade da presença se escudam no fato de que o indiciado/investigado não pode se escusar de comparecer a nenhum ato a que foi intimado pela autoridade policial, inteligência do artigo 260, do CPP. Neste sentido Fernando Capez[47].

Os que entendem não ser obrigatória a presença do investigado/indiciado argumentam que se este pode simplesmente não tomar parte na reprodução, com mais razão poderia deixar de comparecer ao ato, ainda que regularmente intimado (o não comparecimento deveria ser entendido como demonstração inequívoca de que ele não tenciona participar do ato). Neste sentido Nestor Távora e Rosmar Rodrigues Alencar[48].

---

46. Habeas Corpus Nº 70013558374, Terceira Câmara Criminal, Tribunal de Justiça do RS, Relator: Danúbio Edon Franco, Julgado em 15/12/2005.
47. CAPEZ, Fernando. **Obra acima citada**, página 130.
48. TÁVORA, Nestor e ALENCAR, Rosmar Rodrigues. **Obra acima citada**, página 113.

Há julgado do Supremo Tribunal Federal[49] no sentido de que não cabe decretação de prisão preventiva em face do não comparecimento do indiciado à reprodução simulada:

> Reconstituição de crime (reprodução simulada de delito de homicídio) (art. 7. do C.P.Penal). Diligência requerida pelo Ministério Público, deferida pelo Juiz, na fase do inquérito policial, e a cuja realização os indiciados se teriam negado a comparecer. Prisão preventiva decretada com base apenas nessa recusa dos indiciados. Constrangimento ilegal. 'Habeas corpus' deferido para revogação da prisão preventiva, como decretada, sem prejuízo de eventual decretação de outra, se caracterizada qualquer das situações do art. 312 do CPP. E com adequada fundamentação. Interpretação dos artigos 7º, 260 e 312 do CPP. Se a prisão preventiva dos pacientes foi decretada apenas e tão-somente porque não se teriam disposto a participar da diligencia de reprodução simulada do delito de homicídio (reconstituição do crime), ficou caracterizado constrangimento ilegal reparável com 'habeas corpus'.

Penso que, em respeito às intimações expedidas pela autoridade policial, o investigado/indiciado é obrigado a comparecer no dia e hora designado para realização da reprodução simulada dos fatos, ainda que seja para dizer que dela não quer tomar parte (assinará o auto circunstanciado e poderá, a juízo da autoridade, ser liberado), ou pelo menos deve encaminhar petição subscrita por advogado informando que não tomará parte da diligência, sob pena de condução coercitiva.

Caso o investigado/indiciado concorde em participar da diligência, salutar seguir roteiro prescrito por Manoel Messias Barbosa[50]:

> Uma vez que o autor da infração concorde livre e espontaneamente em participar da reconstituição, a autoridade deve se cercar de alguns cuidados a legitimar o procedimento, como afastar curiosos e a imprensa local; não alardear o ato; manter tratamento urbano com o acusado e solicitar a presença de membro do Ministério Público para acompanhar as diligências. Se o acusado sob investigação tiver defensor, ele deve se fazer presente. Deverá, ainda, providenciar condições de redobrada vigilância para evitar resgate, por parte de seus companheiros, fuga ou tentativa de fuga.

Ademais, o artigo 7º, do CPP, deixa claro que a reprodução simulada dos fatos só pode ser feita se não ofender a moralidade e a ordem pública. Neste sentido Guilherme de Souza Nucci[51] deixa claro que "não se fará reconstituição de um crime sexual violento, usando vítima e réu, por exemplo, o que contraria

49. STF, RHC 64354/SP, rel. Min. Sydney Sanches, DJ 14/08/1987.
50. BARBOSA, Manoel Messias. **Obra acima citada**, página 52.
51. NUCCI, Guilherme de Souza. **Obra acima citada**, página 145.

a moralidade, nem tampouco a reconstituição de uma chacina, num lugar onde a população ainda está profundamente revoltada com o crime, podendo até buscar o linchamento do réu".

4.8. INDICIAMENTO

No dizer de Nestor Távora e Rosmar Rodrigues Alencar[52], "é a cientificação ao suspeito de que ele passou a ser o principal foco do inquérito". Para Guilherme de Souza Nucci[53], "indiciado é a pessoa eleita pelo Estado-investigação, dentro da sua convicção, como autora da infração penal".

Trata-se de ato formal do delegado de polícia, feito por meio de despacho devidamente fundamentado (ou no bojo do relatório final), que demonstra, por meio de indicação das provas já coligidas no curso do feito, que o investigado efetivamente cometeu o crime apurado, no entender da autoridade policial. Nesta toada, lúcida a observação de Aury Lopes Jr. e Ricardo Jacobsen Gloeckner[54], que afirmam que "é importante frisar que o indiciamento só pode produzir-se quando existirem indícios razoáveis de probabilidade da autoria, e não como um ato automático e irresponsável da autoridade policial". É o que determina o § 6º, do artigo 2º, da Lei 12.830/13:

> O indiciamento, privativo do delegado de polícia, dar-se-á por ato fundamentado, mediante análise técnica-jurídica do fato, que deverá indicar a autoria, a materialidade e suas circunstâncias.

Pode ser classificado como direto e indireto. O direto, como o nome sugere, é o indiciamento presencial, em que o investigado toma ciência de que está sendo indiciado e é interrogado acerca dos fatos pela autoridade policial. Já o indiciamento indireto é o levado a efeito sem a presença do indiciado (quando este não comparece para ser interrogado apesar de regularmente intimado, quando o indiciado está foragido ou quando o indiciamento se dá no bojo do relatório final).

O ato tem como consequência a oitiva do indiciado em termo de interrogatório (no qual serão garantidos os direitos de se fazer assistir por advogado ou defensor público, ao silêncio, à integridade física e moral, dentre outros), confecção de boletim de vida pregressa (para os fins do artigo 59 do CP, como determinado pelo artigo 6º, IX, do CPP), confecção de prontuário de identificação criminal (com dados do indiciado para fins de cadastro junto ao instituto de identificação), juntada de cópia de documento oficial de identidade (ou ma-

52. TÁVORA, Nestor e ALENCAR, Rosmar Rodrigues. **Obra acima citada**, página 114.
53. NUCCI, Guilherme de Souza. **Obra acima citada**, página 140.
54. LOPES JR, Aury e GLOECKNER, Ricardo Jacobsen. **Obra acima citada**, página 432.

terialização de identificação criminal, na forma da Lei 12.037/09) e solicitação de folha de antecedentes (artigo 6º, X, do CPP). Caso seja o indiciado servidor público, é possível seu afastamento, sem prejuízo da remuneração, nos termos do artigo 17-D, da Lei 9.613/98. Em que pese ser dispositivo inserido na lei que define o crime de lavagem de dinheiro e dá outras providências, penso que sua aplicação pode ser alargada a todo e qualquer crime praticado por servidor público (ainda que não relacionado às suas funções) e que o ato de afastamento, vinculado ao indiciamento, deve ser devidamente fundamentado pelo delegado de polícia. Vejamos o dispositivo em testilha:

> Art. 17-D. Em caso de indiciamento de servidor público, este será afastado, sem prejuízo de remuneração e demais direitos previstos em lei, até que o juiz competente autorize, em decisão fundamentada, o seu retorno.

Como já desenhado supra, o indiciamento pode ser também manejado no bojo do relatório final. Penso que se o investigado já tiver sido ouvido no bojo do feito (em termo de declarações e tendo sido informado acerca dos seus direitos) não há necessidade de nova intimação apenas para que seja indiciado presencialmente (a autoridade policial pode levar a efeito o ato de indiciamento no relatório, declinando as razões jurídicas que dão sustentação a seu entendimento). Trata-se de construção orientada pelos princípios da celeridade e da economia processual.

Uma vez finalizado o apuratório e oferecida denúncia, não há que se falar em indiciamento. Este, como visto supra, é ato de delegado de polícia realizado no curso do inquérito. Neste sentido julgado do Tribunal da Cidadania[55]:

> HABEAS CORPUS. INDICIAMENTO FORMAL. DENÚNCIA OFERTADA E RECEBIDA. DESNECESSIDADE DE PROSSEGUIMENTO DO PROCEDIMENTO INVESTIGATÓRIO. CONSTRANGIMENTO ILEGAL EVIDENCIADO. 1. Sendo o inquérito policial instrumento de investigação destinado à formação da opinio delicti, ou seja, do convencimento por parte do Ministério Público a respeito da autoria do crime e suas circunstâncias, com o intuito de formulação de acusação nos casos de ação penal pública, caracteriza constrangimento ilegal o formal indiciamento do paciente que já teve contra si oferecimento de denúncia, a qual, inclusive, foi recebida pelo Juízo a quo. 2. Ordem concedida para cassar a decisão que determinou o indiciamento do paciente

Não há que se falar, igualmente, em requisição de indiciamento. Vale dizer, o Ministério Público não pode requestar à autoridade policial que indicie aquele em face de quem esta entendeu que não existem indícios de autoria em relação à prática da infração penal investigada. Neste sentido Reinaldo

55. STJ, HC 102381/SP, 5ª. Turma, rel. Min. Jorge Mussi, DJE 23/03/09.

Rossano Alves[56]. A respeito do tema (requisição de indiciamento), Nucci[57], no mesmo sentido aqui desenhando, deixa claro que se trata de "procedimento equivocado, pois indiciamento é ato exclusivo da autoridade policial, que forma o seu convencimento sobre a autoria do crime, elegendo, formalmente, o suspeito de sua prática". E arremata: "ora, querendo, pode o promotor denunciar qualquer suspeito envolvido na investigação criminal, cabendo-lhe apenas, requisitar do delegado a qualificação formal, a identificação criminal e o relatório de vida pregressa".

Por fim, cumpre salientar que há possibilidade de desindiciamento, caso a autoridade policial perceba que o ato de indiciamento foi açodado e calcado em prova que cedeu diante da colheita de elementos outros mais robustos. Também deve ser manejado através de despacho devidamente fundamentado e impõe seja oficiado o instituto de identificação para que seja desconsiderada a anotação de indiciamento anterior. No mesmo sentido Reinaldo Rossano Alves[58]:

> Nada impede que o controle de legalidade do indiciamento seja realizado de ofício pela própria autoridade policial. Na prática, o delegado de polícia, ao verificar o equívoco do indiciamento de determinada pessoa se utilizado chamado "despacho de desindiciamento", que, embora não previsto na lei, deve ser admitido no nosso ordenamento jurídico.

4.9. INCOMUNICABILIDADE

A Constituição Federal proíbe a incomunicabilidade do preso mesmo em estado de defesa. São os termos do artigo 136, parágrafo 3º, IV, da CF:

> Art. 136. (...)
>
> (...)
>
> § 3º – Na vigência do estado de defesa:
>
> (...)
>
> IV – é vedada a incomunicabilidade do preso.

Forçoso entender que não foi recepcionado o artigo 21 do CPP (se em um dos mais graves momentos de comoção prescritos pela Carta Cidadã não se permite a incomunicabilidade, com mais razão não se tolerará tal prática em momentos de normalidade institucional).

56. ALVES, Reinaldo Rossano. **Obra acima citada**, página28.
57. NUCCI, Guilherme de Souza. **Obra acima citada**, página 141.
58. ALVES, Reinaldo Rossano. **Obra acima citada**, página28.

Para explicar o fenômeno da não recepção, socorro-me de Pedro Lenza[59], para quem "todas as normas que forem incompatíveis com a nova Constituição serão revogadas, por ausência de recepção". Em síntese conclusiva, o constitucionalista, arremata: "pode-se afirmar, então, nos casos de normas infraconstitucionais produzidas antes da nova Constituição, incompatíveis com as novas regras, não se observará qualquer situação de inconstitucionalidade, mas, apenas, como vimos, de revogação da lei anterior pela nova Constituição, por falta de recepção".

Vejamos o dispositivo atacado neste tópico:

> Art. 21. A incomunicabilidade do indiciado dependerá sempre de despacho nos autos e somente será permitida quando o interesse da sociedade ou a conveniência da investigação o exigir.
>
> Parágrafo único. A incomunicabilidade, que não excederá de três dias, será decretada por despacho fundamentado do Juiz, a requerimento da autoridade policial, ou do órgão do Ministério Público, respeitado, em qualquer hipótese, o disposto no artigo 89, inciso III, do Estatuto da Ordem dos Advogados do Brasil (Lei n. 4.215, de 27 de abril de 1963).

Militam ainda contra a incomunicabilidade os incisos LXII e LXIII, do artigo 5º, da Constituição Federal, que asseguram ao preso a comunicação de sua prisão e do local onde se acha custodiado ao juiz e a familiar ou pessoa por ele indicada (inciso LXII) e a assistência de advogado e da família ao mesmo (inciso LXIII). Vejamos os dispositivos:

> LXII – a prisão de qualquer pessoa e o local onde se encontre serão comunicados imediatamente ao juiz competente e à família do preso ou à pessoa por ele indicada;
>
> LXIII – o preso será informado de seus direitos, entre os quais o de permanecer calado, sendo-lhe assegurada a assistência da família e de advogado;

Em arremate, cumpre mencionar que depõem, ainda, contra a incomunicabilidade do investigado/indiciado o artigo 7º, III, da Lei 8.906/94 e o artigo 8º, 2, 'd', da Convenção Americana de Direitos Humanos (Pacto de San José da Costa Rica):

> Art. 7º São direitos do advogado:
>
> (...)
>
> III – comunicar-se com seus clientes, pessoal e reservadamente, mesmo sem procuração, quando estes se acharem presos, detidos ou recolhidos em estabelecimentos civis ou militares, ainda que considerados incomunicáveis;

59. LENZA, Pedro. **Direito Constitucional Esquematizado**, Método, 2006, página 74 e 75.

> Artigo 8º – Garantias judiciais
>
> (...)
>
> 2. Toda pessoa acusada de um delito tem direito a que se presuma sua inocência, enquanto não for legalmente comprovada sua culpa. Durante o processo, toda pessoa tem direito, em plena igualdade, às seguintes garantias mínimas:
>
> (...)
>
> d) direito do acusado de defender-se pessoalmente ou de ser assistido por um defensor de sua escolha e de comunicar-se, livremente e em particular, com seu defensor;

4.10. NULIDADES

É pacífico, tanto em nível doutrinário quanto jurisprudencial, o entendimento de que vícios e nulidades havidos no curso do inquérito policial não contaminam a futura ação penal (a tese 2 do Superior Tribunal de Justiça sobre nulidades reza que "as nulidades surgidas no curso da investigação preliminar não atingem a ação penal dela decorrente").

Fernando Capez[60] assevera acerca do tema:

> Não sendo o inquérito policial ato de manifestação do Poder Jurisdicional, mas mero procedimento informativo destinado à formação da opinio delicti do titular da ação penal, os vícios por acaso existentes nessa fase não acarretam nulidades processuais, isto é, não atingem a fase seguinte da persecução penal: a da ação penal. A irregularidade poderá, entretanto, gerar a invalidade e a ineficácia do ato inquinado, v.g., do auto do prisão em flagrante como peça coercitiva; do reconhecimento pessoa, da busca e apreensão, etc.

Vejamos posição do Tribunal da Cidadania[61] (transcrevo apenas parte do acórdão):

> A remansosa jurisprudência desta Corte reconhece que eventuais nulidades ocorridas na fase policial não têm o condão de tornar nula a ação penal, pois aquele procedimento resulta em peça informativa e não probatória, podendo ser até mesmo ser dispensado, caso o Parquet, titular da ação penal, entenda já dispor de indícios de materialidade e autoria do delito bastante para o oferecimento da denúncia.

Não é tão simples assim. Eventualmente a anulação de provas colhidas no bojo do inquérito pode esvaziar por completo a sustentação da exordial acusatória e culminar com o trancamento da ação penal.

60. CAPEZ, Fernando. **Obra acima citada**, página 119.

61. STJ, HC 185758/SC, 5ª Turma, rel. Min. Gilson Dipp, DJe 09/04/2012.

Imaginemos denúncia calcada em provas resultantes de interceptação telefônica e quebras de sigilo fiscal e bancário, todas nulificadas pelo Judiciário. Se após o reconhecimento de ditas nulidades não houver provas outras que sirvam de alicerce para a inicial acusatória, certamente o processo será diretamente afetado e a defesa conseguirá facilmente o trancamento da ação penal (ou a absolvição do réu). Nesta toada, correta a conclusão desenhada por Nestor Távora e Rosmar Rodrigues Alencar[62]:

> Podemos facilmente concluir que caso a inicial acusatório esteja embasada tão somente em inquérito viciado, deverá ser rejeitada por falta de justa causa, diga-se, pela ausência de lastro probatório mínimo e idôneo ao início do processo, com fundamento no art. 395, inciso III, do CPP, com redação inserida pela Lei nº 11.719/08.

A situação narrada é excepcional, mas possível (daí ser importante diversificar as provas colhidas no curso do feito e atentar para que as mesmas sejam coligidas de maneira hígida, sem vícios).

4.11. TÉRMINO DO INQUÉRITO POLICIAL

Findo o inquérito policial, o delegado elaborará relatório descrevendo as diligências que realizou (artigo 10, § 1º, do CPP), oficiará o Instituto de Identificação (enviando os dados do indiciado para serem cadastrados - artigo 23, do CPP) e o remeterá ao juízo competente.

Veja-se que não se trata de simples descrição dos atos praticados no curso do feito. A carreira de delegado de polícia é jurídica[63] e isso impõe que ele desça a minúcias na análise do crime praticado (estudando de forma profícua a tipicidade, a antijuridicidade e a culpabilidade), posicionando-se de forma expressa acerca das provas por ele coligidas, fundamentando o ato de indiciamento (seja ratificando o indiciamento levado a efeito no curso do feito, seja fundamentando o ato materializado no bojo do relatório) ou as razões que o levaram a não indiciar o suspeito/investigado.

Não me sensibiliza o argumento de que o Ministério Público é o titular da ação penal pública e que é dele a opinião delitiva (essa assertiva é verdadeira, mas não influi no fato do relatório ser fundamentado juridicamente). É, a meu sentir, ilógico que o delegado de polícia leve a efeito atos como representações (objetivando interceptação telefônica, busca e apreensão e prisão, por exem-

62. TÁVORA, Nestor e ALENCAR, Rosmar Rodrigues. **Obra acima citada**, página 102.

63. O artigo 2º, da Lei 12.830/13, deixa claro que "as funções de polícia judiciária e a apuração de infrações penais exercidas pelo delegado de polícia são de natureza jurídica, essenciais e exclusivas de Estado".

plo), ouça pessoas, requeste perícias e, ao fim, não possa se manifestar juridicamente acerca do cabedal probante por ele produzido.

O juízo de valor feito pela autoridade policial serve para que ele demonstre de forma inteligível o resultado das investigações e a consequência jurídica das provas produzidas (se elas demonstraram ter havido crime na espécie, qual foi esse delito, se houve excludente de ilicitude, se mereceu o investigado ser indiciado, dentre outros aspectos).

Nada obsta que o relato finde servindo à defesa (caso o delegado entenda ser o fato atípico, já haver sido implementada a prescrição, não ser o investigado o autor do delito apurado, dentre outras teses que, porventura, auxiliem o manejo da defesa). E assim é porque a polícia judiciária não é órgão acusatório (e nem serve à acusação). Ao contrário, trata-se de órgão investigativo a quem interessa o esclarecimento do fato apurado (por essa razão não deve ser sonegada prova que eventualmente beneficie o investigado/indiciado). O inquérito, nesta toada, não deve ser tido como procedimento unidirecional (voltado apenas ao Ministério Público), mas sim entendido como feito que objetiva elucidar fato supostamente criminoso e que pode servir, no futuro processo, a qualquer das partes.

Relegar ao delegado de polícia, presidente das investigações na fase pré-processual, a função de apenas indicar em que página está cada diligência praticada no curso do feito é entendimento que foge da lógica e da própria legislação de regência (o CPP fala em minucioso relatório, o que induz à descrição clara das diligências e ao exercício de efetivo juízo de valor sobre as provas delas resultantes). Neste sentido Guilherme de Souza Nucci[64], que deixa claro que "o ideal é que a autoridade policial, justamente porque lhe compete a apuração da materialidade das infrações penais e da sua autoria, proceder à classificação dos crimes e contravenções que lhe chegarem ao conhecimento. Quando indiciar o suspeito o delegado deve indicar o tipo penal no qual considera incurso o investigado". Ora, essa providência (tipificação da infração cometida pelo indiciado) não pode ser materializada de forma efetiva sem que se analise de forma minuciosa aspectos doutrinários e jurisprudenciais ligados ao respectivo tipo penal.

Em sentido contrário, Eugênio Pacelli de Oliveira[65]:

> Encerradas as investigações, não podendo a polícia judiciária emitir qualquer juízo de valor – a não ser aquele meramente opinativo, constante do relatório de encerramento do procedimento (Art. 10, parágrafos 1º e 2º, CPP) – acerca dos fatos e do direito a eles aplicável, isto é a respeito de eventual ocorrência de prescrição ou de qualquer outra causa extintiva da punibilidade, bem como

64. NUCCI, Guilherme de Souza. **Obra acima citada**, página 133.

65. DE OLIVEIRA, Eugênio Pacelli. **Obra citada acima**, páginas 57 e 58.

> acerca da suficiência ou insuficiência da prova, da existência ou inexistência de crime.

No mesmo sentido Nestor Távora e Rosmar Rodrigues Alencar[66], para quem "não deve a autoridade policial esboçar juízo de valor no relatório, afinal, a opinião delitiva cabe ao titular da ação penal, e não ao delegado de polícia, ressalva feita à Lei 11.343/2006 (Lei de Tóxicos), onde na elaboração do relatório deve a autoridade policial justificar as razões que a levaram à classificação do delito (art. 52)".

Aliás, o próprio artigo 52, I, da Lei 11.343/06, a meu ver, é prova cabal de que a legislação determina efetivo juízo de valor a ser levado a efeito no bojo do relato final. O arcabouço jurídico deve ser interpretado como um todo (interpretação sistemática). Não há razão justificável para diferenciar os crimes tipificados na lei antidrogas dos demais delitos. Vejamos o dispositivo:

> Art. 52. Findos os prazos a que se refere o art. 51 desta Lei, a autoridade de polícia judiciária, remetendo os autos do inquérito ao juízo:
> I – relatará sumariamente as circunstâncias do fato, justificando as razões que a levaram à classificação do delito, indicando a quantidade e natureza da substância ou do produto apreendido, o local e as condições em que se desenvolveu a ação criminosa, as circunstâncias da prisão, a conduta, a qualificação e os antecedentes do agente;

Uma vez relatado o feito, declara-se encerrado o trabalho investigativo, no entender da autoridade policial. Caso o Ministério Público deseje continuar a apuração, deverá necessariamente indicar a trilha investigativa a ser seguida, com a descrição clara das diligências que quer ver materializadas, desde que efetivamente necessárias ao esclarecimento dos fatos (vide artigo 16 do CPP[67]). Anote-se que não se trata de indicação genérica, mas de efetiva lista de providências a serem cumpridas pelo delegado.

Cumprida a cota ministerial, deve a autoridade policial remeter o feito à análise do *Parquet*, perquirindo se ainda há diligências a materializar ou se o órgão se deu por satisfeito com a colheita de provas outrora determinada. Apoiando este pensar, Guilherme de Souza Nucci[68] pontua que "se a autoridade policial declarou encerrados os seus trabalhos, relatando o inquérito, não é cabível que os autos retornem para o prosseguimento, sem que seja apontado o caminho desejado".

---

66. TÁVORA, Nestor e ALENCAR, Rosmar Rodrigues **Obra acima citada**, página 115.
67. Art. 16. O Ministério Público não poderá requerer a devolução do inquérito à autoridade policial, senão para novas diligências, imprescindíveis ao oferecimento da denúncia.
68. NUCCI, Guilherme de Souza. **Obra acima citada**, página 153.

Nesta senda, não pode o Ministério Público requestar que a autoridade policial represente medida cautelar não pleiteada pela polícia judiciária no curso do procedimento inquisitivo. Neste caso deve o próprio MP requerer ao juízo competente a decretação da medida respectiva (prisão, busca e apreensão, interceptação telefônica) e, uma vez expedidos os mandados, solicitar o retorno dos autos à seara policial para materialização da diligência.

4.12. ARQUIVAMENTO DE INQUÉRITO POLICIAL

O delegado de polícia não poderá mandar arquivar inquérito policial (artigo 17 do CPP[69]). O arquivamento de inquérito só poderá ser ordenado por juiz a pedido do Ministério Público[70] (por entender que o fato é atípico, que a prescrição da pretensão punitiva já se implementou, em face da morte do agente, dentre outras hipóteses).

Caso discorde das razões elencadas pelo MP no seu requerimento, o juiz, enquanto fiscal do princípio da obrigatoriedade (e no exercício de função anômala), deve mandar os autos de inquérito policial ao Procurador-Geral de Justiça (ou Câmara de Coordenação e Revisão, no plano federal – artigo 62, IV, da Lei Complementar 75/93) para análise, nos termos do artigo 28 do CPP[71]. Se este concordar com os argumentos do magistrado, deve oferecer denúncia ou indicar membro do MP para fazê-lo em seu nome (a indicação não deve recair sobre o promotor de justiça que requereu o arquivamento, sob pena de ofensa ao princípio da independência funcional). Caso o PGJ concorde com as razões do promotor de justiça que requereu o arquivamento, deverá o magistrado mandar arquivar o feito. Por esta razão, podemos concluir que o arquivamento de inquérito policial é uma promoção do MP e que esta decisão não sai da alçada do órgão (em que pese necessitar da chancela judicial para ter validade jurídica).

Anote-se que se o crime for praticado por investigado que detém foro por prerrogativa de função no Supremo Tribunal Federal, o pedido de arquivamento do apuratório manejado pelo Procurador-Geral da República deve ser aceito pelo relator (nos termos do artigo 21, XV, do Regimento Interno do STF). Eis acórdão elucidativo:

69. Art. 17. A autoridade policial não poderá mandar arquivar autos de inquérito.

70. Anote-se que a vítima de crime de ação penal pública incondicionada não tem direito líquido e certo de impedir o pedido de arquivamento manejado pelo Ministério Público (STJ, Corte Especial, MS 21.081/DF, rel. Min. Raul Araújo, julgado em 17/6/2015, DJe 4/8/2015).

71. Art. 28. Se o órgão do Ministério Público, ao invés de apresentar a denúncia, requerer o arquivamento do inquérito policial ou de quaisquer peças de informação, o juiz, no caso de considerar improcedentes as razões invocadas, fará remessa do inquérito ou peças de informação ao procurador-geral, e este oferecerá a denúncia, designará outro órgão do Ministério Público para oferecê-la, ou insistirá no pedido de arquivamento, ao qual só então estará o juiz obrigado a atender.

> EMENTA: DENÚNCIA CONTRA SENADOR DA REPÚBLICA E OUTROS AGENTES. PEDIDO DE ARQUIVAMENTO DO INQUÉRITO PELO ENTÃO PROCURADOR-GERAL DA REPÚBLICA. POSTERIOR OFERECIMENTO DA DENÚNCIA POR SEU SUCESSOR. RETRATAÇÃO TÁCITA. AUSÊNCIA DE NOVAS PROVAS. IMPOSSIBILIDADE. À luz de copiosa jurisprudência do Supremo Tribunal Federal, no caso de inquérito para apuração de conduta típica em que a competência originária seja da Corte, o pedido de arquivamento pelo procurador-geral da República não pode ser recusado. Na hipótese dos autos, o procurador-geral da República requerera, inicialmente, o arquivamento dos autos, tendo seu sucessor oferecido a respectiva denúncia sem que houvessem surgido novas provas. Na organização do Ministério Público, vicissitudes e desavenças internas, manifestadas por divergências entre os sucessivos ocupantes de sua chefia, não podem afetar a unicidade da instituição. A promoção primeira de arquivamento pelo Parquet deve ser acolhida, por força do entendimento jurisprudencial pacificado pelo Supremo Tribunal Federal, e não há possibilidade de retratação, seja tácita ou expressa, com o oferecimento da denúncia, em especial por ausência de provas novas. Inquérito arquivado, em relação ao senador da República, e determinada a remessa dos autos ao Juízo de origem, quanto aos demais denunciados[72].

Idêntico entendimento é adotado pelo Superior Tribunal de Justiça, quando há pedido de arquivamento manejado pelo Ministério Público, em relação a inquérito que apure crime supostamente praticado por detentor de foro no STJ:

> PENAL E PROCESSUAL PENAL. INQUÉRITO. GOVERNADOR DE ESTADO. CRIMES CONTRA A ADMINISTRAÇÃO PÚBLICA E LAVAGEM DE ATIVOS. PEDIDO DE ARQUIVAMENTO FORMULADO PELO MINISTÉRIO PÚBLICO FEDERAL. AUSÊNCIA DE PROVAS CONTRA O DETENTOR DE PRERROGATIVA DE FORO. TITULAR DA AÇÃO PENAL PÚBLICA ("DOMINUS LITIS"). IRRECUSABILIDADE. PRECEDENTES DO STJ. ARQUIVAMENTO E DECLÍNIO DA COMPETÊNCIA DETERMINADOS. 1. Em hipóteses como a presente, na linha da orientação jurisprudencial firmada no Supremo Tribunal Federal e neste Tribunal Superior, não há como deixar de acolher o requerimento de arquivamento do inquérito formulado pelo Ministério Público Federal, assentado nos elementos fático-probatórios dos autos, afirmando que não justificam a instauração da persecução penal contra o investigado com prerrogativa de foro perante esta Corte Superior. 2. Arquivamento parcial acolhido, com determinação de encaminhamento dos autos ao Juízo competente para continuidade das investigações contra os coinvestigados[73].

O arquivamento pode ser lastreado inclusive em eventual falta de trilha investigativa a ser seguida com vistas a elucidar o delito apurado. Não há por-

72. STF, Tribunal Pleno, Inq 2028, relatora Min. Ellen Gracie, relator para o acórdão Min. Joquim Barbosa, julgado em 28/04/2004, DJ 16/12/2005.
73. STJ, QO no Inq 1.041/DF, rel. Min. Luis Felipe Salomão, Corte Especial, julgado em 05/10/2016, DJe 26/10/2016.

que manter um apuratório aberto indefinidamente com a ilusão de que todos os crimes são solucionáveis. Não o são. É preciso entender que a tramitação de um inquérito policial consome dinheiro público, tempo da autoridade policial e de seus agentes, dentre outros insumos. Assim, caso o delegado de polícia entenda que não há mais elementos probantes a produzir com o fito de descortinar a prática delitiva, a melhor saída é relatar o feito sugestionando o arquivamento do mesmo.

Não se pode perder de vista, ainda, que é possível que o delegado de polícia continue a apurar o caso (mesmo com o feito arquivado), se tiver notícia de outros elementos de prova (e essas novas provas podem fundamentar ulterior desarquivamento do feito), na forma do artigo 18 do CPP:

> Art. 18. Depois de ordenado o arquivamento do inquérito pela autoridade judiciária, por falta de base para a denúncia, a autoridade policial poderá proceder a novas pesquisas, se de outras provas tiver notícia.

Importante destacar que, depois de arquivado o inquérito, eventual ação penal só pode ser iniciada após colheita de novas provas - inteligência da Súmula 524 do Supremo Tribunal Federal (porque tal decisão de arquivamento – a que se funda em falta de base para denúncia – não produz coisa julgada material):

> Súmula 524. Arquivado o inquérito policial, por despacho do juiz, a requerimento do promotor de justiça, não pode a ação penal ser iniciada, sem novas provas.

A doutrina comenta a possibilidade ou não do chamado arquivamento implícito. Explico. Quando o MP recebe os autos relatados de inquérito policial com vista, pode tomar basicamente quatro caminhos: a) denunciar; b) requisitar novas diligências ao aparelho policial; c) declinar de sua atribuição (e sugestionar ao juízo que decline de sua competência); d) requerer o arquivamento do inquérito policial. Caso o promotor de justiça/procurador da república decida denunciar alguns dos indiciados e não todos, poder-se-ia entender que ele decidiu requerer o arquivamento (ainda que implicitamente) do procedimento investigativo em relação aos que deixaram de ser denunciados (e esse arquivamento implícito seria subjetivo, por dizer respeito a pessoas).

Há outra possibilidade. Caso o promotor de justiça/procurador da república opte por denunciar o indiciado apenas por parte dos crimes a ele imputados pelo delegado de polícia, poder-se-ia entender que se operou o pedido de arquivamento implícito em face dos fatos criminosos que ficaram de fora da exordial acusatória (aqui estaríamos falando de arquivamento implícito objetivo).

A tendência da jurisprudência tupiniquim é considerar não ser possível o arquivamento implícito, vez que o procedimento legal de arquivamento de inquérito policial se completa com a chancela judicial, após requerimento do MP. Neste sentido, Guilherme de Souza Nucci[74], para quem "não existe, tecnicamente, pedido de arquivamento implícito ou tácito".

Destarte, a melhor solução em caso de omissão de indiciados ou de fatos criminosos imputados a estes na denúncia é o juiz, percebendo a omissão, abrir vista dos autos ao MP para que se manifeste cabalmente acerca da sua intenção de arquivar o procedimento investigativo em face dos indivíduos ou fatos omitidos (a omissão pode ter sido involuntária – caso de inquérito com grande número de indiciados ou de fatos criminosos apurados, por exemplo).

Vejamos aresto do Tribunal da Cidadania[75] acerca do tema:

> O não oferecimento imediato da denúncia com relação ao Paciente não implica na renúncia tácita ao jus puniendi estatal, pois o princípio da indivisibilidade não é aplicável à ação penal pública incondicionada, diferentemente da ação penal privada. Segundo o ordenamento jurídico pátrio, o arquivamento da ação penal pública depende de pedido expresso do Ministério Público, e somente pode ser determinado pelo Juiz.

Há outro conceito importante a ser discutido. Trata-se do arquivamento indireto. Aqui o Ministério Público finda entendendo que não tem atribuição para oferecer denúncia diante do caso investigado em inquérito policial e sugere ao juízo o declínio da competência em favor de outro órgão jurisdicional.

Caso o magistrado não aceite o posicionamento do MP, afirmando sua competência para processamento do feito, não pode ele obrigar citado órgão a ofertar a inicial acusatória. Nesta senda, criou-se a construção do pedido de arquivamento indireto, no âmbito do STF. A tese conclui no sentido de que o juiz deve receber o não oferecimento de denúncia calcado na incompetência do juízo como se pedido de arquivamento indireto fosse, tomando a providência descrita no artigo 28 do CPP. Vale dizer, em situações deste jaez, o Ministério Público terá a última palavra quando entender que fenece atribuição a ele para oferta da exordial acusatória (em caso de concordância do PGJ com a manifestação do órgão com atuação junto ao primeiro grau, estaria o magistrado obrigado a remeter o feito ao juízo indicado na promoção). Esta é a lição de Pacelli[76].

Por fim, cumpre salientar que o arquivamento de inquérito policial que se fundamenta na atipicidade do fato faz coisa julgada material, impossibilitando manejo ulterior de ação penal:

---

74. NUCCI, Guilherme de Souza. **Obra acima citada**, página 160.
75. STJ, HC 95344/RJ, 5ª. Turma, Rel. Min. Jorge Mussi, Rel. para o Acórdão Min. Laurita Vaz, DJE 15/12/09.
76. DE OLIVEIRA, Eugênio Pacelli. **Obra acima citada**, páginas 65 e 66.

> DIREITO PENAL. HABEAS CORPUS. PEDIDO DE TRANCAMENTO DA AÇÃO PENAL. ARQUIVAMENTO DO FEITO. RECONHECIMENTO DE ATIPICIDADE DO FATO. DECISÃO PROFERIDA POR JUÍZO ABSOLUTAMENTE INCOMPETENTE. PERSECUÇÃO PENAL NA JUSTIÇA MILITAR POR FATO ANALISADO NA JUSTIÇA COMUM. IMPOSSIBILIDADE: CONSTRANGIMENTO ILEGAL CARACTERIZADO. INSTAURAÇÃO DE AÇÃO PENAL PERANTE O JUÍZO COMPETENTE. IMPOSSIBILIDADE. COISA JULGADA. PRECEDENTES. HABEAS CORPUS CONCEDIDO. 1. A teor do entendimento pacífico desta Corte, o trancamento da ação penal pela via de habeas corpus é medida de exceção, admissível quando emerge dos autos, de forma inequívoca, entre outras hipóteses, a atipicidade do fato. 2. A decisão de arquivamento do inquérito policial no âmbito da Justiça Comum, em virtude de promoção ministerial no sentido da atipicidade do fato e da incidência de causa excludente de ilicitude, impossibilita a instauração de ação penal perante a Justiça Especializada, uma vez que o Estado-Juiz já se manifestou sobre o fato, dando-o por atípico (precedentes). Ainda que se trate de decisão proferida por juízo absolutamente incompetente, deve-se reconhecer a prevalência dos princípios do favor rei, favor libertatis e ne bis in idem, de modo a preservar a segurança jurídica que o ordenamento jurídico demanda. Precedentes. 4. Ordem concedida, acolhido o parecer ministerial, para trancar a Ação Penal n.º 484-00.2008.921.0004, em trâmite perante a Auditoria Militar de Passo Fundo/RS[77].

No que toca ao arquivamento de inquérito policial em face do reconhecimento de causa excludente de ilicitude, há divergência jurisprudencial. O Superior Tribunal de Justiça entende que a decisão de arquivamento faz coisa julgada formal e material:

> RECURSO ORDINÁRIO EM HABEAS CORPUS. ART. 1º, §§ 2º E 4º, DA LEI N. 9.455/1997. TRANCAMENTO DA AÇÃO PENAL. BIS IN IDEM. OCORRÊNCIA. DECISÃO DA JUSTIÇA MILITAR QUE DETERMINOU O ARQUIVAMENTO DE INQUÉRITO POLICIAL MILITAR COM BASE EM EXCLUDENTE DE ILICITUDE. COISA JULGADA MATERIAL. OFERECIMENTO DE DENÚNCIA POSTERIOR PELOS MESMOS FATOS. IMPOSSIBILIDADE. CONSTRANGIMENTO ILEGAL EVIDENCIADO. 1. A par da atipicidade da conduta e da presença de causa extintiva da punibilidade, o arquivamento de inquérito policial lastreado em circunstância excludente de ilicitude também produz coisa julgada material. 2. Levando-se em consideração que o arquivamento com base na atipicidade do fato faz coisa julgada formal e material, a decisão que arquiva o inquérito por considerar a conduta lícita também o faz, isso porque nas duas situações não existe crime e há manifestação a respeito da matéria de mérito. 3. A mera qualificação diversa do crime, que permanece essencialmente o mesmo, não constitui fato ensejador da denúncia após o primeiro arquivamento. 4. Recurso provido para determinar o trancamento da ação penal[78].

---

77. STJ, 6ª Turma, HC 173.397/RS, rel. Min. Maria Thereza de Assis Moura, julgado em 17/03/2011, DJe 11/04/2011.
78. STJ, RHC 46.666/MS, 6ª Turma, rel. Min. Sebastião Reis Júnior, julgado em 05/02/2015, DJe 28/04/2015.

Já o Supremo Tribunal Federal entende que a decisão faz coisa julgada formal, apenas:

> EMENTA Habeas corpus. Processual Penal Militar. Tentativa de homicídio qualificado (CP, art. 121, § 2º, inciso IV, c/c o art. 14, inciso II). Arquivamento de Inquérito Policial Militar, a requerimento do Parquet Militar. Conduta acobertada pelo estrito cumprimento do dever legal. Excludente de ilicitude (CPM, art. 42, inciso III). Não configuração de coisa julgada material. Entendimento jurisprudencial da Corte. Surgimento de novos elementos de prova. Reabertura do inquérito na Justiça comum, a qual culmina na condenação do paciente e de corréu pelo Tribunal do Júri. Possibilidade. Enunciado da Súmula nº 524/STF. Ordem denegada. 1. O arquivamento de inquérito, a pedido do Ministério Público, em virtude da prática de conduta acobertada pela excludente de ilicitude do estrito cumprimento do dever legal (CPM, art. 42, inciso III), não obsta seu desarquivamento no surgimento de novas provas (Súmula nº 5241/STF). Precedente. 2. Inexistência de impedimento legal para a reabertura do inquérito na seara comum contra o paciente e o corréu, uma vez que subsidiada pelo surgimento de novos elementos de prova, não havendo que se falar, portanto, em invalidade da condenação perpetrada pelo Tribunal do Júri. 3. Ordem denegada[79].

4.13. VALOR PROBATÓRIO

A doutrina atribui pequeno valor probatório ao inquérito, entendido como peça de informação destinada a embasar o titular da ação penal à propositura da respectiva exordial acusatória.

Muito se discute acerca da condenação exclusivamente com base em prova colhida na fase inquisitorial A meu ver, tal possibilidade (decreto condenatório baseado em cabedal probante colhido no inquérito) experimentou modificação substancial em face da nova redação do artigo 155, do CPP (dada pela Lei 11.690/08). Vejamos a redação atual do mandamento:

> Art. 155. O juiz formará sua convicção pela livre apreciação da prova produzida em contraditório judicial, não podendo fundamentar sua decisão exclusivamente nos elementos informativos colhidos na investigação, ressalvadas as provas cautelares, não repetíveis e antecipadas.

A primeira parte do dispositivo é clara e celebra entendimento já verberado pela doutrina e pela jurisprudência há muito: o de que não é possível condenação com base exclusivamente em prova colhida no bojo de inquérito policial. Tal corolário é decorrente do fato de que na fase pré-processual vigora o princípio inquisitivo (o princípio do contraditório passa vigorar apenas com

79. STF, 2ª Turma, HC 125101, Rel. Min. Teori Zavascki, rel. p/ Acórdão: Min. Dias Toffoli, julgado em 25/08/2015, DJe-180, divulgado em 10/09/2015, publicado 11/09/2015.

o início do processo). E é assim porque no curso da investigação não há que se falar em acusação. Trata-se de procedimento administrativo cujo objetivo primeiro é elucidar fato supostamente criminoso. Vejamos aresto[80] direto e elucidativo acerca do entendimento estudado:

> Ofende a garantia constitucional do contraditório fundar-se a condenação exclusivamente em elementos informativos do inquérito policial não ratificados em juízo.

Neste sentido Maria Thereza Rocha de Assis Moura[81]:

> Para se chegar ao resultado da prova, ou seja, à conclusão sobre a veracidade ou falsidade de um fato afirmado, o juiz penal pode servir-se tanto de elementos de prova (produzida em contraditório) como de informações trazidas pela investigação. Só não poderá utilizar, diz a lei, exclusivamente de dados informativos da investigação.

Como dito, a análise levada a efeito nos parágrafos supra é resultado do estudo da primeira parte do dispositivo acima transcrito. A parte final do mesmo revela a possibilidade de condenação com fulcro em prova (a lei fala em elementos informativos) colhida no curso do inquérito, caso a mesma seja cautelar (prova de natureza urgente, merecedora de produção imediata, sob pena de perda irreparável[82]), não repetível (a que não pode ser repetida no curso do processo – interceptação telefônica, por exemplo) ou antecipada (referida no artigo 156, I, do CPP). Assim é que pode ser sustentada condenação em prova oriunda de interceptação telefônica judicialmente autorizada em face inquisitorial, perícias feitas no curso da investigação, elementos de prova colhidos no curso de busca representada na fase de inquérito, dentre outras situações.

É certo que haverá contraditório diferido ou postergado na fase processual, com possibilidade de manifestação da defesa e da acusação acerca da prova coligida no curso do procedimento inquisitivo, mas não há como afastar a constatação de que as provas exemplificadas supra (fruto de interceptação telefônica, de quebras de sigilo bancário e fiscal, de perícias e de buscas) mesmo colhidas no inquérito podem, tranquilamente, servir à condenação (não sem antes ser oportunizado à defesa analisá-las e tentar desconstruí-las no curso do processo).

Nesta senda, cumpre discordar da lição de Manoel Messias Barbosa[83], para quem:

80. Informativo - STF nº 366

81. MOURA, Maria Thereza Rocha de Assis. **As Reformas no Processo Penal – As novas leis de 2008 e os projetos de reforma**, Revista dos Tribunais, 2008, página 251.

82. NUCCI, Guilherme de Souza. **Obra acima citada**, página 21.

83. BARBOSA, Manoel Messias. **Inquérito Policial**, Método, 2009, página 47.

> A regra é que o inquérito policial tenha um valor probatório reduzido ou relativo, tendo em vista que os elementos de informação não são colhidos sob a égide do contraditório e da ampla defesa, não se pode fundamentar decisão condenatória apoiada exclusivamente no inquérito policial, senão restariam contrariados os princípios do contraditório e da ampla defesa.

E concordar, na essência, com o pensamento de Fernando Capez e Rodrigo Colnago[84]:

> Pela própria essência, o inquérito policial tem conteúdo informativo, tendo por finalidade fornecer ao Ministério Público ou ao ofendido os elementos necessários para a propositura da ação penal. Todavia, tem valor probatório, embora relativo, porque os elementos de informação para proporcionar a propositura da demanda foram colhidos sem a presença do contraditório e da ampla defesa.

Prosseguem os doutrinadores[85] concluindo que "assim, por exemplo, a confissão extrajudicial, se confirmada por outros elementos colhidos durante a instrução processual, tem validade como elemento de convicção do juiz".

Vem a calhar nesta toada, lição de Maria Thereza Rocha de Assis Moura[86], que merece transcrição na íntegra:

> A legislação processual penal prevê diversas situações em que a urgência em se obterem elementos de prova úteis ao esclarecimento dos fatos justifica a antecipação de providências que, em condições normais, somente seriam realizadas em ocasião posterior, com a presença do juiz e das partes.
>
> Pense-se, por exemplo, na determinação judicial de busca e apreensão domiciliar (art. 240 e ss. do CPP), na autorização para interceptações telefônicas (Lei 9296/1996), no exame de corpo de delito (art. 158 do CPP), nos depoimentos antecipados (arts. 225 e 366 do CPP) etc.
>
> Nesses casos, é o perigo do desaparecimento ou de comprometimento na fonte da prova, pelo decurso do tempo, que outorga, excepcionalmente, uma restrição inicial ao pleno exercício do contraditório. Mas isso não significa que as partes não possam, posteriormente, exercer as prerrogativas inerentes à garantia constitucional, discutindo não só a legalidade da antecipação, mas também a validade e idoneidade dos elementos obtidos. Nesses casos, deve haver contraditório diferido.

Ventilemos exemplo. Imaginemos associação criminosa monitorada por meio de interceptação telefônica. Através das escutas judicialmente autorizadas, percebe-se o planejamento e posteriormente se constata a prática de roubo a agência bancária, rapina essa que não pôde ser evitada pelo aparelho

84. CAPEZ, Fernando e COLNAGO, Rodrigo. **Prática Forense Penal**, Saraiva, 2010, página 20.
85. CAPEZ, Fernando e COLNAGO, Rodrigo. **Obra acima citada**, página 20.
86. MOURA, Maria Thereza Rocha de Assis. **Obra acima citada**, página 253.

policial. Pensemos que a autoridade policial represente busca ao juízo competente e finde logrando êxito em apreender nas casas dos investigados o armamento usado no assalto e parte do numerário roubado. Ora, exemplifiquei provas cautelares e não repetíveis (interceptação telefônica e apreensões decorrentes de busca), que podem tranquilamente servir de base à condenação dos autores do fato, depois de oportunizado o contraditório diferido na fase judicial.

O temor relacionado à impossibilidade de condenação com fulcro em provas exclusivamente colhidas na fase inquisitorial tem ligação com um passado não muito distante em que as investigações se baseavam única e exclusivamente em provas orais (confissão e depoimentos frágeis de testemunhas que, muitas das vezes, alteravam as versões dadas na delegacia quando oitivadas em juízo).

A moderna investigação, por sua vez, é calcada na interceptação das comunicações telefônicas, em quebras de sigilo fiscal e bancário e posterior perícia dos dados obtidos com o afastamento dos respectivos sigilos, trabalho de campo com filmagens e fotografias decorrentes de vigilância dos investigados, apreensões calcadas em prévio trabalho investigativo, dentre outros meios de prova que não trazem consigo a oscilação das provas orais (não se está querendo com isso falar em tarifação da prova, inexistente em nosso ordenamento jurídico, mas, tão somente, na menor possibilidade de contraditar os meios de prova acima referenciados).

Como se verá alhures, quando tratarmos das provas em espécie, a confissão deixou de ser prova insistentemente perseguida na seara policial. Particularmente, prefiro a negativa de autoria, sendo devidamente desconstruída por provas materiais colhidas no curso do feito, que uma confissão sem o alicerce de provas outras que a sustentem.

Em resumo pragmático, pode-se concluir que merecerão repetição obrigatória na fase judicial, sob os auspícios do contraditório, as provas orais (oitiva do outrora indiciado, agora réu, declarantes e testemunhas) e os reconhecimentos de pessoas e coisas levados a efeito na fase policial. Interceptações telefônicas e telemáticas, quebras de sigilo bancário e fiscal, apreensões e suas respectivas análises e as perícias levadas a efeito no curso do inquérito estarão sujeitas ao contraditório diferido (a defesa ou a acusação poderão contestá-las ou afirmá-las no curso do processo, demonstrando as razões fáticas e jurídicas para que sejam as mesmas consideradas ou desconsideradas pelo juízo quando da prolação da sentença) e podem, tranquilamente, lastrear ulterior sentença penal condenatória. Acerca do tema, lição de Reinaldo Rossano Alves[87]:

87. ALVES, Reinaldo Rossano. **Obra acima citada**, página 12, grifo meu.

> Em relação a estes últimos elementos colhidos na investigação (cautelares, irrepetíveis e antecipadas), a lei permitiu o seu emprego na formação do convencimento do juiz, ainda que de forma exclusiva, porque, na verdade, constituem provas em sentido estrito, despeito de terem sido colhidos na investigação. Primeiro porque as provas cautelares (interceptações telefônicas, quebras de sigilo fiscal e telefônico, buscas e apreensões etc.) se exaurem em si mesmas, podendo ser contraditadas no curso do processo, o mesmo ocorrendo com os atos irrepetíveis. As provas antecipadas, colhidas desta forma sob pena de perecimento, são produzidas sob o crivo do contraditório e da ampla defesa, o que não impede que sejam contraditadas também durante a ação penal.

4.14. TERMO CIRCUNSTANCIADO

A Lei 9.099/95 simplificou a apuração das infrações de menor potencial ofensivo (todas as contravenções penais e os crimes cuja pena máxima não supere 2 anos), dispensando o inquérito policial e se conformando com mero termo circunstanciado, onde será feito breve relato do ocorrido, qualificação completa do autor do fato, da vítima e das testemunhas (com resumo das versões destes personagens) e menção às perícias requisitadas (valendo a pena anotar que o crime de lesões corporais leves dispensa exame pericial, conformando-se a lei com mero relatório médico – parágrafo primeiro, do artigo 77, da lei citada acima). O procedimento em comento prescinde de relatório final.

A atribuição para confecção do termo circunstanciado é da autoridade policial (leia-se delegado de polícia), inteligência do artigo 69 da Lei 9.099/95:

> Art. 69. A autoridade policial que tomar conhecimento da ocorrência lavrará termo circunstanciado e o encaminhará imediatamente ao Juizado, com o autor do fato e a vítima, providenciando-se as requisições dos exames periciais necessários.

A polícia militar e a polícia rodoviária federal não têm atribuição legal para lavrá-lo, vez que não há como atropelar os termos expressos no artigo acima transcrito. Não há como perder de vista que, apesar de simplório, o termo circunstanciado é procedimento investigativo (criado por lei para substituir, em algumas hipóteses, o inquérito policial), da alçada da polícia judiciária, portanto. Destarte, a própria natureza jurídica do procedimento impede ilação no sentido de autorizar que a polícia ostensiva o confeccione (seria construção evidentemente inconstitucional). Não há como conceber que polícias ostensivas tipifiquem discricionariamente infrações penais no bojo de procedimento investigativo (a não ser que se trate de inquérito policial militar), requisitem perícias e cumpram diligências eventualmente requisitadas pelo Ministério Público depois de finalizado o feito. Neste sentido Manoel Messias Barbosa[88]:

88. BARBOSA, Manoel Messias. **Obra acima citada**, página 60.

> Discute-se entre renomados doutrinadores se a polícia militar também pode elaborar o Termo Circunstanciado. Sempre se entendeu que a Autoridade Policial é o Delegado de Polícia. O artigo 144, § 4º, da Constituição Federal dispõe que "às polícias civis, dirigidas por Delegados de Polícia de carreira, incumbem, ressalvada a competência da União, as funções de polícia judiciária e a apuração das infrações penais, exceto militares". O artigo 69 da Lei 9.009, de 26 de setembro de 1995, atribui competência à Autoridade Policial para a elaboração do Termo Circunstanciado. Nenhuma referência foi feita à Polícia Militar.

Ainda acerca da presidência do termo circunstanciado, o § 1º, do artigo 2º, da Lei 12.830/13, colocou ponto final na celeuma (aclarando o que, no meu sentir, já era de uma clareza solar), nos seguintes termos:

> Art. 2º As funções de polícia judiciária e a apuração de infrações penais exercidas pelo delegado de polícia são de natureza jurídica, essenciais e exclusivas de Estado.
> § 1º Ao delegado de polícia, na qualidade de autoridade policial, cabe a condução da investigação criminal por meio de inquérito policial ou outro procedimento previsto em lei, que tem por objetivo a apuração das circunstâncias, materialidade e autoria das infrações penais.

Reforçando o quanto afirmado pelo dispositivo acima transcrito, a Lei 13.047/14 modificou a Lei 9.266/96, deixando claro que o delegado de polícia federal é a autoridade policial no âmbito da polícia judiciária da União:

> Art. 2º-A. A Polícia Federal, órgão permanente de Estado, organizado e mantido pela União, para o exercício de suas competências previstas no § 1º do art. 144 da Constituição Federal, fundada na hierarquia e disciplina, é integrante da estrutura básica do Ministério da Justiça.
>
> Parágrafo único. Os ocupantes do cargo de Delegado de Polícia Federal, autoridades policiais no âmbito da polícia judiciária da União, são responsáveis pela direção das atividades do órgão e exercem função de natureza jurídica e policial, essencial e exclusiva de Estado.

O entendimento defendido nesta obra tem apoio na jurisprudência tupiniquim:

> EMENTA: MANDADO DE SEGURANÇA CRIMINAL. NULIDADE DA DECISÃO QUE CONCEDEU À POLÍCIA MILITAR A POSSIBILIDADE DE EXERCER ATIVIDADES PRIVATIVAS DA POLÍCIA JUDICIÁRIA. OFENSA AO ARTIGO 144, CAPUT, INC. IV E V E §§ 4º E 5º, DA CONSTITUIÇÃO FEDERAL. PRECEDENTES DO STF. SEGURANÇA CONCEDIDA. 1. A Constituição Federal dispõe acerca das competências funcionais dos órgãos de segurança pública do Estado. 2. Nos termos do artigo 144, § 4º da Constituição da República, compete à polícia judiciária, chefiada por delegados de carreira, exercer, com exclusividade, os atos de investigação criminal. 3. É nula qualquer decisão que atribua a órgão diverso da polícia judiciária a realização de atos de investigação criminal, daí incluídos a lavratura de

> Termo de Compromisso de Comparecimento e Boletins de Ocorrência, uma vez que viola o texto constitucional. Precedentes do STF. 4. Segurança Concedida[89].

Continuemos. Via de regra, está dispensada a prisão em flagrante delito do autor do fato surpreendido praticando infração de menor potencial ofensivo, desde que ele seja encaminhado imediatamente ao Juizado Especial Criminal ou assuma o compromisso de comparecer quando intimado para tal (é mais uma hipótese em que o detido se livra solto). É a regra do parágrafo único, do artigo 69, da Lei 9.099/95. A última hipótese é a mais corriqueira (via de regra, a pauta dos juizados é abarrotada, restando inviável o encaminhamento imediato do autor do fato às barras da justiça).

Não há óbice à instauração de inquérito policial para apuração de infração de menor potencial ofensivo (mais um argumento que afasta a possibilidade de polícias ostensivas confeccionarem termo circunstanciado). O inquérito policial é procedimento mais amplo e dá azo a maior possibilidade de colheita de material probante. Pode ser tranquilamente levada a efeito a instauração de inquérito para apuração de infração de menor potencial ofensivo em situações não flagranciais ou nas hipóteses em que o fato a ser apurado demonstre algum grau de complexidade. A autoridade policial deve estar atenta, nestes casos, aos prazos de prescrição da pretensão punitiva apostos no artigo 109 do Código Repressivo (em geral muito exíguos no que toca às infrações de menor potencial ofensivo, que têm penas máximas muito reduzidas).

Cumpre deixar claro que não é cabível indiciamento no curso de inquérito policial que apura infração de menor potencial ofensivo, ante a ausência de previsão legal para tanto. É de se anotar que se fosse lavrado termo circunstanciado para investigar o mesmo fato, o indiciamento não ocorreria. Destarte, em festejo ao princípio da igualdade, não há que se determinar o indiciamento do autor do fato quando se instaura inquérito para apurar infração de menor potencial ofensivo. Há diversos julgados do Tribunal de Justiça do Estado de São Paulo neste sentido. Vejamos aresto elucidativo[90]:

> HABEAS CORPUS. Instauração de inquérito policial por determinação de Juiz de Direito do DIPO. Apuração de crime de desobediência supostamente praticado por funcionário o Banco Santander. Ausência de resposta a ofícios judiciais requisitórios de informações e dados de operações pertinentes a outras investigações em curso. Infração de menor potencial ofensivo. Pretensão de obstar o indiciamento formal da paciente, porquanto incompatível com a natureza consensual da Lei n° 9.099/95. Admissibilidade. Crime de desobediência. Artigo 330 do

89. TJ/MG, Mandado de Segurança 1.0000.11.052202-6/000, 7ª Câmara Criminal, rel. Des. Marcílio Eustáquio Santos, j. 03/05/2012.

90. TJ/SP, Habeas Corpus nº 0247825-73.2011.8.26.0000, rel. Des. Almeida Toledo, j. 29/11/2011, grifo meu.

> CP Infração de menor potencial ofensivo que ensejaria, no início da persecução penal, entre outros elementos de prova, a colheita de declarações da paciente e a remessa dos autos de inquérito policial para aplicação, se o caso, das medidas despenalizadoras típicas do JECRIM. Procedimento consensual que dispensa o indiciamento, ato formal e complexo decorrente da forte suspeita de autoria que recai sobre o indivíduo investigado. Ato registrário que não se coaduna com a hipótese em análise, inclusive porque os demais inquéritos foram arquivados a pedido do Ministério Público, que entendeu não configurada desobediência. Ordem concedida para obstar o formal indiciamento. Liminar referendada.

A Justiça Federal não é competente para processar e julgar contravenções penais, ainda que cometidas em detrimento da União, inteligência do artigo 109, inciso IV, da Constituição Federal (neste caso o termo circunstanciado ou inquérito policial instaurado para apurar o fato deve ser remetido para Justiça Estadual competente)[91].

Como última observação acerca da análise da Lei 9.099/95, cumpre recomendar a leitura da Súmula Vinculante 35:

> A homologação da transação penal prevista no artigo 76 da Lei 9.099/1995 não faz coisa julgada material e, descumpridas suas cláusulas, retoma-se a situação anterior, possibilitando-se ao Ministério Público a continuidade da persecução penal mediante oferecimento de denúncia ou requisição de inquérito policial.

4.15. INVESTIGAÇÃO CRIMINAL PRESIDIDA PELO MINISTÉRIO PÚBLICO

Tema bastante controvertido é a atuação do Ministério Público enquanto presidente de procedimento investigativo instaurado no âmbito da sua instituição, com o fito de colher provas para subsidiar ação penal a ser manejada pelo próprio MP.

Acima se delineou o inquérito policial. Procedimento administrativo inquisitivo presidido por delegado de polícia, no âmbito da polícia judiciária, que tem por objeto a colheita de elementos que possibilitem a elucidação de fato supostamente criminoso.

A participação do Ministério Público no curso do inquérito policial é tranquila. Aliás, é salutar, já que este é o destinatário imediato do trabalho realizado pela polícia. O MP pode requestar a materialização de diligências e delas participar (acompanhar oitivas, reprodução simulada dos fatos, den-

91. Alheres se dirá (quando o assunto for competência) que a doutrina tem apontado exceção a essa regra: quando quem pratica a contravenção penal é autoridade com foro por prerrogativa de função – membro do MPF que materializa fato definido como contravenção penal, por exemplo (ele será jugado pelo TRF, que pertence à justiça federal).

tre outras). É de se destacar que tal participação ativa não inviabiliza que o mesmo órgão (mesmo promotor de justiça/procurador da República) oferte denúncia, inteligência da Súmula 234 do Superior Tribunal de Justiça.

Não são poucas as vozes que entendem possível a investigação direta de fato criminoso, através de procedimento próprio levado a efeito no âmbito do MP (presidido por órgão deste). Cita-se Nestor Távora e Rosmar Rodrigues Alencar[92], para quem "é perfeitamente possível ao Ministério Público a realização de investigações no âmbito criminal". Os doutrinadores arrematam deixando claro que "poderia assim o promotor de justiça instaurar procedimento administrativo investigatório (inquérito ministerial), e colher os elementos que repute indispensáveis, dentro de suas atribuições, para viabilizar a propositura de ação penal". Fernando Capez[93], também filiado à possibilidade de investigação direita pelo MP, aduz que "o art. 129, I, da CF confere-lhe (ao MP) a tarefa de promover privativamente a ação penal pública, à qual se destina a prova produzida no curso da investigação. Ora, quem pode o mais, que é oferecer a própria acuação formal em juízo, decerto pode o menos, que é obter os dados indiciários que subsidiem tal propositura".

Basicamente, os argumentos dos defensores da tese são: a) teoria dos poderes implícitos (que, em síntese apertada, defende que o rol de atribuições do MP prescrito pelo artigo 129, da Lei Maior, é exemplificativo); b) a ideia de que quem pode o mais (oferecer denúncia e seguir no processo como parte) pode o menos (investigar para lastrear o oferecimento da exordial acusatória), dentre outros.

Já as vozes que se insurgem contra a possibilidade do MP investigar diretamente apontam os seguintes argumentos: a) inexistência desta atribuição no rol prescrito no artigo 129, da Carta da República; b) evitar a concentração excessiva e perniciosa de poderes em uma mesma instituição (cumular, por exemplo, as funções de investigar e acusar); c) desequilíbrio futuro na paridade de armas (já que o MP seria o responsável pela produção direta de provas não repetíveis), dentre outros.

Guilherme de Souza Nucci[94], engrossando as fileiras dos que não concordam com a condução direta de investigação criminal pelo Ministério Público sentencia:

> Enfim, ao Ministério Público cabe, tomando ciência da prática de um delito, requisitar a instauração da investigação pela polícia judiciária, controlar todo o desenvolvimento da persecução investigatória, requisitar diligências e, ao final, formar sua opinião, optando por denunciar ou não eventual pessoa apontada

92. TÁVORA, Nestor e ALENCAR, Rosmar Rodrigues. **Obra acima citada**, página 89.

93. CAPEZ, Fernando. **Obra acima citada**, página 147.

94. NUCCI, Guilherme de Souza. **Obra acima citada**, páginas 130 e 131.

como autora. O que não lhe é constitucionalmente assegurado é produzir, sozinho, a investigação, denunciando a seguir quem considerar autor de infração penal, excluindo, integralmente, a polícia judiciária e, consequentemente, a fiscalização salutar do juiz.

No mesmo sentido Manoel Messias Barbosa[95], para quem:

O Ministério Público é o guardião da ordem jurídica, entretanto não tem legitimidade para proceder a investigação preparatória da ação penal, já que a ele também se confere o poder de requerer o arquivamento da documentação dos fatos, situação que o tornaria ao mesmo tempo autor e o juiz da demanda, em verdadeiro sistema inquisitório vedado pela Constituição Federal.

O estudo do tema clama pela análise da Resolução 181[96], editada pelo Conselho Nacional do Ministério Público, em 07 de agosto de 2017 (e alterada nos termos da proposição 1.00927/2017-69, relator Lauro Machado Nogueira), que disciplinou a instauração e a tramitação de procedimento investigatório criminal no âmbito do MP, presidido por membro do órgão. O artigo 1º da referida resolução conceitua dito procedimento, afirma da dispensabilidade do mesmo para propositura de ação penal e da sua não aplicação para investigação de magistrados (a leitura do dispositivo revela enorme semelhança do procedimento regulamentado pela resolução e o inquérito policial). Vejamos:

Art. 1º O procedimento investigatório criminal é instrumento sumário e desburocratizado de natureza administrativa e investigatória, instaurado e presidido pelo membro do Ministério Público com atribuição criminal, e terá como finalidade apurar a ocorrência de infrações penais de iniciativa pública, servindo como preparação e embasamento para o juízo de propositura, ou não, da respectiva ação penal.

§ 1º O procedimento investigatório criminal não é condição de procedibilidade ou pressuposto processual para o ajuizamento de ação penal e não exclui a possibilidade de formalização de investigação por outros órgãos legitimados da Administração Pública.

2º A regulamentação do procedimento investigatório criminal prevista nesta Resolução não se aplica às autoridades abrangidas pela previsão do art. 33, parágrafo único, da Lei Complementar nº 35, de 14 de março de 1979.

O artigo 4º da resolução deixa claro que a peça que deflagra o procedimento no âmbito do MP também se chama portaria, com as mesmas características da peça inicial do inquérito policial:

95. BARBOSA, Manoel Messias. **Obra acima citada**, páginas 38 e 39.

96. A Resolução 13/06 do CNMP foi revogada.

> Art. 4º O procedimento investigatório criminal será instaurado por portaria fundamentada, devidamente registrada e autuada, com a indicação dos fatos a serem investigados e deverá conter, sempre que possível, o nome e a qualificação do autor da representação e a determinação das diligências iniciais.
>
> Parágrafo único. Se, durante a instrução do procedimento investigatório criminal, for constatada a necessidade de investigação de outros fatos, o membro do Ministério Público poderá aditar a portaria inicial ou determinar a extração de peças para instauração de outro procedimento.

O artigo 13 da resolução prevê prazo de 90 dias para conclusão do procedimento, podendo tal elastério ser renovado quantas vezes for necessário pelo próprio presidente do feito. No caso de inquérito policial, a dilação do prazo depende de manifestação do MP, porque pode este entender ser o caso de arquivamento do feito ou de imediata confecção de inicial acusatória (caso se conforme com as provas produzidas até então). Como no caso em análise o procedimento investigativo é instaurado no âmbito do MP e ele é o titular da ação penal pública, não há controle externo das sucessivas prorrogações do prazo, o que, a meu ver, é um inconveniente (penso que o controle de um órgão/instituição por outro no curso de procedimento é salutar).

A Resolução 181 do CNMP inverteu princípio norteador do inquérito policial. Enquanto neste procedimento o sigilo é a regra (artigo 20 do CPP), o artigo 15 da resolução em estudo revela que o procedimento investigativo levado a efeito no âmbito do MP é público. Penso que andou mal o normativo aqui dissecado. O sigilo é verdadeiro corolário de qualquer procedimento apuratório. É da natureza da investigação e é imprescindível ao bom termo desta que se garanta o sigilo necessário. O fato de ter o investigado/indiciado acesso aos autos de inquérito policial por seu advogado (artigo 7º do EOAB e Súmula Vinculante 14 do STF) não retira do inquérito policial seu caráter sigiloso (aliás, caso a publicidade fosse a regra, dificilmente se conseguiria colher provas robustas o suficiente para esclarecer o fato investigado). O sigilo, nos termos do artigo 16 do normativo em comento, pode ser decretado pelo presidente do procedimento:

> Art. 16. O presidente do procedimento investigatório criminal poderá decretar o sigilo das investigações, no todo ou em parte, por decisão fundamentada, quando a elucidação do fato ou interesse público exigir, garantido o acesso aos autos ao investigado e ao seu defensor, desde que munido de procuração ou de meios que comprovem atuar na defesa do investigado, cabendo a ambos preservar o sigilo sob pena de responsabilização.
>
> Parágrafo único. Em caso de pedido da parte interessada para a expedição de certidão a respeito da existência de procedimentos investigatórios criminais, é vedado fazer constar qualquer referência ou anotação sobre investigação sigilosa.

As disposições relativas ao arquivamento do procedimento se assemelham às do inquérito policial. A única diferença é a possibilidade de que o arquivamento se dê integralmente no âmbito do MP, sem chancela judicial – § 1º, do artigo 19, da Resolução 181/2017 (mais uma vez vislumbramos a ausência de controle externo de outro órgão – o procedimento pode ser iniciado e finalizado sem que o judiciário sequer saiba que ele existiu):

> Art. 19. Se o membro do Ministério Público responsável pelo procedimento investigatório criminal se convencer da inexistência de fundamento para a propositura de ação penal pública, nos termos do art. 17, promoverá o arquivamento dos autos ou das peças de informação, fazendo-o fundamentadamente.
>
> § 1º A promoção de arquivamento será apresentada ao juízo competente, nos moldes do art. 28 do Código de Processo Penal, ou ao órgão superior interno responsável por sua apreciação, nos termos da legislação vigente.
>
> § 2º Na hipótese de arquivamento do procedimento investigatório criminal, ou do inquérito policial, quando amparado em acordo de não persecução penal, nos termos do artigo anterior, a promoção de arquivamento será necessariamente apresentada ao juízo competente, nos moldes do art. 28 do Código de Processo Penal.

As minhas críticas à possibilidade de investigação presidida pelo MP são de ordem pragmática e jurídica. A de ordem pragmática: o MP não possui corpo auxiliar organizado em carreira e com vocação à investigação criminal. Investigar não é somente requestar documentos e ouvir pessoas. Há que se realizar vigilâncias, fotografar e filmar encontros e entregas ilícitas, analisar ligações fruto de interceptação telefônica, dentre outras diligências que são umbilicalmente ligadas ao aparelho policial (e a agentes públicos que fizeram concurso e foram treinados pelo Estado para o desempenho destas funções). Haveria que se aparelhar o MP com estrutura humana capaz de investigar (o que demanda criação de cargos específicos semelhantes ao de agente de polícia – inclusive com direito a porte de arma – e posterior realização de concurso público), dotar o órgão de viaturas caracterizadas e descaracterizadas para fins de investigação, criação de setores de inteligência com servidores aptos a analisar dados, dentre outros aspectos. É isso ou transformar a polícia judiciária em polícia ministerial (caso o procedimento seja dirigido pelo MP e as diligências efetivas de investigação sejam materializadas pelas polícias civis ou federal) ou, pior, transmudar a polícia militar ou a polícia rodoviária federal, ostensivas por determinação constitucional e destinadas a prevenir o fenômeno delitógeno, em aparelhos investigativos auxiliares do MP (subversão da ordem jurídica, a meu ver).

Vamos aos argumentos jurídicos. O sistema processual brasileiro, em que pese ser passível de ajustes, é, na essência, bom. Desde a fase pré-processual até a judicial, temos a participação de pelo menos três órgãos estatais (em caso de indiciado/réu pobre, há possibilidade de participação de um quarto, a Defensoria Pública, órgão incumbido da defesa de réus hipossuficientes) – a polícia (Estado-investigação), o Ministério Público (Estado-acusação) e o Poder Judiciário (Estado-juiz), sendo que a atuação destes é bem delimitada pela Constituição Federal e pelo CPP. Esclareço. O trabalho investigativo da polícia é acompanhado de perto pelo MP, destinatário imediato do inquérito, e pelo juiz (em caso de representação por medida cautelar); a atuação do MP enquanto parte é avaliada pelo juiz e pela defesa; e as eventuais falhas do Estado-juiz podem ser corrigidas pelo manejo de recursos interpostos pelas partes.

A possibilidade do MP presidir investigação afeta o sistema de controle acima deduzido e retira, a meu ver, a independência e a imparcialidade na colheita da prova, vez que esta terá como destinatário o próprio MP. Importantíssimo salientar que não é possível juridicamente que o mesmo membro do Ministério Público presida a investigação pré-processual e, após, ofereça denúncia. Seria clara afronta ao artigo 258 cumulado com artigo 252, II, ambos do CPP, vez que, como presidente de procedimento investigativo o promotor/procurador da República finda atuando como se autoridade policial fosse e o Caderno Processual Penal afirma expressamente que tal situação se traduz em causa de impedimento (o CPP veda que uma pessoa atue como delegado de polícia e depois funcione como membro do MP no mesmo feito). Anote-se que tal situação não é protegida pela já citada Súmula 234 do STJ (o verbete fala em participação na investigação e não na condução direta de procedimento instaurado no âmbito do MP). A finalidade da hipótese de impedimento (atuar como delegado de polícia e órgão do MP no mesmo feito) é justamente evitar cumulação indevida de funções estatais distintas no seio do processo penal (situação eleita pelo legislador como deletéria a nosso sistema processual).

Bom frisar que a polícia judiciária não é personagem do processo penal isso dá a ela um maior grau de isenção, vez que mais adiante não terá que defender no feito o resultado de sua investigação, como parte. Seguindo essa linha, tecendo comentário acerca do inquérito policial, Anderson Souza Daura[97] deixa claro que "a autoridade policial que o preside age em nome do Estado de forma imparcial podendo produzir prova que não só favoreça à acusação mas também à defesa pois busca a verdade real". Nesta toada, Aury Lopes Jr. e Ricardo Jacobsen Gloeckner[98] sentenciam acerca do Ministério Público:

> Outro gravíssimo inconveniente é a construção da instituição como parte imparcial. Se, no plano teórico-doutrinal, a lição de Werner Goldschmidt (anteriormente exposta) é sedutora, está equivocada, e esbarra num problema insuperável: a fragilidade do homem que é chamado a desempenhar tal função.

97. DAURA, Anderson Souza. **Obra acima citada**, página 116.

98. LOPES JR, Aury e GLOECKNER, Ricardo Jacobsen. **Obra acima citada**, página 162.

Outro problema muito sério do ponto de vista jurídico é que, na prática, permitir que o MP apure diretamente infrações penais dá ao órgão um poder descomunal: o de escolher o que investigar. Explico. As polícias judiciárias são obrigadas por lei a instaurar procedimento investigativo sempre que há notícia da prática de crime de ação penal pública incondicionada (inteligência do artigo 5º, I, do CPP). Já o MP (caso se permita a investigação direta), terá a possibilidade de escolher os crimes que deseja investigar diretamente (os delitos que o órgão não quiser apurar diretamente certamente serão objeto de requisição dirigida à polícia). No fim das contas, hipoteticamente falando, é possível que o intrincado esquema de desvio de verbas públicas se transmude em procedimento investigativo tocado no âmbito do MP e que a simplória prática de crime de falso testemunho no âmbito da Justiça do Trabalho vire requisição dirigida à polícia judiciária, vez que não há como controlar o aqui atacado super-poder de escolher o que investigar[99]. Nesse sentido Gustavo Badaró[100]:

> A ausência de lei cria um insuperável óbice, por possibilitar a atuação discricionária na escolha dos casos a serem investigados. Sem uma lei que determine quais casos podem ser diretamente investigados ou, ao menos, quais os critérios para se determinar tal atuação, ficaria ao livre-arbítrio do promotor de justiça escolher o que deseja e o que não quer investigar. Não raro, critérios midiáticos têm orientado tal escolha. São comuns investigações criminais realizadas pelo Ministério Público no caso de crimes cometidos por políticos, autoridades egrégias, ricos empresários ou figuras famosas. Desconhecem-se, por outro lado, investigações do Ministério Público, no caso de furto de mercearla, da lesão cor poral grave etc.

Mais um ponto: o Ministério Público findou criando e regulamentando seu procedimento investigatório criminal por meio de resolução (já estudada acima) editada no âmbito do próprio órgão, à revelia do Congresso Nacional. Ora, criar e editar regras sobre procedimento investigativo criminal é invadir claramente a competência legislativa privativa da União (a quem compete legislar sobre processo penal - artigo 22, I, da Constituição Federal).

Cumpre ainda deixar claro que as funções de investigar e acusar não podem ser mensuradas em sua importância e magnitude. É absolutamente falso dizer que acusar é mais que investigar (a famigerada construção de que já que o MP pode o "mais" que é acusar, pode o "menos", investigar). São atribuições

99. Nesta toada, com o fito de ao menos limitar tal distorção, é imperativo a construção de entendimento que impeça o Ministério Público de requisitar instauração de inquérito policial depois de já iniciada investigação direta pelo *Parquet* – se o MP decidiu investigar determinado caso criminal, deve avançar até o fim, oferecendo de denúncia ou promovendo o arquivamento do PIC, restando vedado repassar a apuração para o aparelho policial a seu bel-prazer.

100. BADARÓ, Gustavo. **Processo Penal**, Elsevier, 2012, página 93.

estatais distintas e igualmente importantes, que foram cometidas constitucionalmente a órgãos diversos. Apenas isso.

Há no Superior Tribunal de Justiça[101] resistência à possibilidade da direção de procedimento investigativo pré-processual pelo Ministério Público. Vejamos aresto elucidativo:

> Em regra, não encontra respaldo legal a investigação criminal produzida diretamente pelo Ministério Público. Entendimento minoritário da Relatora. A atuação ministerial se justifica, em circunstâncias excepcionais, quando representantes da própria polícia são investigados, não se podendo esperar a isenção necessária para a apuração de seus próprios crimes, autorizando-se, nessas hipóteses, a direta atuação do Parquet na condução da colheita de elementos para o fim de embasar a opinio delicti.

Rebatendo com precisão a teoria dos poderes implícitos que autorizaria o MP a presidir investigação criminal, Anderson Souza Daura[102] assevera:

> Ocorre que a aplicação da teoria norte-americana é, em parte, equivocada, pois no momento de sua invocação para o direito pátrio, "esqueceu-se" de fazer a devida ressalva que necessariamente a acompanha: da impossibilidade de conferir tal poder implícito quando a própria constituição já designou a atribuição pretendida a outro órgão. Se em um texto constitucional existe a fixação de alguma competência, para determinada entidade, nada mais correto que lhe atribuir os instrumentos para atingir tal fim, exceto se a própria Lei Maior também já fixou quem teria tal mister específico, ou seja, no caso, a Polícia Judiciária. Trata-se de regra basilar de interpretação constitucional conhecida como princípio da repartição funcional pelo qual se impõe ao intérprete o dever de considerar que a Lei Maior organiza a estrutura do Estado, "regulando e distribuindo funções" (MAGALHÃES FILHO 2002, p. 80), pelos inúmeros órgãos que compõe o Estado de forma funcional lógica, organizada e integrada mas não sobrepondo ou se desvirtuando funções como almeja o Ministério Público em relações às atividades investigatórias.

O Supremo Tribunal Federal enfrentou o tema no bojo do recurso extraordinário **593727/MG, julgado em plenário em 14 de maio de 2015 e decidiu, por maioria, ser possível ao Ministério Público investigar diretamente, por sua própria autoridade, infrações penais. Eis o julgado:**

> Repercussão geral. Recurso extraordinário representativo da controvérsia. Constitucional. Separação dos poderes. Penal e processual penal. Poderes de investigação do Ministério Público. 2. Questão de ordem arguida pelo réu, ora recorrente. Adiamento do julgamento para colheita de parecer do Procu-

101. STJ, 6ª Turma, Rel. Min. Maria Thereza de Assis Moura, DJE 19/10/09.

102. DAURA, Anderson Souza. **Obra acima citada**, página 87.

> rador-Geral da República. Substituição do parecer por sustentação oral, com a concordância do Ministério Público. Indeferimento. Maioria. 3. Questão de ordem levantada pelo Procurador-Geral da República. Possibilidade de o Ministério Público de estado-membro promover sustentação oral no Supremo. O Procurador-Geral da República não dispõe de poder de ingerência na esfera orgânica do Parquet estadual, pois lhe incumbe, unicamente, por expressa definição constitucional (art. 128, § 1º), a Chefia do Ministério Público da União. O Ministério Público de estado-membro não está vinculado, nem subordinado, no plano processual, administrativo e/ou institucional, à Chefia do Ministério Público da União, o que lhe confere ampla possibilidade de postular, autonomamente, perante o Supremo Tribunal Federal, em recursos e processos nos quais o próprio Ministério Público estadual seja um dos sujeitos da relação processual. Questão de ordem resolvida no sentido de assegurar ao Ministério Público estadual a prerrogativa de sustentar suas razões da tribuna. Maioria. 4. Questão constitucional com repercussão geral. Poderes de investigação do Ministério Público. Os artigos 5º, incisos LIV e LV, 129, incisos III e VIII, e 144, inciso IV, § 4º, da Constituição Federal, não tornam a investigação criminal exclusividade da polícia, nem afastam os poderes de investigação do Ministério Público. Fixada, em repercussão geral, tese assim sumulada: "O Ministério Público dispõe de competência para promover, por autoridade própria, e por prazo razoável, investigações de natureza penal, desde que respeitados os direitos e garantias que assistem a qualquer indiciado ou a qualquer pessoa sob investigação do Estado, observadas, sempre, por seus agentes, as hipóteses de reserva constitucional de jurisdição e, também, as prerrogativas profissionais de que se acham investidos, em nosso País, os Advogados (Lei 8.906/94, artigo 7º, notadamente os incisos I, II, III, XI, XIII, XIV e XIX), sem prejuízo da possibilidade – sempre presente no Estado democrático de Direito – do permanente controle jurisdicional dos atos, necessariamente documentados (Súmula Vinculante 14), praticados pelos membros dessa instituição". Maioria. 5. Caso concreto. Crime de responsabilidade de prefeito. Deixar de cumprir ordem judicial (art. 1º, inciso XIV, do Decreto-Lei nº 201/67). Procedimento instaurado pelo Ministério Público a partir de documentos oriundos de autos de processo judicial e de precatório, para colher informações do próprio suspeito, eventualmente hábeis a justificar e legitimar o fato imputado. Ausência de vício. Negado provimento ao recurso extraordinário. Maioria[103].

A despeito do quanto decidido pelo STF (transcrição supra), decidi manter intocado o restante deste tópico, pelo interesse acadêmico e porque a constitucionalidade da resolução acima estudada ainda será decidida pelo Supremo Tribunal Federal quando da análise das Ações Diretas de Inconstitucionalidade 5790 (proposta pela AMP – Associação dos Magistrados Brasileiros) e 5793 (proposta pelo Conselho Federal da Ordem dos Advogados do Brasil). Some-se a isso o fato de que, tanto o Superior Tribunal de Justiça quanto o próprio Su-

103. STF, RE **593727/MG, Rel. Min. Cézar Peluso, Rel. para o acórdão Min. Gilmar Mendes, j. 14/05/2015.**

premo Tribunal Federal, já se posicionaram em momentos pretéritos favoráveis e contrários à investigação direta por membro do MP.

É de se sublinhar que o que se critica neste tópico é a instauração de procedimento investigativo no âmbito do MP, presidido por um de seus membros. A requisição de informações e documentos com o fito de auxiliar ou complementar o trabalho investigativo levado a efeito pela polícia judiciária é plenamente possível (inteligência do inciso VI, do artigo 129, da CF). Neste sentido Pacelli[104], para quem "o Ministério Público não está impedido de adotar quaisquer diligências, mas apenas de instaurar e presidir procedimento tipicamente policial".

Por fim, cumpre discutir brevemente instituto criado pelo artigo 18 da Resolução 181/2017 do CNMP: o acordo de não-persecução penal:

> Art. 18. Não sendo o caso de arquivamento, o Ministério Público poderá propor ao investigado acordo de não persecução penal, quando, cominada pena mínima inferior a 4 (quatro) anos e o crime não for cometido com violência ou grave ameaça a pessoa, o investigado tiver confessado formal e circunstanciadamente a sua prática, mediante as seguintes condições, ajustadas cumulativa ou alternativamente:
>
> I – reparar o dano ou restituir a coisa à vítima, salvo impossibilidade de fazê-lo;
>
> II – renunciar voluntariamente a bens e direitos, indicados pelo Ministério Público como instrumentos, produto ou proveito do crime;
>
> III – prestar serviço à comunidade ou a entidades públicas por período correspondente à pena mínima cominada ao delito, diminuída de um a dois terços, em local a ser indicado pelo Ministério Público;
>
> IV – pagar prestação pecuniária, a ser estipulada nos termos do art. 45 do Código Penal, a entidade pública ou de interesse social a ser indicada pelo Ministério Público, devendo a prestação ser destinada preferencialmente àquelas entidades que tenham como função proteger bens jurídicos iguais ou semelhantes aos aparentemente lesados pelo delito;
>
> V – cumprir outra condição estipulada pelo Ministério Público, desde que proporcional e compatível com a infração penal aparentemente praticada.
>
> § 1º Não se admitirá a proposta nos casos em que:
>
> I – for cabível a transação penal, nos termos da lei;
>
> II – o dano causado for superior a vinte salários-mínimos ou a parâmetro econômico diverso definido pelo respectivo órgão de revisão, nos termos da regulamentação local;
>
> III – o investigado incorra em alguma das hipóteses previstas no art. 76, § 2º, da Lei nº 9.099/95;
>
> IV – o aguardo para o cumprimento do acordo possa acarretar a prescrição da pretensão punitiva estatal.

104. DE OLIVEIRA, Eugênio Pacelli. **Obra acima citada**, página 90.

V – o delito for hediondo ou equiparado e nos casos de incidência da Lei nº 11.340, de 7 de agosto de 2006;

VI – a celebração do acordo não atender ao que seja necessário e suficiente para a reprovação e prevenção do crime.

§ 2º A confissão detalhada dos fatos e as tratativas do acordo serão registrados pelos meios ou recursos de gravação audiovisual, destinados a obter maior fidelidade das informações, e o investigado deve estar sempre acompanhado de seu defensor.

§ 3º O acordo será formalizado nos autos, com a qualificação completa do investigado e estipulará de modo claro as suas condições, eventuais valores a serem restituídos e as datas para cumprimento e será firmado pelo membro do Ministério Público, pelo investigado e seu defensor.

§ 4º Realizado o acordo, a vítima será comunicada por qualquer meio idôneo e os autos serão submetidos à apreciação judicial.

§ 5º Se o juiz considerar o acordo cabível e as condições adequadas e suficientes, devolverá os autos ao Ministério Público para sua implementação.

§ 6º Se o juiz considerar incabível o acordo, bem como inadequadas ou insuficientes as condições celebradas, fará remessa dos autos ao procurador-geral ou órgão superior interno responsável por sua apreciação, nos termos da legislação vigente, que poderá adotar as seguintes providências:

I – oferecer denúncia ou designar outro membro para oferecê-la;

II – complementar as investigações ou designar outro membro para complementá-la;

III – reformular a proposta de acordo de não persecução, para apreciação do investigado;

IV – manter o acordo de não persecução, que vinculará toda a Instituição

§ 7º O acordo de não persecução poderá ser celebrado na mesma oportunidade da audiência de custódia.

§ 8º É dever do investigado comunicar ao Ministério Público eventual mudança de endereço, número de telefone ou e-mail, e comprovar mensalmente o cumprimento das condições, independentemente de notificação ou aviso prévio, devendo ele, quando for o caso, por iniciativa própria, apresentar imediatamente e de forma documentada eventual justificativa para o não cumprimento do acordo.

§ 9º Descumpridas quaisquer das condições estipuladas no acordo ou não observados os deveres do parágrafo anterior, no prazo e nas condições estabelecidas, o membro do Ministério Público deverá, se for o caso, imediatamente oferecer denúncia.

§ 10 O descumprimento do acordo de não persecução pelo investigado, também, poderá ser utilizado pelo membro do Ministério Público como justificativa para o eventual não-oferecimento de suspensão condicional do processo.

§ 11 Cumprido integralmente o acordo, o Ministério Público promoverá o arquivamento da investigação, nos termos desta Resolução.

§ 12 As disposições deste Capítulo não se aplicam aos delitos cometidos por militares que afetem a hierarquia e a disciplina.

> § 13 Para aferição da pena mínima cominada ao delito, a que se refere o caput, serão consideradas as causas de aumento e diminuição aplicáveis ao caso concreto.

O instituto significa evidente abrandamento do princípio da obrigatoriedade criado por resolução interna do Ministério Público (parece-me haver evidente inconstitucionalidade, por violação da competência privativa da União para legislar sobre processo penal – artigo 22, I, da Constituição Federal). Trata-se de possibilidade negocial não discutida e nem aprovada pelo Congresso Nacional, que demanda confissão formal de crime cometido sem violência ou grave ameaça cuja pena mínima for inferior a quatro anos, mediante cumprimento dos requisitos cumulativos ou não dos incisos do artigo 18 da Resolução 181/2017. Todos são negociados diretamente pelo Ministério Público com o autor do fato e seu defensor (sem qualquer tipo de homologação judicial – o § 5º, do artigo 18, da Resolução 181/2017 não demanda homologação judicial, mas mera análise de cabimento do acordo e adequação das condições impostas, com a possibilidade de remessa do feito ao procurador-geral ou órgão superior interno responsável para reanálise).

Caso o autor do fato cumpra as condições acordadas com o Ministério Público, haverá pedido de arquivamento da investigação, nos termos do § 11, do artigo 18, da Resolução 181/2017 (mais um ponto polêmico, vez que como se trata de arquivamento de peças investigativas, não haverá condenação do autor do fato, em que pese ter ele confessado o crime praticado).

Assim como na investigação direta presidida por membro do Ministério Público, o acordo de não-persecução penal atropela a competência do Congresso Nacional e cria instituto negocial não previsto no ordenamento jurídico pátrio, em flagrante desrespeito ao texto constitucional. Como se trata de instituto novo, resta-nos aguardar como o Poder Judiciário enfrentará o tema.

4.16. QUESTÕES DE CONCURSOS PÚBLICOS

1. **(Promotor de Justiça/RO/2010) Assinale a opção correta com referência ao IP e suas providências.**

   A. Com o advento da CF, que assegurou o contraditório e a ampla defesa nos procedimentos administrativos, o IP atual deve observar tais princípios, apesar da ausência de previsão no CPP.

   B. De acordo com a Lei de Falências, cabe ao juiz responsável pelo processo falimentar presidir o inquérito de apuração dos crimes falimentares e, após a conclusão, remetê-lo ao MP para, se for o caso, este oferecer a denúncia.

   C. O IP é um procedimento sigiloso, não se estendendo o sigilo ao advogado, que poderá ter amplo acesso aos elementos de prova que já estiverem documentados nos autos e se refiram ao exercício do direito de defesa.

D. A oitiva do indiciado durante o IP deve observar o mesmo procedimento do interrogatório judicial, sendo-lhe assegurado o direito ao silêncio e a assistência de advogado, que poderá fazer perguntas durante a inquirição e acompanhar a oitiva das testemunhas.

E. A prova pericial, apesar de colhida durante o IP, é prova técnica e se submete ao contraditório diferido, razão pela qual tem valor probatório absoluto e não pode ser desconsiderada pelo juiz no momento da sentença.

2. **(OAB/SP Exame 135/2008) Assinale a opção correta acerca do inquérito policial e da aça penal.**

A. O despacho que indefere o requerimento de abertura de inquérito policial é irrecorrível.

B. Caso seja instaurado um inquérito policial para a apuração de um crime de roubo e, por não haver provas da autoria, seja arquivado o inquérito, é possível reabrir a investigação, independentemente de novas provas, se houver pressão da imprensa.

C. Qualquer pessoa pode encaminhar ao promotor de justiça uma petição requerendo providências e fornecendo dados e documentos, para que seja, se for o caso, instaurado inquérito policial.

D. Considere a seguinte situação hipotética. Célia, pessoa comprovadamente carente de recursos financeiros, foi vítima de estupro e fez a comunicação do crime à autoridade competente, solicitando providências para apurá-lo e punir seu autor. Apurada a autoria do crime e confirmada a materialidade, o promotor ofereceu a denúncia. Nessa situação, a representação pode ser retratada até a sentença condenatória recorrível.

3. **(Delegado de Polícia Federal/2004) No inquérito policial em que figure como indiciado um inimigo do delegado de polícia responsável pelas investigações, o Ministério Público oporá exceção de suspeição em relação a esse delegado.**

4. **(Delegado de Polícia Federal/2004) Considere que o delegado de polícia de determinada circunscrição tenha ordenado diligências em outra, sem ter expedido carta precatória, requisições ou solicitações. Nessa situação, não houve nulidade no inquérito policial respectivo.**

5. **(Delegado de Polícia Civil/PB/2008 - Desmembrada) O IP possui a característica da indisponibilidade, que significa que, uma vez instaurado, não pode a autoridade policial, por sua própria iniciativa, promover seu arquivamento, exceto nos crimes de ação penal privada.**

6. **(Delegado de Polícia Civil/PB/2008 - Desmembrada) O IP possui a característica da oficialidade, que significa que, ressalvadas as hipóteses de crimes de ação penal pública condicionada à representação ou de ação penal privada, o IP deve ser instaurado de ofício pela autoridade policial sempre que tiver conhecimento da prática de um delito.**

7. **(Delegado de Polícia Civil/PB/2008 - Desmembrada) O IP representa procedimento investigatório, levado a efeito pelo Estado-administrador, no exercício de atribuições referentes à polícia judiciária e, assim, somente deve ser trancado quando for manifesta a ilegalidade ou patente o abuso de autoridade, por exemplo.**

8. **(Delegado de Polícia Civil/PB/2008 - Desmembrada) O IP é peça dispensável à propositura da ação penal. Todavia, uma vez instaurado, não pode o MP oferecer a denúncia antes de concluído e relatado o IP pela autoridade policial.**

9. **(Agente de Polícia Federal/2009) O término do inquérito policial é caracterizado pela elaboração de um relatório e por sua juntada pela autoridade policial responsável, que não pode, nesse relatório, indicar testemunhas que não tiverem sido inquiridas.**

10. **(Agente de Polícia Federal/2009) No inquérito policial, o ofendido, ou seu representante legal, e o indiciado poderão requerer qualquer diligência, que será realizada, ou não, a juízo da autoridade.**

11. **(Agente de Polícia Federal/2009) O inquérito policial tem natureza judicial, visto que é um procedimento inquisitório conduzido pela polícia judiciária, com a finalidade de reunir elementos e informações necessárias à elucidação do crime.**

12. **(Agente de Polícia Federal/2009) Depois de ordenado o arquivamento do inquérito pela autoridade judiciária, por falta de base para a denúncia, a autoridade policial não poderá proceder a novas pesquisas se de outras provas tiver notícia, salvo com expressa autorização judicial.**

13. **(Papiloscopista de Polícia Federal/2004) As provas colhidas no inquérito policial podem servir como fundamento único para sentença penal condenatória, pois aquele, como procedimento administrativo inquisitório, é regido pelo princípio do contraditório.**

14. **(Delegado de Polícia Civil/RR/2003) Considere a seguinte situação hipotética.**

    Um indivíduo foi indiciado pela prática de latrocínio. A autoridade policial, com o fim de realizar a reconstituição simulada dos fatos, determinou a intimação do indivíduo, que se negou a comparecer à delegacia e a participar da reconstituição.

    Nessa situação, a autoridade policial poderá compelir, sob pena de prisão, o indivíduo a participar da reprodução simulada do fato delituoso.

15. **(Delegado de Polícia Civil/RN/2008- Desmembrada) É possível que o magistrado, em busca da verdade real, determine diligências em IP, mesmo na situação de crime de ação penal pública incondicionada em que o membro do MP já tenha pugnado pelo arquivamento dos autos.**

16. **(Delegado de Polícia Civil/RN/2008 - Desmembrada) Não é possível que autoridade policial, de ofício, investigue e indicie pessoa com foro especial, sem a devida supervisão de magistrado naturalmente competente para julgar tal detentor de prerrogativa funcional.**

17. **(Delegado de Polícia Civil/RN/2008 - Desmembrada) De acordo com a opinião sumulada do STJ, a participação de membro do MP na fase investigatória criminal acarreta o seu impedimento ou suspeição para o oferecimento da denúncia.**

18. **(Delegado de Polícia Civil/MG/2011) Sobre o inquérito policial é INCORRETO afirmar:**

A. Tem valor probante relativo.
B. Todas as provas produzidas devem ser repetidas sob contraditório.
C. Vícios do inquérito não nulificam subsequente ação penal.
D. O investigado pode requerer diligências.

19. (Delegado de Polícia Civil/PI/2009) Sobre o inquérito policial, é correto afirmar que:

A. Sua instauração e condução incumbem, primordialmente e por determinação constitucional, à chamada polícia administrativa ou de segurança.
B. Segundo decidiu o STF, os autos do inquérito policial, inclusive no tocante às diligências ainda em curso, devem, obrigatoriamente, ser publicizados ao advogado constituído pelo acusado, ainda que decretado o sigilo do procedimento, em face das prerrogativas estabelecidas no Estatuto da OAB (Lei 8.906/94).
C. Pode ser arquivado pela autoridade policial, que exercerá juízo de oportunidade e conveniência sobre a decisão, em razão do caráter administrativo do procedimento.
D. De acordo com a jurisprudência dominante, o delegado de polícia que, no curso de inquérito, vier a constatar indícios de que o delito investigado foi cometido por Governador de Estado, pode proceder ao seu indiciamento, uma vez que a prerrogativa de foro se refere unicamente à ação penal propriamente dita.
E. Não obstante seu caráter inquisitivo, não se impondo, regra geral, o exercício do contraditório e da ampla defesa no curso do inquérito, as provas cuja repetição em juízo seja impossível podem vir a ser admitidas na ação penal subsequente, sob o crivo do chamado "contraditório diferido".

20. (Delegado de Polícia Civil/AP/2010) Maria tem seu veículo furtado e comparece à Delegacia de Polícia mais próxima para registrar a ocorrência. O Delegado de Polícia instaura inquérito policial para apuração do fato. Esgotadas todas as diligências que estavam a seu alcance, a Autoridade Policial não consegue identificar o autor do fato ou recuperar a *res furtiva*. Assinale a alternativa que indique a providência que o Delegado deverá tomar.

A. Relatar o inquérito policial e encaminhar os autos ao Ministério Público para que este promova o arquivamento.
B. Promover o arquivamento do inquérito policial, podendo a vítima recorrer ao Secretário de Segurança Pública.
C. Relatar o inquérito policial e encaminhar os autos ao Secretário de Segurança Pública para que este promova o arquivamento.
D. Manter os autos do inquérito policial com a rotina suspenso, até que surja uma nova prova.
E. Prosseguir na investigação, pois o arquivamento só é possível quando transcorrer o prazo prescricional.

21. (Promotor de Justiça/MG/2011) Assinale a alternativa CORRETA.

A. O caráter inquisitivo do inquérito policial permite impor o sigilo acerca das diligências não documentadas, inclusive ao defensor constituído.

B. O princípio da ampla defesa é aplicável ao inquérito policial, por se tratar de procedimento administrativo.

C. Por razões de interesse público e no interesse da apuração, é possível decretar-se a incomunicabilidade do preso em flagrante delito.

D. O princípio da publicidade autoriza a divulgação de dados da investigação, inclusive referentes ao ofendido.

22. (Promotor de Justiça/MG/2011) Quanto ao inquérito policial e ao procedimento investigatório criminal, é CORRETO afirmar que:

A. O pedido de arquivamento rejeitado é irrecorrível e é insusceptível de controle interno do Ministério Público.

B. O pedido de arquivamento pode dar-se na ausência das condições da ação ou de justa causa.

C. O pedido imotivado de desarquivamento é o instrumento para viabilizar a realização de novas diligências.

D. O pedido de desarquivamento sujeita-se à impugnação através de recurso dirigido ao Chefe de Polícia.

23. (Promotor de Justiça/MG/2012) Assinale a alternativa CORRETA. Sobre o inquérito policial, é possível dizer que:

A. O interrogatório deve ser feito na presença de advogado, sendo possível a condução do investigado que não comparece.

B. A confissão mediante tortura obtida no inquérito é nula e invalida a ratificação da confissão obtida em juízo.

C. É obrigatório o exame de corpo de delito quando houver vestígios, admitindo-se o assistente técnico a partir de sua admissão pelo juiz.

D. A autoridade policial poderá declarar-se suspeita de ofício, sendo inadmissível a oposição de exceção.

24. (Juiz Federal/TRF 1ª Região/2011) Em relação ao inquérito policial, assinale a opção correta com base no direito processual penal.

A. Na atual sistemática processual penal, resta vedada instauração de inquérito policial em relação aos crimes de menor potencial ofensivo, em qualquer hipótese, em face do preceito legal expresso que determina a lavratura de termo circunstanciado, pelo qual não se admite submissão do autor do fato ao constrangimento do procedimento inquisitivo, como, por exemplo, à condução coercitiva e à identificação criminal.

B. Os vícios ocorridos no curso do inquérito policial, em regra, não repercutem na futura ação penal, ensejando, apenas, a nulidade da peça informativa, salvo quando houver violações de garantias constitucionais e legais expressas e nos casos em que o órgão ministerial, na formação da opinio delicti, não consiga afastar os elementos informativos maculados para persecução penal em juízo, ocorrendo, desse modo, a extensão da nulidade à eventual ação penal.

C. Ordenado o arquivamento de inquérito policial instaurado antes da constituição definitiva do crédito tributário, de modo a atender a força impositiva de verbete sumular vinculante, resta vedado, em qualquer hipótese, o seu desarquivamento, mesmo sobrevindo constituição do crédito tributário, após o encerramento do procedimento administrativo/fiscal, porque o fundamento da decisão judicial é a atipicidade do fato, cuja eficácia preclusiva é de coisa julgada material.

D. Considere a seguinte situação hipotética. O MP, ao oferecer denúncia, não se manifestou, de forma expressa, em relação a alguns fatos e a determinados agentes investigados, cujos elementos estão evidenciados no bojo do inquérito policial. Nessa situação hipotética, restam assentes doutrina e jurisprudência pátria acerca da ocorrência do pedido de arquivamento implícito ou arquivamento indireto, por parte do órgão de acusação, exigindo-se, contudo, para os devidos efeitos legais, decisão judicial expressa de arquivamento.

E. O atual entendimento consolidado na jurisprudência dos tribunais superiores prevê a possibilidade de retratação do pedido de arquivamento de inquérito policial, independentemente do surgimento de provas novas, desde que não tenha ocorrido ainda o pronunciamento judicial, visto que prevalece o interesse público da persecução penal.

25. (Defensor Público/SP/2012) Analise as assertivas abaixo.

I. O civilmente identificado, indiciado pela prática de homicídio qualificado, deverá ser criminalmente identificado pela autoridade policial.

II. A decisão judicial de arquivamento do inquérito policial com fundamento na atipicidade do fato praticado produz coisa julgada material, impedindo-se a reabertura das investigações preliminares mesmo diante do surgimento de novas provas.

III. É direito do defensor, no interesse do representado, ter acesso amplo aos elementos de prova que, já documentados em procedimento investigatório realizado por órgão com competência de polícia judiciária, digam respeito ao exercício do direito de defesa.

IV. Nos termos da orientação já sumulada pelo Supremo Tribunal Federal, em sede de execução penal a falta de defesa técnica por defensor no processo administrativo disciplinar não ofende a Constituição Federal.

Está correto APENAS o que se afirma em

A. I e II.

B. II e III.

C. III e IV.

D. I, II e III.

E. II, III e IV.

26. (Delegado de Polícia/AC/2008) Uma vez ordenado o arquivamento do inquérito policial pela autoridade judiciária, por falta de base para a denúncia, a autoridade policial não poderá proceder a novas pesquisas sem autorização judicial.

27. (Delegado de Polícia/AC/2008) As partes poderão, no curso do inquérito policial, opor exceção de suspeição da autoridade policial, nas mesmas situações previstas no Código de Processo Penal em relação ao juiz.

28. (Delegado de Polícia/AC/2008) Para verificar a possibilidade de a infração ter sido praticada de determinado modo, a autoridade policial poderá proceder à reprodução simulada dos fatos, da qual o indiciado ou suspeito não poderá se negar a participar.

29. (Delegado de Polícia/SP/2011) A autoridade policial pode requerer a devolução dos autos ao juiz, para realização de "ulteriores diligências", de acordo com o Código de Processo Penal, quando:

A. O indiciado estiver preso e o fato for de difícil elucidação.

B. O fato for relevante e o indiciado estiver foragido.

C. O indiciado estiver solto e o fato não demandar urgência na decisão.

D. O indiciado estiver preso e a diligência for célere.

E. O fato investigado for de difícil elucidação e o indiciado estiver solto.

30. (Defensoria Pública da União/2010) Segundo o STJ, a recusa da autoridade policial em cumprir requisição judicial relativa a cumprimento de diligências configura o crime de desobediência.

31. (Procurador Federal AGU/2010) O arquivamento do inquérito policial não gera preclusão, sendo uma decisão tomada *rebus sic stantibus*; todavia, uma vez arquivado o inquérito a pedido do promotor de justiça, somente com novas provas pode ser iniciada a ação penal.

32. (Procurador Federal AGU/2010) Embora o inquérito policial tenha natureza de procedimento informativo, e não de ato de jurisdição, os vícios nele existentes podem contaminar a ação penal subsequente, com base na teoria norte-americana dos frutos da árvore envenenada, ou *fruits of the poisonous tree*.

33. (Promotor de Justiça/SP/2010) Assinale a alternativa incorreta, em relação ao inquérito policial:

A. Nos crimes de ação penal privada, a autoridade policial somente pode instaurar o inquérito policial a requerimento do ofendido.

B. O inquérito policial é imprescindível para instruir o oferecimento da denúncia.

C. A autoridade policial não pode determinar o arquivamento do inquérito policial.

D. A autoridade policial pode indeferir o pedido de instauração de inquérito policial feito pelo ofendido.

E. Segundo entendimento do Supremo Tribunal Federal, consolidado em Súmula Vinculante, o defensor do investigado pode ter acesso aos elementos de convencimento já documentados em procedimento investigatório realizado por órgão de polícia judiciária, desde que digam respeito ao exercício da defesa e no interesse do seu representado.

34. (OAB/V Exame Unificado) Tendo em vista o enunciado da súmula vinculante n. 14 do Supremo Tribunal Federal, quanto ao sigilo do inquérito policial, é correto afirmar que a autoridade policial poderá negar ao advogado:

A. A vista dos autos, sempre que entender pertinente.

B. A vista dos autos, somente quando o suspeito tiver sido indiciado formalmente.

C. Do indiciado que esteja atuando com procuração o acesso aos depoimentos prestados pelas vítimas, se entender pertinente.

D. O acesso aos elementos de prova que ainda não tenham sido documentados no procedimento investigatório.

35. (OAB/IV Exame Unificado) Acerca das disposições contidas na Lei Processual sobre o Inquérito Policial, assinale a alternativa correta.

A. Nos crimes de ação privada, a autoridade policial poderá proceder a inquérito a requerimento de qualquer pessoa do povo que tiver conhecimento da existência de infração penal.

B. Do despacho que indeferir o requerimento de abertura de inquérito caberá recurso para o tribunal competente.

C. Para verificar a possibilidade de haver a infração sido praticada de determinado modo, a autoridade policial poderá proceder à reprodução simulada dos fatos, desde que esta não contrarie a moralidade ou a ordem pública.

D. A autoridade policial poderá mandar arquivar autos de inquérito.

36. (Delegado de Polícia Civil/PA/2012) Pautando-se na Lei nº 12.037, de 1º de outubro de 2009, que dispõe sobre a identificação criminal do civilmente identificado, assinale a alternativa incorreta:

A. É permitido mencionar a identificação criminal do indiciado em atestados de antecedentes ou em informações não destinadas ao juízo criminal, antes do trânsito em julgado da sentença condenatória.

B. A identificação civil é atestada, dentre outros documentos, pela carteira de identificação funcional.

C. Embora apresentado documento de identificação, poderá ocorrer identificação criminal quando o indiciado portar documentos de identidade distintos, com informações conflitantes entre si.

D. No caso de não oferecimento da denúncia, ou sua rejeição, ou absolvição, é facultado ao indiciado ou ao réu, após o arquivamento definitivo do inquérito, ou trânsito em julgado da sentença, requerer a retirada da identificação fotográfica do inquérito ou processo, desde que apresente provas de sua identificação civil.

E. Quando houver necessidade de identificação criminal, a autoridade encarregada tomará as providências necessárias para evitar o constrangimento do identificado.

37. (Delegado de Polícia Civil/PA/2012) A respeito do inquérito policial, assinale a alternativa incorreta:

A. O ofendido, ou seu representante legal, e o indiciado não poderão requerer qualquer diligência.

B. O Ministério Público não poderá requerer a devolução do inquérito à autoridade policial, senão para novas diligências, imprescindíveis ao oferecimento da denúncia.

C. O inquérito deverá terminar no prazo de 10 dias, se o indiciado tiver sido preso em flagrante, ou estiver preso preventivamente, contado o prazo, nesta hipótese, a partir do dia em que se executar a ordem de prisão, ou no prazo de 30 dias, quando estiver solto, mediante fiança ou sem ela.

D. Todas as peças do inquérito policial serão, num só processado, reduzidas a escrito ou datilografadas e, neste caso, rubricadas pela autoridade.

E. Para verificar a possibilidade de haver a infração sido praticada de determinado modo, a autoridade policial poderá proceder à reprodução simulada dos fatos, desde que esta não contrarie a moralidade ou a ordem pública.

38. (Delegado de Polícia Civil/MA/2012) Com relação ao prazo para a conclusão do inquérito policial instaurado para apurar a prática do crime de tráfico de entorpecentes, de acordo com a Lei n. 11.343, de 23 de agosto de 2006, assinale a afirmativa correta.

A. Será de 10 (dez) dias, se o indiciado estiver preso, e de 30, na hipótese de o indiciado estar solto.

B. Não poderá ultrapassar 30 dias, se o indiciado estiver preso.

C. Será de 30 dias, se o indiciado estiver preso, e de 90 dias, quando estiver solto, podendo o juiz, ouvido o Ministério Público, mediante pedido justificado da autoridade de polícia judiciária, triplicar tal prazo.

D. Excepcionalmente, quando requerido de forma fundamentada pela autoridade de polícia judiciária, ouvido o Ministério Público, poderá ser de 180 dias, se o indiciado estiver solto.

E. Será de 30 dias, se o indiciado estiver preso, e de 60 dias, quando estiver solto, podendo o juiz, ouvido o Ministério Público, mediante pedido justificado da autoridade de polícia judiciária, duplicar tal prazo.

39. (Delegado de Polícia Civil/MA/2012) Aury Lopes Júnior leciona que "o inquérito é o ato ou efeito de inquirir, isto é, procurar informações sobre algo, colher informações acerca de um fato, perquirir". Já o Art. 4º, do CPP destaca que será realizado pela Polícia Judiciária e terá por fim a apuração das infrações penais e sua autoria.

A esse respeito, assinale a afirmativa incorreta.

A. Entendendo a autoridade policial que o fato apurado não configura crime, deverá realizar o arquivamento do inquérito, evitando o prosseguimento de um constrangimento ilegal sobre o indiciado.

B. O réu não é obrigado a participar da reconstituição do crime, pois ninguém é obrigado a produzir prova contra si.

C. O sigilo e a dispensabilidade são algumas das características do inquérito policial, repetidamente citadas pela doutrina brasileira.

D. Não deve a autoridade policial proibir o acesso do defensor do indiciado aos elementos de prova já documentados no âmbito do procedimento investigatório e que digam respeito ao exercício do direito de defesa.

E. Do despacho que indeferir o requerimento de abertura de inquérito caberá recurso para o chefe de Polícia.

40. (Delegado de Polícia Civil/AL/2012) Quando se tratar de crimes relativos ao tráfico de drogas, o prazo para a conclusão do inquérito policial é de 30 dias, se

o indiciado estiver preso e de 90 dias, se estiver solto, podendo ser duplicados, mediante pedido justificado da autoridade de polícia judiciária.

41. **(Promotor de Justiça/AL/2012) Em relação ao inquérito policial, é correto afirmar que:**
   A. Poderá ser arquivado pelo Delegado Geral de Polícia quando reconhecida, pela autoridade policial, a ocorrência de legítima defesa.
   B. Se o investigado já foi identificado civilmente não deverá ser indiciado.
   C. É direito do defensor, no interesse do representado, ter acesso amplo aos elementos de prova que, já documentados em procedimento investigatório realizado por órgão com competência de polícia judiciária, digam respeito ao exercício do direito de defesa.
   D. A autoridade policial poderá requerer a devolução dos autos do juiz para a realização de ulteriores diligências quando o indiciado estiver preso em flagrante e a diligência for célere.
   E. Poderá ser instaurado de ofício nos crimes de ação penal pública incondicionada, mas apenas mediante requisição do Ministério Público ou do juiz.

42. **(Delegado de Polícia Civil/BA/2013) Os delegados de polícia não podem recusar-se a cumprir requisição de autoridade judiciária ou de membro do MP para instauração de inquérito policial.**

43. **(Delegado de Polícia Civil/RJ/2013) Em relação à investigação criminal, é INCORRETO afirmar:**
   A. Quando o juiz verificar, nos autos, a existência de crime de ação penal pública, remeterá cópias ao Ministério Público.
   B. O requerimento do ofendido nos delitos de ação de iniciativa privada é classificado como notícia-crime qualificada.
   C. Formalmente, o inquérito policial inicia-se com um ato administrativo da autoridade policial, que determina a sua instauração por meio de uma portaria ou de um auto de prisão em flagrante.
   D. Todos os elementos de convicção (meios de prova) produzidos ou obtidos em sede policial através de inquérito policial são valoráveis na sentença, sem a necessidade de serem reproduzidos na fase de instrução criminal.
   E. Apesar de meramente informativos, os atos do inquérito policial servem de base para restringir a liberdade pessoal através das prisões cautelares, e interferir na disponibilidade de bens, com base nas medidas cautelares reais, como por exemplo, o arresto e o sequestro.

44. **(Delegado de Polícia Civil/RJ/2013) A autoridade policial, ao chegar no local de trabalho como de costume, lê o noticiário dos principais jornais em circulação naquela circunscrição. Dessa forma, tomou conhecimento, através de uma das reportagens, que o indivíduo conhecido como "José da Carroça", mais tarde identificado como José de Oliveira, teria praticado um delito de latrocínio. Diante da notícia da ocorrência de tão grave crime, instaurou o regular inquérito policial, passando a investigar o fato. Após reunir inúmeras provas, concluiu que não houve crime. Nesse caso, deverá a autoridade policial:**

A. Relatar o inquérito policial, requerendo o seu arquivamento e encaminhando-o ao juízo competente.
B. Determinar o arquivamento dos autos por falta de justa causa para a propositura da ação.
C. Encaminhar os autos ao Ministério Público para que este determine o seu arquivamento.
D. Relatar o inquérito policial, sugerindo ao Ministério Público seu arquivamento, o que será apreciado pelo juiz.
E. Relatar o fato a Chefe de Polícia, solicitando autorização para arquivar os autos por ausência de justa causa para a ação penal.

45. (Delegado de Polícia Civil/RJ/2013) Nos termos do art. 13 e seus incisos, do Código de Processo Penal, à autoridade policial incumbirá ainda outras atividades de Polícia Judiciária, que não a de investigação das infrações penais. Assim, dentre as alternativas abaixo, assinale a única que reproduz essas outras atividades elencadas no dispositivo citado.

A. (I) fornecer, exclusivamente, aos membros do Ministério Público as informações necessárias à instrução e ao julgamento dos processos; (II) realizar as diligências requisitadas pelo juiz ou pelo Ministério Público; (III) cumprir os mandados de prisão expedidos pelas autoridades judiciárias; e, (IV) representar acerca da prisão preventiva.
B. (I) fornecer às autoridades judiciárias as informações necessárias à instrução e ao julgamento dos processos; (II) realizar as diligências requisitadas unicamente pelo Ministério Público; (III) cumprir os mandados de prisão expedidos pelas autoridades judiciárias; e, (IV) representar acerca da prisão preventiva.
C. (I) fornecer às autoridades judiciárias as informações necessárias à instrução e ao julgamento dos processos; (II) realizar as diligências requisitadas pelo juiz ou pelo Ministério Público; (III) cumprir os mandados de prisão expedidos somente nos autos de inquérito policial sob sua presidência; e, (IV) representar acerca da prisão preventiva.
D. (I) fornecer às autoridades judiciárias as informações necessárias à instrução e ao julgamento dos processos; (II) realizar as diligências requisitadas pelo juiz ou pelo Ministério Público; (III) cumprir os mandados de prisão expedidos pelas autoridades judiciárias; e, (IV) representar acerca da prisão preventiva.
E. (I) fornecer às autoridades judiciárias as informações necessárias à instrução e ao julgamento dos processos; (II) realizar as diligências requisitadas pelo juiz ou pelo Ministério Público; (III) cumprir os mandados de prisão expedidos pelas autoridades judiciárias; e, (IV) representar ao Ministério Público acerca de requerimento de prisão preventiva.

46. (OAB/VIII Exame Unificado) Um Delegado de Polícia determina a instauração de inquérito policial para apurar a prática do crime de receptação, supostamente praticado por José. Com relação ao Inquérito Policial, assinale a afirmativa que não constitui sua característica.

A. Escrito.
B. Inquisitório.
C. Indispensável.
D. Formal.

47. (Delegado de Polícia Civil/ES/2010) Sinval foi indiciado pelo crime de dispensar ou inexigir licitação fora das hipóteses previstas em lei em relação a órgão da administração federal. Durante a fase do inquérito, a defesa de Sinval pleiteou o direito de acesso amplo aos elementos de prova documentados em procedimento investigatório realizado por órgão dotado de competência de polícia judiciária. Tal pedido não foi integralmente atendido pelo órgão competente, sob o argumento de que deveria ser ressalvado o acesso da defesa às diligências policiais que, ao momento do requerimento, ainda estavam em tramitação ou ainda não tinham sido encerradas. Nessa situação, com base na jurisprudência prevalecente no STF, é adequada a aplicação conferida pelo órgão dotado de competência de polícia judiciária.

48. (Delegado de Polícia Federal/2013) Um delegado da Polícia Federal instaurou inquérito policial, mediante portaria, para investigar a conduta de deputado federal suspeito da prática de crimes contra a administração pública. Intimado para oitiva nos autos, o parlamentar impetrou habeas corpus contra o ato da autoridade policial, sob o argumento de usurpação de competência originária do STF. Nessa situação hipotética, assiste razão ao impetrante, visto que, para a instauração do procedimento policial, é necessário que a autoridade policial obtenha prévia autorização da Câmara dos Deputados ou do STF.

49. (Delegado de Polícia Civil/PR/2013) Com relação ao inquérito policial, segundo o Código de Processo Penal, assinale a alternativa correta.

A. A polícia judiciária será exercida pelas autoridades policiais em todo o território nacional, independente de circunscrição, com o fim de apurar as infrações penais e sua autoria.

B. Na legislação processual penal, é inaplicável a interpretação extensiva e analógica, bem como o suplemento dos princípios gerais do direito.

C. O inquérito deverá terminar no prazo de trinta dias, se o indiciado tiver sido preso em flagrante, ou estiver preso preventivamente, contado o prazo a partir do dia da prisão.

D. O Ministério Público não poderá requerer a devolução do inquérito à autoridade policial, senão para novas diligências, imprescindíveis ao oferecimento da denúncia.

E. O ofendido, ou seu representante legal, poderá requerer qualquer diligência, a qual será realizada obrigatoriamente, considerados os princípios do contraditório e da ampla defesa.

50. (Delegado de Polícia/DF/2015) Assinale a alternativa correta em relação ao inquérito policial.

A. Há, no ordenamento jurídico brasileiro, expressa previsão do inquérito policial *judicialiforme*.

B. Nos crimes em que a ação pública depender de representação, o inquérito não poderá sem ela ser iniciado.

C. O inquérito policial, cuja natureza é cautelar, constitui uma das fases processuais.

D. O inquérito policial é dispensável à propositura da ação penal privada e da ação penal pública condicionada, mas é indispensável à propositura da ação penal pública incondicionada.

E. Segundo jurisprudência pacificada no STF, o poder de investigação do Ministério Público é amplo e irrestrito.

51. (Delegado de Polícia/DF/2015) A respeito do tráfico ilícito de drogas e do uso indevido de substância entorpecente, assinale a alternativa correta à luz da lei que rege a matéria.

A. A lavratura do auto de prisão em flagrante do autor de crime de tráfico e o estabelecimento da materialidade do delito prescindem de laudo de constatação da natureza e da quantidade da droga.

B. É cabível a prisão em flagrante do usuário de substância entorpecente, havendo, ou não, concurso de crime com o delito de tráfico ilícito de entorpecentes.

C. É vedado à autoridade policial, ao encerrar inquérito relativo a crime de tráfico, indicar a quantidade e a natureza da substância ou do produto apreendido.

D. O inquérito policial relativo ao crime de tráfico de substância entorpecente será concluído no prazo de trinta dias se o indiciado estiver preso e, no de noventa dias, se estiver solto.

E. A destruição das drogas apreendidas somente poderá ser executada pelo juiz de direito ou pela pessoa indicada pelo respectivo tribunal, vedando-se tal conduta ao delegado de polícia.

52. (Juiz/AL/2015) A investigação de uma infração penal

A. Poderá ser conduzida pelo Ministério Público, conforme recente decisão do STF, mas apenas nos casos relacionados ao foro por prerrogativa de função.

B. Poderá ser realizada por meio de inquérito policial, presidido por delegado de polícia de carreira ou promotor de justiça, conforme recente decisão do STF.

C. Poderá ser realizada por meio de inquérito policial que será presidido por delegado de polícia de carreira, sob o comando e a fiscalização direta e imediata do promotor de justiça, conforme recente decisão do STJ.

D. Poderá ser conduzida pelo Ministério Público, conforme recente decisão do STF.

E. Deverá ser sempre promovida em autos de inquérito policial, presidido por um delegado de polícia de carreira, salvo em casos de infração cometida por vereadores, cuja investigação será presidida pelo Presidente da Câmara Municipal.

53. (Delegado de Polícia/CE/2015) O inquérito policial, nos crimes em que a ação pública depender de representação, __________; nos crimes de ação privada, a autoridade policial somente poderá proceder a inquérito __________.

Assinale a alternativa que preenche, correta e respectivamente, as lacunas.

A. Depende de queixa crime para sua instauração ... após colher o consentimento da vítima ou de terceiro patrimonialmente interessado na investigação do fato.

B. Pode ser instaurado independentemente dela, mas só pode embasar ação penal após manifestação positiva da vítima ... após oferecimento de queixa crime.

C. Só pode ser iniciado se não houver transcorrido o prazo decadencial de seis meses ... quando acompanharem a representação do ofendido o nome e qualificação de ao menos três testemunhas.

D. Não poderá sem ela ser iniciado ... a requerimento de quem tenha qualidade para intentá-la.

E. Depende de queixa crime para sua instauração ... após oferecimento de queixa crime.

54. (Delegado de Polícia/CE/2015) Prescreve o art. 6°, VIII do CPP: logo que tiver conhecimento da prática da infração penal, a autoridade policial deverá ordenar a identificação do indiciado pelo processo datiloscópico, se possível. Acerca do tema, a Constituição da República de 1988:

A. Recepcionou integralmente o CPP.

B. Ampliou as hipóteses de identificação criminal, admitindo-a também para testemunhas e declarantes.

C. Ampliou os métodos de identificação criminal, admitindo expressamente outros que decorram do progresso científico, tais como os exames de DNA.

D. Revogou totalmente o dispositivo do CPP, não admitindo mais a identificação criminal.

E. Determina, com exceções previstas em lei, que o civilmente identificado não será submetido à identificação criminal.

55. (Delegado de Polícia/SP/2014) Nos termos do parágrafo terceiro do art. 5.° do CPP: "Qualquer pessoa do povo que tiver conhecimento da existência de infração penal em que caiba ação pública poderá, verbalmente ou por escrito, comunicá-la à autoridade policial, e esta, verificada a procedência das informações, mandará instaurar inquérito policial". Assim, é correto afirmar que:

A. Sempre que tomar conhecimento da ocorrência de um crime, a autoridade policial deverá, por portaria, instaurar inquérito policial.

B. Por delatio criminis entende-se a autorização formal da vítima para que seja instaurado inquérito policial.

C. O inquérito policial será instaurado pela autoridade policial apenas nas hipóteses de ação penal pública.

D. A notícia de um crime, ainda que anônima, pode, por si só, suscitar a instauração de inquérito policial.

E. É inadmissível o anonimato como causa suficiente para a instauração de inquérito policial na modalidade da delatio criminis, entretanto, a autoridade policial poderá investigar os fatos de ofício.

56. (Delegado de Polícia/RO/2014) Na condução do inquérito policial, o Delegado de Polícia, sempre pautando suas ações pela legalidade, também se sujeita ao Princípio da Discricionariedade, que possui como característica possibilitar ao Delegado de Polícia:

A. A instauração do inquérito mediante critério de conveniência e oportunidade.

B. A definição do rumo das investigações.

C. A substituição do inquérito pela possibilidade de lavratura de termo circunstanciado.

D. A cautela e prudência na condução das diligências de investigação.

E. O arquivamento do inquérito policial.

57. (Delegado de Polícia/SC/2014) De acordo com o Código de Processo Penal, e considerando o inquérito policial nos crimes de ação pública, analise as afirmações a seguir e assinale a alternativa correta.

I - Será iniciado de ofício.

II - Será iniciado mediante requisição da autoridade judiciária ou do Ministério Público, ou a requerimento do ofendido ou de quem tiver qualidade para representá-lo.

III - Do despacho que indeferir o requerimento de abertura de inquérito não caberá recurso.

IV - O inquérito, nos crimes em que a ação pública depender de representação, não poderá sem ela ser iniciado.

A. Todas as afirmações estão corretas.

B. Todas as afirmações estão incorretas.

C. Apenas I, II e III estão corretas.

D. Apenas II e IV estão corretas.

E. Apenas I, II e IV estão corretas.

58. (Delegado de Polícia/SC/2014) De acordo com o Código de Processo Penal, especificamente quanto ao Inquérito, assinale a alternativa correta.

A. No relatório, não poderá a autoridade policial indicar testemunhas que não tiverem sido inquiridas.

B. A autoridade policial deverá concluí-lo no prazo de 10 dias, se o indiciado estiver preso preventivamente, contado o prazo a partir do dia seguinte em que se executar a ordem de prisão, ou no prazo de 30 dias, quando estiver solto, mediante fiança ou sem ela.

C. A autoridade policial fará minucioso relatório do que tiver sido apurado e enviará os autos ao juiz competente.

D. A autoridade policial fará minucioso relatório do que tiver sido apurado e enviará os autos ao Ministério Público.

E. Quando o fato for de difícil elucidação e o indiciado estiver preso, a autoridade policial poderá requerer ao juiz a devolução dos autos, para ulteriores diligências, que serão realizadas no prazo de 30 dias.

59. (Delegado de Polícia/SC/2014) De acordo com o Código de Processo Penal e Lei 12.830/13, que dispõe sobre a investigação criminal conduzida pelo Delegado de Polícia, assinale a alternativa correta.

A. Ninguém será recolhido à prisão sem que seja exibido o mandado ao respectivo diretor ou carcereiro, exceto por ordem expressa do Delegado de Polícia, com a entrega de cópia assinada pelo executor, devendo ser passado recibo da entrega do preso, com declaração de dia e hora.

B. O indiciamento, privativo do Ministério Público, dar-se-á por ato fundamentado, mediante aná- lise técnico-jurídica do fato, que deverá indicar a autoria, materialidade e suas circunstâncias.

C. A remoção do delegado de polícia dar-se-á somente a requerimento deste, pois possui a garantia constitucional da inamovibilidade.

D. Ao delegado de polícia, na qualidade de autoridade policial, cabe a condução da investigação criminal por meio de inquérito policial ou outro procedimento previsto em lei, que tem como objetivo a apuração das circunstâncias, da materialidade e da autoria das infrações penais.

E. Em até 48 (quarenta e oito) horas após a realização da prisão será encaminhado ao juiz competente o auto de prisão em flagrante e, caso o autuado não informe o nome de seu advogado, cópia integral para a Defensoria Pública.

60. (Juiz/PB/2015) A autoridade policial foi informada da descoberta de um cadáver, com perfurações por toda a região abdominal, às margens de uma rodovia. Próximo ao local, havia também uma faca com marcas de sangue e garrafas de bebida alcoólica. Em face dessa situação, e considerando-se o disposto no CPP, a autoridade policial deverá:

A. Oficiar ao Poder Judiciário a fim de que se efetue a retirada do corpo do local.

B. Dirigir-se ao local e providenciar que o estado e a conservação das coisas não sejam alterados até a chegada de peritos criminais.

C. Determinar de imediato a higienização da faca para proceder a reprodução simulada dos fatos.

D. Requerer autorização judicial para que a área seja isolada e para o deslocamento de peritos criminais.

E. Pedir autorização judicial para abertura do inquérito policial.

61. (Defensor Público/SP/2015) O arquivamento implícito do inquérito policial é

A. Consequência lógica da rejeição parcial da denúncia.

B. O fenômeno decorrente de o MP deixar de incluir na denúncia algum fato investigado ou algum suspeito, sem expressa justificação.

C. O arquivamento promovido fundamentadamente pelo Procurador-Geral da República dos inquéritos que tratam de suposta prática de crimes de competência originária do Supremo Tribunal Federal.

D. O arquivamento operado de ofício pelo delegado de polícia, quando este entende estarem ausentes prova da materialidade delitiva e indícios mínimos de autoria.

E. O arquivamento promovido pelo Procurador-Geral de Justiça, após a remessa dos autos pelo juiz de direito que discorda do pedido de arquivamento requerido pelo órgão do Ministério Público em primeiro grau.

62. (Defensor Público/MA/2015) O inquérito policial

A. Após seu arquivamento, poderá ser desarquivado a qualquer momento para possibilitar novas investigações, desde que haja concordância do Ministério Público.

B. Em curso poderá ser avocado por superior por motivo de interesse público.

C. Poderá ser instaurado por requisição judicial, a depender da análise de conveniência e oportunidade do delegado de polícia.

D. Nos casos de ação penal privada e ação penal pública condicionada poderá ser instaurado mesmo sem a representação da vítima ou seu representante legal, desde que se trate de crime hediondo.

E. Independentemente do crime investigado deverá ser impreterivelmente concluído no prazo de 30 dias se o investigado estiver solto.

63. (Promotor de Justiça/BA/2014) No dia 12 de janeiro de 2015, o promotor de Justiça de determinada comarca da Bahia recebeu um inquérito policial em que constavam Josélio e Perênio como indiciados pela prática dos crimes de estupro de vulnerável e tentativa de homicídio qualificado. No último dia do prazo, o referido promotor de Justiça ofereceu denúncia contra Josélio e lhe imputou aqueles crimes, mas, sem expressa justificativa, não incluiu em sua denúncia o indiciado Perênio. Por sua vez, o juiz, ao receber a peça acusatória, manteve-se silente quanto à omissão do promotor de Justiça. Em relação à situação acima descrita, assinale a alternativa CORRETA:

A. Quanto ao indiciado Perênio, houve o arquivamento implícito do inquérito policial, o que tem sido aceito pela jurisprudência do Superior Tribunal de Justiça e do Supremo Tribunal Federal.

B. Trata-se de hipótese de arquivamento indireto do inquérito policial, conforme a jurisprudência do Supremo Tribunal Federal.

C. A atuação do promotor de Justiça ensejou o denominado arquivamento implícito objetivo do inquérito policial.

D. O artigo 28 do Código de Processo Penal autoriza a figura do arquivamento implícito do inquérito policial, que, diferentemente do requerimento expresso de arquivamento, permite o aditamento à denúncia pelo promotor de Justiça nos crimes de ação penal pública.

E. Todas as alternativas anteriores estão incorretas.

64. (Agente de Polícia Federal/2014) Logo que tiver conhecimento da prática de infração penal, a autoridade policial deverá determinar, se for caso, a realização das perícias que se mostrarem necessárias e proceder a acareações.

65. (Delegado de Polícia/TO/2014) Os autos de inquérito policial que apuram crimes de ação penal pública poderão ser arquivados

A. Pela autoridade policial, em virtude de requisição do Secretário de Segurança Pública.

B. Pelo juiz de direito, em virtude de requerimento do órgão do Ministério Público.

C. Pelo escrivão, em virtude de determinação do chefe de polícia.

D. Pela Corregedoria de Polícia, em virtude de representação do ofendido.

66. (Delegado de Polícia Federal/2013) Um delegado da Polícia Federal instaurou inquérito policial, mediante portaria, para investigar a conduta de deputado federal suspeito da prática de crimes contra a administração pública. Intimado para oitiva nos autos, o parlamentar impetrou habeas corpus contra o ato da autoridade policial, sob o argumento de usurpação de competência originária do STF. Nessa situação hipotética, assiste razão ao impetrante, visto que, para

a instauração do procedimento policial, é necessário que a autoridade policial obtenha prévia autorização da Câmara dos Deputados ou do STF.

67. **(Delegado de Polícia Civil/PE/2016) Com base nos dispositivos da Lei n.º 12.830/2013, que dispõe sobre a investigação criminal conduzida por delegado de polícia, assinale a opção correta.**

A. São de natureza jurídica, essenciais e exclusivas de Estado as funções de polícia judiciária e a apuração de infrações penais pelo delegado de polícia.

B. A redistribuição ou a avocação de procedimento de investigação criminal poderá ocorrer de forma casuística, desde que determinada por superior hierárquico.

C. A remoção de delegado de polícia de determinada unidade policial somente será motivada se ocorrer de uma circunscrição para outra, não incidindo a exigência de motivação nas remoções de delegados de uma delegacia para outra no âmbito da mesma localidade.

D. A decisão final sobre a realização ou não de diligencias no âmbito do inquérito policial pertence exclusivamente ao delegado de polícia que preside os autos.

E. A investigação de crimes é atividade exclusiva das polícias civil e federal.

68. **(Delegado de Polícia Civil/PA/2016) A Lei nº 12.830, de 2013, dispõe sobre a investigação criminal conduzida pelo delegado de polícia. Sobre o tema, é correto afirmar que:**

A. O indiciamento é ato privativo de delegado, que deve fundamentá-lo através de análise técnico-jurídica do fato, indicando autoria e materialidade, bem como suas circunstâncias.

B. Apenas bacharéis em direito podem ocupar o cargo de delegado de polícia, ao qual deverá ser dispensado o mesmo tratamento protocolar dispensado a advogados, defensores públicos e promotores de Justiça, ressalvado o tratamento reservado a magistrados.

C. A lei especifica que a perícia criminal deve ser independente, não se sujeitando a requisições formuladas pelo delegado de polícia.

D. O inquérito policial somente poderá ser avocado e redistribuído pelas corregedorias de polícia, por motivo de interesse público.

E. O delegado goza de inamovibilidade limitada, podendo sua remoção se dar apenas a pedido ou por decisão judicial transitada em julgado.

69. **(Delegado de Polícia Civil/AC/2017) No plano da teoria do garantismo, para Ferrajoli, em sua clássica obra Direito e Razão, na lógica do Estado de Direito, as funções de polícia judiciária deveriam ser organizadas de forma independente não apenas funcional, mas, também hierárquica e administrativamente dos diversos poderes aos quais auxiliam, ou seja, deveria ter a garantia de independência. Tal ideia deita raízes na estrutura acusatória que visa uma investigação isenta na apuração da verdade e não a serviço da acusação. À luz das premissas acima expostas, assinale a opção correta.**

A. Cabe ao delegado de polícia arquivar o inquérito policial.

B. A remoção do delegado de polícia dar-se-á somente por ato fundamentado e o indiciamento, que é privativo do delegado de polícia, dar-se-á por ato fundamentado, mediante análise técnico-jurídica do fato, que deverá indicar a autoria, materialidade e suas circunstâncias.

C. O Ministério Público pode não apenas requisitara instauração do inquérito, como também determinar autoridade policial o indiciamento de um investigado.

D. O inquérito policial ou outro procedimento previsto em lei em curso, conduzido por delegado de polícia, somente poderá ser avocado ou redistribuído por superior hierárquico ou pelo Ministério Público, por motivo de conveniência e oportunidade.

E. Durante a investigação criminal, cabe ao delegado de polícia a requisição de perícia, informações, proceder a buscas domiciliares, buscar e apreender documentos e dados que interessem à apuração dos fatos, independentemente da autorização judicial.

70. (Delegado de Polícia Civil/AC/2017) Logo que tiver conhecimento da prática da infração penal, a autoridade policial deverá:

A. Em todos os casos, proceder ao exame de corpo de delito.

B. Colher informações sobre a existência de filhos, respectivas idades e se possuem alguma deficiência e o nome e o contato de eventual responsável pelos cuidados dos filhos, indicado pela pessoa presa.

C. Prender o réu e proceder a identificação criminal.

D. Proceder a busca domiciliar independentemente de autorização judicial.

E. Determinar que o inspetor de polícia se dirija ao local do crime e recolha todas as informações e provas, preservando o local até a chegada dos peritos.

71. (Delegado de Polícia Civil/AC/2017) Nos termos do Código de Processo Penal, incumbirá à autoridade policial:

A. Representar acerca da prisão preventiva nos crimes dolosos e culposos com pena superior a 04 anos.

B. Representar pela interceptação telefônica, quando indispensável a investigação de qualquer crime.

C. Cumprir os mandados de prisão expedidos pelas autoridades judiciárias.

D. Realizar as diligências requisitadas pelo juiz. Ministério Público e pelos advogados.

E. Fornecer às autoridades judiciárias as informações necessárias à instrução e julgamento dos processos, salvo nas investigações sobre sigilo.

72. (Delegado de Polícia Civil/AC/2017) À luz do que dispõe o código de processo penal sobre inquérito policial assinale a alternativa correta.

A. No relatório, a autoridade policial não poderá indicar testemunhas que não tiverem sido inquiridas no inquérito.

B. Quando o fato for de difícil elucidação, estando o indiciado solto ou preso, a autoridade poderá requerer ao juiz a devolução dos autos, para ulteriores diligências, que serão realizadas no prazo marcado pelo juiz.

C. O delegado poderá delegar a oitiva do indiciado s de eventuais testemunhas ao inspetor de polícia.

D. O inquérito deverá terminar no prazo de 03 dias. se o indiciado tiver sido preso em flagrante ou preso preventivamente; contado o prazo, nesta hipótese, a partir do dia em que se executar a ordem de prisão.

E. O inquérito policial deve terminar no prazo de 30 dias, quando o indiciado estiver solto, mediante fiança ou sem ela.

73. (Delegado de Polícia Civil/PA/2016) Analise as afirmativas a seguir.

I. O arquivamento implícito é uma construção doutrinária. Ele seria, inicialmente, decorrente da omissão do Ministério Público que deixa de narrar na denúncia um fato investigado no inquérito ou um indiciado.

II. Classifica-se, doutrinariamente o arquivamento implícito em objetivo e subjetivo.

III. A jurisprudência do STF é firme em admitir o instituto do arquivamento implícito na ação penal pública.

IV. Uma vez arquivado o inquérito por falta de base para a denúncia, pelo princípio da segurança jurídica, a autoridade policial não poderá fazer novas pesquisas.

Está correto apenas o que se afirma em:

III e IV.

I e II.

I e IV.

II e III.

I e III.

74. (Delegado de Polícia Civil/PA/2016) Sobre inquérito policial, assinale a resposta correta.

A. Excepcional e fundamentadamente, a autoridade policial poderá mandar arquivar o inquérito para evitar lesão a direitos fundamentais do indiciado.

B. Para o desarquivamento do inquérito policial a autoridade policial necessita de novas provas.

C. O prazo para encerramento do inquérito policial no caso de réu preso, nos termos do código de processo penal é de 30 dias.

D. Aos crimes de ação penal privada, encerrado o inquérito policial a autoridade policial poderá entregá-lo, por traslado, ao ofendido ou seu representante se assim for requerido.

E. No curso do inquérito o ofendido não poderá requerer diligências.

75. (Delegado de Polícia Civil/AC/2017) No que tange à investigação criminal conduzida pelo Delegado de Polícia (Lei nº 12.830/2013), assinale a alternativa correta.

A. As funções de polícia judiciária bem como a administrativa e a apuração de infrações penais exercidas pelo delegado de polícia são de natureza jurídica, essenciais e exclusivas de Estado.

B. O cargo de delegado de polícia é privativo de bacharel em Direito, devendo-lhe ser dispensado o mesmo tratamento protocolar que recebem os magistrados, os membros da Defensoria Pública e do Ministério Público e os advogados.

C. Durante a investigação criminal, cabe ao delegado de polícia a requisição de perícia, desde que autorizada pela autoridade judiciária.

D. A remoção do delegado de polícia dar-se-á somente por ato fundamentado, exceto nos casos previstos em lei.

E. O inquérito policial ou outro procedimento previsto em lei em curso poderá ser avocado ou redistribuído por superior hierárquico, independentemente de despacho fundamentado.

76. (Defensor Público da União/2017) Situação hipotética: Pedro, servidor público federal, foi indiciado pela Polícia Federal por suposta prática de corrupção passiva no exercício de suas atribuições. O inquérito policial, após remessa ao órgão do MPF, foi arquivado, por requerimento do procurador da República, em razão da atipicidade da conduta, e o arquivamento foi homologado pelo juízo criminal competente. Assertiva: Nessa situação, o ato de arquivamento do inquérito fez exclusivamente coisa julgada formal, o que impossibilita posterior desarquivamento pelo parquet, ainda que diante da existência de novas provas.

77. (Defensor Público da União/2017) Situação hipotética: Lino foi indiciado por tentativa de homicídio. Após remessa dos autos ao órgão do MP, o promotor de justiça requereu o arquivamento do inquérito em razão da conduta de Lino ter sido praticada em legítima defesa, o que foi acatado pelo juízo criminal competente. Assertiva: Nessa situação, de acordo com o STF, o ato de arquivamento com fundamento em excludente de ilicitude fez coisa julgada formal e material, o que impossibilita posterior desarquivamento pelo parquet, ainda que diante da existência de novas provas.

4.17. GABARITO E COMENTÁRIOS

QUESITO	ASSERTIVA CORRETA	JUSTIFICATIVA
01	C	Dicção da Súmula Vinculante 14, do STF – tópico 4.2.2.
02	C	Qualquer pessoa pode fazer notícia de crime a autoridades públicas, com o fito de lastrear deflagração de investigação – tópico 4.3.2.
03	ERRADO	Não se cogita suspeição do delegado de polícia quanto à condução do inquérito policial.
04	CERTO	O artigo 22 do CPP autoriza expressamente tal situação.
05	ERRADO	O artigo 17, do Código de Processo Penal veda o arquivamento do inquérito policial pela autoridade policial qualquer que seja a modalidade de ação penal (pública ou privada) – tópico 4.11.

QUESITO	ASSERTIVA CORRETA	JUSTIFICATIVA
06	ERRADO	Essa característica diz respeito à obrigatoriedade de instauração de inquérito em crimes de ação pública incondicionada (artigo 5º, I, do CPP) – tópico 4.5.1.
07	CERTO	O trancamento de inquérito policial é medida de caráter excepcional.
08	ERRADO	O tramitar do inquérito não obsta o oferecimento da denúncia pelo MP (que pode entender que já são suficientes as provas colhidas pela autoridade policial antes do encerramento do procedimento) – tópico 4.2.5.
09	ERRADO	Vide artigo 10, § 2º, do CPP.
10	CERTO	Vide tópico 4.2.4.
11	ERRADO	O inquérito policial tem natureza administrativa – tópico 4.2.1.
12	ERRADO	Vide artigo 18 do CPP – tópico 4.11.
13	ERRADO	O inquérito policial é procedimento administrativo inquisitivo em que não vigora o princípio do contraditório – tópico 4.2.4.
14	ERRADO	Não é cabível prisão em face da não participação em reprodução simulada dos fatos, conforme orientação do STF – tópico 4.7.10.
15	ERRADO	O magistrado, diante de pedido de arquivamento pode, no máximo, remeter o feito ao Procurador Geral de Justiça, nos termos do artigo 28, do CPP – tópico 4.11.
16	CERTO	Trata-se de prerrogativa garantida aos detentores de foro por prerrogativa de função. Vide tópico 4.5.1.
17	ERRADO	Vide Súmula 234 do STJ – tópico 4.14.
18	B	Não precisam ser repetidas as provas cautelares, não repetíveis e antecipadas, artigo 155 do CPP – tópico 4.13.
19	E	Artigo 155 do CPP (parte final) – tópico 4.13.
20	A	Vide tópico 4.12.
21	A	Vide tópico 4.2.2.
22	B	Vide tópico 4.12.
23	D	Não existe previsão no CPP de oposição de exceção em face de declaração de suspeição feita pela Autoridade Policial.

QUESITO	ASSERTIVA CORRETA	JUSTIFICATIVA
24	B	Vide tópico 4.10.
25	B	Vide tópicos 4.2.2 e 4.12.
26	ERRADA	Artigo 18 do CPP – tópico 4.12.
27	ERRADO	Artigo 107 do CPP.
28	ERRADO	Vide tópico 4.7.10.
29	E	Artigo 10, § 3º, do CPP – tópico 4.6.1.
30	ERRADO	Vide tópico 4.5.3.
31	CERTO	Súmula 524 do STF – tópico 4.12.
32	ERRADO	Vide tópico 4.10.
33	B	Vide tópico 4.2.5.
34	D	Súmula Vinculante 14 do STF – tópico 4.2.2.
35	C	Artigo 7º do CPP – tópico 4.7.10.
36	A	Artigo 6º, da Lei 12.037/09 – tópico 4.7.8.
37	A	Vide tópico 4.2.4.
38	D	Vide tópico 4.6.3.
39	A	Artigo 17 do CPP – tópico 4.12.
40	CERTO	Vide tópico 4.6.3.
41	C	Súmula Vinculante 14 do STF – tópico 4.2.2.
42	ERRADO	Vide tópico 4.5.3.
43	D	Vide tópico 4.13.
44	D	Vide tópico 4.12.
45	D	Vide artigo 13 do CPP.
46	C	O inquérito policial é dispensável à propositura da ação penal – tópico 4.4.5.
47	CERTO	Súmula Vinculante 14, do STF – tópico 4.2.2.
48	ERRADO	Vide tópico 4.5.1.
49	D	Vide artigo 16 do CPP.
50	B	Vide artigo 5º, § 4º, do CPP.
51	D	Vide artigo 51 da Lei 11.343/06.

QUESITO	ASSERTIVA CORRETA	JUSTIFICATIVA
52	D	Vide tópico 4.15.
53	D	Vide artigo 5º, §§ 4º e 5º do CPP.
54	E	Vide artigo 5º, LVIII.
55	ERRADO	Vide tópico 4.3.4.
56	B	Vide tópico 4.2.1.
57	E	Vide artigo 5º do CPP.
58	C	Vide artigo 10, § 1º, do CPP.
59	D	Vide artigo 2º, § 1º, da Lei 12.830/13.
60	B	Vide artigo 6º, I, do CPP.
61	B	Vide tópico 4.12.
62	B	Vide artigo 2º, § 4º, da Lei 12.830/13.
63	E	Vide tópico 4.12 – na questão houve arquivamento implícito subjetivo, mas é preciso lembrar que tal construção (a do arquivamento implícito) não é aceita pelos tribunais superiores.
64	C	Vide artigos 6º, VI e VII, do CPP.
65	B	Vide tópico 4.12.
66	E	Vide tópico 4.5.1.
67	A	Vide artigo 2º da Lei 12.830/13: **"Art. 2º As funções de polícia judiciária e a apuração de infrações penais exercidas pelo delegado de polícia são de natureza jurídica, essenciais e exclusivas de Estado".**
68	A	Vide tópico 4.8.
69	B	Vide tópicos 2 e 4.8.
70	B	Vide tópico 4.7.10.
71	C	Vide artigo 13, III, do CPP.
72	E	Vide tópico 4.6.1.
73	B	4.12.
74	D	Vide artigo 19 do CPP.
75	B	Vide artigo 3º da Lei 12.830/13.
76	ERRADO	Vide tópico 4.12.
77	ERRADO	Vide tópico 4.12.

5

AÇÃO PENAL

5.1. CONCEITO

Trata-se do meio de satisfação da pretensão punitiva, representado pelo pedido ao Estado-juiz da aplicação do direito material (penal) a um caso concreto apresentado.

Segundo Alexandre Cebrian Araújo Reis e Victor Eduardo Rios Gonçalves[1], "é o procedimento iniciado pelo titular da ação quando há indícios de autoria e de materialidade a fim de que o juiz declare procedente a pretensão punitiva estatal e condene o autor da infração penal".

No dizer de Fernando da Costa Tourinho Filho[2], "podemos, assim, definir a ação penal como o direito de pedir ao Estado (representado por seus Juízes) a aplicação do Direito Penal objetivo".

5.2. CONDIÇÕES GERAIS DA AÇÃO

São condições gerais da ação penal: a) possibilidade jurídica do pedido; b) interesse de agir; e c) legitimidade de parte. Nestor Távora e Rosmar Rodrigues Alencar fazem referência a uma quarta condição da ação penal: a justa causa. Os doutrinadores advertem que "a ação só pode ser validamente exercida se a parte autora lastrear a inicial com um mínimo probatório que indique os indícios de autoria, da materialidade delitiva, e da constatação da ocorrência de infração penal em tese (art. 395, III, CPP)"[3]. O Supremo Tribunal Federal sintetizou, no informativo 869 (HC 129678/SP, rel. orig. Min. Marco Aurélio,

1. REIS, Alexandre Cebrian Araújo e GONÇALVES, Victor Eduardo Rios. **Obra acima citada**, página 71.
2. FILHO, Fernando da Costa Tourinho. **Manual de Processo Penal**. Saraiva, 2013, página 162.
3. TÁVORA, Nestor e ALENCAR, Rosmar Rodrigues. **Obra acima citada**, página 162.

red. p/ o ac. Min. Alexandre de Moraes, julgado em 13.6.2017), o trinômio que caracteriza a justa causa (transcrevo apenas parte do texto publicado no informativo):

> No que se refere à justa causa, considerou presente o trinômio que a caracteriza: tipicidade, punibilidade e viabilidade. A tipicidade é observada em razão de a conduta ser típica. A punibilidade, em face da ausência de prescrição. E a viabilidade, ante a materialidade, comprovada com o evento morte, e a autoria, que deve ser apreciada pelo tribunal do júri.

Continuemos. Há possibilidade jurídica do pedido quando o pleito autoral se dirige à aplicação de uma pena ou de uma medida de segurança e está lastreado em fato descrito abstratamente como infração penal no ordenamento jurídico.

Para que exista legitimidade de parte, a ação deve ser proposta pelo seu respectivo titular (Ministério Público, se for pública, ou ofendido ou seu representante legal, se privada) contra o suposto autor da infração (pessoa física maior de 18 anos no tempo do crime ou pessoa jurídica, a depender do delito praticado[4]). Importante salientar que os inimputáveis por doença mental ou por dependência de substância entorpecente podem ser réus em processo penal (caso comprovada a prática dos fatos descritos na exordial acusatória, eles serão absolvidos e lhes será imposta medida de segurança).

Para que se verifique presença de interesse de agir, é necessário que sejam demonstrados na peça inicial indícios de autoria e prova da materialidade delitiva. Cumpre frisar que esta condição da ação exige que a punibilidade não esteja extinta. Quanto a essa condição da ação, cumpre levantar tópico interessante: a prescrição virtual (antecipada ou em perspectiva) pode afetar o interesse de agir? Prescrição virtual, no dizer de Guilherme de Souza Nucci[5] é "aquela que se baseia na pena provavelmente aplicada ao indiciado, caso haja processo e ocorra condenação". O mestre continua sua explicação acerca do tema afirmando que, "levando-se em conta os requisitos pessoais do agente e também as circunstâncias componentes da infração penal, tem o juiz, por sua experiência, e pelos inúmeros julgados semelhantes, a noção de que será produzida uma instrução inútil, visto que, ainda que seja o acusado condenado, pela pena concretamente fixada, no futuro, terá ocorrido a prescrição retroativa". Mesmo conhecendo os termos da Súmula 438 do Superior Tribunal de Justiça (que prescreve que: "É inadmissível a extinção da punibilidade pela prescrição da pretensão punitiva com fundamento em pena hipotética,

4. Nos termos da Constituição Federal (artigo 225, § 3º), é possível punir a pessoa jurídica pela prática de crimes ambientais – vide lei 9.605/98.

5. NUCCI, Guilherme de Souza. **Manual de Processo Penal e Execução Penal**, Saraiva, 2013, páginas 204 e 205.

independentemente da existência ou sorte do processo penal"), concordo com Nucci no sentido de que é possível ao Ministério Público requerer o arquivamento do inquérito policial, com fulcro na falta de interesse de agir, baseado na prescrição virtual (inutilidade do processo, em face da certa prescrição retroativa)[6].

Por fim, cumpre deixar claro que, a par das condições gerais da ação, a legislação pode reclamar a existência de condições específicas, como a representação da vítima ou a requisição do Ministro da Justiça (exigidas para o manejo de ação penal pública condicionada).

5.3. ESPÉCIES

A ação penal pode ser de duas espécies, pública ou privada. A diferença básica entre as duas é que a primeira tem como titular o Ministério Público e a segunda é titularizada pelo ofendido ou pelo seu representante legal.

5.3.1. Ação penal pública

5.3.1.1. Generalidades

Como dito supra, tem como titular o Ministério Público e se subdivide em incondicionada (quando seu exercício não exige nenhuma condição prévia) e condicionada (quando a lei exige, para sua deflagração, o adimplemento de condição de procedibilidade - representação da vítima ou requisição do Ministro da Justiça)[7].

Maioria esmagadora dos crimes (e todas as contravenções) é de ação penal pública incondicionada (quando a lei penal nada fala acerca da espécie de ação penal a ser manejada, é porque se trata de infração que se pune mediante ação penal pública incondicionada). Basta, portanto, que o Ministério Público tenha à mão indícios de autoria e prova da materialidade da infração penal, para que a peça exordial possa confeccionada e apresentada em juízo, independente do adimplemento de qualquer condição anterior.

Os crimes de ação penal pública condicionada são identificados no ordenamento jurídico através das expressões "somente se procede mediante representação" (parágrafo único, do artigo 147 do Código Penal, por exemplo)

---

6. Importante salientar que a discussão acerca da possibilidade do reconhecimento da prescrição virtual só interessa para crimes cometidos antes da edição da Lei 12.234/10, de 06 de maio de 2010, visto que esta acabou com a prescrição retroativa.

7. Há, ainda, a **ação penal pública subsidiária da pública** (quando o Ministério Público com atribuição legal não maneja ação penal pública, mostrando-se inerte, e a lei manda que seja acionado outro órgão do próprio Ministério Público) – leia o artigo 2º, § 2º, do Decreto-Lei 201/67; o artigo 27 da Lei 7.492/86; e o artigo 109, § 5º, da Constituição Federal.

ou "somente se procede mediante requisição do Ministro da Justiça" (parágrafo único, do artigo 145 do Código Penal, por exemplo).

5.3.1.2. Princípios

A ação penal pública (tanto a incondicionada, quanto a condicionada) é regida pelos princípios da obrigatoriedade e da indisponibilidade (a doutrina finda apresentando outros princípios, mas os dois citados são, sem sombra de dúvida, os mais importantes).

O princípio da obrigatoriedade reza que, diante de indícios de autoria e prova da materialidade de infração penal, o Ministério Público é compelido a processar o autor do fato. Na lição de Alexandre Cebrian Araújo Reis e Victor Eduardo Rios Gonçalves[8]:

> De acordo com esse princípio, o promotor não pode transigir ou perdoar o autor do crime de ação pública. Caso entenda, de acordo com sua própria apreciação dos elementos de prova - pois a ele cabe formar a *opinio delicti* -, que há indícios suficientes de autoria e materialidade de crime que se apura mediante ação penal pública, estará obrigado a oferecer denúncia, salvo se houve causa impeditiva, como, por exemplo, a prescrição, hipótese em que deverá requerer o reconhecimento da extinção da punibilidade e, por consequência, o arquivamento do feito.

O princípio aqui estudado é mitigado em sede de juizado especial criminal (competente para julgamento de infrações de menor potencial ofensivo - todas as contravenções penais e crimes com pena máxima não superior a dois anos), vez que no procedimento sumaríssimo há a possibilidade do Ministério Público propor a transação penal (proposta de imediata aplicação de pena de multa ou restritiva de direitos) ao invés de oferecer a denúncia em face do autor do fato (a ação penal no procedimento sumaríssimo é regida pelo princípio da discricionariedade regrada, que permite ao Ministério Público transacionar com o autor do fato, quando reunidas as condições exigidas em lei - artigo 76 da Lei 9.099/95).

Já o princípio da indisponibilidade reza que o Ministério Público não pode desistir da ação penal por ele proposta (artigo 42 do CPP) nem do recurso por ele interposto (artigo 576 do CPP).

5.3.1.3. Representação

É autorização para que o Ministério Público possa processar o autor de infração penal, manejada pela vítima ou seu representante legal, levada a efei-

8. REIS, Alexandre Cebrian Araújo e GONÇALVES, Victor Eduardo Rios. **Obra acima citada**, página 87.

to nos casos em que lei a exige como condição para início da ação penal (é a chamada *delatio criminis* postulatória).

Tem natureza jurídica de condição de procedibilidade. Assim, o Ministério Público só poderá processar o autor de crime de ação penal pública condicionada à representação da vítima se esta o autorizar. É o que determina o artigo 24 do CPP:

> Art. 24. Nos crimes de ação pública, esta será promovida por denúncia do Ministério Público, mas dependerá, quando a lei o exigir, de requisição do Ministro da Justiça, ou de representação do ofendido ou de quem tiver qualidade para representá-lo.

Anote-se que o inquérito policial que apura crime de ação penal pública condicionada também só pode ser iniciado depois do assentimento da vítima ou do seu representante legal (artigo 5º, § 4º, do CPP).

A representação tem forma livre e pode ser dirigida ao juiz, ao Ministério Público ou ao delegado de polícia (artigo 39 do CPP). O prazo para manejo da representação é decadencial (não se interrompe, nem se suspende) e de seis meses, a contar do dia em que a vítima ou seu representante legal fica sabendo quem foi o autor da infração, nos termos do artigo 38 do CPP:

> Art. 38. Salvo disposição em contrário, o ofendido, ou seu representante legal, decairá no direito de queixa ou de representação, se não o exercer dentro do prazo de seis meses, contado do dia em que vier a saber quem é o autor do crime, ou, no caso do art. 29, do dia em que se esgotar o prazo para o oferecimento da denúncia.

Anote-se que a representação ofertada pela vítima não vincula nem o delegado de polícia nem o Ministério Público. Assim é que, mesmo diante de representação confeccionada pelo ofendido, a autoridade policial pode denegar a instauração de inquérito e o MP pode não ofertar denúncia, caso entendam, por exemplo, que o fato narrado não é criminoso, que a punibilidade já está extinta, dentre outras situações.

Como já desenhado supra, a titularidade da representação é da vítima ou de seu representante legal (em caso de morte ou ausência do ofendido, o direito de representação passa ao seu cônjuge, ascendente, descendente ou irmão – artigo 24, § 1º, do CPP). Será da vítima se ela for maior de dezoito anos e capaz. Será do seu representante legal (pais, tutor ou curador) se ela for menor de dezoito anos ou incapaz, nos termos da lei civil.

Importante salientar que se a vítima for menor de dezoito anos, contar a seu representante legal quem foi o autor da infração e este deixar escoar o prazo decadencial de seis meses sem manejar a representação, a punibilidade deve ser considerada extinta pela decadência (depois de completar dezoito anos a vítima não terá novos seis meses para representar)[9]. Há entendimento em sentido contrário (permitindo que a vítima ofereça representação depois de completar a maioridade, mesmo que tenha contato a seus representantes legais quem foi o autor da infração e que estes tenham deixado escoar o prazo decadencial de seis meses sem oferta da representação) – vide Súmula 594 do STF: "Os direitos de queixa e de representação podem ser exercidos, independentemente, pelo ofendido ou por seu representante legal". O STJ adota o mesmo entendimento do Pretório Excelso:

> Na ocorrência do delito descrito no art. 214 do Código Penal - antes da revogação pela Lei n. 12.015/2009 -, o prazo decadencial para apresentação de queixa ou de representação é de 6 meses, após a vítima completar a maioridade, em decorrência da dupla titularidade, lato sensu, do direito de ação (Súmula 594/STF)[10].

Quanto à vítima menor de dezoito anos ou mentalmente enferma sem representante legal (ou quando os interesses do ofendido e do seu representante legal colidirem), impõe-se a solução apontada pelo artigo 33 do CPP:

> Art. 33. Se o ofendido for menor de 18 anos, ou mentalmente enfermo, ou retardado mental, e não tiver representante legal, ou colidirem os interesses deste com os daquele, o direito de queixa poderá ser exercido por curador especial, nomeado, de ofício ou a requerimento do Ministério Público, pelo juiz competente para o processo penal.

Cumpre deixar claro que a representação é retratável até o oferecimento da denúncia (artigo 25 do CPP). Penso não ser possível a chamada retratação da retratação (novo oferecimento de representação, desde que dentro do prazo decadencial de seis meses). É que com a retratação, opera-se, a meu ver, a renúncia ao direito de oferecer a representação (que é causa extintiva da punibilidade, nos termos do artigo 107, V, do Código Penal). Nesse sentido Fernando da Costa Tourinho Filho[11], que sentencia que "embora não haja disposição expressa, a retratação prevista no artigo 25 do CPP é causa extintiva da punibilidade, porquanto equivale em tudo e por tudo à renúncia da ação privada". Em sentido contrário, Alexandre Cebrian Araújo Reis e Victor Eduardo Rios Gonçalves[12].

Por fim, cumpre destacar a possibilidade de retratação da representação ofertada em sede de crime cometido contra mulher, que se encaixe na Lei

9. REIS, Alexandre Cebrian Araújo e GONÇALVES, Victor Eduardo Rios. **Obra acima citada**, página 93.
10. STJ, 6ª Turma, EDcl no AgRg no REsp 1189268/SP, rel. Ministro Sebastião Reis Júnior, julgado em 28/08/2012, DJe 12/09/2012.
11. FILHO, Fernando da Costa Tourinho. **Obra acima citada**, página 185.
12. REIS, Alexandre Cebrian Araújo e GONÇALVES, Victor Eduardo Rios. **Obra acima citada**, página 94.

13.340/06 (Lei Maria da Penha). Para tanto, cumpre analisar o artigo 16 do mandamento citado[13]:

> Art. 16. Nas ações penais públicas condicionadas à representação da ofendida de que trata esta Lei, só será admitida a renúncia à representação perante o juiz, em audiência especialmente designada com tal finalidade, antes do recebimento da denúncia e ouvido o Ministério Público.

5.3.1.4. Requisição do Ministro da Justiça

Tem a mesma natureza jurídica da representação (condição de procedibilidade). Trata-se, assim como a representação, de autorização para que o MP processe o autor de crime de ação penal pública condicionada (não é ordem e por isso não vincula, nem obriga o Ministério Público a oferecer denúncia).

Cito como exemplos de crimes de ação penal pública condicionada à requisição do Ministro da Justiça os cometidos por estrangeiro contra brasileiro fora do Brasil e os delitos contra honra do presidente da República ou chefe de governo estrangeiro (vide artigos 7º, § 3º, 'b' e 145, parágrafo único, do Código Penal, respectivamente).

Por fim, cumpre salientar que não há prazo para oferecimento da requisição (ela pode ser manejada pelo Ministro da Justiça até o implemento da prescrição da pretensão punitiva[14]) e que o ato aqui estudado é irretratável (vez que o artigo 25 do CPP só admite a retratação da representação).

5.3.1.5. Denúncia

É a peça inicial da ação penal pública. Nos termos do artigo 41 do CPP, a exordial acusatória deve conter: a) a exposição do fato criminoso, com todas as suas circunstâncias (descrição precisa do fato imputado, delimitando elementares do tipo, qualificadoras/privilégios, causas de aumento/diminuição e agravantes); b) a qualificação do acusado ou esclarecimentos pelos quais se possa identificá-lo (não é necessário que todos os dados qualificativos do denunciado sejam conhecidos, apenas que ele seja devidamente individualizado); c) a classificação do crime (tipificação do delito); e d) quando necessário,

---

13. Não custa lembrar que o crime de lesão corporal de natureza leve e culposa (cumpre registrar que não concordo com a parte da decisão que fala em ação pública incondicionada para lesão corporal culposa), decorrente de violência doméstica, tipificado no artigo 129, § 9º, do Código Penal, quando cometido contra mulher, é de ação penal pública incondicionada, nos termos desenhados na ADI 4424, julgada em 09/02/2012, pelo STF. No mesmo sentido, Súmula 542/STJ – **"A ação penal relativa ao crime de lesão corporal resultante de violência doméstica contra a mulher é pública incondicionada".**

14. FILHO, Fernando da Costa Tourinho. **Obra acima citada**, página 199.

o rol das testemunhas (cumpre anotar que este é o momento oportuno para acusação apresentar rol de testemunhas[15], sob pena de preclusão).

O prazo para oferecimento da denúncia é de quinze dias em caso de indiciado solto e cinco dias em caso de indiciado preso (artigo 46 do CPP). Esse prazo é contado do recebimento do inquérito policial, das peças de informação ou da representação (quando o MP dispensar o inquérito, nos últimos dois casos). Aqui se faz necessário explicar brevemente os caminhos possíveis ao Ministério Público quando do recebimento do inquérito policial finalizado (relatado). Encerrado o procedimento inquisitivo, ele será enviado ao juízo competente, que abrirá vista do feito ao MP. Nesta toada, o Ministério Público poderá: a) oferecer denúncia (se entender que nos autos há indícios de autoria e prova da materialidade delitiva); b) requisitar novas diligências (com atenção ao artigo 16 do CPP[16]); c) declinar de sua atribuição para processar o(s) autor(es) do fato e requerer que o juiz decline de sua competência (caso entenda que a atribuição para manejar denúncia seja de outro órgão do MP e que a competência para processar o feito seja de outro juízo); d) requerer o arquivamento (remeto o leitor ao tópico 4.12).

Por fim, cumpre afirmar que a decisão que recebe a denúncia é irrecorrível (é possível apenas manejar contra ela, eventualmente, *habeas corpus*) e que a denúncia será rejeitada[17] nas hipóteses do artigo 395 do CPP:

> Art. 395. A denúncia ou queixa será rejeitada quando:
>
> I – for manifestamente inepta;
>
> II – faltar pressuposto processual ou condição para o exercício da ação penal; ou
>
> III – faltar justa causa para o exercício da ação penal.

5.3.2. Ação penal privada

5.3.2.1. Generalidades

Tem como titular a vítima ou seu representante legal (quando aquela for incapaz). Subdivide-se em: a) exclusiva (quando cabe à vítima ou seu representante legal intentá-la, podendo o direito de oferecer queixa-crime ou de

15. São até oito no rito ordinário (artigo 401 do CPP); até oito na primeira fase do rito do júri (artigo 406, § 2º, do CPP); até cinco na segunda fase do rito do júri (artigo 422 do CPP); até cinco no rito sumário (artigo 532 do CPP); e até três no rito sumaríssimo (artigo 34, da Lei 9.099/95, por analogia).
16. Art. 16. O Ministério Público não poderá requerer a devolução do inquérito à autoridade policial, senão para novas diligências, imprescindíveis ao oferecimento da denúncia.
17. Contra decisão de rejeição da denúncia nos ritos ordinário, sumário e do júri, cabe recurso em sentido estrito (artigo 581, I, do CPP). No procedimento sumaríssimo, a rejeição é atacada por recurso de apelação (artigo 82 da Lei 9.099/95).

prosseguir na ação já iniciada ser transferido ao cônjuge, ascendente, descendente ou irmão, nessa ordem, em caso de morte ou ausência do ofendido – artigo 31 do CPP); b) personalíssima[18] (só pode ser manejada pela vítima - em caso de morte ou incapacidade desta ninguém pode intentá-la ou prosseguir na ação iniciada); e c) subsidiária da pública (quando o Ministério Público não propõe a ação pública no prazo legal e a vítima propõe queixa subsidiária em seu lugar).

A ação penal será privada quando a lei penal incriminadora trouxer em seu bojo a expressão "somente se procede mediante queixa". O autor da ação penal privada (ofendido ou seu representante legal) é chamado de querelante e o sujeito passivo da relação processual (autor do fato) chama-se querelado.

Acerca da ação penal privada subsidiária da pública, é importante salientar que ela só poderá ser proposta em caso de total inação do MP[19]. Vale dizer, se o Ministério Público requisitar novas diligências, requerer o declínio de competência ao juízo ou pedir o arquivamento do inquérito policial, esta modalidade de ação penal privada não poderá ser manejada pelo ofendido. Cumpre transcrever o artigo 29 do CPP:

> Art. 29. Será admitida ação privada nos crimes de ação pública, se esta não for intentada no prazo legal, cabendo ao Ministério Público aditar a queixa, repudiá-la e oferecer denúncia substitutiva, intervir em todos os termos do processo, fornecer elementos de prova, interpor recurso e, a todo tempo, no caso de negligência do querelante, retomar a ação como parte principal.

Extrai-se da leitura atenta do artigo transcrito que o MP poderá retomar a titularidade da ação a qualquer tempo, caso o ofendido se mostre negligente (é chamada ação pena indireta[20]). É assim porque a ação penal privada subsidiária da pública é uma ação pública na origem e não perde essa natureza por ter sido iniciada pela vítima.

5.3.2.2. Princípios

A ação penal privada é orientada pelos princípios: a) da oportunidade ou conveniência; b) da disponibilidade; e c) da indivisibilidade.

---

18. Hoje o único crime de ação penal privada personalíssima é o de induzimento a erro essencial e ocultação de impedimento (artigo 236 do Código Penal). O crime de adultério (que era outro exemplo de delito de ação penal privada personalíssima) foi revogado pela Lei 11.106/05.
19. Verifica-se que o MP está inerte (e se autoriza o manejo da ação penal privada subsidiária da pública) quando escoados os prazos referidos no artigo 46 do CPP sem que o órgão tenha oferecido denúncia, requisitado novas diligências à polícia judiciária, requerido o declínio da competência do juízo ou pedido o arquivamento do inquérito policial.
20. ALVES, Reinaldo Rossano. **Obra acima citada**, página 77.

O princípio da oportunidade ou da conveniência reza que cabe à vítima escolher se quer ou não processar o autor do crime. Vale dizer, mesmo sabendo quem foi o autor do delito, o ofendido pode optar por não o processar. O princípio em testilha se justifica porque os crimes de ação penal privada ofendem muito mais a esfera de intimidade da vítima que o seio social, daí porque o legislador deu ao ofendido a opção de escolher se o processo deve ou não ser manejado.

Pelo princípio da disponibilidade, o querelante pode desistir da ação penal privada por ele intentada ou do recurso por ele manejado, caso assim deseje. O Código de Processo Penal dá ao ofendido o direito de dispor da ação penal por meio do perdão ou da perempção (no caso de recurso, a disposição se dá pela desistência).

Já o princípio da indivisibilidade[21] reza que a ação penal privada deve ser proposta em face de todos os autores do fato (diferente do processo civil, no processo penal o ofendido não pode escolher contra quem quer litigar – ou processa todos os autores do fato ou nenhum). O princípio em testilha vem grafado no artigo 48 do CPP:

> Art. 48. A queixa contra qualquer dos autores do crime obrigará ao processo de todos, e o Ministério Público velará pela sua indivisibilidade.

Caso se perceba que o ofendido ocultou intencionalmente algum dos autores do fato na queixa-crime, cabe ao juiz declarar extinta a punibilidade de todos os autores (os que constaram na peça exordial e os que foram omitidos) em face da renúncia (alhures se verá que a renúncia se estende a todos os autores do fato).

Por fim, cumpre pontuar que o inquérito que apura crime de ação penal privada será encaminhado ao juízo competente e lá aguardará iniciativa da vítima ou de seu representante legal ou será entregue aos mesmos, mediante traslado (cumpre lembrar que o inquérito policial, em crime que se apura por meio de ação penal privada, só pode ser iniciado com autorização da vítima – artigo 5º, § 5º, do CPP). É o que determina o artigo 19 do CPP:

> Art. 19. Nos crimes em que não couber ação pública, os autos do inquérito serão remetidos ao juízo competente, onde aguardarão a iniciativa do ofendido ou de seu representante legal, ou serão entregues ao requerente, se o pedir, mediante traslado.

---

21. Há discussão doutrinária acerca da existência do princípio da indivisibilidade também na ação penal pública. Penso que tal celeuma é desnecessária, posto que esta já é regida pelo princípio da obrigatoriedade (diante de indícios de autoria e prova da materialidade de crime, o MP é obrigado a denunciar todos os que concorreram para o delito), sendo redundante, portanto, afirmar que a ação penal pública é indivisível. Em sentido contrário, Fernando da Costa Tourinho Filho assevera que "a ação penal, seja pública, seja privada, é indivisível, no sentido de que abrange todos aqueles que cometeram a infração" (*in* **obra acima citada**, página 170),

5.3.2.3. *Queixa-crime*

É a peça inicial da ação penal privada. A confecção da queixa-crime também é orientada pelo artigo 41 do CPP:

> Art. 41. A denúncia ou queixa conterá a exposição do fato criminoso, com todas as suas circunstâncias, a qualificação do acusado ou esclarecimentos pelos quais se possa identificá-lo, a classificação do crime e, quando necessário, o rol das testemunhas.

O prazo para oferecimento da queixa é de seis meses, a contar de quando a vítima ou seu representante legal sabe quem foi o autor do fato (artigo 38 do CPP). Trata-se de prazo decadencial (não se interrompe, nem se suspende) e que corre contra o representante legal do ofendido (quando este é menor de dezoito anos ou incapaz) ou contra a própria vítima (quando ela é maior de dezoito anos e capaz) – leia, uma vez mais, a Súmula 594 do STF - "Os direitos de queixa e de representação podem ser exercidos, independentemente, pelo ofendido ou por seu representante legal".

O artigo 45 do CPP revela que o Ministério Público poderá aditar a queixa--crime (qualquer que seja a espécie de ação penal privada). Importante salientar que o aditamento aqui tratado não pode incluir fato criminoso ou autor do fato omitido intencionalmente pelo ofendido (ao revés, o MP deverá se limitar a alertar o juiz, para que este reconheça a extinção da punibilidade de todos os autores do fato, em face da renúncia – princípio da indivisibilidade).

No que toca à rejeição da queixa-crime e aos recursos manejados em caso de recebimento (lembrando que se trata de decisão irrecorrível) e rejeição, remeto o leitor ao tópico 5.4.1.5. retro (que tratou da denúncia).

Por fim, cumpre salientar que "nos casos de exclusiva ação privada, o querelante poderá preferir o foro de domicílio ou da residência do réu, ainda quando conhecido o lugar da infração" (artigo 73 do CPP). Tal mandamento excepciona a regra geral de fixação da competência em razão do lugar (a regra básica é que o foro competente é o do lugar da consumação do delito – artigo 70 do CP).

5.3.2.4. *Renúncia, perdão e perempção*

São institutos, em regra, próprios da ação penal privada (pode haver renúncia em ação penal pública condicionada à representação) e que conduzem ao mesmo fim: a extinção da punibilidade do autor do crime.

Renúncia significa abrir mão do direito de oferecer queixa-crime ou representação (este instituto também se aplica à ação penal pública condicionada à representação, porque se a vítima não representa o Ministério Público não pode agir). É consequência do princípio da oportunidade ou conveniência, característico da ação penal privada. Estende-se a todos os autores do delito, ou seja, renunciando ao direito de processar um dos criminosos, todos os demais serão beneficiados (artigo 49 do CPP). Tal mandamento legal é reflexo do princípio da indivisibilidade, previsto no artigo 48 do CPP. A renúncia ocorre antes do início da ação penal e é ato unilateral, que independe de aceitação do(s) suposto(s) autor(es) da infração para surtir efeitos. Pode ser tácita (prática de ato incompatível com o desejo de manejar queixa-crime) ou expressa (documento assinado pela vítima – artigo 50 do CPP). Havendo mais de uma vítima, caso uma delas renuncie, o direito de ofertar queixa-crime da(s) outra(s) não será afetado.

Acerca da renúncia tácita, importante a leitura de *decisum* do STJ[22]:

> A não inclusão de eventuais suspeitos na queixa-crime não configura, por si só, renúncia tácita ao direito de queixa. Com efeito, o direito de queixa é indivisível, é dizer, a queixa contra qualquer dos autores do crime obrigará ao processo de todos (art. 48 do CPP). Dessarte, o ofendido não pode limitar a este ou aquele autor da conduta tida como delituosa o exercício do *jus accusationis*, tanto que o art. 49 do CPP dispõe que a renúncia ao direito de queixa, em relação a um dos autores do crime, a todos se estenderá. Portanto, o princípio da indivisibilidade da ação penal privada torna obrigatória a formulação da queixa-crime em face de todos os autores, coautores e partícipes do injusto penal, sendo que a inobservância de tal princípio acarreta a renúncia ao direito de queixa, que de acordo com o art. 107, V, do CP, é causa de extinção da punibilidade. Contudo, para o reconhecimento da renúncia tácita ao direito de queixa, exige-se a demonstração de que a não inclusão de determinados autores ou partícipes na queixa-crime se deu de forma deliberada pelo querelante (HC 186.405-RJ, Quinta Turma, DJe de 11/12/2014).

O perdão ocorre quando, depois de iniciada a ação penal privada, o querelante resolve perdoar o autor do delito (é reflexo do princípio da disponibilidade da ação penal privada). É ato bilateral, porque para surtir efeitos depende de aceitação do querelado. O perdão se estende a todos os querelados que o aceitarem, nos termos do artigo 51 do CPP (concedido o perdão, o querelado será intimado a dizer, em três dias, se o aceita - o silêncio importa aceitação, nos termos do artigo 58 do CPP). Assim como a renúncia, pode ser tácito ou expresso (artigo 57 do CPP). Mesmo que o querelado não aceite o perdão, o querelante ainda dispõe da perempção para encerrar o processo antes da sentença.

A perempção é a extinção da ação penal privada pela desídia do querelante. Ocorre nos casos listados no artigo 60 do CPP:

> Art. 60. Nos casos em que somente se procede mediante queixa, considerar-se-á perempta a ação penal:

22. STJ, 5ª Turma, RHC 55.142/MG, rel. Min. Felix Fischer, julgado em 12/5/2015, DJe 21/5/2015.

I – quando, iniciada esta, o querelante deixar de promover o andamento do processo durante 30 dias seguidos;

II – quando, falecendo o querelante, ou sobrevindo sua incapacidade, não comparecer em juízo, para prosseguir no processo, dentro do prazo de 60 (sessenta) dias, qualquer das pessoas a quem couber fazê-lo, ressalvado o disposto no art. 36;

III – quando o querelante deixar de comparecer, sem motivo justificado, a qualquer ato do processo a que deva estar presente, ou deixar de formular o pedido de condenação nas alegações finais;

IV – quando, sendo o querelante pessoa jurídica, esta se extinguir sem deixar sucessor.

Diferente do ocorre no processo civil, uma vez reconhecida a perempção, a ação penal não poderá ser proposta novamente. Por óbvio, não cabe reconhecimento da perempção em face da desídia do querelante no curso de ação penal privada subsidiária da pública (neste caso a titularidade da ação deve ser retomada pelo MP, por se tratar de ação pública na origem – artigo 29 do CPP).

5.4. QUESTÕES DE CONCURSOS PÚBLICOS

1. **(OAB/VI Exame Unificado) Tício está sendo investigado pela prática do delito de roubo simples, tipificado no artigo 157, caput, do Código Penal. Concluída a investigação, o Delegado Titular da 41ª Delegacia Policial envia os autos ao Ministério Público, a fim de que este tome as providências que entender cabíveis. O *Parquet*, após a análise dos autos, decide pelo arquivamento do feito, por faltas de provas de autoria. A vítima ingressou em juízo com uma ação penal privada subsidiária da pública, que foi rejeitada pelo juiz da causa, que, no caso acima, agiu:**

   A. Erroneamente, tendo em vista a Lei Processual admite a ação privada nos crimes de ação pública quando esta não for intentada.

   B. Corretamente, pois a vítima não tem legitimidade para ajuizar ação penal privada subsidiária da pública.

   C. Corretamente, já que a Lei Processual não admite a ação penal privada subsidiária da pública nos casos em que o Ministério Público não se mantém inerte.

   D. Erroneamente, já que a Lei Processual admite, implicitamente, a ação penal privada subsidiária da pública.

2. **(OAB/X Exame Unificado) Um professor na aula de Processo Penal esclarece a um aluno que o Ministério Público, após ingressar com a ação penal, não poderá desistir dela, conforme expressa previsão do Art. 42 do CPP. O professor estava explicando ao aluno o princípio da**

   A. Indivisibilidade.

   B. Obrigatoriedade.

   C. Indisponibilidade.

   D. Intranscedência.

3. **(Delegado de Polícia Civil/PA/2012) Nos crimes de ação pública, esta será promovida por denúncia do Ministério Público, mas dependerá, quando a lei o exigir, de requisição do Ministro da Justiça, ou de representação do ofendido ou de quem tiver qualidade para representá-lo. No que concerne à ação pública, assinale a alternativa correta:**

A. A representação será retratável, depois de oferecida a denúncia.

B. Se o órgão do Ministério Público, ao invés de apresentar a denúncia, requerer o arquivamento do inquérito policial ou de quaisquer peças de informação, o juiz deverá atender.

C. Será admitida ação privada nos crimes de ação pública, se esta não for intentada no prazo legal, cabendo ao Ministério Público aditar a queixa, repudiá-la e oferecer denúncia substitutiva, intervir em todos os termos do processo, fornecer elementos de prova, interpor recurso e, a todo tempo, no caso de negligência do querelante, retomar a ação como parte principal.

D. As fundações, associações ou sociedades legalmente constituídas não poderão exercer a ação penal.

E. O prazo para oferecimento da denúncia, estando o réu preso, será de 15 dias, contado da data em que o órgão do Ministério Público receber os autos do inquérito policial.

4. **(Delegado de Polícia Civil/MA/2012) Nas ações penais de natureza privada, os princípios a seguir são aplicáveis, à exceção de um. Assinale-o.**

A. Oportunidade.

B. Conveniência.

C. Indivisibilidade.

D. Indisponibilidade.

E. Intranscendência.

5. **(Delegado de Polícia Civil/RJ/2013) No que se refere à ação penal, é correto afirmar:**

A. A denúncia ou queixa não será rejeitada quando faltar pressuposto processual.

B. A ação penal pública condicionada, para ser exercida, depende de requerimento do ofendido.

C. A ação penal privada rege-se, entre outros, pelo princípio da indisponibilidade.

D. O princípio da indivisibilidade não se aplica à ação penal pública; aplica-se somente à ação penal privada e à ação penal privada subsidiária da pública.

E. A justa causa para o exercício da ação penal significa a exigência de um lastro mínimo de prova.

6. **(Promotor de Justiça/AL/2012) No tocante à denúncia, de acordo com o Código de Processo Penal, é correto afirmar que:**

A. Deverá conter a exposição do fato criminoso, com todas as suas circunstâncias, e a qualificação do acusado, sendo indispensáveis a classificação do crime e o rol de testemunhas.

B. Será rejeitada quando o juiz verificar a existência manifesta de causa excludente da ilicitude do fato.

C. Estando o réu preso, o prazo para seu oferecimento é de 3 dias, contado da data em que o órgão do Ministério Público receber os autos do inquérito policial.

D. Deverá, necessariamente, estar acompanhada de inquérito policial.

E. Se o réu estiver solto ou afiançado, o prazo para seu oferecimento é de 15 dias.

7. **(Delegado de Polícia Civil/AL/2012) No caso de o querelado, na ação penal privada, se manifestar no sentido de perdoar um dos réus, o perdão oferecido se estenderá a todos quantos alegadamente hajam intervindo no cometimento da infração penal, independentemente de aceitação ou não.**

8. **(Delegado de Polícia Civil/MG/2011) Não é condição geral ou especial da ação penal:**

A. O pedido.

B. A legitimidade das partes.

C. A entrada do agente no território nacional em caso de extraterritorialidade da lei penal.

D. A requisição do Ministro da Justiça.

9. **(OAB /IX Exame Unificado) Tendo como base o instituto da ação penal, assinale a afirmativa correta.**

A. Na ação penal privada vigora o princípio da oportunidade ou conveniência.

B. A ação penal privada subsidiária da pública fere dispositivo constitucional que atribui ao Ministério Público o direito exclusivo de iniciar a ação pública.

C. Como o Código Penal é silente no tocante à natureza da ação penal no crime de lesão corporal culposa, verifica-se que a referida infração será de ação penal pública incondicionada.

D. A legitimidade para ajuizamento da queixa-crime na ação penal exclusivamente privada (ou propriamente dita) é unicamente do ofendido.

10. **(Delegado de Polícia Civil/RJ/2013) Na hipótese da ocorrência de crime de exclusiva ação privada, assinale a alternativa correta.**

A. O querelante poderá escolher entre o foro do lugar da infração ou do domicílio do querelado.

B. A competência regular-se-á, obrigatoriamente, pela prevenção.

C. Será competente o juiz que primeiro tomar conhecimento do fato.

D. Caso o querelante não tenha residência certa ou for ignorado seu paradeiro, a competência firmar-se-á pela prevenção.

E. A competência firmar-se-á, obrigatoriamente, pelo lugar da infração.

11. **(Delegado de Polícia Civil/RJ/2013) O senhor Rui dos Santos, após ser vítima do delito de roubo perpetrado por Nei da Silva, preso em flagrante delito, ao tomar conhecimento de que o Promotor de Justiça havia perdido o prazo de cinco dias (art. 46, do CPP) para oferecer denúncia, resolve intentar ação privada subsidiária da pública, por meio de queixa-crime. Decorridos alguns dias, incomodado pelo trabalho e pelo desgaste emocional, o querelante resolve desistir da ação. Esta medida acarretará:**

A. A decadência do direito de ação.

B. A perempção da ação.

C. A extinção da punibilidade.

D. A renúncia tácita do querelante.

E. A retomada da titularidade da ação pelo Ministério Público, que já atuava como assistente litisconsorcial.

12. (Delegado de Polícia Civil/ES/2010) O princípio da indisponibilidade impede o MP de opinar pela absolvição, em sede de alegações finais. Em tal hipótese, o juízo competente pode, ainda assim, condenar o acusado.

13. (Delegado de Polícia/CE/2015) No caso de morte do ofendido

A. O direito de oferecer queixa passará ao cônjuge, ascendente, descendente ou irmão; nos crimes de ação privada, o juiz, a requerimento da parte que comprovar a sua pobreza, instaurará de ofício a ação penal.

B. O direito de oferecer queixa se extinguirá; nos crimes de ação privada, o juiz, a requerimento da parte que comprovar a sua pobreza, instaurará de ofício a ação penal.

C. O direito de oferecer queixa passará ao cônjuge, ascendente, descendente ou irmão; nos crimes de ação privada, o juiz, a requerimento da parte que comprovar a sua pobreza, nomeará advogado para promover a ação penal.

D. No curso da ação privada, declarar-se-á a extinção da punibilidade do ofensor; nos crimes de ação pública condicionada, o juiz, a requerimento da parte que comprovar a sua pobreza, nomeará advogado para promover a ação penal.

E. No curso da ação pública condicionada, declarar-se-á a extinção da punibilidade do ofensor; nos crimes de ação pública condicionada, o juiz, a requerimento da parte que comprovar a sua pobreza, nomeará advogado para promover a ação penal.

14. (Juiz/PB/2015) No que se refere a denúncia ou queixa, assinale a opção correta.

A. Além dos indícios de autoria, para o exercício da ação penal nos crimes de tráfico de drogas, a Lei n.º 11.343/2006 considera suficiente o laudo de constatação.

B. O plenário do STF firmou entendimento no sentido de considerar o despacho que recebe denúncia ou queixa como uma espécie de decisão; por isso, tal despacho deve ser fundamentado.

C. No CPP está prevista a apelação como recurso cabível do não recebimento da denúncia ou queixa.

D. Inexiste possibilidade de litisconsórcio ativo entre o MP e o querelante.

E. A queixa, ainda que a ação penal seja privativa do ofendido, não poderá ser aditada pelo MP.

15. (Juiz/PE/2015) Ana, estudante de 20 anos, relatou à assistência social da universidade pública onde estuda que foi vítima de estupro no campus, não sofrendo lesões. É correto afirmar que:

A. Pode ocorrer, no caso, perempção e decadência.

B. Ana precisa oferecer representação, para que seja instaurado inquérito policial.

C. Existe legitimidade concorrente de Ana e do Ministério Público, mediante representação, para propositura de ação penal.

D. Isso é suficiente para que o agressor seja também investigado criminalmente, independentemente de lesão sofrida, porque a assistente social é funcionária pública e, sob pena de prevaricação, deve comunicar o fato à autoridade competente.

E. Ana precisa oferecer queixa-crime para apuração dos fatos também em âmbito penal.

16. (Juiz/MS/2015) XISTO, querelante em ação penal privada, ao término da instrução e representado por advogado constituído, requereu a absolvição de CRISTÓVÃO, querelado. Deve o juiz:

A. Determinar a extração de peças processuais e o encaminhamento à autoridade policial, para apuração da prática, pelo querelante, de denunciação caluniosa.

B. Designar audiência para tentativa de conciliação das partes, em homenagem ao princípio da intervenção mínima.

C. Considerar perempta a ação penal, porque o querelante deixou de formular pedido de condenação nas alegações finais.

D. Encaminhar os autos em vista ao Ministério Público, titular da ação penal, para manifestação de interesse na produção de outras provas.

E. Absolver CRISTÓVÃO, com fundamento no artigo 386, inciso VII, do Código de Processo Penal.

17. (Defensor Público/MA/2015) Sobre a ação penal, considerando-se a classificação legal e o entendimento doutrinário e jurisprudencial:

A. O direito de representação somente poderá ser exercido por procurador, mediante declaração, escrita ou oral, em casos de impossibilidade de execução do ato pelo próprio ofendido.

B. Se o órgão do Ministério Público, ao invés de apresentar a denúncia, requerer o arquivamento do inquérito policial ou de quaisquer peças de informa- ção, a vítima poderá, no prazo de seis meses, oferecer ação penal privada subsidiária.

C. Após a Constituição Federal de 1988, a ação penal privada subsidiária da pública não respeitará mais o prazo de seis meses previsto para as ações penais privadas, por se tratar de um direito constitucional, conforme já decidiu o STF.

D. Sendo a ação de natureza privada, no caso de morte do ofendido ou quando declarado ausente por decisão judicial, o direito de oferecer queixa ou prosseguir na ação passará ao cônjuge, ascendente, descendente ou irmão, salvo nos casos de ação penal privada personalíssima.

E. Nos casos de ação penal privada, ocorrendo a morte do ofendido, se comparecer mais de uma pessoa com direito de queixa, a preferência será definida pela ordem de manifestação.

18. (Procurador do Estado/BA/2014) Em ação penal privada que envolva vários agentes do ato delituoso, é permitido ao querelante, em razão do princípio da disponibilidade, escolher contra quem proporá a queixa-crime, sem que esse fato acarrete a extinção da punibilidade dos demais agentes conhecidos e nela não incluídos.

19. (Delegado de Polícia/TO/2014) Nos termos do Código de Processo Penal, o prazo para o oferecimento da denúncia pelo representante do Ministério Público, estando o acusado preso ou solto, será, respectivamente, de

A. Cinco e quinze dias.

B. Dez e vinte dias.

C. Vinte e trinta dias.

D. Trinta e sessenta dias.

20. (Delegado de Polícia Civil/PE/2016) Acerca da ação penal, suas características, espécies e condições, assinale a opção correta.

A. A perempção incide tanto na ação penal privada exclusiva quanto na ação penal privada subsidiária da ação penal pública.

B. Os prazos prescricionais e decadenciais incidem de igual forma tanto na ação penal pública condicionada à representação do ofendido quanto na ação penal pública condicionada à representação do ministro da Justiça.

C. De regra, não há necessidade de a queixa-crime ser proposta por advogado dotado de poderes específicos para tal fim, em homenagem ao princípio do devido processo legal.

D. Tanto na ação pública condicionada à representação quanto na ação penal privada, se o ofendido tiver menos de vinte e um anos de idade e mais de dezoito anos de idade, o direito de queixa ou de representação poderá ser exercido por ele ou por seu representante legal.

E. É concorrente a legitimidade do ofendido, mediante queixa, e do MP, condicionada à representação do ofendido, para a ação penal por crime contra a honra de servidor público em razão do exercício de suas funções.

21. (Delegado de Polícia Civil/PA/2016) Sobre ação penal é correto afirmar que:

A. a ação penal privada, em certos casos é personalíssima, só podendo o delegado de polícia instaurar inquérito, exclusivamente, no caso de requerimento do próprio ofendido.

B. na ação penal subsidiária da pública, quando o querelado deixa de comparecer aos atos do processo, ocorre a perempção.

C. quanto ao exercício, classifica-se em pública incondicionada, condicionada a representação do ofendido ou a resolução do Ministério da Justiça.

D. na ação penal privada o querelante tem legitimidade ordinária.

E. a ação penal pública rege-se pelos princípios da obrigatoriedade e disponibilidade, enquanto a privada rege-se pela oportunidade e indivisibilidade.

5.5. GABARITO E COMENTÁRIOS

QUESITO	ASSERTIVA CORRETA	JUSTIFICATIVA
01	C	Vide tópico 5.3.2.1.
02	C	Vide tópico 5.3.1.2.

QUESITO	ASSERTIVA CORRETA	JUSTIFICATIVA
03	C	Vide tópico 5.3.2.1.
04	D	Vide tópico 5.3.2.2
05	E	A justa causa referida no artigo 395, III, do CPP, é a conjugação de indícios de autoria e prova da materialidade delitiva.
06	E	Vide tópico 5.3.1.5.
07	ERRADO	Vide tópico 5.3.2.4.
08	A	Vide tópico 5.2.
09	A	Vide tópico 5.3.2.2.
10	A	Vide tópico 5.3.2.3.
11	E	Vide tópico 5.3.2.1.
12	ERRADO	O princípio da indisponibilidade diz que o MP não pode desistir da ação por ele intentada, mas isso não significa que ele não possa pedir a absolvição do réu.
13	C	Vide artigos 31 e 32 do CPP.
14	A	Para efeito de lavratura de auto de prisão em flagrante delito e oferecimento da inicial acusatória, o laudo de constatação provisória é suficiente.
15	B	Vide artigo 225 do CP.
16	C	Vide artigo 60, III, do CPP.
17	D	Vide artigo 31 do CPP.
18	E	Vide artigo 48 do CPP.
19	A	Vide artigo 46 do CPP.
20	E	Vide Súmula 714 do STF: **"É concorrente a legitimidade do ofendido, mediante queixa, e do Ministério Público, condicionada à representação do ofendido, para a ação penal por crime contra a honra de servidor público em razão do exercício de suas funções".**
21	A	Vide tópico 5.3.2.1.

6

COMPETÊNCIA (E CIRCUNSCRIÇÃO POLICIAL)

6.1. CONCEITO

O presente capítulo foi inserido na obra com o fito de auxiliar delegados de polícia e profissionais que lidam com o inquérito policial em sua atividade diuturna a entender as regras de fixação da circunscrição responsável pela investigação pré-processual (só é possível estudar o tema analisando as normas que regem a fixação da competência judicial).

Competência é a medida da jurisdição (esta entendida como o poder-dever estatal de aplicar o direito objetivo ao caso concreto apresentado, com o fito de restabelecer a paz social abalada pelo conflito de interesses). Não se concebe que exista um magistrado competente para o julgamento de toda e qualquer demanda, desta forma, apesar de ser una a jurisdição, ela comporta limitação, de forma a racionalizar a prestação jurisdicional.

Estudar e entender a competência significa em grande medida conhecer as regras que determinam a fixação da atribuição da autoridade policial para investigar delitos, como dito supra.

Ainda introduzindo a matéria, impende a leitura do artigo 69 do CPP:

> Art. 69. Determinará a competência jurisdicional:
>
> I – o lugar da infração:
>
> II – o domicílio ou residência do réu;
>
> III – a natureza da infração;
>
> IV – a distribuição;
>
> V – a conexão ou continência;
>
> VI – a prevenção;
>
> VII – a prerrogativa de função.

6.2. ESPÉCIES

São três. A competência pode ser determinada em razão do lugar do crime ou do domicílio do réu (*ratione loci*); em razão da natureza do crime praticado (*ratione materiae*); ou em razão do cargo ou função ocupado pelo réu/investigado (*ratione personae*). No primeiro caso a competência é relativa, podendo ser prorrogada (a inobservância das normas que a circundam acarreta nulidade relativa, que deve ser levantada no momento processualmente oportuno, sob pena de preclusão). Nos dois últimos, a competência é absoluta e não comporta prorrogação (a inobservância das regras que as regem acarreta nulidade absoluta).

Estudemos a competência *ratione loci*. A análise do Código de Processo Penal revela que ela se divide em duas modalidades: a) competência pelo lugar da infração; b) competência pelo domicílio ou residência do réu. Em relação à primeira, cumpre deixar claro que o Caderno Processual Penal adotou a teoria do resultado (consumação do delito). É o que determina o artigo 70 do CPP:

> Art. 70. A competência será, de regra, determinada pelo lugar em que se consumar a infração, ou, no caso de tentativa, pelo lugar em que for praticado o último ato de execução.
>
> § 1º Se, iniciada a execução no território nacional, a infração se consumar fora dele, a competência será determinada pelo lugar em que tiver sido praticado, no Brasil, o último ato de execução.
>
> § 2º Quando o último ato de execução for praticado fora do território nacional, será competente o juiz do lugar em que o crime, embora parcialmente, tenha produzido ou devia produzir seu resultado.
>
> § 3º Quando incerto o limite territorial entre duas ou mais jurisdições, ou quando incerta a jurisdição por ter sido a infração consumada ou tentada nas divisas de duas ou mais jurisdições, a competência firmar-se-á pela prevenção.

Para entender o momento consumativo do delito, é preciso estudar o artigo 14, I, do Código Penal. Referido mandamento legal afirma que o crime se tem por consumado "quando nele se reúnem todos os elementos de sua definição legal". Importante saber também que o crime passa pelas fases de cogitação, preparação e consumação (é o chamado *iter criminis*).

Assim, o juízo competente para julgar a infração é o do local onde o crime se consumou (consequentemente, a autoridade policial com atribuição para investigar é a da circunscrição de consumação do delito). Há exceção à regra criada pela jurisprudência e apontada com precisão por Guilherme de Souza Nucci[1]:

> Deve-se respeitar uma ressalva corretamente feita pela jurisprudência. O homicídio, embora seja crime material, cuja conduta de lesionar a integridade física

1. NUCCI, Guilherme de Souza. **Obra acima citada**, página 264.

pode ocorrer em determinada cidade e o resultado morte, em outra, deve ser apurado e o agente processado no lugar da ação ou omissão. Se a regra do art. 70 do CPP fosse fielmente seguida, o correto seria a ocorrência do trâmite processual no local onde se deu a morte da vítima; entretanto, seguindo-se o princípio da busca da verdade real, torna-se mais segura a colheita da prova no lugar da conduta.

O artigo 71 do CPP determina que, em se tratando "de infração continuada ou permanente, praticada em território de duas ou mais jurisdições, a competência firmar-se-á pela prevenção[2]".

Cumpre deixar claro que o artigo 63 da Lei 9.099/95 traz exceção à regra citada, vez que afirma que o foro competente é o lugar do crime (segundo o artigo 6º do Código Penal, "considera-se praticado o crime no lugar em que ocorreu a ação ou omissão, no todo ou em parte, bem como onde se produziu ou deveria produzir-se o resultado" – teoria da ubiquidade).

A outra modalidade de competência em razão do lugar é a ditada pelo domicílio ou residência do réu. Trata-se de critério subsidiário em relação ao primeiro estudado. Assim, só será utilizado em duas hipóteses: a) quando não for conhecido o lugar da consumação da infração; ou b) no caso de ação penal privada exclusiva, se assim desejar o querelante. Vejamos os artigos 72 e 73 do CPP:

> Art. 72. Não sendo conhecido o lugar da infração, a competência regular-se-á pelo domicílio ou residência do réu.
>
> § 1º Se o réu tiver mais de uma residência, a competência firmar-se-á pela prevenção.
>
> § 2º Se o réu não tiver residência certa ou for ignorado o seu paradeiro, será competente o juiz que primeiro tomar conhecimento do fato.
>
> Art. 73. Nos casos de exclusiva ação privada, o querelante poderá preferir o foro de domicílio ou da residência do réu, ainda quando conhecido o lugar da infração.

No que toca a competência *ratione materiae*, impende afirmar que organicamente a justiça pode ser dividida em especial e comum, sendo aquela a militar e a eleitoral e esta a federal e a estadual.

A justiça militar se divide em federal e estadual e é competente para julgar crimes militares – artigo 124 da Constituição Federal[3] (a primeira julga membros do exército, marinha e aeronáutica[4] e a segunda policiais militares e bom-

2. Alhures se verá que a prevenção ocorre quando um dos juízes igualmente competentes se antecipa aos outros e pratica algum ato processual ou medida relativa ao processo, ainda que anterior ao oferecimento da denúncia ou da queixa – artigo 83 do CPP.
3. Art. 124. À Justiça Militar compete processar e julgar os crimes militares definidos em lei.
4. É possível que a justiça militar da União julgue civil que pratica crime definido como militar.

beiros militares, quando praticam crimes definidos em lei como militares). Os crimes militares são os previstos no Código Penal Militar (Decreto-Lei 1.001, de 21 de outubro de 1969) e em qualquer lei penal (o inciso II, do artigo 9º, do Código Penal Militar foi alterado pela Lei 13.491/17).

Os crimes militares podem ser próprios ou impróprios. São próprios quando não encontram paralelo em norma penal incriminadora voltada aos civis (como o crime de deserção – artigo 187 do Código Penal Militar) e impróprios os que também são tipificados nas leis penais aplicáveis aos civis (como o crime de homicídio – previsto nos artigos 205 do Código Penal Militar e 121 do Código Penal). Não nos interessa a análise profunda desta modalidade de competência, porque as infrações militares são apuradas por meio de inquérito policial militar (artigo 8º, 'a', do Código de Processo Penal Militar - Decreto-Lei 1.002, de 21 de outubro de 1969), presidido pelas autoridades militares listadas no artigo 7º do CPPM (à exceção[5] do crime doloso contra vida de civil praticado por militar estadual[6], que são julgados pelo tribunal do júri e investigados pela polícia judiciária - civil ou federal, a depender da vítima – nos termos do § 1º, do artigo 9º, do CPM, em consonância com o artigo 125, § 4º, da Constituição Federal).

A justiça eleitoral é composta pelas juntas eleitorais, pelos juízes eleitorais, pelos Tribunais Regionais Eleitorais e pelo Tribunal Superior Eleitoral (artigo 118 da Constituição Federal). A ela compete julgar os crimes eleitorais e os a eles conexos, nos termos do artigo 35, II, da Lei 4.737/65 – Código Eleitoral.

---

5. Anote-se que caso o crime cometido pelo militar não seja praticado em serviço ou em razão da função (ou seja, fora das hipóteses descritas no artigo 9º, II, do CPM), não haverá competência da justiça castrense - a apuração deve ser feita pela polícia civil ou federal e a competência será da justiça estadual ou federal, conforme o caso.

6. A Lei 13.491/17 afirma ser competência da justiça militar federal o crime doloso contra vida de civil praticado por militar das Forças Armadas, nas hipóteses descritas no § 2º, do artigo 9º, do CPM:

Art. 9º. (..)

§ 2º Os crimes de que trata este artigo, quando dolosos contra a vida e cometidos por militares das Forças Armadas contra civil, serão da competência da Justiça Militar da União, se praticados no contexto:

I – do cumprimento de atribuições que lhes forem estabelecidas pelo Presidente da República ou pelo Ministro de Estado da Defesa;

II – de ação que envolva a segurança de instituição militar ou de missão militar, mesmo que não beligerante; ou

III – de atividade de natureza militar, de operação de paz, de garantia da lei e da ordem ou de atribuição subsidiária, realizadas em conformidade com o disposto no art. 142 da Constituição Federal e na forma dos seguintes diplomas legais:

a) Lei nº 7.565, de 19 de dezembro de 1986 - Código Brasileiro de Aeronáutica;

b) Lei Complementar nº 97, de 9 de junho de 1999;

c) Decreto-Lei nº 1.002, de 21 de outubro de 1969 - Código de Processo Penal Militar; e

d) Lei nº 4.737, de 15 de julho de 1965 - Código Eleitoral.

Como se trata de justiça da União, a atribuição para investigar crimes eleitorais é da Polícia Federal (artigo 144, § 1º, IV da CF). Acerca do tema, é importante, ainda, a leitura do artigo 2º da Resolução 23.396/13 do Tribunal Superior Eleitoral é indispensável:

> Art. 2º A Polícia Federal exercerá, com prioridade sobre suas atribuições regulares, a função de polícia judiciária em matéria eleitoral, limitada às instruções e requisições dos Tribunais e Juízes Eleitorais.
>
> Parágrafo único. Quando no local da infração não existirem órgãos da Polícia Federal, a Polícia do respectivo Estado terá atuação supletiva.

Anote-se que o parágrafo único do artigo transcrito determina a atuação supletiva da polícia civil na apuração de crimes eleitorais, onde não houver unidade da Polícia Federal.

Outro ponto importante. O inquérito policial que apura crime eleitoral iniciado com investigado solto não pode ser deflagrado de ofício pela polícia judiciária, mas tão somente em face de requisição do Ministério Público Eleitoral ou da justiça eleitoral. É o que determina o artigo 8º da Resolução 23.396/2013 do TSE:

> Art. 8º O inquérito policial eleitoral somente será instaurado mediante requisição do Ministério Público Eleitoral ou determinação da Justiça Eleitoral, salvo a hipótese de prisão em flagrante.

Assim, caso receba notícia de crime eleitoral, a autoridade policial deverá encaminhar a mesma ao juízo eleitoral ou ao MPE. É o que determina os artigos 5º e 6º da resolução em estudo:

> Art. 5º Quando tiver conhecimento da prática da infração penal eleitoral, a autoridade policial deverá informá-la imediatamente ao Juízo Eleitoral competente, a quem poderá requerer as medidas que entender cabíveis, observadas as regras relativas a foro por prerrogativa de função.
>
> Art. 6º Recebida a notícia-crime, o Juiz Eleitoral a encaminhará ao Ministério Público Eleitoral ou, quando necessário, à polícia, com requisição para instauração de inquérito policial

No mais, o normativo analisado traz em seu bojo regras muito semelhantes às do CPP acerca do trâmite do inquérito policial que apura crimes comuns. Vejamos seus artigos 9º a 12:

> Art. 9º Se o indiciado tiver sido preso em flagrante ou preventivamente, o inquérito policial eleitoral será concluído em até 10 dias, contado o prazo a partir do dia em que se executar a ordem de prisão (Código de Processo Penal, art. 10).
>
> § 1º Se o indiciado estiver solto, o inquérito policial eleitoral será concluído em até 30 dias, mediante fiança ou sem ela (Código de Processo Penal, art. 10).

§ 2º A autoridade policial fará minucioso relatório do que tiver sido apurado e enviará os autos ao Juiz Eleitoral (Código de Processo Penal, art. 10, § 1º).

§ 3º No relatório, poderá a autoridade policial indicar testemunhas que não tiverem sido inquiridas, mencionando o lugar onde possam ser encontradas (Código de Processo Penal, art. 10, § 2º).

§ 4º Quando o fato for de difícil elucidação, e o indiciado estiver solto, a autoridade policial poderá requerer ao Juiz Eleitoral a devolução dos autos, para ulteriores diligências, que serão realizadas no prazo marcado pelo Juiz Eleitoral (Código de Processo Penal, art. 10, § 3º).

Art. 10. O Ministério Público Eleitoral poderá requerer novas diligências, desde que necessárias à elucidação dos fatos.

Parágrafo único. Se o Ministério Público Eleitoral considerar necessários maiores esclarecimentos e documentos complementares ou outros elementos de convicção, deverá requisitá-los diretamente de quaisquer autoridades ou funcionários que possam fornecê-los, ressalvadas as informações submetidas à reserva jurisdicional (Código Eleitoral, art. 356, § 2º).

Art. 11. Quando o inquérito for arquivado por falta de base para o oferecimento da denúncia, a autoridade policial poderá proceder a nova investigação se de outras provas tiver notícia, desde que haja nova requisição, nos termos dos artigos 5º e 6º desta resolução.

Art. 12. Aplica-se subsidiariamente ao inquérito policial eleitoral as disposições do Código de Processo Penal, no que não houver sido contemplado nesta resolução.

A justiça federal é composta por juízes federais e pelos Tribunais Regionais Federais (artigo 106 da Constituição Federal). Sua competência é ditada pelo artigo 109 da CF (interessando-nos seus incisos IV a VI e IX a XI e § 5º, por dizerem respeito à matéria criminal):

Art. 109. Aos juízes federais compete processar e julgar:

(...)

IV – os crimes políticos e as infrações penais praticadas em detrimento de bens, serviços ou interesse da União ou de suas entidades autárquicas ou empresas públicas, excluídas as contravenções e ressalvada a competência da Justiça Militar e da Justiça Eleitoral;

V – os crimes previstos em tratado ou convenção internacional, quando, iniciada a execução no País, o resultado tenha ou devesse ter ocorrido no estrangeiro, ou reciprocamente;

V – A as causas relativas a direitos humanos a que se refere o § 5º deste artigo;

VI – os crimes contra a organização do trabalho e, nos casos determinados por lei, contra o sistema financeiro e a ordem econômico-financeira;

(...)

IX – os crimes cometidos a bordo de navios ou aeronaves, ressalvada a competência da Justiça Militar;

X – os crimes de ingresso ou permanência irregular de estrangeiro, a execução de carta rogatória, após o "exequatur", e de sentença estrangeira, após a homo-

> logação, as causas referentes à nacionalidade, inclusive a respectiva opção, e à naturalização;
>
> XI – a disputa sobre direitos indígenas.
>
> (...)
>
> § 5º Nas hipóteses de grave violação de direitos humanos, o Procurador-Geral da República, com a finalidade de assegurar o cumprimento de obrigações decorrentes de tratados internacionais de direitos humanos dos quais o Brasil seja parte, poderá suscitar, perante o Superior Tribunal de Justiça, em qualquer fase do inquérito ou processo, incidente de deslocamento de competência para a Justiça Federal.

Acerca do § 5º, do artigo 109, da CF, transcrito supra (incidente de deslocamento de competência), cumpre atentar para observação feita por Fernando Capez[7]:

Segundo o dispositivo, o incidente poderá ser suscitado em qualquer fase do inquérito ou do processo. Mencione-se que a 3ª Seção do STJ já teve oportunidade de se manifestar no sentido de que o deslocamento de competência "deve atender ao princípio da proporcionalidade (adequação, necessidade e proporcionalidade em sentido estrito), compreendido na demonstração concreta de risco de descumprimento de obrigações decorrentes de tratados internacionais firmados pelo Brasil, resultante da inércia, negligência, falta de vontade política ou de condições reais do Estado-membro, por suas instituições, em proceder à devida persecução penal" (STJ, 3ª Sec., IDC 1/PA, rel. Min. Arnaldo Esteves Lima, j. 8-6-2005, DJ, 10 out. 2005, p. 217).

Continuemos. A atribuição de apurar crimes de competência da Justiça Federal é da Polícia Federal (que exerce com exclusividade as funções de polícia judiciária da União, nos termos do artigo 144, § 1º, IV, da CF). Anote-se que a atribuição investigativa da Polícia Federal vai além da apuração dos crimes de competência da Justiça Federal. Vejamos o § 1º, do artigo 144, da CF:

> Art. 144. (...)
>
> (...)
>
> § 1º A polícia federal, instituída por lei como órgão permanente, organizado e mantido pela União e estruturado em carreira, destina-se a:
>
> I – apurar infrações penais contra a ordem política e social ou em detrimento de bens, serviços e interesses da União ou de suas entidades autárquicas e empresas públicas, assim como outras infrações cuja prática tenha repercussão interestadual ou internacional e exija repressão uniforme, segundo se dispuser em lei;
>
> II – prevenir e reprimir o tráfico ilícito de entorpecentes e drogas afins, o contrabando e o descaminho, sem prejuízo da ação fazendária e de outros órgãos públicos nas respectivas áreas de competência;

7. CAPEZ, Fernando. **Curso de Processo Penal**, Saraiva, 2013, página 294.

III – exercer as funções de polícia marítima, aeroportuária e de fronteiras;

IV – exercer, com exclusividade, as funções de polícia judiciária da União.

Ainda acerca da atribuição da PF para apurar crimes, cumpre transcrever o artigo 1º da Lei 10.446/02 (alterado pelas Leis 12.894/13 e 13.124/15, que incluíram os incisos V e VI no dispositivo em questão), que regulamentou o inciso I, do § 1º, do artigo 144, da CF:

> Art. 1º Na forma do inciso I do § 1º do art. 144 da Constituição, quando houver repercussão interestadual ou internacional que exija repressão uniforme, poderá o Departamento de Polícia Federal do Ministério da Justiça, sem prejuízo da responsabilidade dos órgãos de segurança pública arrolados no art. 144 da Constituição Federal, em especial das Polícias Militares e Civis dos Estados, proceder à investigação, dentre outras, das seguintes infrações penais:
>
> I – seqüestro, cárcere privado e extorsão mediante seqüestro (arts. 148 e 159 do Código Penal), se o agente foi impelido por motivação política ou quando praticado em razão da função pública exercida pela vítima;
>
> II – formação de cartel (incisos I, a, II, III e VII do art. 4º da Lei nº 8.137, de 27 de dezembro de 1990); e
>
> III – relativas à violação a direitos humanos, que a República Federativa do Brasil se comprometeu a reprimir em decorrência de tratados internacionais de que seja parte; e
>
> IV – furto, roubo ou receptação de cargas, inclusive bens e valores, transportadas em operação interestadual ou internacional, quando houver indícios da atuação de quadrilha ou bando em mais de um Estado da Federação.
>
> V – falsificação, corrupção, adulteração ou alteração de produto destinado a fins terapêuticos ou medicinais e venda, inclusive pela internet, depósito ou distribuição do produto falsificado, corrompido, adulterado ou alterado (art. 273 do Decreto-Lei nº 2.848, de 7 de dezembro de 1940 - Código Penal).
>
> VI – furto, roubo ou dano contra instituições financeiras, incluindo agências bancárias ou caixas eletrônicos, quando houver indícios da atuação de associação criminosa em mais de um Estado da Federação.
>
> Parágrafo único. Atendidos os pressupostos do caput, o Departamento de Polícia Federal procederá à apuração de outros casos, desde que tal providência seja autorizada ou determinada pelo Ministro de Estado da Justiça.

O artigo 11 da Lei 13.260/16 deixou claro que a competência para processar e julgar crimes previstos na Lei de Terrorismo é da Justiça Federal e que a atribuição investigativa é da Polícia Federal:

> Art. 11. Para todos os efeitos legais, considera-se que os crimes previstos nesta Lei são praticados contra o interesse da União, cabendo à Polícia Federal a investigação criminal, em sede de inquérito policial, e à Justiça Federal o seu processamento e julgamento, nos termos do inciso IV do art. 109 da Constituição Federal.

Por fim, cumpre afirmar que a justiça estadual é composta por juízes estaduais e pelo respectivo Tribunal de Justiça. Sua competência é residual (o que não for da competência das justiças especiais e nem da federal, será da competência da justiça estadual).

A última espécie de competência é a *ratione personae*. Ela é fixada em razão da relevância do cargo ou função do réu e impõe que este seja processado e julgado por tribunal constitucionalmente competente. Acerca do tema, Reinaldo Rossano Alves[8] sintetiza:

> Em matéria penal, os Tribunais, além de exercerem sua competência recursal, revendo as lides penais decididas em 1ª instância, processam e julgam, originariamente (a ação nasce no próprio pretório), determinadas ações, em razão do cargo ocupado pelo agente.

O estudo do tema impõe a análise dos dispositivos constitucionais que informam a competência criminal originária dos tribunais. Comecemos. O Supremo Tribunal Federal tem sua competência *ratione personae* ditada pelo artigo 102, I, 'b' e 'c' da CF:

> Art. 102. Compete ao Supremo Tribunal Federal, precipuamente, a guarda da Constituição, cabendo-lhe:
>
> I – processar e julgar, originariamente:
>
> (...)
>
> b) nas infrações penais comuns, o Presidente da República, o Vice-Presidente, os membros do Congresso Nacional, seus próprios Ministros e o Procurador-Geral da República;
>
> c) nas infrações penais comuns e nos crimes de responsabilidade, os Ministros de Estado e os Comandantes da Marinha, do Exército e da Aeronáutica, ressalvado o disposto no art. 52, I, os membros dos Tribunais Superiores, os do Tribunal de Contas da União e os chefes de missão diplomática de caráter permanente;

A competência originária criminal do Superior Tribunal de Justiça vem grafada no artigo 105, I, 'a', da CF[9]:

> Art. 105. Compete ao Superior Tribunal de Justiça:
>
> I – processar e julgar, originariamente:
>
> a) nos crimes comuns, os Governadores dos Estados e do Distrito Federal, e, nestes e nos de responsabilidade, os desembargadores dos Tribunais de Justiça

8. ALVES, Reinaldo Rossano. **Obra acima citada**, página 128.

9. Acerca da competência do STJ para julgar governadores, cumpre deixar claro que o STF, no bojo das ADIs 4798, 4764 e 4797, consagrou o entendimento de que as unidades federativas não têm competência para editar normas que exijam autorização da Assembleia Legislativa para que o Superior Tribunal de Justiça instaure ação penal contra governador e nem para legislar sobre crime de responsabilidade.

> dos Estados e do Distrito Federal, os membros dos Tribunais de Contas dos Estados e do Distrito Federal, os dos Tribunais Regionais Federais, dos Tribunais Regionais Eleitorais e do Trabalho, os membros dos Conselhos ou Tribunais de Contas dos Municípios e os do Ministério Público da União que oficiem perante tribunais;

A competência criminal originária dos Tribunais Regionais Federais vem grafada no artigo:

> Art. 108. Compete aos Tribunais Regionais Federais:
>
> I – processar e julgar, originariamente:
>
> a) os juízes federais da área de sua jurisdição, incluídos os da Justiça Militar e da Justiça do Trabalho, nos crimes comuns e de responsabilidade, e os membros do Ministério Público da União, ressalvada a competência da Justiça Eleitoral;

Por fim, compete ao Tribunal de Justiça julgar os prefeitos municipais (nos termos do artigo 29, X, da CF), juízes estaduais e do Distrito Federal e Territórios e membros do Ministério Público (artigo 96, III, da CF). Quanto ao prefeito, é importante salientar que a jurisprudência pacificou o entendimento de que ele será julgado pelo Tribunal de Justiça apenas quando praticar crime de competência da justiça comum estadual. Caso cometa crime de competência da justiça federal, será ele julgado pelo Tribunal Regional Federal. Se praticar delito de competência da justiça eleitoral, deve ser julgado pelo Tribunal Regional Eleitoral (inteligência da Súmula 702 do STF).

Ainda acerca da competência por prerrogativa de função, cumpre afirmar que a competência *ratione personae* definida pela Constituição Federal deve prevalecer sobre a de qualquer outro órgão jurisdicional (mesmo sobre a do tribunal do júri). Assim é que se um prefeito municipal cometer um homicídio, deve ele ser julgado pelo Tribunal de Justiça e não pelo júri (se o foro por prerrogativa de função for estabelecido pela Constituição Estadual, prevalecerá a competência do júri, caso a autoridade pratique crime doloso contra a vida – Súmula 721 do STF).

Outro ponto relevante: a competência por prerrogativa de função deve ser observada apenas em quanto durar o exercício do cargo ou função do réu. Assim, terminado o mandato de um deputado federal, por exemplo, deve o processo criminal que apura crime por ele cometido ser remetido do STF para o juízo de primeira instância.

Mais uma observação importante: o tribunal constitucionalmente competente deve julgar o detentor do foro privilegiado e os coautores e partícipes do delito por ele perpetrado (Súmula 704 do STF).

Por fim, acerca da instauração de inquérito policial para apurar crime cometido por detentor de foro por prerrogativa de função, remeto o leitor ao tópico 4.5.1.

6.3. DISTRIBUIÇÃO

Trata-se de sorteio levado a efeito entre juízes igualmente competentes para análise do feito. Ela é tratada no artigo 75 do CPP:

> Art. 75. A precedência da distribuição fixará a competência quando, na mesma circunscrição judiciária, houver mais de um juiz igualmente competente.
>
> Parágrafo único. A distribuição realizada para o efeito da concessão de fiança ou da decretação de prisão preventiva ou de qualquer diligência anterior à denúncia ou queixa prevenirá a da ação penal.

6.4. CONEXÃO E CONTINÊNCIA

Conexão e continência são causas de prorrogação de competência e não de fixação desta. A conexão pressupõe a prática de mais de um delito e a especial ligação entre eles, determinando a lei que sejam os crimes apurados num mesmo processo para facilitar o deslinde da causa. É regida pelo artigo 76 do CPP:

> Art. 76. A competência será determinada pela conexão:
>
> I – se, ocorrendo duas ou mais infrações, houverem sido praticadas, ao mesmo tempo, por várias pessoas reunidas, ou por várias pessoas em concurso, embora diverso o tempo e o lugar, ou por várias pessoas, umas contra as outras;
>
> II – se, no mesmo caso, houverem sido umas praticadas para facilitar ou ocultar as outras, ou para conseguir impunidade ou vantagem em relação a qualquer delas;
>
> III – quando a prova de uma infração ou de qualquer de suas circunstâncias elementares influir na prova de outra infração.

A doutrina divide a conexão em: a) intersubjetiva; b) objetiva; e c) instrumental ou probatória.

A conexão intersubjetiva (prevista no inciso I do artigo 76 do CPP) se subdivide em: a) por simultaneidade (quando duas ou mais infrações, houverem sido praticadas, ao mesmo tempo, por várias pessoas reunidas); b) por concurso (quando as infrações forem praticadas por várias pessoas em concurso, embora diverso o tempo e o lugar); e c) por reciprocidade (quando as infrações forem praticadas por várias pessoas, umas contra as outras).

A conexão objetiva (prevista no inciso II do artigo 76 do CPP) se subdivide em: a) teleológica (quando uma infração visa facilitar a prática de outra); e b) consequencial (quando uma infração for praticada para conseguir impunidade ou vantagem em relação a outra).

A conexão instrumental ou probatória ocorre quando a prova de uma infração ou de qualquer de suas circunstâncias elementares influir na prova de outra infração (inciso III do artigo 76 do CPP).

Já a continência é regulada pelo artigo 77 do CPP:

> Art. 77. A competência será determinada pela continência quando:
> I -- duas ou mais pessoas forem acusadas pela mesma infração;
>
> II – no caso de infração cometida nas condições previstas nos arts. 51, § 1º, 53, segunda parte, e 54 do Código Penal.

O inciso I do artigo 77 do CPP trata da continência por cumulação subjetiva. Já o inciso II do mesmo artigo regula a continência por cumulação objetiva (caso haja concurso formal, erro na execução ou resultado diverso do pretendido com duplo resultado).

O CPP prescreve regras importantes acerca de qual deve ser o juízo prevalente em caso de conexão ou continência (vez que, em regra, a observância de uma ou outra imporá unidade de processo e julgamento). Acerca do tema, indispensável a leitura do artigo 78 do CPP:

> Art. 78. Na determinação da competência por conexão ou continência, serão observadas as seguintes regras:
>
> I – no concurso entre a competência do júri e a de outro órgão da jurisdição comum, prevalecerá a competência do júri;
>
> II – no concurso de jurisdições da mesma categoria:
>
> a) preponderará a do lugar da infração, à qual for cominada a pena mais grave;
>
> b) prevalecerá a do lugar em que houver ocorrido o maior número de infrações, se as respectivas penas forem de igual gravidade;
>
> c) firmar-se-á a competência pela prevenção, nos outros casos;
>
> III – no concurso de jurisdições de diversas categorias, predominará a de maior graduação;
>
> IV – no concurso entre a jurisdição comum e a especial, prevalecerá esta.

Assim é que, invertendo a ordem do artigo acima transcrito, se houver concurso entre a jurisdição comum e a especial, prevalecerá esta (apenas caso a especial seja a justiça eleitoral, porque alhures se verá que caso haja caso exista conexão entre crime de competência da justiça militar e outro de competência da justiça comum, ocorrerá a separação de processos – porque a justiça militar só julga crimes militares).

No concurso de jurisdições de diversas categorias, predominará a de maior graduação (o inciso III do artigo transcrito prescinde de maiores explicações, porque reafirmar a prevalência da competência *ratione personae*).

No concurso de jurisdições de mesma categoria, devem ser observados os critérios do inciso II do artigo 78 do CPP, na ordem das alíneas.

Por fim, no concurso entre a competência do júri e outro órgão da jurisdição comum, prevalecerá a competência do júri (órgão de matriz constitucional, conforme artigo 5º, XXXVIII, da CF). Anote-se, entretanto, que se houver conflito entre a competência do júri e a de outro órgão com competência fixada pela Constituição Federal, o caminho a ser adotado é a da separação de processos (como no caso de conexão entre crime da competência do júri e crime eleitoral).

Cumpre anotar que há casos em que a conexão ou continência não importarão na unidade de processo e julgamento. Vejamos o artigo 79 do CPP:

> Art. 79. A conexão e a continência importarão unidade de processo e julgamento, salvo:
>
> I – no concurso entre a jurisdição comum e a militar;
>
> II – no concurso entre a jurisdição comum e a do juízo de menores.
>
> § 1º Cessará, em qualquer caso, a unidade do processo, se, em relação a algum co-réu, sobrevier o caso previsto no art. 152.
>
> § 2º A unidade do processo não importará a do julgamento, se houver co-réu foragido que não possa ser julgado à revelia, ou ocorrer a hipótese do art. 461.

A regra do inciso I, do artigo 79, do CPP, já foi mencionada supra. O mandamento contido no inciso II do mesmo artigo é importante e seu espectro merece se analisado desde a fase pré-processual. Caso se perceba que há conexão ou continência envolvendo maiores e menores de dezoito anos, até as investigações findarão sendo separadas (os menores devem ser conduzidos à delegacia especializada em investigar atos infracionais praticados por adolescente, se houver na localidade, conforme artigo 172 da Lei 8.069/90 – ECA), com deflagração de procedimentos distintos para investigar a conduta de uns e de outros (ainda que o fato seja uno – continência)[10].

O artigo 80 do CPP trata da separação facultativa de processos:

> Art. 80. Será facultativa a separação dos processos quando as infrações tiverem sido praticadas em circunstâncias de tempo ou de lugar diferentes, ou, quando pelo excessivo número de acusados e para não lhes prolongar a prisão provisória, ou por outro motivo relevante, o juiz reputar conveniente a separação.

Por fim, cumpre transcrever os artigos 81 e 82 do CPP (o primeiro trata da chamada *perpetuatio jurisdicionis* e o segundo da possibilidade de avocação do feito pelo juízo prevalente):

> Art. 81. Verificada a reunião dos processos por conexão ou continência, ainda que no processo da sua competência própria venha o juiz ou tribunal a proferir sentença absolutória ou que desclassifique a infração para outra que não

10. Acerca do procedimento a ser observado em caso de prática de ato infracional por adolescente, é importante a leitura dos artigos 171 a 181 do ECA (Lei 8.069/90).

> se inclua na sua competência, continuará competente em relação aos demais processos.
>
> Parágrafo único. Reconhecida inicialmente ao júri a competência por conexão ou continência, o juiz, se vier a desclassificar a infração ou impronunciar ou absolver o acusado, de maneira que exclua a competência do júri, remeterá o processo ao juízo competente.
>
> Art. 82. Se, não obstante a conexão ou continência, forem instaurados processos diferentes, a autoridade de jurisdição prevalente deverá avocar os processos que corram perante os outros juízes, salvo se já estiverem com sentença definitiva. Neste caso, a unidade dos processos só se dará, ulteriormente, para o efeito de soma ou de unificação das penas.

6.5. PREVENÇÃO

É a prática de algum ato do processo ou mesmo anterior a este por algum juiz com competência para tal. Está incrustada no artigo 83 do CPP:

> Art. 83. Verificar-se-á a competência por prevenção toda vez que, concorrendo dois ou mais juízes igualmente competentes ou com jurisdição cumulativa, um deles tiver antecedido aos outros na prática de algum ato do processo ou de medida a este relativa, ainda que anterior ao oferecimento da denúncia ou da queixa (arts. 70, § 3o, 71, 72, § 2o, e 78, II, *c*).

Acerca do tema, Gustavo Badaró[11] esclarece que "prevenção vem do latim *prae-venire*, que significa chegar antes. Prevenção é, portanto, a concentração, em um órgão jurisdicional, da competência que abstratamente já pertencia a mais de um órgão, inclusive a ele próprio, por ter atuado, previamente, no processo".

6.6. SÚMULAS APLICÁVEIS À MATÉRIA E COMENTÁRIOS CORRELATOS

Neste tópico analisaremos verbetes proferidos pelo Supremo Tribunal Federal e pelo Superior Tribunal de Justiça acerca do assunto estudado (competência).

6.6.1. Súmulas do Superior Tribunal de Justiça

Antes de analisar os verbetes que dizem respeito à competência, é preciso que se diga que a Lei 13.491/17 fez as Súmulas 6, 75, 90 e 172 do STJ perderem a validade (já que a definição de crime militar foi ampliada).

11. BADARÓ, Gustavo. **Obra acima citada**, página 162.

Continuemos. A Súmula 38 do STJ é mera confirmação do inciso IV do artigo 109 da CF (que, dentre outras coisas, determina que a justiça federal não julgue contravenções penais):

> Súmula 38 – Compete à justiça estadual comum, na vigência da constituição de 1988, o processo por contravenção penal, ainda que praticada em detrimento de bens, serviços ou interesse da União ou de suas entidades.

Anote-se que nem o verbete nem o dispositivo constitucional interferem na atribuição da polícia federal para apurar contravenções cometidas em detrimento de bens, serviços ou interesse da União ou de suas entidades (a apuração destas finda feita pela PF e encaminhada à justiça comum estadual[12]).

A doutrina, contudo, finda descrevendo hipótese em que é possível à justiça federal julgar contravenção penal: quando ela é cometida por detentor de foro por prerrogativa de função (juiz federal que pratica contravenção penal deve ser julgado pelo TRF ao qual está vinculado).

A Súmula 42 também se refere ao inciso IV, do artigo 109, da CF (este dispositivo não incluiu as sociedades de economia mista federais na lista de entidades que atraem o julgamento da causa para justiça federal, caso sejam vítimas de crimes). Assim é que crimes praticados em detrimento do Banco do Brasil e da Petrobrás, por exemplo, são julgados pela justiça estadual comum:

> Súmula 42 - Compete à justiça comum estadual processar e julgar as causas cíveis em que e parte sociedade de economia mista e os crimes praticados em seu detrimento.

Acerca da Súmula 47 do STJ, cumpre afirmar que o tribunal do júri é competente para julgar militar que pratica crime contra a vida de civil, ainda que cometido em serviço, nos termos do artigo 125, § 4º, da CF[13]. Eis o verbete:

> Súmula 47 – Compete à justiça militar processar e julgar crime cometido por militar contra civil, com emprego de arma pertencente a corporação, mesmo não estando em serviço.

---

12. O artigo 144, § 1º, I, da CF afirma que a PF tem a atribuição de "apurar infrações penais contra a ordem política e social ou em detrimento de bens, serviços e interesses da União ou de suas entidades autárquicas e empresas públicas, assim como outras infrações cuja prática tenha repercussão interestadual ou internacional e exija repressão uniforme, segundo se dispuser em lei" (grifo meu). Como o conceito de infração penal abrange crimes e contravenções penais, conclui-se que a PF apura tanto crimes quanto contravenções praticados em detrimento de bens, serviços e interesses da União ou de suas entidades autárquicas e empresas públicas.

13. Compete à Justiça Militar estadual processar e julgar os militares dos Estados, nos crimes militares definidos em lei e as ações judiciais contra atos disciplinares militares, ressalvada a competência do júri quando a vítima for civil, cabendo ao tribunal competente decidir sobre a perda do posto e da patente dos oficiais e da graduação das praças (grifo meu).

A Súmula 48 festeja a teoria do resultado, adotada pelo artigo 70 do CPP. É que o crime de estelionato cometido mediante falsificação do cheque se consuma com a obtenção da vantagem ilícita:

> Súmula 48 – Compete ao juízo do local da obtenção da vantagem ilícita processar e julgar crime de estelionato cometido mediante falsificação de cheque.

As Súmulas 53 e 62 não necessitam de explicação mais detalhada:

> Súmula 53 – Compete à justiça comum estadual processar e julgar civil acusado de pratica de crime contra instituições militares estaduais.
>
> Súmula 62 – Compete à justiça estadual processar e julgar o crime de falsa anotação na carteira de trabalho e previdência social, atribuído a empresa privada.

O crime de moeda falsa (artigo 289 do Código Penal) é da competência da justiça federal. Entrementes, caso a falsificação seja grosseira, a jurisprudência pacificada entende que o fato deve ser tipificado como estelionato (artigo 171 do CP), o que desloca a competência para julgamento da causa para justiça estadual. Assim, caso alguém seja surpreendido com cédula ou moeda supostamente falsificada, há que se verificar se a falsificação é capaz de ludibriar o chamado "homem médio" (em caso positivo, o crime praticado é o de moeda falsa, com atribuição para apuração da polícia federal e competência para julgamento da justiça federal) ou se se trata de falsificação grosseira (caso em que o crime praticado é o de estelionato, com atribuição para apuração da polícia civil e competência para julgamento da justiça estadual). Eis o verbete:

> Súmula 73 – A utilização de papel moeda grosseiramente falsificado configura, em tese, o crime de estelionato, da competência da justiça estadual.

As Súmulas 78, 104 e 107 não necessitam de explicação mais detalhada:

> Súmula 78 – Compete à justiça militar processar e julgar policial de corporação estadual, ainda que o delito tenha sido praticado em outra unidade federativa.
>
> Súmula 104 – Compete à justiça estadual o processo e julgamento dos crimes de falsificação e uso de documento falso relativo a estabelecimento particular de ensino.
>
> Súmula 107 – Compete à justiça comum estadual processar e julgar crime de estelionato praticado mediante falsificação das guias de recolhimento das contribuições previdenciárias, quando não ocorrente lesão a autarquia federal

Justiça federal e a justiça estadual são órgãos da justiça comum (as especiais são a eleitoral e a militar). Apesar disso, o verbete 122 do STJ deu à primeira (federal), prevalência em caso de conexão entre crime da competência da justiça federal e estadual (todos os delitos devem ser julgados em um mesmo processo perante a justiça federal):

> Súmula 122 – Compete à justiça federal o processo e julgamento unificado dos crimes conexos de competência federal e estadual, não se aplicando a regra do art. 78, II, "a", do código de processo penal.

A jurisprudência firmou entendimento de que crimes praticados ou cometidos por indígenas (individualmente considerados) são da competência da justiça comum estadual (a competência só seria da justiça federal se o delito envolver interesse da comunidade indígena ou se vincular com disputas por terras silvícolas[14]). Nesse sentido Súmula 140 do STJ:

> Súmula 140 – Compete à justiça comum estadual processar e julgar crime em que o indígena figure como autor ou vitima.

As Súmulas 147, 151, 165 e 200 do STJ prescindem de maiores explicações:

> Súmula 147 – Compete à justiça federal processar e julgar os crimes praticados contra funcionário público federal, quando relacionados com o exercício da função.
>
> Súmula 151 – A competência para o processo e julgamento por crime de contrabando ou descaminho define-se pela prevenção do juízo federal do lugar da apreensão dos bens.
>
> Súmula 165 – Compete à justiça federal processar e julgar crime de falso testemunho cometido no processo trabalhista.
>
> Súmula 200 – O Juízo Federal competente para processar e julgar acusado de crime de uso de passaporte falso é o do lugar onde o delito se consumou.

É importante chamar atenção acerca do julgamento do prefeito municipal em face de crime por ele cometido. Em que pese ter a Constituição Federal estabelecido que compete ao Tribunal de Justiça julgar o prefeito municipal (artigo 29, X, da CF), a jurisprudência consolidou entendimento de que o tribunal competente para julgar o alcaide depende do crime por ele praticado (se for delito eleitoral, competirá ao TRE julgá-lo; se for crime de competência da justiça federal, competirá ao TRF julgá-lo; se for delito de competência da justiça estadual, o julgamento será feito pelo TJ). Nesse sentido Súmulas 208 e 209 do STJ e 702 do STF (alhures transcrita):

> Súmula 208 – Compete à justiça federal processar e julgar prefeito municipal por desvio de verba sujeita a prestação de contas perante órgão federal.
>
> Súmula 209 – Compete à justiça estadual processar e julgar prefeito por desvio de verba transferida e incorporada ao patrimônio municipal.

14. STJ, RHC 35227/MS, Quinta Turma, rel. Min. Laurita Vaz, DJe 25/04/2013.

A Súmula 244 do STJ esclarece que o foro competente para julgar o crime de estelionato mediante cheque sem provisão de fundos é o da recusa (local do banco sacado). Isso porque até lá o emitente pode se arrepender e depositar o valor devido (o crime só restará consumado com a efetiva recusa do banco sacado em pagar o cheque emitido):

> Súmula 244 – Compete ao foro do local da recusa processar e julgar o crime de estelionato mediante cheque sem provisão de fundos.

O verbete 528 do STJ prescreve que a competência para processar e julgar o crime de tráfico internacional é do juízo federal do local da apreensão da droga (entendimento semelhante ao esposado pela Súmula 151 do STJ, já transcrita supra):

> Súmula 528 – Compete ao juiz federal do local da apreensão da droga remetida do exterior pela via postal processar e julgar o crime de tráfico internacional.

Por fim, a Súmula 546 prescreve:

> Súmula 546 – A competência para processar e julgar o crime de uso de documento falso é firmada em razão da entidade ou órgão ao qual foi apresentado o documento público, não importando a qualificação do órgão expedidor.

Cumpre, ainda, transcrever as teses fixadas pelo Superior Tribunal de Justiça acerca do tema competência (abaixo apenas as que interessam à presente obra):

> 2) A mera previsão do crime em tratado ou convenção internacional não atrai a competência da Justiça Federal, com base no art. 109, inciso V, da CF/88, sendo imprescindível que a conduta tenha ao menos potencialidade para ultrapassar os limites territoriais[15].
>
> 3) O fato de o delito ser praticado pela internet não atrai, automaticamente, a competência da Justiça Federal, sendo necessário demonstrar a internacionalidade da conduta ou de seus resultados[16].

15. A Terceira Seção do STJ decidiu, acerca do crime de divulgação de imagem pornográfica de adolescente (artigo 241-A da Lei 8.069/90), ser da competência da justiça estadual processar e julgar tal delito quando as imagens/vídeos são trocadas via whatsapp e em chat no facebook por particulares (só há internacionalidade capaz de atrair a competência para justiça federal quando o material pornográfico envolvendo criança/adolescente estiver disponibilizado em sítio de amplo e fácil acesso a qualquer um que se conecte à internet) – vide CC 150.564/MG, julgado em 26/04/2017 DJe em 02/05/2017, rel. Min. Reynaldo Soares da Fonseca.
16. A Terceira Seção do STJ decidiu que a prática do crime de ameaça e da contravenção de perturbação da tranquilidade pela internet (orkut, twitter e facebook) não atrai a competência para processo e julgamento para justiça federal por não haver transnacionalidade) – vide AgRg no CC 118.394/DF, julgado em 10/08/2016, DJe em 22/08/2016, rel. Min. Ribeiro Dantas.

5) É relativa a nulidade decorrente da inobservância da competência penal por prevenção, que deve ser alegada em momento oportuno, sob pena de preclusão.

6) A competência é determinada pelo lugar em que se consumou a infração (art. 70 do CPP), sendo possível a sua modificação na hipótese em que outro local seja o melhor para a formação da verdade real[17].

8) Compete à justiça federal o processo e julgamento unificado dos crimes conexos de competência federal e estadual, não se aplicando a regra do art. 78, II, a, do Código de Processo Penal. (Súmula 122/STJ)

9) Inexistindo conexão probatória, não é da Justiça Federal a competência para processar e julgar crimes de competência da Justiça Estadual, ainda que os delitos tenham sido descobertos em um mesmo contexto fático[18].

10) No concurso de infrações de menor potencial ofensivo, afasta-se a competência dos Juizados Especiais quando a soma das penas ultrapassar dois anos.

11) Compete à Justiça Federal processar e julgar crimes relativos ao desvio de verbas públicas repassadas pela União aos municípios e sujeitas à prestação de contas perante órgão federal.

12) Compete à Justiça Estadual processar e julgar prefeito por desvio de verba transferida e incorporada ao patrimônio municipal. (Súmula 209/STJ)

13) As atribuições da Polícia Federal não se confundem com as regras de competência constitucionalmente estabelecidas para a Justiça Federal (arts. 108, 109 e 144, §1°, da CF/88), sendo possível que uma investigação conduzida pela Polícia Federal seja processada perante a Justiça Estadual.

14) Compete a Justiça Comum Estadual processar e julgar crime em que o índio figure como autor ou vítima, desde que não haja ofensa a direitos e a cultura indígenas, o que atrai a competência da Justiça Federal.

15) Compete a Justiça Federal processar e julgar os crimes praticados contra funcionário público federal, quando relacionados com o exercício da função. (Súmula 147/STJ)

19) A ofensa indireta, genérica ou reflexa praticada em detrimento de bens, serviços ou interesse da União, de suas entidades autárquicas ou empresas públicas federais não atrai a competência da Justiça Federal (art. 109, IV, da CF/88).

17. O STJ (Terceira Seção) analisando caso criminal que envolvia prática de furtos por meio da internet (saques fraudulentos), decidiu ser competente o juízo do lugar da ação e não o do resultado (deixando de seguir o quanto determinado pelo CPP), observando os princípios da instrumentalidade, celeridade e economia processual (e por restar facilitada a colheita de provas) – vide CC 131.566/DF, julgado em 23/09/2015, DJe em 29/09/2015, rel. Min. Reynaldo Soares da Fonseca.

18. A Terceira Seção do STJ decidiu que, não havendo conexão probatória entre os crimes de contrabando e receptação, o processo e julgamento de tais delitos deve ser separado (a justiça federal apreciará o contrabando e a justiça estadual julgará a receptação), ainda que os crimes tenham sido descobertos no mesmo contexto fático – vide CC 143.576/PR, julgado em 08/06/2016, DJe em 17/06/2016, rel. Min. Joel Ilan Paciornik.

6.6.2. Súmulas do Supremo Tribunal Federal

A Súmula 521 do STF tem conteúdo quase idêntico ao da Súmula 244 do STJ estudada no tópico supra:

> Súmula 521 – O foro competente para o processo e julgamento dos crimes de estelionato, sob a modalidade da emissão dolosa de cheque sem provisão de fundos, é o do local onde se deu a recusa do pagamento pelo sacado.

A Súmula 522 do STF é autoexplicativa:

> Súmula 522 – Salvo ocorrência de tráfico com o exterior, quando, então, a competência será da Justiça Federal, compete à justiça dos Estados o processo e o julgamento dos crimes relativos a entorpecentes.

A Súmula 603 do STF traz lição simples. A competência para julgar o latrocínio (crime contra o patrimônio) é do juiz singular e não do Tribunal do Júri:

> Súmula 603 – A competência para o processo e julgamento de latrocínio é do juiz singular e não do Tribunal do Júri

A Súmula 611 informa a competência para reconhecimento de abolitio criminis e aplicação de lei nova mais benigna (artigo 2º do Código Penal). Uma breve observação: se o processo estiver em curso, a aplicação é da competência do juízo processante. Se o processo estiver em grau de recurso, o respectivo tribunal aplicará a lei nova mais benéfica. Caso a sentença condenatória já tenha transitado em julgado, aí sim é caso de aplicar a súmula em questão:

> Súmula 611 – Transitada em julgado a sentença condenatória, compete ao juízo das execuções a aplicação de lei mais benigna.

O conteúdo da Súmula 702 do STF também findou já sendo analisado no tópico anterior. Vejamos apenas sua redação:

> Súmula 702 – A competência do tribunal de justiça para julgar prefeitos restringe-se aos crimes de competência da justiça comum estadual; nos demais casos, a competência originária caberá ao respectivo tribunal de segundo grau.

A Súmula 704 do STF também já foi estudada quando se analisou a competência *ratione personae* (tópico 6.2.):

> Súmula 704 – Não viola as garantias do juiz natural, da ampla defesa e do devido processo legal atração por continência ou conexão do processo do co-réu ao foro por prerrogativa de função de um dos denunciados.

A Súmula 706 do STF prescinde de maiores explicações:

> Súmula 706 – É relativa a nulidade decorrente da inobservância da competência penal por prevenção.

Já foi visto supra que a competência por prerrogativa de função (desde que estabelecida pela CF) prevalece mesmo sobre a competência do tribunal do júri. A Súmula 721 assenta que, ao revés, a competência do júri prevalece sobre o foro por prerrogativa de função fixado exclusivamente pela Constituição Estadual:

> Súmula 721 – A competência constitucional do tribunal do júri prevalece sobre o foro por prerrogativa de função estabelecido exclusivamente pela Constituição Estadual.

6.7. QUESTÕES DE CONCURSOS PÚBLICOS

1. **(Promotor de Justiça/AL/2012) Segundo entendimento sumulado do Superior Tribunal de Justiça,**
   A. É absoluta a nulidade decorrente da inobservância da competência penal por prevenção.
   B. A competência do Tribunal de Justiça para julgar prefeitos não se restringe aos crimes da Justiça Comum Estadual.
   C. Compete à Justiça Estadual o processo e julgamento unificado dos crimes conexos de competência federal e estadual, aplicando-se a regra do artigo 78, inciso II, alínea a, do Código de Processo Penal.
   D. A utilização de papel moeda grosseiramente falsificado configura, em tese, o crime de estelionato, da competência da Justiça Estadual.
   E. Subsiste conflito de competência ainda que haja sentença com trânsito em julgado, proferida por um dos juízos conflitantes.
2. **(Delegado de Polícia Civil/AL/2012) O comércio ilegal de drogas envolvendo mais de um estado faz surgir o tráfico interestadual de entorpecentes, deslocando-se a competência para apuração e atuação da Polícia Federal, todavia, a competência para processar e julgar o criminoso continua a ser da justiça estadual.**
3. **(Delegado de Polícia Civil/TO/2008) Considere a seguinte situação hipotética,**

   Um juiz de direito, por motivo fútil, praticou um homicídio doloso, restando devidamente apurada a sua responsabilidade pelo crime. Nessa situação, será competente para o processo e o julgamento do crime o tribunal do júri do local onde ocorreu o delito, pois incide a norma constitucional quanto a competência do júri para o julgamento dos crimes dolosos contra a vida.
4. **(Delegado de Polícia Civil/MA/2012) Com relação ao instituto da competência, analise as afirmativas a seguir.**

I. Na continência, existe pluralidade de agentes e unidade de crime. Já a conexão pode ser identificada em situações de pluralidade de crimes e unidade ou pluralidade de agentes.

II. A conexão intersubjetiva por reciprocidade é aquela em que duas ou mais infrações são praticadas ao mesmo tempo, por várias pessoas reunidas.

III. A conexão intersubjetiva concursal ocorre quando duas ou mais infrações forem cometidas por várias pessoas em concurso, ainda que não estejam na mesma situação de tempo e lugar.

Assinale:

A. Se somente as afirmativas I e II estiverem corretas.

B. Se somente as afirmativas I e III estiverem corretas.

C. Se somente as afirmativas II e III estiverem corretas.

D. Se somente a afirmativa I estiver correta.

E. Se somente a afirmativa II estiver correta

5. (Delegado de Polícia Civil/MG/2011) Para determinação da competência, no âmbito do juizado especial criminal, adota-se:

A. A teoria do resultado.

B. A teoria da ubiquidade.

C. A teoria da atividade.

D. A teoria da informalidade.

6. (Delegado de Polícia Civil/PB/2008) Assinale a opção correta no que concerne à competência.

A. Compete ao juízo do local da emissão da cártula processar e julgar crime de estelionato mediante emissão de cheque sem fundo.

B. Nos crimes qualificados pelo resultado, por força da teoria da atividade, adotada pelo CPP, o foro competente é o do local da prática da ação, independentemente do local em que se consumou o delito.

C. O juízo deprecado é o competente para processar e julgar crime de falso testemunho praticado mediante carta precatória.

D. Ocorre a conexão intersubjetiva concursal quando duas ou mais infrações tiverem sido praticadas ao mesmo tempo e por várias pessoas reunidas, ainda que sem liame subjetivo entre as condutas.

E. Ocorre a conexão probatória quando a infração é praticada para facilitar ou ocultar outra, ou ainda para conseguir impunidade ou vantagem em relação a qualquer uma delas.

7. (Delegado de Polícia Civil/DF/2009) Assinale a alternativa correta no que tange à competência no processo penal.

A. A competência do tribunal de justiça para julgar prefeitos restringe-se aos crimes de competência da justiça comum estadual; nos demais casos, a competência originária caberá ao respectivo tribunal de segundo grau.

B. A competência constitucional do tribunal do júri não prevalece sobre o foro por prerrogativa de função estabelecido exclusivamente na constituição estadual.

C. O foro específico para apreciação de questão criminal dirigida contra o presidente do Banco Central deverá ser o Superior Tribunal de Justiça, conforme recente decisão da Suprema Corte.

D. Secretário de estado não possui foro privativo junto ao tribunal regional federal, mesmo quando se tratar de crime federal.

E. Cometido o crime durante o exercício funcional, prevalece a competência especial por prerrogativa de função, ainda que o inquérito ou a ação penal sejam iniciados após a cessação daquele exercício.

8. (Delegado de Polícia Civil/SC/2008) Analise as alternativas a seguir e assinale a correta.

A. Compete à justiça militar processar e julgar o crime de abuso de autoridade praticado por policial militar em serviço.

B. Compete à justiça comum federal processar e julgar o crime de falsificação e uso de documento relativo a estabelecimento particular de ensino.

C. Compete ao juízo do local da obtenção da vantagem ilícita processar e julgar crime de estelionato cometido mediante falsificação de cheque.

D. Compete à justiça federal processar e julgar o crime de falsa anotação de carteira de trabalho e Previdência Social, atribuído a entidade privada.

9. (Delegado de Polícia Civil/MT/2006) Determinará a competência jurisdicional o(a):

A. Lugar do resultado final.

B. Lugar da infração.

C. Domicílio ou residência da vítima.

D. Litispendência.

10. (Delegado de Polícia Civil/SC/2008) A conexão instrumental se verifica quando:

A. Ocorrendo duas ou mais infrações houverem sido praticadas, ao mesmo tempo, por várias pessoas reunidas.

B. A prova de uma infração ou de qualquer de suas circunstâncias elementares influir na prova de outra infração.

C. Duas ou mais infrações tenham sido praticadas por várias pessoas em concurso ou por várias pessoas, umas contra as outras.

D. Duas ou mais infrações tenham sido praticadas umas para facilitar ou ocultar as outras, ou para conseguir impunidade ou vantagem em relação a qualquer delas.

11. (Delegado de Polícia Federal/2013) Em se tratando de ações penais privadas, prevalece, no processo penal, a competência de foro, com preponderância do interesse do queixoso no que diz respeito à distribuição territorial da competência.

12. (Delegado de Polícia Federal/2013) Uma quadrilha efetuou ilegalmente diversas transações bancárias na modalidade de saques e transferências eletrônicas em contas de inúmeros clientes de determinada agência do Banco do Brasil. A instituição financeira ressarciu todos os clientes lesados e arcou inte-

gralmente com os prejuízos resultantes das fraudes perpetradas pelo grupo. Nessa situação hipotética, cabe à Polícia Federal a instauração do inquérito policial, porquanto a ela compete, com exclusividade, a apuração de crimes praticados contra bens e serviços da União.

13. **(Delegado de Polícia Federal/2013) Uma quadrilha, em determinado lapso temporal, realizou, em larga escala, diversos roubos de cargas e valores transportados por empresas privadas em inúmeras operações interestaduais, o que ensejou a atuação da Polícia Federal na coordenação das investigações e a instauração do competente inquérito policial. Nessa situação hipotética, findo o procedimento policial, os autos deverão ser remetidos à justiça estadual, pois a atuação da Polícia Federal não transfere à justiça federal a competência para processar e julgar o crime.**

14. **(Promotor de Justiça/ES/2013) X desferiu três tiros em Y na cidade de Foz do Iguaçu. Ocorre que Y, em razão dos ferimentos, faleceu em um hospital na cidade de Punta del Leste, no Paraguai. Nesse caso, a competência para julgamento do caso será determinada:**

    A. Pelo domicílio ou residência do réu.

    B. Pelo lugar em que foi praticado o último ato de execução no território nacional, ou seja, Foz do Iguaçu.

    C. Pelo lugar da consumação do delito, ou seja, em Punta del Leste.

    D. Pelo lugar em que foi praticado o último ato de execução, ou seja, Punta del Leste.

15. **(Juiz de Direito/MA/2013) Acerca da competência, assinale a opção correta com base no CPP e na doutrina de referência.**

    A. A conexão e a continência implicam a reunião dos processos e atingem os processos que estiverem com sentença prolatada, salvo se, em relação a algum corréu, sobrevier doença mental posterior à infração penal ou se houver corréu foragido que não possa ser julgado à revelia.

    B. Determina-se a competência pela continência, caso se caracterize, nos termos do CPP, concurso formal de crimes, aberractio ictus e aberractio criminis.

    C. Caracteriza-se como conexão intersubjetiva por simultaneidade a prática de diversas infrações penais, perpetradas por diversas pessoas, umas contra as outras.

    D. A competência é definida pelo lugar em que ocorreu a infração cominada com a pena mais grave. Caso o limite territorial entre duas ou mais jurisdições seja incerto ou a jurisdição seja incerta, por ter sido o crime consumado ou tentado nas divisas de duas ou mais jurisdições, prevalece o lugar em que ocorreu o maior número de infrações, independentemente da regra de conexão ou continência.

16. **(Delegado de Polícia/CE/2015) A competência para a ação penal, caso**

    A. Desconhecido o domicílio do ofendido, será estabelecida pelo local da infração.

    B. Desconhecido o local da infração, será estabelecida pela residência ou domicílio do réu.

C. Desconhecido o domicílio do réu, será estabelecida pela prevenção.

D. Se trate de ação privada, ficará a cargo do querelante, que pode escolher entre o local da infração e o da sua própria residência.

E. Se trate de crime tentado, será fixada no lugar onde deveria ter se consumado a infração.

17. (Delegado de Polícia/SC/2014) De acordo com o Código de Processo Penal analise as afirmações a seguir e assinale a alternativa correta.

I. A competência será, de regra, determinada pelo lugar em que se consumar a infração, ou, no caso de tentativa, pelo lugar em que for praticado o último ato de execução.

II. Se, iniciada a execução no território nacional, a infração se consumar fora dele, a competência será determinada pelo lugar em que tiver sido praticado, no Brasil, o último ato de execução.

III. Quando o último ato de execução for praticado fora do território nacional, será competente o juiz do lugar em que o crime, embora parcialmente, tenha produzido ou devia produzir seu resultado.

IV. Quando incerto o limite territorial entre duas ou mais jurisdições, ou quando incerta a jurisdição, por ter sido a infração consumada ou tentada nas divisas de duas ou mais jurisdições, a competência firmar-se-á pela prevenção.

A. Apenas I, II e III estão corretas.

B. Apenas II, III e IV estão corretas.

C. Apenas II e IV estão corretas.

D. Todas as afirmações estão corretas.

E. Todas as afirmações estão incorretas.

18. (Juiz/PB/2015) Em relação às disposições do CPP sobre competência, assinale a opção correta.

A. Em se tratando de crime permanente praticado em território de duas ou mais jurisdições, a competência será firmada pela residência do réu.

B. Não há mais hipótese no CPP de competência por distribuição.

C. Em se tratando de crimes conexos em que existe corréu acometido por doença mental, a unidade processual permanece, embora não seja possível prolatar sentença condenatória em seu desfavor.

D. A justiça federal deverá julgar os casos de contravenção praticada em detrimento de bens, serviços ou interesses da União.

E. Caso não se conheça o local da infração e o réu tenha mais de um domicílio, será aplicada a regra da prevenção para fins de fixação da competência jurisdicional.

19. (Juiz/MS/2015) De acordo com o artigo 80, do Código de Processo Penal, nos processos conexos, será facultativa a separação quando:

A. As infrações tiverem sido praticadas em circunstâncias de tempo ou lugar diferentes, ou, quando pelo excessivo número de acusados e para não lhes prolongar a prisão provisória, ou por outro motivo relevante, o juiz reputar conveniente a separação.

B. Venha o juiz ou tribunal a proferir sentença absolutória ou que desclassifique a infração para outra que não se inclua na sua competência.

C. Houver corréu em local incerto ou não sabido ou foragido que não possa ser julgado à revelia, ainda que representado por defensor constituído e regularmente citado.

D. Concorrerem jurisdição comum e do juízo falimentar.

E. Em relação a algum corréu, por superveniência de doença mental, nos termos do artigo 152 do Código de Processo Penal, ainda que indispensável a suspensão do processo para instauração de incidente de insanidade mental.

20. (Defensor Público/MA/2015) "A", policial militar, valendo-se de arma da corporação, efetuou disparos que resultaram a produção dolosa da morte do cidadão "B", farmacêutico com o qual teve uma discussão durante uma abordagem policial. Neste caso,

A. A competência será da justiça comum somente se os motivos dos disparos não estiverem relacionados com a diligência policial.

B. "A" deverá ser julgado pela justiça militar, porquanto se encontrava em serviço e utilizava arma da corporação.

C. O fato de "A" estar em serviço não impõe a competência da justiça militar, mas sim o fato de ter utilizado arma da corporação.

D. O fato de "A" estar em serviço impõe a competência da justiça militar, não possuindo relevância o fato da arma utilizada pertencer à corporação.

E. São irrelevantes para competência as circunstâncias citadas.

21. (Promotor de Justiça/BA/2014) Quanto à competência no processo penal, é INCORRETO afirmar que:

A. Se em qualquer fase do processo o juiz reconhecer motivo que o torne incompetente, declará-lo-á nos autos, haja ou não alegação da parte.

B. Segundo dispõe o Código de Processo Penal, a incompetência do juízo anula somente os atos decisórios.

C. De acordo com o Código de Processo Penal, nos casos de conexão e continência, será obrigatória a separação dos processos quando, pelo excessivo número de acusados, houver risco de que seja prolongada a prisão provisória de um deles.

D. Há conexão intersubjetiva por reciprocidade quando, ocorrendo duas ou mais infrações penais, houverem sido praticadas por várias pessoas umas contra as outras.

E. O Superior Tribunal de Justiça tem reconhecido que o Tribunal de Justiça Estadual, ao estabelecer a organização e divisão judiciária, pode atribuir a competência para o julgamento de crimes sexuais contra crianças e adolescentes ao Juízo da Vara da Infância e Juventude.

22. (Procurador do Estado/BA/2014) Considere que Cássio, jogador de futebol residente na cidade de Montes Claros — MG, tenha declarado, em entrevista a jornais de circulação local no município de Governador Valadares — MG, que

Emílio, árbitro de futebol, recebia dinheiro de agremiações para influenciar os resultados das partidas que arbitrava. Nessa situação hipotética, caso Emílio se considere caluniado e decida defender seus direitos na esfera criminal, ele poderá optar por propor a queixa-crime no foro de Montes Claros — MG.

23. (Delegado de Polícia/TO/2014) Os irmãos A. R., B. R. e C. R, residentes e domiciliados em Palmas, praticam um roubo em Palmas, três furtos em Porto Nacional, um latrocínio em Miracema do Tocantins e mais dois furtos em Miranorte, onde, finalmente, são presos. Na hipótese, a competência será determinada pela

A. Residência dos acusados, prevalecendo a competência de Palmas.

B. Continência, prevalecendo a competência de Porto Nacional.

C. Conexão, prevalecendo a competência de Miracema do Tocantins.

D. Prevenção, prevalecendo a competência de Miranorte.

24. (Delegado de Polícia Federal/2013) Uma quadrilha efetuou ilegalmente diversas transações bancárias na modalidade de saques e transferências eletrônicas em contas de inúmeros clientes de determinada agência do Banco do Brasil. A instituição financeira ressarciu todos os clientes lesados e arcou integralmente com os prejuízos resultantes das fraudes perpetradas pelo grupo. Nessa situação hipotética, cabe à Polícia Federal a instauração do inquérito policial, porquanto a ela compete, com exclusividade, a apuração de crimes praticados contra bens e serviços da União.

25. (Delegado de Polícia Federal/2013) Uma quadrilha, em determinado lapso temporal, realizou, em larga escala, diversos roubos de cargas e valores transportados por empresas privadas em inúmeras operações interestaduais, o que ensejou a atuação da Polícia Federal na coordenação das investigações e a instauração do competente inquérito policial. Nessa situação hipotética, findo o procedimento policial, os autos deverão ser remetidos à justiça estadual, pois a atuação da Polícia Federal não transfere à justiça federal a competência para processar e julgar o crime.

26. (Delegado de Polícia Civil/GO/2016) Acerca de jurisdição e competência em matéria criminal, assinale a opção correta.

A. Segundo entendimento do STJ, é de competência da justiça estadual processar e julgar crime contra funcionário público federal, estando ou não este no exercício da função.

B. A competência para julgar prefeito municipal por desvio de verba sujeita a prestação de contas perante o órgão federal será dos juízes federais da seção judiciária da localidade em que o prefeito exercer ou tiver exercido o mandato.

C. A competência para julgar governador de estado que, no exercício do mandato, cometa crime doloso contra a vida será do tribunal do júri da unidade da Federação na qual aquela autoridade tenha sido eleita para o exercício do cargo público.

D. A competência para processar e julgar crime de roubo que resulte em morte da vítima será do tribunal do júri da localidade em que ocorrer o fato criminoso.

E. No Estado brasileiro, a jurisdição penal pode ser exercida pelo STF, e em todos os graus de jurisdição das justiças militar e eleitoral, e das justiças comuns estadual e federal, dentro do limite da competência fixada por lei.

27. (Delegado de Polícia Civil/GO/2016) Cláudio, maior e capaz, residente e domiciliado em Goiânia - GO, praticou determinado crime, para o qual é prevista ação penal privada, em Anápolis - GO. A vítima do crime, Artur, maior e capaz, é residente e domiciliada em Mineiros - GO.

Nessa situação hipotética, considerando-se o disposto no Código de Processo Penal, o foro competente para processar e julgar eventual ação privada proposta por Artur contra Cláudio será

A. Anápolis - GO ou Goiânia - GO.

B. Goiânia - GO ou Mineiros - GO.

C. Goiânia - GO, exclusivamente.

D. Anápolis - GO, exclusivamente.

E. Mineiros - GO, exclusivamente.

28. (Defensor Público da União/2017) Auditoria do TCU indicou que o prefeito do município X desviou, para benefício próprio, valores oriundos da União ainda sujeitos a prestação de contas perante órgão federal. Nessa situação, conforme o entendimento do STF, a competência para julgamento do prefeito será do tribunal de justiça do respectivo estado por expressa previsão constitucional.

6.8. GABARITO E COMENTÁRIOS

QUESITO	ASSERTIVA CORRETA	JUSTIFICATIVA
01	D	Vide tópico 6.6.1.
02	CERTO	Vide artigos 109, V, e 144, § 1º, II, ambos da Constituição Federal (a competência só se desloca para a Justiça Federal quando o tráfico de drogas for internacional) - Apelação Criminal 8150 (processo 200951018012256), julgada pelo TRF da 2ª Região.
03	ERRADO	Videi tópico 6.2.
04	B	Vide tópico 6.4.
05	B	Vide tópico 6.2.
06	C	Aplica-se a regra geral da teoria do resultado (artigo 70 do CPP) - tópico 6.2.
07	A	Vide tópico 6.6.2.
08	C	Vide tópico 6.6.1.
09	A	Vide tópico 6.2.

QUESITO	ASSERTIVA CORRETA	JUSTIFICATIVA
10	B	Vide tópico 6.4.
11	CERTO	Vide tópico 6.2. e artigo 73 do CPP.
12	ERRADO	Vide tópico 6.6.1. e Súmula 42 do STJ.
13	CERTO	Vide tópico 6.2.
14	B	Vide § 1º, do artigo 70, do CPP.
15	B	Vide tópico 6.4.
16	B	Vide artigo 72 do CPP.
17	D	Vide artigo 70 do CPP.
18	E	Vide artigo 72, § 2º, do CPP.
19	A	Vide artigo 80 do CPP.
20	E	Vide o artigo 125, § 4º, da CF.
21	C	Vide artigo 80 do CPP.
22	C	Vide artigo 73 do CPP.
23	C	Vide artigo 78, II, a, do CPP.
24	E	Vide artigo 109, IV, da CF (o Banco do Brasil é uma sociedade de economia mista e os crimes cometidos contra a instituição são da competência da Justiça Estadual).
25	C	Vide artigo 1º da Lei 10.446/02 e tópico 6.2.
26	E	Vide tópicos 6.2 e 6.6.
27	A	Vide tópico 6.2.
28	ERRADO	Vide tópico 6.6.2

7

SUJEITOS PROCESSUAIS – E SUA ATUAÇÃO NO INQUÉRITO POLICIAL

O processo, instrumento voltado à solução de conflitos que é, pressupõe a existência de, basicamente, três sujeitos: autor, réu (sujeitos parciais) e juiz (sujeito imparcial). Há ainda a participação de sujeitos ditos acessórios (auxiliares da justiça e assistente de acusação, por exemplo). No dizer de Alexandre Cebrian e Victor Gonçalves[1]:

> Para o desenvolvimento da ação condenatória haverá, necessariamente, a participação de três sujeitos: o autor e o réu, que defendem interesses antagônicos na relação processual, e o juiz, órgão estatal imparcial a quem se entrega a resolução da lide.

Como o foco desta obra é a fase pré-processual, os sujeitos processuais terão sua atuação no curso do inquérito policial destacada, depois de breves comentários acerca de cada um deles.

7.1. JUIZ

O processo tem como pano de fundo um conflito de interesses, qualificado por uma pretensão resistida. Deixando de lado a tradicional oposição do poder-dever de punir do Estado ao direito à liberdade do acusado, sempre indicado como o conflito percebido no bojo do processo penal, mais modernamente se aduz que, em verdade, o conflito de interesses deduzido no processo penal se dá entre a pretensão acusatória formulada pelo titular ação penal e aquele em face de quem essa é deduzida.

1. ARAÚJO REIS, Alexandre Cebrian e RIOS GONÇALVES, Victor Eduardo. **Direito Processual Penal Esquematizado**, 2ª edição, 2013, São Paulo, editora Saraiva, página 321.

7.1.1. Qualidades ou pressupostos

A doutrina reclama, para o exercício da função jurisdicional qualidades (ou pressupostos), quais sejam: a) a investidura (que significa que o juiz deve estar validamente investido em seu cargo - nomeação do magistrado); b) capacidade técnica, física e mental (decorre da investidura e é presumida); c) imparcialidade (o juiz deve apresentar isenção de ânimo para julgar a causa - não pode ser impedido, suspeito ou incompatível).

7.1.2. Impedimento, suspeição e incompatibilidade

Com o objetivo de assegurar a imparcialidade, o Código de Processo Penal traz em seu bojo hipóteses de afastamento do magistrado do processo. Trata-se, como mencionado supra, das causas de impedimento, suspeição e incompatibilidade.

Impedimentos são situações objetivas tratadas no artigo 252 do Código de Processo Penal, que reclamam o afastamento obrigatório do juiz. Eis o dispositivo em comento:

> Art. 252. O juiz não poderá exercer jurisdição no processo em que:
>
> I - tiver funcionado seu cônjuge ou parente, consangüíneo ou afim, em linha reta ou colateral até o terceiro grau, inclusive, como defensor ou advogado, órgão do Ministério Público, autoridade policial, auxiliar da justiça ou perito;
>
> II - ele próprio houver desempenhado qualquer dessas funções ou servido como testemunha;
>
> III - tiver funcionado como juiz de outra instância, pronunciando-se, de fato ou de direito, sobre a questão;
>
> IV - ele próprio ou seu cônjuge ou parente, consangüíneo ou afim em linha reta ou colateral até o terceiro grau, inclusive, for parte ou diretamente interessado no feito.

O dispositivo acima transcrito é taxativo e seu desrespeito induz nulidade absoluta (nesse sentido Alexandre Cebrian e Victor Gonçalves[2]).

A incompatibilidade ocorre em juízos coletivos e é regulada pelo artigo 253 do Código de Processo Penal:

> Art. 253. Nos juízos coletivos, não poderão servir no mesmo processo os juízes que forem entre si parentes, consanguíneos ou afins, em linha reta ou colateral até o terceiro grau, inclusive.

---

2. ARAÚJO REIS, Alexandre Cebrian e RIOS GONÇALVES, Victor Eduardo. **Direito Processual Penal Esquematizado**, 2ª edição, 2013, São Paulo, editora Saraiva, página 324.

A suspeição decorre do reconhecimento das situações subjetivas descritas no artigo 254 do Código de Processo Penal (seu reconhecimento induz nulidade a partir da sua ocorrência). Diferente do impedimento, a lista dos casos de suspeição é aberta (rol exemplificativo):

> Art. 254. O juiz dar-se-á por suspeito, e, se não o fizer, poderá ser recusado por qualquer das partes:
>
> I – se for amigo íntimo ou inimigo capital de qualquer deles;
>
> II – se ele, seu cônjuge, ascendente ou descendente, estiver respondendo a processo por fato análogo, sobre cujo caráter criminoso haja controvérsia;
>
> III – se ele, seu cônjuge, ou parente, consangüíneo, ou afim, até o terceiro grau, inclusive, sustentar demanda ou responder a processo que tenha de ser julgado por qualquer das partes;
>
> IV – se tiver aconselhado qualquer das partes;
>
> V – se for credor ou devedor, tutor ou curador, de qualquer das partes;
>
> VI – se for sócio, acionista ou administrador de sociedade interessada no processo.

Impedimento, incompatibilidade e suspeição devem ser pronunciados de ofício pelo magistrado. Caso o juiz não se dê por impedido, incompatível ou suspeito, cabe às partes arguir qualquer delas por meio de exceção (artigos 96 a 103 e 112, todos do Código de Processo Penal).

Importante a leitura dos artigos 255 e 256 do Código de Processo Penal (cessão de impedimento/suspeição e suspeição artificiosa):

> Art. 255. O impedimento ou suspeição decorrente de parentesco por afinidade cessará pela dissolução do casamento que lhe tiver dado causa, salvo sobrevindo descendentes; mas, ainda que dissolvido o casamento sem descendentes, não funcionará como juiz o sogro, o padrasto, o cunhado, o genro ou enteado de quem for parte no processo.
>
> Art. 256. A suspeição não poderá ser declarada nem reconhecida, quando a parte injuriar o juiz ou de propósito der motivo para criá-la.

7.1.3. Poderes

O magistrado, com o fito de materializar seu mister, detém poderes jurisdicionais (exercidos por meio da prática de atos ordinatórios, instrutórios e decisórios), administrativos (manutenção da ordem no curso do processo – artigo 794 do CPP, por exemplo) e anômalos (como o encaminhamento de autos de inquérito policial com pedido de arquivamento ao Procurador-Geral de Justiça e a requisição de instauração de inquérito policial). É o que está grafado no artigo 251 do Código de Processo Penal:

> Art. 251. Ao juiz incumbirá prover à regularidade do processo e manter a ordem no curso dos respectivos atos, podendo, para tal fim, requisitar a força pública.

As atividades do magistrado relacionadas ao inquérito policial (foco da obra) são: requisitar instauração de inquérito policial, analisar representações materializadas pelo delegado de polícia (interceptação telefônica, busca e apreensão, prisão temporária, prisão preventiva, etc.), arquivar o inquérito policial (podendo funcionar como fiscal do princípio da obrigatoriedade, nos termos do artigo 28 do CPP), dentre outras possibilidades.

7.1.4. Prerrogativas e vedações

Para o tranquilo exercício da sua importante função, o juiz possui as seguintes prerrogativas (avistáveis no artigo 95 da Constituição Federal): vitaliciedade (garantia de não perder o cargo, salvo por decisão judicial transitada em julgado – é adquirida após dois anos de exercício do cargo); inamovibilidade (garantia de não ser transferido senão por sua vontade - promoção/remoção/pedido, salvo por motivo de interesse público, por voto da maioria absoluta do respectivo tribunal ou do Conselho Nacional de Justiça, assegurada ampla defesa); irredutibilidade de subsídios (garantia de não enfrentar eventual perseguição financeira).

Por fim, cumpre destacar que o juiz deve se submeter às vedações descritas no parágrafo único, do artigo 95, da Constituição Federal. Vejamos o dispositivo, à completude:

> Art. 95. Os juízes gozam das seguintes garantias:
>
> I – vitaliciedade, que, no primeiro grau, só será adquirida após dois anos de exercício, dependendo a perda do cargo, nesse período, de deliberação do tribunal a que o juiz estiver vinculado, e, nos demais casos, de sentença judicial transitada em julgado;
>
> II – inamovibilidade, salvo por motivo de interesse público, na forma do art. 93, VIII;
>
> III – irredutibilidade de subsídio, ressalvado o disposto nos arts. 37, X e XI, 39, § 4º, 150, II, 153, III, e 153, § 2º, I.
>
> Parágrafo único. Aos juízes é vedado:
>
> I – exercer, ainda que em disponibilidade, outro cargo ou função, salvo uma de magistério;
>
> II – receber, a qualquer título ou pretexto, custas ou participação em processo;
>
> III – dedicar-se à atividade político-partidária.
>
> IV – receber, a qualquer título ou pretexto, auxílios ou contribuições de pessoas físicas, entidades públicas ou privadas, ressalvadas as exceções previstas em lei;
>
> V – exercer a advocacia no juízo ou tribunal do qual se afastou, antes de decorridos três anos do afastamento do cargo por aposentadoria ou exoneração.

7.2. MINISTÉRIO PÚBLICO

A adoção, em nosso processo penal, do sistema acusatório, realçou a importância do Ministério Público, responsável pela função estatal de acusar, nos termos do artigo 129, I, da Constituição Federal.

Trata-se de órgão permanente, essencial à função jurisdicional, incumbido da defesa da ordem jurídica, do estado democrático e dos interesses sociais e individuais indisponíveis (artigo 127 da Lei Maior).

A atuação do Ministério Público no processo penal envolve duas facetas. O órgão detém o exercício privativo da ação penal pública e deve fiscalizar a execução da lei, nos termos do artigo 257 do CPP:

> Art. 257. Ao Ministério Público cabe:
>
> I – promover, privativamente, a ação penal pública, na forma estabelecida neste Código; e
>
> II – fiscalizar a execução da lei.

Os princípios que norteiam a atuação do Ministério Público são: a) unidade (a atuação dos membros do MP é feita em nome da instituição e não em nome próprio); b) indivisibilidade (membros do MP podem ser substituídos uns pelos outros, sem prejuízo para o processo); c) independência funcional (membros do MP não estão vinculados a entendimentos anteriores de outros membros nem a ingerências dos órgãos superiores dos seus quadros).

7.2.1. Funções

No que se refere ao processo penal, o MP tem entre suas funções, basicamente, requisitar instauração de inquérito policial, requisitar diligências no curso de procedimento investigativo já instaurado, exercer o controle externo da atividade policial, oferecer denúncia, acompanhar a tramitação do processo, exercer atividade probatória e recorrer (inclusive em favor do réu – decorre de atuação do órgão enquanto fiscal da lei). Quanto à possibilidade de investigação direta exercida por membro do Ministério Público, remeto o leitor à análise do tópico 4.15.

No que concerne especificamente ao exercício do controle externo da atividade policial, é importante observar o teor da Resolução Conjunta 01/2015, do Conselho Superior de Polícia e do Conselho Nacional dos Chefes de Polícia Civil:

> Art. 1º Ficam definidos procedimentos internos a serem adotados pelas polícias judiciárias em face de solicitações e requisições externas.
>
> Art. 2º O controle externo da atividade policial pelo Ministério Público está adstrito às hipóteses previstas no artigo 9º da Lei Complementar nº 75, de 1993, bem como nas respectivas leis orgânicas dos Ministérios Públicos Estaduais.

Art. 3º No caso do ingresso de membro do Ministério Público em unidade policial, a autoridade policial adotará as medidas necessárias à garantia da segurança dos presentes no procedimento, bem como determinará o registro dos atos praticados.

Art. 4º As requisições para instauração de inquérito policial sobre eventual omissão ou fato ilícito ocorrido no exercício da atividade policial deverão ser dirigidas ao Diretor-Geral da Polícia Federal ou Superintendente Regional da Polícia Federal no Estado respectivo, ou ao Chefe de Polícia Civil do Estado.

Art. 5º Os documentos compreendidos na atividade-fim policial são o Inquérito Policial, o Termo Circunstanciado, os registros de ocorrências policiais e os livros cartorários.

Parágrafo único. Os documentos e informações protegidos por sigilo somente serão acessados pelo membro do Ministério Público que oficie no respectivo feito. Art. 6º Não estão compreendidas na atividade-fim policial:

I – atividades cujo controle é de competência dos Tribunais de Contas, Controladorias-Gerais e Corregedorias-Gerais, da União e dos Estados, tais como atos de gestão e atividades de natureza administrativa, contábil, financeira, orçamentária, operacional e patrimonial;

II – documentos e informações de caráter administrativo, assim entendidos aqueles não diretamente relacionados à prevenção e à repressão de crimes; e

III – documentos de uso interno e de exclusivo interesse da Administração, tais como memorandos, ofícios, mensagens circulares, e-mails institucionais, ordens e relatórios de missão.

Art. 7º Os chefes das polícias judiciárias zelarão para que os membros do Ministério Público, no exercício das funções de controle externo da atividade policial:

I – possam acompanhar a condução da investigação policial, observadas as medidas de segurança cabíveis e desde que não haja prejuízo às diligências em andamento; e

II – sejam acompanhados pelas corregedorias de polícia, caso necessário.

Art. 8º Esta Resolução entra em vigor na data de sua publicação, seguindo assinada pelos membros do Conselho Superior de Polícia, Superintendentes da Polícia Federal e membros do Conselho Nacional dos Chefes de Polícia Civil.

E o artigo 9º, da Lei Complementar 75/93:

Art. 9º O Ministério Público da União exercerá o controle externo da atividade policial por meio de medidas judiciais e extrajudiciais podendo:

I – ter livre ingresso em estabelecimentos policiais ou prisionais;

II – ter acesso a quaisquer documentos relativos à atividade-fim policial;

III – representar à autoridade competente pela adoção de providências para sanar a omissão indevida, ou para prevenir ou corrigir ilegalidade ou abuso de poder;

IV – requisitar à autoridade competente para instauração de inquérito policial sobre a omissão ou fato ilícito ocorrido no exercício da atividade policial;

V – promover a ação penal por abuso de poder.

Acerca do controle externo da atividade policial pelo Ministério Público, destaco dois julgados do STJ:

> ADMINISTRATIVO. CONSTITUCIONAL. RECURSO ESPECIAL. MANDADO DE SEGURANÇA. CONTROLE EXTERNO DA ATIVIDADE POLICIAL PELO MINISTÉRIO PÚBLICO. ARTS. 129, VII, DA CF E 9º, II, DA LC N. 75/1993. ORDEM DE MISSÃO POLICIAL (OMP). ATIVIDADE-FIM POLICIAL CONFIGURADA. RECURSO ESPECIAL PARCIALMENTE PROVIDO. 1. No caso concreto, o Ministério Público Federal impetrou mandado de segurança contra ato ilegal do Delegado-Chefe da Delegacia de Polícia Federal em Santo Ângelo, que teria obstado, em razão dos termos da Resolução 1ª da Polícia Federal, a disponibilização de documentos e informações requisitados pelo Parquet Federal no exercício da atividade de controle externo da atividade policial, especificamente: a) relação de servidores e contratados em exercício na unidade, com especificação daqueles atualmente afastados (em missão, reforço, operação, etc.); b) relação de coletes balísticos da unidade (especificando os vencidos e os dentro do prazo de validade); c) pasta com ordens de missão policial (OMP) expedidas nos últimos 12 (doze) meses; d) os seguintes livros (relativos aos últimos 12 meses): sindicâncias e procedimentos disciplinares. 2. O Parquet Federal, nesta Corte Superior, apresentou petição (fls. 575/579) na qual noticiou que, dentre os pedidos de acesso aos documentos e informações formulados no mandado de segurança e que haviam sido obstados pelo órgão policial, "o único ponto que ainda apresenta resistência da Polícia Federal é a prestação de informações e apresentação dos documentos relativos às ordens de missão policial" (OMP)". 3. Assim, no tocante aos pedidos especificados nas alíneas a, b e d acima indicadas, deve ser reconhecido que o Ministério Público Federal e a Polícia Federal não mais divergem sobre a possibilidade de requisição de tais informações. Além disso, é necessário consignar que o Ministério Público também exerce a ampla fiscalização da administração pública, inclusive da Polícia Federal, por meio da Lei de Improbidade Administrativa, entre outras normas de controle administrativo. 4. No tópico remanescente do pedido inicial, indicado no item c (pasta de ordens de missão policial - OMP), o principal ponto a ser examinado na presente controvérsia passa pela análise do conceito de atividade-fim policial. 5. O controle externo da atividade policial pelo Ministério Público está previsto expressamente no art. 129, VII, da Constituição Federal e disciplinado na Lei Complementar 75/93. 6. A ordem de missão policial (OMP) é um documento de natureza policial e obrigatório em qualquer missão de policiais federais e tem por objetivo, entre outros, legitimar as ações dos integrantes da Polícia Federal em caráter oficial. As denominadas ordens de missão policial, relacionadas à atividade de investigação policial, representam direta intervenção no cotidiano dos cidadãos, a qual deve estar sujeita ao controle de eventuais abusos ou irregularidades praticadas por seus agentes, ainda que realizadas em momento posterior, respeitada a necessidade de eventual sigilo ou urgência da missão. 7. Por outro lado, a realização de qualquer investigação policial, ainda que fora do âmbito do inquérito policial, em regra, deve estar sujeita ao controle do Ministério Público. Importante consignar que tal atividade, por óbvio, não está sujeita a competência fiscalizatória do Tribunal de Contas da União ou da Controladoria-Geral da União, como afirmado pela Corte de origem. 8. O Conselho Nacional do Ministério Público - CNMP, com o objetivo de disciplinar o controle externo da atividade policial pelo Ministério Público, editou a Resolução

nº 20/2007, e estabeleceu nos arts. 2º, V e 5º, II, respectivamente: "O controle externo da atividade policial pelo Ministério Público tem como objetivo manter a regularidade e a adequação dos procedimentos empregados na execução da atividade policial, bem como a integração das funções do Ministério Público e das Polícias voltada para a persecução penal e o interesse público atentando, especialmente, para: a correção de irregularidades, ilegalidades ou de abuso de poder relacionados à atividade de investigação criminal"; "Aos órgãos do Ministério Público, no exercício das funções de controle externo da atividade policial caberá: ter acesso a quaisquer documentos, informatizados ou não, relativos à atividade-fim policial civil e militar, incluindo as de polícia técnica desempenhadas por outros órgãos (...)" (sem destaques no original). 9. Portanto, é manifesto que a pasta com ordens de missão policial (OMP) deve estar compreendida no conceito de atividade-fim e, consequentemente, sujeita ao controle externo do Ministério Público, nos exatos termos previstos na Constituição Federal e regulados na LC 73/93, o que impõe à Polícia Federal o fornecimento ao Ministério Público Federal de todos os documentos relativos as ordens de missão policial (OMP). 10. Provimento parcial do recurso especial[3].

PROCESSUAL CIVIL E ADMINISTRATIVO. RECURSO ESPECIAL. VIOLAÇÃO AO ART. 535 DO CPC/1973. ARGUIÇÃO GENÉRICA. OFENSA A RESOLUÇÕES. ANÁLISE. IMPOSSIBILIDADE. CONTROLE EXTERNO DO MINISTÉRIO PÚBLICO. RELATÓRIOS AVULSOS DE INTELIGÊNCIA POLICIAL. ACESSO IRRESTRITO. DIREITO. INEXISTÊNCIA. 1. O Plenário do STJ decidiu que "aos recursos interpostos com fundamento no CPC/1973 (relativos a decisões publicadas até 17 de março de 2016) devem ser exigidos os requisitos de admissibilidade na forma nele prevista, com as interpretações dadas até então pela jurisprudência do Superior Tribunal de Justiça" (Enunciado Administrativo n. 2). 2. Aplica-se o óbice da Súmula 284 do STF quando a alegação de ofensa ao art. 535 do CPC se faz de forma genérica, sem a demonstração exata dos pontos pelos quais o acórdão se fez omisso, contraditório ou obscuro. Precedentes. 3. É inviável o manejo do recurso especial para analisar eventual afronta a resoluções, portarias, instruções normativas, visto que tais atos normativos não estão compreendidos no conceito de lei federal. 4. Entre as funções institucionais atribuídas ao Ministério Público pela Constituição Federal está o controle externo da atividade policial (CF, art. 129, VII), o que abrange o acesso a quaisquer documentos relativos àquela atividade-fim (art. 9º da LC n. 75/1993). 5. A atividade de inteligência, disciplinada pela Lei n. 9.883/1999, que instituiu o Sistema Brasileiro de Inteligência (SISBIN) e criou a Agência Brasileira de Inteligência (ABIN), consiste na "obtenção, análise e disseminação de conhecimentos dentro e fora do território nacional sobre fatos e situações de imediata ou potencial influência sobre o processo decisório e a ação governamental e sobre a salvaguarda e a segurança da sociedade e do Estado". 6. "O controle e fiscalização externos da atividade de inteligência serão exercidos pelo Poder Legislativo na forma a ser estabelecida em ato do Congresso Nacional" (art. 6º daquele diploma legal). 7. A inclusão do Departamento de Polícia Federal entre os órgãos integrantes do SISBIN (art. 4º

3. STJ, 2ª Turma, REsp 1365910/RS, rel. Min. Humberto Martins, rel. p/ acórdão Min. Mauro Campbell Marques, julgado em 05/04/2016, DJe em 28/09/2016.

do Decreto n. 4.376/2002) permitiu àquela unidade a elaboração de relatório de inteligência (RELINT), que, de acordo com a União, "pode transcender o âmbito policial". 8. O controle externo da atividade policial exercido pelo Parquet deve circunscrever-se à atividade de polícia judiciária, conforme a dicção do art. 9º, da LC n. 75/1993, cabendo-lhe, por essa razão, o acesso aos relatórios de inteligência policial de natureza persecutório-penal, ou seja, relacionados com a atividade de investigação criminal. 9. O poder fiscalizador atribuído ao Ministério Público não lhe confere o acesso irrestrito a "todos os relatórios de inteligência" produzidos pelo Departamento de Polícia Federal, incluindo aqueles não destinados a aparelhar procedimentos investigatórios criminais formalizados. 10. O exercício de atividade de inteligência estranha às atribuições conferidas pela Constituição Federal à Polícia Federal (polícia judiciária) demanda exame de eventual contrariedade a preceitos constitucionais, o que não é possível na via do recurso especial. 11. Recurso especial conhecido em parte e, nessa extensão, provido para denegar a segurança[4].

7.2.2. Prerrogativas e vedações

As prerrogativas dos membros do MP são as mesmas dos juízes: vitaliciedade, inamovibilidade e irredutibilidade de subsídios (vide artigo 128, § 5º, I, da Constituição Federal).

São também extensíveis aos membros do Ministério Público as regras referentes à suspeição e ao impedimento, nos termos do artigo 258 do CPP:

> Art. 258. Os órgãos do Ministério Público não funcionarão nos processos em que o juiz ou qualquer das partes for seu cônjuge, ou parente, consangüíneo ou afim, em linha reta ou colateral, até o terceiro grau, inclusive, e a eles se estendem, no que lhes for aplicável, as prescrições relativas à suspeição e aos impedimentos dos juízes.

Acerca das vedações, faz-se necessário a leitura do artigo 128, § 5º, II, da CF/88):

> Art. 128 (...)
>
> (...)
>
> § 5º (...)
>
> II – as seguintes vedações:
>
> a) receber, a qualquer título e sob qualquer pretexto, honorários, percentagens ou custas processuais;
>
> b) exercer a advocacia;
>
> c) participar de sociedade comercial, na forma da lei;

4. STJ, 1ª Turma, REsp 1439193/RJ, rel. Min. Gurgel de Faria, julgado em 14/06/2016, DJe em 09/08/2016.

d) exercer, ainda que em disponibilidade, qualquer outra função pública, salvo uma de magistério;

e) exercer atividade político-partidária;

f) receber, a qualquer título ou pretexto, auxílios ou contribuições de pessoas físicas, entidades públicas ou privadas, ressalvadas as exceções previstas em lei.

7.3. ACUSADO

É o sujeito passivo da relação jurídica processual (é o sujeito ativo do delito). Para figurar como investigado ou como réu, a pessoa natural deve ser maior de 18 anos (só comete crime o indivíduo com mais de 18 anos no tempo do crime – vide artigos 4º e 27 do Código Penal). É possível, ainda, que o investigado/acusado seja pessoa jurídica (prática de crimes ambientais).

A depender do momento, podemos chamar o autor do fato de investigado, indiciado (depois de formalmente indiciado por ato fundamentado do delegado de polícia, nos termos do § 6º, do artigo 2º, da Lei 12.830/13), denunciado (depois do oferecimento da peça e antes do seu recebimento), réu/acusado (depois de recebida a denúncia) e condenado.

7.3.1. Identificação

Nos termos do artigo 259, é preciso certeza quanto a quem é o investigado/acusado (identidade física), sendo irrelevante a qualificação ou nome correto:

> Art. 259. A impossibilidade de identificação do acusado com o seu verdadeiro nome ou outros qualificativos não retardará a ação penal, quando certa a identidade física. A qualquer tempo, no curso do processo, do julgamento ou da execução da sentença, se for descoberta a sua qualificação, far-se-á a retificação, por termo, nos autos, sem prejuízo da validade dos atos precedentes.

Daí porque não é vedado, no curso da investigação, representar pela interceptação telefônica, busca e apreensão ou mesmo prisão, de indivíduo cujo nome e/ou qualificação completa ainda não são conhecidos. Óbvio que assim que chegarem ao conhecimento do aparelho de persecução os dados corretos do investigado, estes deverão ser enxertados aos autos. Eventualmente, pode ser determinada a identificação criminal do investigado/acusado, nos termos do artigo 5º, LVIII, da CF e da Lei 12.037/09 (remeto o leitor ao tópico 4.7.8, para maiores detalhes acerca do tema).

7.3.2. Direitos

O investigado/acusado possui direitos, que devem ser observados pelo Estado. Eis alguns destes: direito ao silêncio (artigo 5º, LXIII, da CF), direito à presunção de inocência (artigo 5º, LVII, da CF), direito ao contraditório e à ampla defesa (a partir do início do processo, vez que o inquérito é inquisitivo – artigo 5º, LV, da CF), direito à razoável duração do processo (artigo 5º, LXXVIII, da CF), dentre outros.

Desde a investigação, é preciso irrestrita observância a tais direitos. A escorreita apuração dos fatos é premissa à existência de um processo hígido, livre de máculas. É o vetor constitucional e como tal, deve ser seguido.

No curso do inquérito policial, o suposto autor do fato pode ostentar a condição de investigado ou de indiciado, como dito supra. Em ambas as situações, seus direitos devem ser observados (mesmo antes do indiciamento, o investigado deve ser seu direito ao silêncio observado, por exemplo). Ele tem o direito de constituir advogado e de se fazer acompanhar pelo causídico toda vez que for chamado à presença do aparelho policial (como o inquérito é inquisitivo, não é imprescindível a participação de advogado, mas o investigado/indiciado tem o direito de ser assistido juridicamente, se assim desejar).

Cumpre anotar que o artigo 262 do Código de Processo Penal foi tacitamente revogado pelo Código Civil, não sendo necessário nomear curador ao investigado/indiciado/réu menor de 21 anos. Atualmente só se nomeia curador ao investigado/indiciado/réu considerado inimputável em face de doença mental ou desenvolvimento mental incompleto ou retardado.

7.4. DEFENSOR

O exercício da defesa técnica deve ser feito por pessoa legalmente habilitada (advogado ou defensor público), nos termos do artigo 261 do CPP:

> Art. 261. Nenhum acusado, ainda que ausente ou foragido, será processado ou julgado sem defensor.
>
> Parágrafo único. A defesa técnica, quando realizada por defensor público ou dativo, será sempre exercida através de manifestação fundamentada

É importante salientar que a falta de defesa técnica na fase processual constitui nulidade absoluta e deficiência da defesa induz nulidade relativa, nos termos da Súmula 523 do STF: "no processo penal, a falta da defesa constitui nulidade absoluta, mas a sua deficiência só o anulará se houve prova do prejuízo para o réu". Tal interpretação é corolário do princípio da ampla de defesa, de índole constitucional. Já no curso do inquérito, como dito, a presença do advogado não é obrigatória, posto que não há acusação formal manejada em face do investigado/indiciado (trata-se de investigação pré-processual).

7.5. ASSISTENTE DE ACUSAÇÃO

É parte acessória (trata-se do ofendido ou seu representante ou, na falta daquele, seu cônjuge, ascendente, descendente ou irmão, nos termos do artigo 268 do CPP).

Há duas correntes acerca da finalidade da atuação do assistente de acusação. A primeira fala na atuação objetivando a reparação do dano causado pelo crime. A segunda entende que, além do interesse reparatório, o assistente de acusação busca a realização da justiça. A adoção de uma ou outra interpretação influenciará na possibilidade ou não do assistente recorrer de sentença condenatória, com o fito de perseguir agravamento de pena (caso se entenda que sua presença no processo tem o objetivo puramente reparatório, não se permitirá tal recurso, ao passo que se restar firmado o entendimento de que a busca da justiça também é fundamento de sua atuação, o recurso deverá ser admitido). Parece-me correta a segunda interpretação (nesse sentido Alexandre Cebrian e Victor Gonçalves[5]).

O assistente de acusação pode ser admitido até o trânsito em julgado da sentença, nos termos do artigo 269 do CPP:

> Art. 269. O assistente será admitido enquanto não passar em julgado a sentença e receberá a causa no estado em que se achar.

Feito pedido de admissão, o Ministério será ouvido (artigo 272 do CPP) e o juiz decidirá (a decisão é irrecorrível, nos termos do artigo 273 do CPP). Não há óbice legal à eventual participação da vítima (por meio de seu advogado) no curso do inquérito policial (não seria propriamente um assistente de acusação, porque o processo ainda não foi efetivamente iniciado e a admissão formal do assistente de acusação só se dá depois do início do processo e até o trânsito em julgado da sentença - vide artigos 268 e 269 do CPP[6]). Veja-se que a vítima pode requerer a instauração de inquérito policial e, de igual sorte, pode peticionar nos autos do procedimento indicando eventuais provas que interessem à elucidação dos fatos.

O assistente poderá: a) propor meios de prova; b) dirigir perguntas às testemunhas; c) formular quesitos e indicar assistente técnico; d) aditar articulados; e) participar de debates; f) requerer desaforamento; g) arrazoar recursos interpostos pelo MP ou por ele próprio.

---

5. ARAÚJO REIS, Alexandre Cebrian e RIOS GONÇALVES, Victor Eduardo. **Direito Processual Penal Esquematizado**, 2ª edição, 2013, São Paulo, editora Saraiva, página 350/351.

6. Caso se questione em concurso público se é possível a admissão de assistente de acusação no curso do inquérito policial, **responda que não**. A análise dos artigos 268 e 269 do CPP revela que sua admissão formal só ocorre após o início efetivo do processo e até o trânsito em julgado da sentença.

7.6. AUXILIARES DA JUSTIÇA

Não são efetivos sujeitos processuais, mas colaboram para realização de tarefas que não podem ser efetuadas pelo magistrado pessoalmente. São classificados em: a) permanentes (atuam em todos os processos – escrivão, por exemplo); b) eventuais (intervém apenas em alguns processos – intérpretes, por exemplo); c) oficiais (pertencentes ao quadro do Estado); d) não oficiais (pessoas idôneas com formação superior).

Por fim, é importante a leitura dos artigos 274, 279, 280 e 281, todos do CPP:

> Art. 274. As prescrições sobre suspeição dos juízes estendem-se aos serventuários e funcionários da justiça, no que lhes for aplicável.
>
> Art. 279. Não poderão ser peritos:
>
> I – os que estiverem sujeitos à interdição de direito mencionada nos ns. I e IV do art. 69 do Código Penal;
>
> II – os que tiverem prestado depoimento no processo ou opinado anteriormente sobre o objeto da perícia;
>
> III – os analfabetos e os menores de 21 anos.
>
> Art. 280. É extensivo aos peritos, no que lhes for aplicável, o disposto sobre suspeição dos juízes.
>
> Art. 281. Os intérpretes são, para todos os efeitos, equiparados aos peritos.

No curso do inquérito policial, é possível perceber a participação de peritos e intérpretes, por exemplo.

7.7. DELEGADO DE POLÍCIA – FUNÇÕES E NATUREZA DO CARGO

Em que pese não ser sujeito processual, por comandar justamente a fase anterior ao início efetivo do processo, cumpre tecer alguns comentários acerca do delegado de polícia enquanto importante personagem no sistema de persecução penal.

Antes de aprofundar na análise do tema, é preciso que se diga que, nos termos do artigo 107 do Código de Processo Penal, não é possível opor suspeição do delegado de polícia. Entrementes, com fulcro no mesmo dispositivo legal, a própria autoridade policial deverá se declarar suspeita, quando ocorrer motivo legal.

Continuemos. Nos termos da Constituição Federal, do Código de Processo Penal e da legislação processual penal extravagante, o delegado de polícia é o presidente do inquérito policial e o chefe da polícia judiciária.

O estudo acurado da legislação processual penal pátria revela, sem necessidade de maior esforço intelectivo, que o Brasil optou por ter à frente do inquérito policial (e da polícia judiciária) ocupante de cargo de natureza jurídica (alhures sustentarei que, em verdade, a carreira de delegado de polícia é híbrida – tem natureza jurídica e policial). O legislador, a meu ver, agiu com acerto. Não há dúvida de que a investigação estatal deve ter à frente profissional versado em ciências jurídicas.

Estamos tratando de atividade que lida com um dos mais importantes bens jurídicos do cidadão – a liberdade. A todo instante, no curso do inquérito policial, é exigido conhecimento jurídico do seu presidente. Exige-se domínio do direito penal (para, por exemplo, tipificar a conduta, aferir prescrição, verificar existência de causas extintivas de punibilidade), processual penal (para, por exemplo, verificar competência, conhecer a fundo o leque de provas passíveis de materialização naquele caso concreto, possibilidade de representação por prisões e outras medidas cautelares) e constitucional (para, por exemplo, saber dos limites à produção probatória e conhecer os direitos individuais da pessoa investigada, cuidando de protegê-los).

Como decidir acerca da lavratura de auto de prisão em flagrante sem ser bacharel em Direito? É preciso tipificar a conduta (é possível que a infração praticada seja de menor potencial ofensivo – que, em regra, dispensa a prisão em flagrante), saber se a situação era efetivamente flagrancial (análise do artigo 302 do CPP), conhecer sobre competência (e consequentemente acerca da atribuição para lavratura do auto), saber os direitos outorgados pela *Lex Legum* e pela legislação de regência ao conduzido (para respeitá-los), saber as regras que gravitam em torno da concessão de fiança arbitrada pela autoridade policial, dentre outros aspectos.

Como representar uma medida cautelar sem conhecer o Direito? É necessário conhecer requisitos e fundamentos das prisões preventiva e temporária, saber requisitos e limites da busca e apreensão, da interceptação telefônica, apenas para citar alguns exemplos.

Finalizado o procedimento inquisitorial, o delegado de polícia deverá confeccionar relatório final. A peça deverá analisar as provas coletadas no curso do feito, concluindo acerca da existência ou não de infração penal, sobre a responsabilização ou não do investigado, dentre outros aspectos de natureza nitidamente jurídica.

É fantasioso imaginar a confecção de um auto de prisão em flagrante, a confecção de uma portaria, de uma representação de medida cautelar ou de um relatório final sem o domínio do conhecimento jurídico.

O artigo 2º, da Lei 12.830/13, espanca qualquer dúvida acerca da natureza do cargo:

> Art. 2º. As funções de polícia judiciária e a apuração de infrações penais exercidas pelo delegado de polícia são de natureza jurídica, essenciais e exclusivas de Estado.

O artigo 3º da citada lei é consequência da natureza jurídica do cargo de delegado de polícia. O dispositivo proclama que o cargo é privativo de bacharel em Direito e que o tratamento protocolar dispensado à autoridade policial é o mesmo recebido por juízes, promotores, defensores públicos e advogados (uso do pronome de tratamento 'Vossa Excelência', por exemplo):

> Art. 3º. O cargo de delegado de polícia é privativo de bacharel em Direito, devendo-lhe ser dispensado o mesmo tratamento protocolar que recebem os magistrados, os membros da Defensoria Pública e do Ministério Público e os advogados.

Aliás, bom frisar que a natureza jurídica do cargo de delegado de polícia já foi inserida expressamente em várias Constituições Estaduais.

Além de jurídica, como já exaustivamente demonstrado supra, a carreira de delegado também é policial, porque ele é profissional treinado por academia de polícia, detentor de porte de arma de fogo e deve/pode estar à frente de atividades tipicamente policiais, como cumprimento de buscas, cumprimento de prisões, dentre outras.

O sistema processual brasileiro é equilibrado, posto que o primeiro controlador da legalidade dos atos praticados pela polícia está dentro do próprio órgão (o delegado). O delegado finda funcionando como importante filtro para evitar investigação de fatos atípicos, prescritos, insignificantes, para evitar lavratura de auto de prisão em flagrante diante de situações não-flagranciais, dentre outras situações que poderiam redundar em vilipêndio desarrazoado dos direitos do cidadão.

Indubitavelmente, a investigação estatal necessita de direção e controle imediato exercidos por cargo de natureza jurídica. Há países em que tal controle (e a direção do trabalho investigativo) é feito pelo Ministério Público, outros em que o controle é feito no âmbito do Poder Judiciário e outros em que a investigação (e sua presidência) está no âmbito da polícia (caso do Brasil). Penso que o modelo brasileiro é muito bom, porque a investigação pré-processual finda comandada por quem não terá alhures que processar ou julgar o autor do fato (isso dá ao delegado de polícia a isenção necessária à correta condução da investigação).

Outro ponto importante (e que contribui para necessária independência na condução dos trabalhos investigativos): o cargo de delegado de polícia é acessível por concurso público, conquista da Constituição Federal de 1988. Trata-se de porta de entrada franca e aberta para o candidato que se esforça e deseja abraçar essa importante função.

Nessa toada, qualquer proposta legislativa que tencione (ainda que indiretamente) extinguir o cargo de delegado de polícia deve ser considerada teratológica. Não factível, por exemplo, a criação de carreira única (acessível a quem tenha qualquer curso superior) nas polícias judiciárias, vez que a investigação deve ser, necessariamente, conduzida por cargo de natureza jurídica. Não há como imaginar presidente de procedimento inquisitivo formado em outro curso, senão em Direito. Como um médico ou um farmacêutico fariam para decidir acerca da lavratura ou não de um auto de prisão em flagrante? Da mesma forma que um bacharel em Direito não sabe criar fórmulas ou identificar e tratar doenças, os citados profissionais não têm o conhecimento necessário para analisar com profundidade situação supostamente flagrancial a eles apresentada. É cômico, para não dizer trágico, entendimentos que minimizam a situação aqui tratada, afirmando que eventual equívoco seria corrigido pelo Ministério Público ou pelo Judiciário depois de comunicada a prisão. É preciso dizer a quem sustenta tal tese que no cerne deste equívoco está um dos bens jurídicos mais caros do cidadão - a sua liberdade (sem falar na sua imagem, reputação, dentre outros bens importantes). Não se pode perder de vista que, com a lavratura de um auto de prisão em flagrante, finda automaticamente instaurado o inquérito policial (e não é dado à polícia arquivar inquérito, mesmo que equivocadamente instaurado - artigo 17 do CPP). Para que o procedimento açodadamente instaurado seja arquivado, é preciso pedido do MP e chancela judicial (longo calvário). Assim como só os médicos podem prescrever medicamentos, só delegados podem presidir procedimentos investigativos. É o óbvio ululante.

A polícia judiciária tem em sua estrutura, além do delegado de polícia (presidente dos procedimentos investigativos e do órgão), as carreiras que o auxiliam. Agentes, escrivães, papiloscopistas e peritos são os cargos que materializam os despachos e requisições da autoridade policial com o fito de tentar elucidar a infração apurada. Ao delegado de polícia cabe conduzir o procedimento determinando a expedição de ofícios, requisitando perícias e diligências, que serão cumpridos pelas outras carreiras integrantes da polícia judiciária. É a autoridade policial quem dá o rumo, quem determina a trilha a ser percorrida com o fito de elucidar o crime.

Em eventual carreira única, tal divisão não é clara (e os cargos, cada um com sua especificidade e complexidade, deixam de ser acessíveis por concursos diretos - o interessado em ingressar na polícia fará concurso sem saber seu destino, suas funções, sua perspectiva futura). Em uma virtual carreira única, as funções terão que ser obviamente repartidas. Alguém terá que decidir quem preside investigação, quem cumpre diligência, quem mecaniza ofícios e memorandos, quem faz perícias. Trata-se de discricionariedade temerária (abre-se mão da fórmula impessoal e acessível a todos do concurso público e abraça-se fórmula que dependerá de grande discricionariedade). Alguém terá que indicar quem presidirá as investigações, quem ficará com o trabalho de rua e quem mecanizará atos cartorários. E alguém indicará o integrante da carreira única que fará todas essas indicações (aí mora o perigo). O delegado é delegado em qualquer delegacia (porque fez concurso para esse cargo). Em carreira única quem hoje preside investigação, pode amanhã ser deslocado para prática de serviços cartorários ou para ser o plantonista responsável pelo prédio (o risco de ingerências políticas no trabalho investigativo seria evidente).

Interessante notar que em todas as instituições há divisão de cargos de acordo com as atribuições e complexidades e com concursos e vencimentos diferenciados. Quem quer ingressar no Judiciário tem que definir se deseja se tornar técnico, analista ou juiz. A situação se repete na polícia: o candidato deverá escolher entre os cargos de delegado, agente, perito, escrivão ou papiloscopista (todos com atribuições, complexidade e vencimentos diferentes).

Não há como fazer o técnico virar analista e daí ascender a juiz com o passar do tempo ou porque fez algum curso diferenciado. De igual modo não é admissível que o agente, escrivão, perito ou papiloscopista vire delegado com o passar do tempo (seria ferir de morte a Constituição Federal). Bom frisar que todos os cargos precisam ser valorizados e são importantes na estrutura da polícia (mas não há como negar que são diferentes – em atribuições, complexidade e vencimento).

O que de fato pode mudar os rumos da segurança pública é o investimento maciço nos seguintes pontos: a) melhor remuneração dos servidores (e criação de gratificações atrativas que estimulassem o servidor a assumir novas responsabilidades); b) melhoria das estruturas e dos equipamentos à disposição da polícia (prédios, armas, viaturas, ferramentas, etc.); c) constante aperfeiçoamento dos policiais (oferta de cursos, treinamento continuado e reflexo financeiro à medida que o servidor se aperfeiçoa); d) incremento do efetivo (realização continuada de concursos públicos para oxigenar os quadros da polícia); e) corregedoria forte e atuante, para punir exemplarmente maus policiais.

Outra observação importante: índices de violência não caem apenas com investimentos em segurança. O Estado tem que incrementar a saúde, a educação, o lazer, a iluminação pública, o saneamento básico, deve ter políticas para melhorar a renda e gerar empregos, ter um sistema prisional de verdade (e não masmorras medievais) e ter um sistema judicial ágil e que puna verdadeiramente quem comete crimes graves. Repito: não há solução mágica.

7.7.1. O delegado de polícia como garantidor dos direitos do cidadão

O delegado de polícia, como já declinado supra, é o chefe das polícias Civis e Federal e o presidente das investigações materializadas no âmbito de ditas instituições.

É a autoridade responsável pela condução do termo circunstanciado (procedimento investigativo simplificado criado pela Lei 9.099/95 para apurar infrações de menor potencial ofensivo), do inquérito policial (caderno inquisitivo destinado a elucidar fato supostamente criminoso, com maior amplitude e maiores possibilidades probantes que o termo circunstanciado, regulado pelo Código de Processo Penal) e de qualquer outro procedimento apuratório eventualmente criado por lei para tramitar no âmbito da polícia judiciária.

Tais assertivas são extraídas da análise do § 4º, do artigo 144 da Constituição Federal:

> Art. 144. (...)
>
> (...)
>
> § 4º – às polícias civis, dirigidas por delegados de polícia de carreira, incumbem, ressalvada a competência da União, as funções de polícia judiciária e a apuração de infrações penais, exceto as militares.

Do § 1º, do artigo 2º da Lei 12.830/13:

> 2º. (...)
>
> § 1º Ao delegado de polícia, na qualidade de autoridade policial, cabe a condução da investigação criminal por meio de inquérito policial ou outro procedimento previsto em lei, que tem como objetivo a apuração das circunstâncias, da materialidade e da autoria das infrações penais.

E do parágrafo único, do artigo 2º-A, da Lei 9.296/96 (com a redação que lhe foi dada pela novel Lei 13.047/14):

> Art. 2º-A. (...)
>
> Parágrafo único. Os ocupantes do cargo de Delegado de Polícia Federal, autoridades policiais no âmbito da polícia judiciária da União, são responsáveis pela direção das atividades do órgão e exercem função de natureza jurídica e policial, essencial e exclusiva de Estado.

No curso de sua atividade diuturna, a autoridade policial lida diretamente com direitos muito caros ao cidadão: imagem, liberdade, integridade física, patrimônio, dentre outros. É responsabilidade do delegado estar atento à observância da Constituição Federal e da legislação de regência quando da prática de seus atos e os de sua equipe, de forma a não vilipendiar os direitos escritos com pena de ouro pelo legislador constituinte e as regras de procedimento grafadas na legislação infraconstitucional.

Desde o primeiro atendimento à ocorrência, o delegado é instado a tomar decisões muito relevantes para o cidadão investigado. A interpretação jurídica acerca de um fato investigado pode determinar, por exemplo, a prisão em flagrante do conduzido (artigo 301 e seguintes do Código de Processo Penal) ou a lavratura de mero termo circunstanciado, com ulterior liberação daquele mediante assinatura de compromisso de comparecimento ao juizado especial criminal (artigo 69 da Lei 9.099/95).

Imaginemos pessoa apresentada ao delegado de polícia com certa quantidade de droga proscrita. Concluir que o conduzido é mero usuário redundará na lavratura de termo circunstanciado (artigo 28 da Lei 11.343/06). Entender que o apresentado é traficante significará confecção de auto de prisão em flagrante delito pela prática de crime inafiançável, equiparado a hediondo, nos termos do artigo 5º, XLIII, da Constituição Federal (nos termos do artigo 33 da Lei 11.343/06). São realidades muito distantes e que reclamam atuação cautelosa e embasada do delegado de polícia.

Se optar pela lavratura de auto de prisão em flagrante, o delegado deverá observar e garantir respeito a vários direitos outorgados ao cidadão, tais quais: comunicação imediata da prisão ao Judiciário, ao Ministério Público e a familiar ou pessoa por ele indicada; confecção e entrega de nota de culpa; comunicação da prisão à Defensoria Pública caso o preso não tenha advogado; ao silêncio e a não autoincriminação; dentre outros. Isso porque o delegado de polícia exerce um papel importantíssimo na garantia dos direitos humanos do cidadão quando da apresentação de conduzido para eventual lavratura de auto de prisão em flagrante, nos termos do artigo 7º, item 5, da Convenção Interamericana dos Direitos Humanos:

> 5. Toda pessoa presa, detida ou retida deve ser conduzida, sem demora, à presença de um juiz ou outra autoridade autorizada por lei a exercer funções judiciais e tem o direito de ser julgada em prazo razoável ou de ser posta em liberdade, sem prejuízo de que prossiga o processo. Sua liberdade pode ser condicionada a garantias que assegurem o seu comparecimento em juízo.

O delegado de polícia, na condição de autoridade autorizada por lei a exercer funções judiciais (redação usada pelo Pacto de San José da Costa Rica, acima transcrito) terá a importante missão de ratificar ou não a voz de prisão dada por qualquer do povo ou pelo aparelho policial (nos termos do artigo 301 do Código de Processo Penal), por meio do exercício de sua atividade intelectiva (de análise dos fatos, versões e elementos apresentados). Esta deve ser manejada com profusão, de maneira a estudar a estrutura e os elementos do suposto fato criminoso:

a) É preciso estudar a tipicidade, não apenas formal, mas material da conduta investigada (eventual insignificância, por exemplo, redundará no reconhecimento de atipicidade) – não deve ser encarcerado, por exemplo, o incauto larápio que furta pequena quantidade de frutas em grande rede de supermercado (princípio da insignificância);

b) Verificar a existência ou não de causa excludente de ilicitude (que se observada cabalmente, redundará na licitude do fato e desembocará na não lavratura de auto de prisão em flagrante delito – é recomendável que se instaure procedimento por portaria para estudar a fundo as circunstâncias da excludente, até com o fito de afastar hipótese de excesso doloso ou culposo) – não merece encarceramento o policial que, reagindo proporcionalmente a ataque sofrido por criminosos, finda confiscando a vida destes (legítima defesa – artigo 25 do Código Penal);

c) Analisar eventual existência de causa excludente de culpabilidade (caso se adote o conceito tripartido de delito, tal reconhecimento redundará na falta de justa causa para lavratura de auto de prisão em flagrante, porque não criminosa a conduta) – não deve ser preso, por exemplo, o gerente de banco que surrupia grande quantidade de dinheiro do banco onde trabalha, em razão de coação orquestrada por malfeitores que ameaçavam matar sua família (coação moral irresistível – artigo 22 do Código Penal);

Afora das situações flagranciais, o delegado de polícia atua como garantidor dos direitos humanos quando do cumprimento de medidas cautelares determinadas pelo Judiciário e da materialização de diligências e atos de produção de material probante no curso da investigação.

No curso do cumprimento de ordem de busca, por exemplo, é preciso que o ingresso na casa seja feito a partir das 06h00min (ou com a luz do dia, a depender do critério adotado pela autoridade). O mesmo se repete quando da presidência de oitivas (informar ao indiciado/investigado do seu direito ao silêncio, por exemplo), de reprodução simulada dos fatos (garantir o direito a não autoincriminação), de reconhecimento de pessoas e coisas (obediência estrita à sequência legalmente determinada para prática do ato), acareações e de técnicas mais sofisticadas e invasivas, como interceptação telefônica, interceptação telemática, infiltração policial, ação controlada, colaboração premiada, dentre outras.

É preciso que o delegado de polícia atue ainda como garantidor dos direitos humanos do cidadão investigado quando da análise de requisições (do MP e do Judiciário) e notícias anônimas de crimes. É preciso suplantar a ideia de que requisição é ordem que deve ser atendida sempre (trata-se de notícia da prática de crime de ação penal pública incondicionada e a obrigatoriedade de instauração reside exatamente nessa constatação – caso seja narrado fato materialmente atípico, prescrito, impreciso ou caso a punibilidade esteja extinta por qualquer causa, a requisição deve ser devolvida ao órgão requisitante, com as razões jurídicas da não instauração do apuratório). É necessário, de igual forma, receber com cautela as notícias anônimas de crimes (de um lado atentando para evitar odiosa instauração de procedimento para apurar notícia vazia e, por vezes, caluniosa; de outro para evitar o completo desprezo a tal comunicação apócrifa, que pode redundar em perniciosa impunidade) – é seguir, nesse particular, o disposto no artigo 5º, § 3º, do Código de Processo Penal.

Além de observar os direitos do investigado é dever do delegado de polícia zelar pelos direitos humanos da vítima (a Lei 11.340/06 traz importantes atribuições do delegado destinadas à proteção da mulher vítima de violência doméstica, por exemplo).

Com fulcro nas breves razões lançadas supra, não resta a menor dúvida do acerto na opção do legislador constituinte e ordinário em reclamar profissional versado em Direito, devidamente concursado e integrante de carreira típica de Estado para chefiar as polícias judiciárias e conduzir os procedimentos investigativos que nelas tramitam.

Assim é que, além de responsável pela produção de provas aptas a descortinar o fato supostamente criminoso apurado no bojo de procedimento inquisitivo, o delegado de polícia não pode se escusar de exercer uma de suas mais nobres funções: a de garantidor dos direitos humanos.

7.8. QUESTÕES DE CONCURSOS PÚBLICOS

1. **(Defensor Público/RO/2015) Além do magistrado, diversas figuras são de grande relevância para o deslinde de uma ação penal, algumas exercendo funções fundamentais de acordo com o texto constitucional. Nesse contexto, pode-se citar como partes do processo em sentido amplo o Ministério Público, o acusado, o defensor/advogado, os assistentes de acusação e os funcionários da Justiça. Sobre o tema, é correto afirmar que:**
   A. A presença do defensor/advogado para todos os atos processuais é indispensável, exceto se o acusado estiver foragido;
   B. A impossibilidade de identificação do acusado por seu verdadeiro nome ou outros qualificativos não retardará a ação penal, quando certa a identidade física;
   C. Em que pese funcionários da Justiça, como regra, as prescrições sobre suspeição dos juízes não se estendem aos serventuários;
   D. O perito, ainda que nomeado e devidamente intimado, em caso de não comparecimento à audiência, não poderá ser conduzido;
   E. O assistente de acusação somente poderá ingressar no processo até o momento da apresentação da defesa prévia pelo acusado.

2. **(Delegado de Polícia/SC/2014) De acordo com o Código de Processo Penal, assinale a alternativa correta.**
   A. Somente depois do interrogatório, nos casos da ação pública, poderá intervir, como assistente do Ministério Público, o ofendido ou seu representante legal.
   B. Nenhum acusado, ainda que ausente ou foragido, será processado ou /julgado sem defensor.
   C. Ao corréu, no mesmo processo, será facultado intervir como assistente do Ministério Público.
   D. A admissão do Assistente de Acusação será determinada pelo juiz determinada pelo juiz independentemente de previamente ouvir o Ministério Público.
   E. Da decisão que não admitir o Assistente de Acusação, caberá recurso, devendo, inclusive, constar dos autos o pedido e a decisão.

3. **(Delegado de Polícia/DF/2015) Com base na legislação, na jurisprudência e na doutrina majoritária, assinale a alternativa correta acerca do inquérito policial, da prisão temporária e da participação do Ministério Público na investigação criminal.**

A. O inquérito policial é um procedimento administrativo, prevalecendo, na doutrina, o entendimento de que se devem observar todas as garantias ínsitas ao contraditório e à ampla defesa durante o inquérito policial, o que concede ao investigado, por exemplo, o direito à dialeticidade processual e à produção de provas.

B. Conforme o STJ, a participação de um membro do Ministério Público na fase de investigação criminal não acarreta o seu impedimento ou a sua suspeição para o oferecimento da denúncia.

C. Em casos teratológicos, o STF e o STJ têm admitido que a autoridade policial que preside o procedimento administrativo promova o arquivamento do inquérito policial perante o juiz.

D. O descumprimento do prazo previsto em lei para concluir o inquérito policial justifica, *ipso facto*, o relaxamento da prisão por excesso de prazo.

E. Após recente inovação legislativa, o prazo da prisão temporária foi unificado, independentemente de o crime ser hediondo ou a ele equiparado.

4. (Delegado de Polícia/CE/2015) Imagine que durante o curso de processo penal, e tendo como objetivo afastar o juiz da causa, o órgão do Ministério Público ou o defensor do acusado maneje uma queixa crime contra o juiz, a fim de buscar configurar uma inimizade capital. Nessa hipótese, a suspeição (CPP, art. 256):

A. Não poderá ser declarada e nem reconhecida.

B. Deverá ser reconhecida, impondo-se multa à parte que provocou a situação.

C. Deverá ser reconhecida, impondo-se o afastamento do processo e/ou multa à parte que provocou a situação.

D. Não poderá ser declarada, apenas reconhecida.

E. Não poderá ser reconhecida, apenas declarada.

5. (Juiz/PE/2015) Em relação às causas de impedimento do juiz no processo penal, previstas em lei, é correto afirmar que:

A. O magistrado que participou do julgamento do recebimento da denúncia na condição de desembargador convocado no Tribunal Estadual, em face de prerrogativa de foro, fica impedido de julgar a ação penal após a remessa ao primeiro grau em razão da perda do cargo do acusado.

B. O juiz pode exercer jurisdição no processo em que houver desempenhado função anterior de auxiliar da justiça, desde que declare expressamente tal circunstância nos autos.

C. Ocorre impedimento do juiz que tiver ordenado, antes de iniciada a ação penal, a produção antecipada de provas consideradas urgentes e relevantes.

D. Não está impedido de atuar no mesmo feito criminal o desembargador cujo genro, juiz de primeiro grau, recebeu, em parte, a denúncia.

E. Está impedido de receber a denúncia e processar a ação penal o juiz que homologou a delação premiada que serviu de base probatória para seu convencimento.

6. (Juiz/MS/2015) O juiz dar-se-á por suspeito

A. Ainda que a parte, propositadamente, no curso processual, der motivo para criar a suspeição.

B. Independentemente da arguição da parte, por declaração escrita, nos autos, apontando os motivos legais de sua suspeição.

C. Se for amigo íntimo ou inimigo capital de advogado da parte e perito judicial.

D. E praticará atos urgentes até nomeação de substituto legal, em homenagem ao princípio da celeridade processual.

E. Por motivo de foro íntimo, por declaração escrita, nos autos, apontando os motivos legais de sua suspeição.

7. (Procurador do Estado/BA/2014) O assistente de acusação, de acordo com a jurisprudência do STJ, não tem direito a manejar recurso de apelação que objetive o aumento da pena do sentenciado.

8. (Procurador do Estado/BA/2014) A interveniência do assistente de acusação não é permitida no curso do inquérito policial ou da execução penal.

9. (Delegado de Polícia/TO/2014) Suponha que o Delegado de Polícia seja amigo íntimo ou inimigo capital do investigado no inquérito policial. Neste caso, por se tratar de motivo legal, dispõe o Código de Processo Penal que a autoridade policial deverá declarar-se

A. Absolutamente incompetente.

B. Relativamente incompetente.

C. Impedida.

D. Suspeita.

10. (Delegado de Polícia Federal/2013) Considere que, no curso de inquérito policial em que se apure crime de ação pública incondicionada, quando da primeira remessa dos autos ao Poder Judiciário com solicitação de retorno para novas diligências, a vítima do delito requeira a sua habilitação nos autos como assistente de acusação. Nessa situação, o pedido deve ser negado, visto que a figura do assistente é admitida no processo somente após o recebimento da denúncia e antes do trânsito em julgado da sentença.

11. (Delegado de Polícia/SC/2014) De acordo com o Código de Processo Penal, assinale a alternativa correta.

A. Somente depois do interrogatório, nos casos da ação pública, poderá intervir, como assistente do Ministério Público, o ofendido ou seu representante legal.

B. Nenhum acusado, ainda que ausente ou foragido, será processado ou julgado sem defensor.

C. Ao corréu, no mesmo processo, será facultado intervir como assistente do Ministério Público.

D. A admissão do Assistente de Acusação será determinada pelo juiz independentemente de previamente ouvir o Ministério Público.

E. Da decisão que não admitir o Assistente de Acusação, caberá recurso, devendo, inclusive, constar dos autos o pedido e a decisão.

12. (Delegado de Polícia Civil/PE/2016) Em consonância com a doutrina majoritária e com o entendimento dos tribunais superiores, assinale a opção correta acerca dos sujeitos do processo e das circunstâncias legais relativas a impedimentos e suspeições.

A. As disposições relativas ao princípio do juiz natural são analogamente aplicadas ao MP.
B. No curso do inquérito policial, se for constatado que o delegado de polícia seja inimigo pessoal do investigado, este poderá opor exceção de suspeição, sob pena de preclusão do direito no âmbito de eventual ação penal.
C. O corréu pode atuar, no mesmo processo, como assistente da acusação do início da ação penal até seu trânsito em julgado, desde que autorizado pelo representante do parquet.
D. Poderá funcionar como perito no processo aquele que tiver opinado anteriormente sobre o objeto da perícia na fase de investigação criminal, em razão da especificidade da prova pericial.
E. A impossibilidade de identificação do acusado pelo seu verdadeiro nome ou por outros qualificativos que formalmente o individualize impede a propositura da ação penal, mesmo que certa a identidade física do autor da infração penal.

13. **(Delegado de Polícia Civil/GO/2016) Com relação a questões e processos incidentes, assinale a opção correta.**
A. Não poderá ser arguida a suspeição dos intérpretes.
B. Não poderá ser arguida a suspeição dos funcionários da justiça.
C. Não poderá ser arguida a suspeição do órgão do Ministério Público.
D. Não poderá ser arguida a suspeição das autoridades policiais nos atos do inquérito.
E. Não poderá ser arguida a suspeição dos peritos.

7.9. GABARITO E COMENTÁRIOS

QUESITO	ASSERTIVA CORRETA	JUSTIFICATIVA
01	C	Vide artigo 259 do Código de Processo Penal.
02	B	Vide artigo 261 do Código de Processo Penal.
03	B	Vide Súmula 234 do STJ.
04	A	Vide artigo 256 do CPP.
05	A	Vide artigo 252, III, do CPP.
06	B	Vide artigo 254 do CPP.
07	E	Vide tópico 7.5.
08	C	Vide artigos 268 e 269 do CPP.
09	D	Vide artigo 107 do CPP.
10	C	Vide artigos 268 e 269 do CPP.
11	B	Vide artigo 261 do CPP.
12	A	Trata-se do princípio do promotor natural, reconhecido pela doutrina majoritária. Vide tópico 7.2.
13	D	Vide tópico 7.7.

8

PROVAS

8.1. INTROITO

Sempre voltado ao foco do presente trabalho, estudaremos neste tópico a produção da prova no curso do inquérito policial. Traçarei breve introdução e, após, estudarei as provas em espécie.

Não será feito estudo pormenorizado das diversas classificações feitas pela doutrina de escol acerca da prova, vez que o interesse deste livro é se voltar à solução de questões práticas no curso do procedimento inquisitivo.

Conceituando, prova é o conjunto de atos praticados pelas partes, pelo juiz e por terceiros para conduzir o magistrado à convicção acerca da veracidade, falsidade, existência ou inexistência de um fato ou afirmação. No dizer de Luiz Francisco Torquato Avolio[1], prova "é o elemento integrador da convicção do juiz com os fatos da causa, daí sua relevância no campo do direito processual".

Acrescento, no que toca à colheita de provas no âmbito do inquérito policial, que o destinatário imediato destas na fase pré-processual é o titular da ação penal (Ministério Público ou querelante) e o mediato é o julgador (vide comentários acerca do valor probatório do inquérito).

8.2. FATOS QUE INDEPENDEM DE PROVA

8.2.1. Axiomáticos ou intuitivos: são os que por serem evidentes trazem, por simples observação, um grau de certeza que dispensa a prova;

1. AVOLIO, Luiz Francisco Torquato. **Provas Ilícitas – Interceptações telefônicas, ambientais e gravações clandestinas**, RT, 2010, página 30.

8.2.2. Notórios: são aqueles que fazem parte da cultura de uma sociedade, como por exemplo, datas importantes (ninguém precisa provar que 7 de setembro é o dia da independência);

8.2.3. Presunções legais: também não dependem de prova as presunções feitas pela própria lei, assim não é necessário provar que um menor de 18 anos não entendeu o caráter ilícito do seu ato, porque a própria lei o presume inimputável.

Os fatos incontroversos (os alegados por uma parte e admitidos pela outra como verdadeiros) precisam ser provados, porque diferente do processo civil, o processo penal exige a busca da verdade real e não a simples verdade admitida pelas partes. Também depende de prova a vigência do direito estadual, municipal, estrangeiro e costumeiro.

8.3. PROVAS ILÍCITAS E ILEGÍTIMAS

Nossa Constituição Federal repudia as provas obtidas por meios ilícitos (artigo 5º, LVI, da Constituição Federal). Não poderia ser diferente. A pretensa busca da verdade real não pode justificar vilipêndio a direitos e garantias individuais escritas com pena de ouro pelo legislador constituinte.

Há uma distinção feita pela doutrina entre prova ilícita e ilegítima. Na primeira, desrespeitam-se norma de cunho material, ou seja, direitos individuais são molestados na produção da prova. Na segunda há afronta ao modo de produção da prova, ou seja, violam-se normas procedimentais em sua produção. Ambas são proibidas (a *Lex Legum* não faz distinção entre elas).

A Lei 11.690/08 incluiu no Código de Processo Penal o repúdio às provas obtidas por meio ilícito (no artigo 157, do CPP). Referido mandamento determina que as provas, depois de preclusa a decisão que as reconheceu ilícitas, devem ser desentranhadas e inutilizadas (§ 3º, do artigo 157, do CPP).

No Brasil, a doutrina e a jurisprudência adotavam, majoritariamente, o repúdio ao fruto da árvore envenenada. Em outras palavras, a prova em si lícita, mas que é derivada de uma prova ilícita, também deve ser considerada ilícita por ter sido "contaminada" por esta. A partir de 2008, com a edição da lei acima mencionada, tal entendimento foi incrustado no Código de Processo Penal (no § 1º, do artigo 157, do CPP).

O próprio Código faz ressalvas à adoção da teoria acima mencionada. São duas: a falta de nexo de causalidade e a chamada "fonte independente" (o § 2º, do artigo 157, do CPP, cuidou de definir o que venha a ser fonte independente). Vejamos o dispositivo em comento em sua completude:

> Artigo 157. São inadmissíveis, devendo ser desentranhadas do processo, as provas ilícitas, assim entendidas as obtidas em violação a normas constitucionais ou legais.

> § 1º. São também inadmissíveis as provas derivadas das ilícitas, salvo quando não evidenciado o nexo de causalidade entre umas e outras, ou quando as derivadas puderem ser obtidas por uma fonte independente das primeiras.
>
> § 2º. Considera-se fonte independente aquela que por si só, seguindo os trâmites típicos e de praxe, próprios da investigação ou instrução criminal, seria capaz de conduzir ao fato objeto da prova.
>
> § 3º. Preclusa a decisão de desentranhamento da prova declarada inadmissível, esta será inutilizada por decisão judicial, facultando às partes acompanhar o incidente.

As exceções citadas são derivadas da doutrina norte-americana, que lista mais possibilidades de atenuação da teoria dos frutos da árvore envenenada. Socorro-me de Denílson Feitoza Pacheco, citado por Nestor Távora e Rosmar Rodrigues Alencar[2], que enumera tais limitações "como a limitação da fonte independente (*'independent source' limitation*), a limitação da descoberta inevitável (*'inevitable discovery' limitation*), e a limitação da 'contaminação expurgada' (*'purged taint' limitation*) ou, como também é denominada, limitação da conexão atenuada (*'attenuated connection' limitation*)".

Seguindo os passos delineados pelo brilhante ex-defensor público do Estado de Alagoas, Távora, não há nulificação do processo como um todo, seguindo a doutrina norte-americana, caso: a) exista prova lícita absolutamente independente de eventual prova ilícita carreada ao feito – obtenção por fonte independente (a existência de prova ilícita que não guarda nexo de causalidade com provas lícitas capazes de lastrear condenação não sugere anulação do feito); b) a prova que decorre da prova ilícita possa ser colhida como resultado de atos outros de investigação (é a descoberta inevitável, admitida pela legislação brasileira), porque finda por acabar com o nexo de causalidade que liga a prova ilícita à licitamente colhida (é reconhecer que prova viria aos autos independentemente da prova ilícita da qual derivou, porque a descoberta certamente adviria de outros meios de investigação lícitos); c) o nexo que liga a prova ilícita da lícita dela derivada seja tão tênue que se considera expurgado o vício (teoria não expressamente prevista na legislação pátria, mas que pode ser enquadrada no permissivo da ausência de nexo de causalidade); d) se perceba que os agentes estatais agiram de boa-fé, sem intenção patente de infringir a lei no curso da coleta da prova eventualmente ilícita (a teoria não encontra guarida na legislação pátria).

Percebe-se que a doutrina americana admite número maior de regras de exclusão (apenas duas destas foram inseridas textualmente no artigo 157, do CPP). Ainda assim, penso que nada impede a adoção das outras possibilidades (mesmo as não incrustadas de forma expressa no referido mandamento legal), em especial a última delas, a da boa-fé.

---

2. TÁVORA, Nestor e ALENCAR, Rosmar Rodrigues. **Obra acima citada**, página 355.

O tema é delicado, vez que estamos diante de relativização de direito constitucionalmente assegurado ao cidadão brasileiro (à inadmissibilidade da prova obtida por meio ilícito). Por essa razão, é preciso ter cautela ao analisar a possibilidade de aplicar as exceções à teoria dos frutos da árvore envenenada. As decisões acerca do afastamento da derivação da ilicitude devem ser tomadas caso a caso, a depender da situação concreta apresentada ao Estado-juiz. Nesta senda, cabe ao Estado-investigação tomar o máximo de cautela na colheita da prova, com o fito de que alhures não seja ela declarada ilícita, possibilitando eventualmente a não responsabilização do sabido autor de determinado delito.

Gravitam, ainda, em torno do tema aqui estudado, os princípios da proporcionalidade e da razoabilidade. Aqui a cautela deve ser ainda maior. Em síntese bastante apertada, é aceitar prova sabidamente ilícita ao argumento de que o bem jurídico protegido pela sua aceitação é mais relevante que o vilipendiado na produção da mesma.

A adoção de ditos princípios e, portanto, a acolhida de prova ilícita no curso do processo penal é admitida pela doutrina e pela jurisprudência tupiniquim em prol do acusado, para evitar funesta condenação de pessoa inocente. Neste sentido Guilherme de Souza Nucci[3].

Para Luiz Francisco Torquato Avolio[4]:

> A aplicação do princípio da proporcionalidade sob a ótica do direito de defesa, também garantido constitucionalmente, e de forma prioritária no processo penal, onde impera o princípio do favor rei é de aceitação praticamente unânime pela doutrina e jurisprudência.

Já a admissibilidade da proporcionalidade e da razoabilidade em prol da sociedade, para justificar condenação calcada em prova reconhecidamente ilícita é muito mais delicada. Não há espaço, no sistema processual penal calcado na Carta Magna de 1988, para fundamentar a admissibilidade de material probante sabidamente colhido ao arrepio da lei como pano de fundo de condenação criminal, ao pretenso argumento de que o seio social restará defendido. Trata-se de verdadeira inversão de valores. A sociedade será muito mais vilipendiada pelo Estado-juiz se este reconhecer que em tal situação os direitos escritos com pena de ouro pelo legislador constituinte podem ser afastados para suprir eventual falha do Estado-investigação na coleta de acervo probatório lícito, apto a lastrear justa imposição de pena (não confundir prova ilícita com direitos individuais superdimensionados – vide tópico 5.4). Neste senti-

3. NUCCI, Guilherme de Souza. **Obra acima citada**, página 36.
4. AVOLIO, Luiz Francisco Torquato. **Obra acima citada**, página 80.

do Guilherme de Souza Nucci[5] e Luiz Francisco Torquato Avolio[6]. Em sentido contrário Fernando Capez, que sentencia: "a prova, se imprescindível, deve ser aceita e admitida, a despeito de ilícita, por adoção do princípio da proporcionalidade, que deve ser empregada *pro reo* ou *pro societate*"[7].

Os meios investigativos devem evoluir de forma a detectar e reprimir as novas formas de praticar crimes. Não há espaço para, ao contrário, voltar no tempo e admitir métodos apuratórios arcaicos e à margem da legislação. Filio-me à conclusão exarada por Nestor Távora e Rosmar Rodrigues Alencar[8], para quem:

> A proporcionalidade invocada como capa da condenação acaba por remontar o discurso da possibilidade de exilar do manto constitucional algumas pessoas que, pelo grau de perigosidade, devem ser tratadas como verdadeiras inimigas do Estado, não cidadãs, e portanto, à margem do núcleo básico de proteção dos direitos individuais.

8.4. O SUPERDIMENSIONAMENTO DE DIREITOS INDIVIDUAIS E A ANULAÇÃO DE INVESTIGAÇÕES POLICIAIS NO ÂMBITO DOS TRIBUNAIS SUPERIORES

A condução do inquérito policial deve ser pautada pelo respeito às normas constitucionais e infraconstitucionais que o regem e o limitam. Em que pese inquisitivo por natureza e por definição, a produção de provas no seu curso deve observar as limitações impostas pelo respeito aos direitos e garantias individuais grafados com pena de ouro na *Lex Legum* e à forma de produção determinada pelo CPP e pela legislação processual penal extravagante.

Qualquer ação do Estado-investigação que fuja desse norte pode e deve ser entendida como ilegal e a prova dela resultante deverá ser tida como ilícita ou ilegítima (caso a violação atinja direitos individuais ou a forma prescrita para produção da prova, respectivamente). É o que determina o artigo 5º, LVI, da CF, corroborado pelo artigo 157, do CPP (dispositivos já analisados no item retro).

O destino da prova reputada ilícita é informado na cabeça do citado artigo 157, do CPP: desentranhamento do processo e posterior inutilização, como já mencionado supra.

---

5. NUCCI, Guilherme de Souza. **Obra acima citada**, página 35 e 36.
6. AVOLIO, Luiz Francisco Torquato. **Obra acima citada**, página 79.
7. CAPEZ, Fernando. **Obra acima citada**, páginas 352 e 353. O autor ressalva a prática de tortura, que afronta, segundo palavras suas "normas de direito natural" e que jamais pode ser admitida, seja para que fim for.
8. TÁVORA, Nestor e ALENCAR, Rosmar Rodrigues. **Obra acima citada**, página 361.

Feito esse breve introito (mera reafirmação de tópicos já estudados), cumpre alertar para o perigoso superdimensionamento dos direitos individuais em detrimento do interesse de toda sociedade em ver responsabilizados os autores do crime, tudo com vistas a evitar a temida sensação de impunidade hoje tão presente e que se mostra como uma das perniciosas molas propulsoras do delito.

Posicionamentos como os sustentados pelo Tribunal da Cidadania no HC 107285/RJ[9] (em que o STJ anulou condenação pelo crime de falsidade ideológica calcado no fato de que a autoridade policial não informou claramente à investigada do seu direito a não autoincriminação, quando da colheita de material gráfico para realização de perícia - vide itens 4.7.5 e 5.6.1) e no HC 191378/DF[10] (em que o mesmo STJ entendeu, em linhas gerais, que relatório do COAF - Conselho de Controle de Atividades Financeiras, do Ministério da Fazenda - não é documento hábil para lastrear quebra de sigilo fiscal, bancário e telefônico e que todas as provas resultantes e decorrentes das quebras deferidas pelo juízo competente deveriam ser anuladas, com fuste na teoria dos frutos da árvore envenenada) devem ser repensados. Diuturnamente são criadas amarras que engessam cada vez mais o trabalho investigativo exercido pela polícia judiciária.

Quanto ao primeiro *decisum*, cumpre remeter o leitor ao tópico 4.7.5 (há transcrição da ementa e listagem de críticas à mesma).

Em relação ao segundo aresto citado, cumpre fazer o seguinte questionamento: o que será melhor para lastrear um afastamento de sigilo bancário ou fiscal que um relatório de inteligência fornecido por um órgão estatal especializado no combate à lavagem de dinheiro (no caso concreto o COAF)? Penso que não há documento mais robusto. A quebra de sigilo fiscal e bancário e a posterior perícia realizada nos documentos por elas fornecidos é a melhor forma de identificar e lastrear o caminho percorrido pelo dinheiro em crimes contra a ordem tributária, contra o sistema financeiro, de lavagem de dinheiro e os que envolvem desvios de verbas públicas.

Aliás, quanto melhor a prova técnica baseada em dados reais fornecidos por instituições creditícias que eventuais ilações acerca da origem e destino do dinheiro feitas pelo aparelho policial.

Dizer que o cidadão que dilapida o patrimônio público não pode ter seu sigilo bancário e fiscal afastados pelo Estado-juiz diante de relatório feito por órgão estatal de inteligência é sepultar qualquer possibilidade de responsabilização da criminalidade organizada (que se esconde atrás de complexas transações financeiras, utilizando-se de 'laranjas' para encobrir seus delitos).

9. Relatado pela Ministra Laurita Vaz, julgado em 07/02/2011.
10. Relatado pelo Ministro Sebastião Reis Júnior, julgado em 15/09/2011, DJe em 05/12/2011.

Estamos diante de interpretações que incham sobremaneira os direitos individuais outorgados pela Carta da República e que findaram por desmantelar investigação que custaram aos cofres do Estado (investigações essas satisfatórias, porque efetivamente conseguiram identificar os autores dos crimes e colher provas que os incriminavam).

Se é certo que o Estado-juiz deve cuidar para que não sejam cometidos excessos no curso das investigações levadas a efeito pelo Estado-investigação, é igualmente fato que ele deve ser cauteloso com o fito de não superdimensionar direitos individuais em detrimento do interesse de toda sociedade, gerando, como dito supra, funesta sensação de impunidade.

Anos de investigação, dinheiro público e esmero na produção de provas robustas e técnicas não podem ser sumariamente descartados sob o argumento da proteção dos direitos individuais dos que se locupletam do erário e contribuem para o atraso do nosso país.

8.5. SISTEMAS DE APRECIAÇÃO DA PROVA

8.5.1. Ordálio ou sistema das provas irracionais: a decisão acerca da causa ficava a cargo de um ser sobrenatural, que era invocado por meio de provas a que era submetido o acusado. Segundo Válter Kenji Ishida[11], é "também chamado de juízos de Deus. Era empregado nas civilizações antigas, vigorando até a época das inquisições". Jogava-se, por exemplo, o acusado de um penhasco. Caso sobrevivesse, é porque era inocente.

8.5.2. Certeza moral do legislador: as provas eram valoradas pelo legislador, não dando espaço ao julgador para sopesá-las de acordo com seu entendimento. Aqui existe tarifação da prova. O legislador deixa claro, de forma prévia, qual prova tem maior prevalência em relação às outras. Exemplifico: o legislador fixa a confissão como prova prevalente (há entendimento no sentido de que há tarifação da prova em nosso ordenamento no artigo 155, parágrafo único do Código de Processo Penal - exigência de observância das restrições da lei civil quanto à prova relativa ao estado das pessoas).

8.5.3. Certeza moral do julgador ou íntima convicção: o julgador é livre na apreciação da prova e não precisa justificar sua decisão, que é tomada a seu bel-prazer (vigora entre nós apenas no Tribunal do Júri - os jurados votam e decidem sem necessidade de fundamentação).

8.5.4. Persuasão racional ou da livre convicção motivada: o juiz é livre na apreciação da prova, mas deve motivar suas decisões para que todos sai-

11. ISHIDA, Válter Kenji. **Processo Penal**, Atlas, 2010, página 127.

bam os motivos que o levaram a julgar daquela forma. É o adotado no Brasil, segundo expressa dicção do artigo 155 do CPP:

> Art. 155. O juiz formará sua convicção pela livre apreciação da prova produzida em contraditório judicial, não podendo fundamentar sua decisão exclusivamente nos elementos informativos colhidos na investigação, ressalvadas as provas cautelares, não repetíveis e antecipadas.

Astuta a observação de Guilherme de Souza Nucci[12] acerca do tópico aqui estudado:

> A livre apreciação da prova não significa a formação de uma livre convicção. A análise e a ponderação do conjunto probatório são desprendidas de freios e limites subjetivamente impostos, mas a convicção do julgador deve basear-se nas provas coletadas. Em suma, liberdade possui o juiz para examinar e atribuir valores às provas, mas está atrelado a elas no tocante à construção do seu convencimento em relação ao deslinde da causa. E, justamente por isso, espera-se do magistrado a indispensável fundamentação de sua decisão, expondo as razões pelas quais chegou ao veredicto absolutório ou condenatório, como regra.

8.6. SERENDIPIDADE

É o encontro fortuito de provas, possível no curso da materialização de medidas cautelares representadas no bojo da investigação criminal. Neste tópico é preciso enfrentar situação interessante: é possível utilizar documento/objeto/ligação/extrato/dado/prova que destoa da infração investigada no bojo do procedimento inquisitivo em que foi autorizada a busca domiciliar/interceptação telefônica/quebra de sigilo bancário/fiscal?

Suponha que, no cumprimento de busca domiciliar determinada no curso de inquérito instaurado para investigar crime de homicídio (para tentar a apreensão da arma do crime, por exemplo), o aparelho policial se depare com documentos que sugiram envolvimento do investigado em esquema criminoso de desvio de verbas públicas. Será que a apreensão de tal documentação é válida? A resposta é sim. Trata-se de encontro fortuito de provas, conhecido como fenômeno da serendipidade (também possível, como dito supra, em sede de quebra de sigilo bancário, fiscal, interceptação telefônica, dentre outras medidas cautelares).

O Superior Tribunal de Justiça já enfrentou o tema em várias oportunidades e a admissão da serendipidade é tranquila:

> DIREITO PROCESSUAL PENAL. LEGALIDADE DE INTERCEPTAÇÃO TELEFÔNICA DEFERIDA POR JUÍZO DIVERSO DAQUELE COMPETENTE PARA JULGAR A

12. NUCCI, Guilherme de Souza. **Obra acima citada**, página 20.

AÇÃO PRINCIPAL. A sentença de pronúncia pode ser fundamentada em indícios de autoria surgidos, de forma fortuita, durante a investigação de outros crimes no decorrer de interceptação telefônica determinada por juiz diverso daquele competente para o julgamento da ação principal. Nessa situação, não há que se falar em incompetência do Juízo que autorizou a interceptação telefônica, tendo em vista que se trata de hipótese de encontro fortuito de provas. Além disso, a regra prevista no art. 1º da Lei 9.296/1996, de acordo com a qual a interceptação telefônica dependerá de ordem do juiz competente da ação principal, deve ser interpretada com ponderação, não havendo ilegalidade no deferimento da medida por Juízo diverso daquele que vier a julgar a ação principal, sobretudo quando autorizada ainda no curso da investigação criminal. Precedente citado: RHC 32.525-AP, Sexta Turma, DJe 4/9/2013[13].

DIREITO PROCESSUAL PENAL. DESCOBERTA FORTUITA DE DELITOS QUE NÃO SÃO OBJETO DE INVESTIGAÇÃO. O fato de elementos indiciários acerca da prática de crime surgirem no decorrer da execução de medida de quebra de sigilo bancário e fiscal determinada para apuração de outros crimes não impede, por si só, que os dados colhidos sejam utilizados para a averiguação da suposta prática daquele delito. Com efeito, pode ocorrer o que se chama de fenômeno da serendipidade, que consiste na descoberta fortuita de delitos que não são objeto da investigação. Precedentes citados: HC 187.189-SP, Sexta Turma, DJe 23/8/2013; e RHC 28.794-RJ, Quinta Turma, DJe 13/12/2012[14].

O STF também admite a serendipidade (confira julgado[15] que diz respeito à apreensão de prova em poder de terceiro no curso de cumprimento de mandado de busca e apreensão):

> EMENTA Agravo Regimental. Busca domiciliar. Apreensão de bens em poder de terceiro. Admissibilidade. Morador do mesmo imóvel, alvo da busca, em que reside um dos investigados. Necessidade da medida abranger a totalidade do imóvel, ainda que diversas suas acessões, sob pena de se frustrarem os seus fins. Indícios, ademais, de um liame entre ambos. Bens apreendidos. Ausência de sua discriminação no mandado de busca. Irrelevância. Diligência que tinha por finalidade "apreender coisas achadas ou obtidas por meios criminosos", "descobrir objetos necessários à prova da infração ou à defesa do réu" e "colher qualquer elemento de convicção" (art. 240, § 1º, b, e e h, do Código de Processo Penal). Impossibilidade de indicação, ex ante, de todos os bens a serem apreendidos. Necessidade de se conferir certa margem de liberdade, no momento da diligência, à autoridade policial. Restituição de bens. Indeferimento. Objetos, componentes do corpo de delito, que têm relação com a investigação. Prova destinada ao esclarecimento dos fatos e suas circunstâncias (arts. 6º, II e III, do Código de Processo Penal). Possibilidade, inclusive, de decretação de sua perda em favor

13. STJ, REsp 1.355.432-SP, Rel. Min. Jorge Mussi, Rel. para acórdão Min. Marco Aurélio Bellizze, julgado em 21/8/2014 (Informativo 546, de 24 de setembro de 2014).
14. STJ, HC 282.096/SP, relator Min. Sebastião Reis Júnior, julgado em 24/4/2014 (Informativo 539, de 15 de maio de 2014).
15. STF, 1ª Turma, Pet 5173 AgR, rel. Min. Dias Toffoli, julgado em 30/09/2014, DJe-226 em 17/11/2014.

> da União. Recurso não provido. 1. O mandado de busca domiciliar deve compreender todas as acessões existentes no imóvel alvo da busca, sob pena de se frustrarem seus fins. 2. É admissível a apreensão de bens em poder de terceiro, morador do mesmo imóvel em que reside o investigado, quando interessarem às investigações, máxime diante de indícios de um liame entre ambos. 3. É inexigível a discriminação, no mandado de busca, de todos os bens a serem apreendidos, uma vez que dele constava a determinação para "apreender coisas achadas ou obtidas por meios criminosos", "descobrir objetos necessários à prova da infração ou à defesa do réu" e "colher qualquer elemento de convicção" (art. 240, § 1º, b, e e h, do Código de Processo Penal). 4. Dada a impossibilidade de indicação, ex ante, de todos os bens passíveis de apreensão no local da busca, é mister conferir-se certa discricionariedade, no momento da diligência, à autoridade policial. 5. Descabe a restituição de bens apreendidos em poder de terceiro quando ainda interessarem às investigações, por se destinarem ao esclarecimento dos fatos e de suas circunstâncias (arts. 6º, II e III, CPP), e diante da possibilidade de decretação de sua perda em favor da União. 6. Recurso não provido.

No informativo 869 (HC 129678/SP, rel. orig. Min. Marco Aurélio, red. p/ o ac. Min. Alexandre de Moraes, julgado em 13.6.2017), o Supremo Tribunal Federal reafirmou a licitude da descoberta fortuita de provas e que é possível utilizar as mesmas para demonstrar a existência do que denominou "crime achado" (a serendipidade possibilitou, nesse caso concreto, oferta e recebimento de denúncia e decretação de prisão preventiva do réu). Eis o texto do informativo:

> A Primeira Turma do Supremo Tribunal Federal, por maioria, indeferiu ordem de "habeas corpus" em que se discutia a ilicitude de provas colhidas mediante interceptação telefônica durante investigação voltada a apurar delito de tráfico internacional de drogas.
>
> No caso, o juízo de origem determinou a prisão preventiva do paciente em razão da suposta prática de homicídio qualificado. O impetrante sustentou a ilicitude das provas colhidas, a inépcia da denúncia e a falta de justa causa para o prosseguimento da ação penal.
>
> O Colegiado afirmou que a hipótese dos autos é de crime achado, ou seja, infração penal desconhecida e não investigada até o momento em que se descobre o delito. A interceptação telefônica, apesar de investigar tráfico de drogas, acabou por revelar crime de homicídio. Assentou que, presentes os requisitos constitucionais e legais, a prova deve ser considerada lícita. Ressaltou, ainda, que a interceptação telefônica foi autorizada pela justiça, o crime é apenado com reclusão e inexistiu o desvio de finalidade.
>
> No que se refere à justa causa, considerou presente o trinômio que a caracteriza: tipicidade, punibilidade e viabilidade. A tipicidade é observada em razão de a conduta ser típica. A punibilidade, em face da ausência de prescrição. E a viabilidade, ante a materialidade, comprovada com o evento morte, e a autoria, que deve ser apreciada pelo tribunal do júri.
>
> Vencido o ministro Marco Aurélio, que deferiu a ordem. Pontuou não haver justa causa e reputou deficiente a denúncia ante a narração do que seria a participação do paciente no crime.

8.7. AS PROVAS NOMINADAS PELO CÓDIGO DE PROCESSO PENAL

8.7.1. Perícias em geral e exame de corpo de delito: A prática delitiva, no mais das vezes, deixa vestígios (delitos não transeuntes). Corpo de delito são todos esses elementos sensíveis deixados pelo crime, sendo o exame de corpo de delito a perícia realizada em tais vestígios. Segundo Nucci[16], "é a prova pericial focada na materialidade da infração penal. Examina-se o vestígio material do delito, sob critério científico e técnico, permitindo-se extrair conclusão segura e confiável acerca da existência do delito".

O corpo técnico produzirá laudo pericial que será a representação da materialidade delitiva no inquérito policial e no processo – artigo 160 do CPP:

> Art. 160. Os peritos elaborarão o laudo pericial, onde descreverão minuciosamente o que examinarem, e responderão aos quesitos formulados.

O exame de corpo de delito é obrigatório, sob pena de nulidade do processo, não podendo suprir-lhe nem a confissão do acusado, conforme preceituado no artigo 158, do CPP. Trata-se de coletar a prova da existência do crime (para os delitos que deixam vestígios), que no dizer de Guilherme de Souza Nucci[17] é a "tipicidade penal no seu aspecto processual, vale dizer, sob o prisma do processo, concretiza-se a tipicidade, por meio da materialidade demonstrada da infração penal".

Os exames serão realizados por perito oficial (a sistemática anterior do CPP exigia dois peritos judiciais subscrevendo o laudo, entretanto o artigo 159 foi alterado pela Lei 11.690/08 e o número foi reduzido para apenas um). Para tratar da regulamentação pretérita do tema, o Pretório Excelso verberou a Súmula 361:

> Súmula 361 – No processo penal, é nulo o exame realizado por um só perito, considerando-se impedido o que tiver funcionado, anteriormente, na diligência de apreensão.

A discussão a respeito da matéria perdeu importância prática em face do CPP atualmente exigir apenas um perito oficial para realização do exame de corpo de delito. Referido verbete atualmente tem eco apenas no caso referido pelo § 1º, do artigo 159, do CPP – possibilidade da perícia ser feita por duas pessoas idôneas portadoras de diploma de nível superior, preferencialmente na área específica, caso não haja perito oficial (nesta hipótese, a realização de

16. NUCCI, Guilherme de Souza. **Obra acima citada**, página 49.
17. NUCCI, Guilherme de Souza. **Obra acima citada**, página 41.

exame de corpo de delito por apenas um perito não oficial ensejará a nulidade da prova).

No caso de não ser possível exame de corpo de delito direto, deve-se partir para o indireto. Tendo desaparecido totalmente os vestígios, a prova testemunhal supre-lhe a falta (artigo 167 do CPP).

Exame de corpo de delito indireto é o realizado em elementos acessórios, que não os vestígios deixados pelo crime (construído através de narrativa de pessoas que visualizaram o crime, prontuários médicos, fotografias, filmagens, dentre outras possibilidades). Também é objeto de laudo pericial.

No que toca à prova testemunhal, essa só pode ser admitida quando os vestígios deixarem de existir por circunstâncias outras que não a inação do Estado. Vale dizer, se o exame de corpo de delito não foi realizado por omissão estatal, não se pode admitir que tal falha venha a prejudicar o réu. A prova testemunhal como substituta do exame de corpo delito, nos termos do artigo 167 do CPP, não pode, nesta senda, ser invocada. A meu ver, deve ser reconhecida a ausência de materialidade delitiva em face do lapso, concluindo o juízo pela absolvição do réu.

Por isso a importância do estrito cumprimento, pela autoridade policial, do disposto no artigo 6º, I e VII, do CPP.

O exame de local de crime (artigo 169, do CPP) é grande aliado na tentativa de identificar os que cometeram o delito. Nele os peritos e papiloscopistas examinarão todas as alterações físicas deixadas pelo fenômeno delitógeno, tentando colher o máximo de elementos que auxiliem o delegado de polícia na busca dos autores do fato criminoso (revelação e colheita de impressões digitais, arrecadação e análise de vídeos gravados por circuito interno, materialização de exame cadavérico para constatar a causa da morte, dentre outras providências).

Alhures, seguindo a determinação do inciso II, do artigo 6º, do CPP, a autoridade deverá apreender todas as provas importantes ao deslinde da investigação, depois de liberada a cena do crime pelos peritos. Aqui se impõe a arrecadação e apreensão de objetos que possam auxiliar a apuração (arma do crime, cápsulas deflagradas, vestes, copo em que o autor do fato bebeu água, dentre outras possibilidades). A apreensão é obrigatória, mesmo que tais objetos sejam alvo de futura perícia. Vale dizer, deve ser documentada a entrada daquele item no corpo do inquérito, sendo posteriormente o mesmo encaminhado ao corpo técnico para ser periciado (lembrar que o inquérito é procedimento escrito – artigo 9º, do CPP).

Todas as perícias que forem possíveis para contribuir para a solução do crime devem ser materializadas. Ainda que, por exemplo, o investigado confesse ter falsificado determinada assinatura no bojo da investigação, é mister que o delegado colha material gráfico para realização de exame no documento questionado (se o investigado concordar em fornecê-lo – direito à não autoincriminação). Como dito supra, deve a autoridade cuidar para fazer constar no auto de fornecimento de material menção ao fato de que o investigado/indiciado foi cientificado do seu direito de não produzir prova contra si (evitando o resultado nefasto do já mencionado HC 107285/RJ, julgado pelo STJ e relatado pela Ministra Laurita Vaz).

Adiante se verá que a confissão é retratável e as versões dadas pelos investigados podem mudar ao sabor do tempo. Já a perícia é prova robusta, levada a efeito por corpo técnico preparado para bem desempenhar seu papel e que pode lastrear futura condenação, ainda que realizada no curso do inquérito e não repetida em juízo (parte final do artigo 155 do CPP – a prova será submetida ao contraditório diferido no curso da ação penal – vide tópico 4.12, referente ao valor probatório do inquérito policial).

Por fim, cumpre mencionar que o Brasil adotou o sistema liberatório em relação à análise do laudo pericial pelo juiz. Ele não está adstrito às conclusões dos peritos, podendo decidir de forma contrária ao mesmo, desde que calcado em provas outras que autorizem dita conclusão, inteligência do artigo 182, do CPP:

> Art. 182. O juiz não ficará adstrito ao laudo, podendo aceitá-lo ou rejeitá-lo, no todo ou em parte.

8.7.2. Interrogatório: tem natureza mista - é meio de prova e de defesa (autodefesa, na modalidade direito de audiência). É ato personalíssimo (só o indiciado/acusado pode ser interrogado), oral (mas reduzido a escrito) e não sujeito a preclusão (pode ser realizado a qualquer tempo e repetido - artigo 196 do CPP).

Em se tratando de interrogatório judicial, a presença de defensor é obrigatória. Como o foco desse trabalho é o inquérito policial, vejamos as peculiaridades deste ato no curso da investigação.

Em inquérito policial, só há que se falar em interrogatório quando o investigado já foi indiciado pela autoridade em despacho fundamentado (caso ainda não tenha sido indiciado, deve ser o investigado ouvido em termo de declarações). Estamos no âmbito de procedimento inquisitivo por natureza, destarte, não há que se falar em exigência de defensor para prática do ato (não que o acompanhamento do ato pelo advogado do indiciado será negado, apenas que não é necessário nomear advogado ou defensor público para acompanhar a audiência, nem se imporá adiamento do ato por não comparecimento do causídico).

Caso opte por comparecer ao seu interrogatório acompanhado de advogado, deverá ser garantido a este a análise dos autos e o direito de entrevista entre indiciado e seu causídico, antes do início efetivo da oitiva. O direito ao silêncio deve ser observado, nos termos do artigo 5º, LXIII, da Constituição

Federal e 186 do CPP (este não deve ser interpretado em desfavor do indiciado). É de se anotar a não recepção da parte final do artigo 198, do CPP (na parte que afirma que o silêncio poderá constituir elemento para formação do convencimento do juiz). Neste sentido Nucci[18].

João Cláudio Couceiro[19] adverte que "o direito ao silêncio abrange não só os interrogatórios formais, como também toda a oitiva do imputado realizada informalmente, perante qualquer autoridade com atribuição para investigar (delegado de polícia, promotor de justiça, ou qualquer outra autoridade administrativa, além do juiz de direito, evidentemente): sempre que for dada ao imputado a oportunidade de se manifestar, deve ser ele advertido de seu direito ao silêncio".

É de bom tom que o delegado de polícia consigne e efetivamente faça todas as perguntas que tenciona ver respondidas pelo indiciado, porque pode ser que este decida responder a apenas algumas delas, optando pelo direito ao silêncio em relação às outras.

O delegado tem poder para deferir ou não a formulação de quesitos (ou sugestão dos mesmos) pelo advogado, justamente pela natureza inquisitiva do procedimento.

Além do direito ao silêncio, é de bom tom deixar claro, uma vez mais, que o indiciado não presta compromisso de dizer a verdade, não podendo, por isso, ser sujeito ativo do crime capitulado no artigo 342 do Código Penal, caso falseie a verdade.

O indiciado tem ainda direito a não autoincriminação. Perspicaz a observação de Fernando da Costa Tourinho Filho[20] a esse respeito:

> A nossa Constituição Federal dispõe no art. 5º, II, que "ninguém será obrigado a fazer ou deixar de fazer alguma coisa senão em virtude de lei". Como não existe no nosso ordenamento nenhuma lei que obrigue a confessar prática de crime (*nemo tenetur se ipsum accusare*), o indiciado ou réu não está obrigado a declarar contra si mesmo.

A respeito dos direitos ao silêncio e à não incriminação, vale a pena a releitura do tópico 4.7.5 supra (inclusive acerca da consequência jurídica da mentira do indiciado/réu no curso do inquérito/processo).

Sempre que possível, em casos de maior repercussão, é interessante que o delegado de polícia filme o ato (de preferência dando ao indiciado a ciência

18. NUCCI, Guilherme de Souza. **Obra acima citada**, página 77.
19. COUCEIRO, João Cláudio. **A Garantia Constitucional do Direito ao Silêncio**, Revista dos Tribunais, 2004, página 192.
20. TOURINHO FILHO, Fernando da Costa. **Prática de Processo Penal**, Saraiva, 2010, página 300.

de que a oitiva está sendo gravada), de forma a evitar futuras alegações de vilipêndio à integridade física e/ou psíquica do interrogado (argumento comumente utilizado pela defesa na fase judicial, para desacreditar a confissão levada a efeito na fase pré-processual).

Outra providência interessante em casos mais delicados é solicitar a presença do órgão do Ministério Público à audiência de interrogatório (o membro do *Parquet* poderá aproveitar o ato para questionar o indiciado acerca de pontos que serão relevantes para formação de sua opinião acerca do delito, evitando futura cota requestando reinquirição do foco central da investigação).

Já foi dito supra que o inquérito policial, diferente do processo penal, não tem ordem de atos definida no CPP. Ainda assim, é de bom tom que o delegado de polícia tente fazer com que a oitiva do investigado/indiciado seja o último ato do apuratório (isso fará com que a autoridade tenha uma noção exata acerca de toda prova produzida no curso do feito, com elementos de convicção suficientes para indiciar ou não o investigado).

Segue-se no ato do interrogatório a forma prescrita pelo artigo 187, do CPP, com primeira fase de questionamentos acerca da pessoa do indiciado (qualificação) e posteriormente com perguntas sobre os fatos apurados. Cumpre anotar que o direito ao silêncio não se estende à qualificação. No dizer de Nucci[21], esta (a qualificação) "é obtida para garantir a segurança processual e do próprio sistema judiciário, evitando-se que um inocente seja levado ao cárcere em lugar do verdadeiro culpado. Não fornecer a qualificação ou ministrá-la falsamente não é direito do réu, nem faz parte, de modo algum, do direito à ampla defesa".

Caso o indiciado resida em comarca diferente daquela em que tramita o inquérito, deve o delegado de polícia expedir carta precatória, solicitando a oitiva do mesmo, consignando nela as perguntas a serem feitas, solicitando cópia de seu documento de identidade (cuja juntada nos autos do inquérito é necessária, de acordo com o parágrafo único, do artigo 3º, da Lei 12.037/09) e instruindo-a com as cópias das peças do apuratório que entenda necessárias à materialização da medida pela autoridade deprecada.

Cumpre mencionar que a Lei 11.900/09 inseriu no CPP a possibilidade da realização de interrogatório judicial por videoconferência (§§ 2º a 9º, do artigo 185 do CPP) – não há óbice à utilização de tal ferramenta na fase investigatória.

Importante salientar, como já dito supra, que o § 10, do artigo 185 (com redação dada pela Lei 13.257/16), do CPP determina que no interrogatório deverá constar a informação sobre a existência de filhos, respectivas idades e

21. NUCCI, Guilherme de Souza. **Obra acima citada**, página 77.

se possuem alguma deficiência e o nome e o contato de eventual responsável pelos cuidados dos filhos, indicado pela pessoa presa.

Por fim, é preciso que se diga que autoridades referidas no artigo 221 do CPP não têm a prerrogativa de agendar dia, hora e local para serem ouvidas quando figuram como investigadas/indiciadas no bojo do inquérito policial. É que tal direito só é conferido quando tais personagens figuram como testemunhas no feito (basta observar a posição do referido artigo no Caderno Processual Pátrio – o mesmo está incrustrado no capítulo VI, do título VII, do CPP, que trata da prova testemunhal).

De igual sorte (e pela mesma razão declinada supra), as autoridades referidas no § 1º, do artigo 221, do CPP, não têm a prerrogativa de prestar declarações ou de serem interrogadas por escrito, quando figurarem como investigados ou indiciados no bojo de apuratórios criminais.

8.7.3. Confissão: trata-se de ato personalíssimo (só o indiciado/acusado pode fazê-lo), retratável (a qualquer tempo) e divisível (o indiciado/acusado pode confessar apenas parte da prática delitiva, confessar o fato, mas levantar causa excludente de ilicitude, dentre outras possibilidades).

Os artigos 197 e seguintes do CPP demonstram a cautela do legislador com o instituto da confissão. Outrora a rainha das provas, buscada a todo custo e por métodos muitas vezes ilegais, a confissão é apenas um dos meios probantes admitidos no caderno processual e tem o mesmo valor das outras provas eventualmente coligidas no curso do feito. Vejamos expressão do pensamento aqui relativizado, na lição de Manoel Messias Barbosa[22]:

> A confissão é a melhor das provas. Na verdade, a rainha delas. Daí porque Garraud afirmou com sabedoria que "os antigos consideravam a confissão como a prova por excelência, a rainha das provas, a única que podia assegurar num processo criminal a consciência do Juiz e permitir-lhe, sem escrúpulos, como sem remorso, pronunciar o castigo capital". E Hélio Tornaghi acrescentou: "realmente, a confissão atendível é um raio de luz que ilumina todos os escaminhos dos crimes mais misteriosos, dissipa as dúvidas, orienta as ulteriores investigações e conforta de um só passo os escrúpulos do Juiz e as preocupações da justiça dos homens de bem".

Melhor seguir o entendimento de Nucci[23], para quem:

> A confissão deve ser vista com cautela, mas não pode ser automaticamente considerada falsa ou verdadeira, de forma plena e absoluta. Se confessou, quer alguma vantagem. Se confessou, sofreu tortura. Se confessou, é louco. Se confessou, é realmente culpado. Todas as hipóteses sugeridas podem ser falsas ou verdadei-

22. BARBOSA, Manoel Messias. **Obra acima citada**, página 47.
23. NUCCI, Guilherme de Souza. **Obra acima citada**, página 71.

> ras, cabendo ao juiz investigar e extrair suas conclusões, sem dissimuladas premissas. O importante é compreender que o réu pode colaborar com a instrução criminal, confessando a prática do crime, se desejar.

A confissão não pode ser alçada à condição de prova plena (como afirmado supra), nem tampouco completamente desprezada (ainda que produzida na fase pré-processual). Nesse sentido Edilson Mougenot Bonfim[24]:

> Inegável a existência de uma pequena corrente doutrinária e jurisprudencial que procura atribuir, nos processos comuns, nenhum valor probante às confissões extrajudiciais. Trata-se, por certo, menos de lógica jurídica, mais de pura e injustificada discriminação; preconceitos, acerbos e tricas aos quais, aliás já aludimos. Por conseguinte, algum valor deve ser atribuído ao interrogatório policial e sua eventual confissão.

Os tempos modernos não admitem a prática de qualquer tipo de pressão, tortura ou coação no sentido de forçar o investigado a confessar a prática delitógena. A polícia tem a sua disposição uma infinidade de outros meios de demonstrar a responsabilidade de determinado investigado em face do cometimento de determinado delito. Anote-se que constranger alguém com emprego de violência ou grave ameaça, causando-lhe sofrimento físico ou mental, com o fim de obter informação, declaração ou confissão da vítima ou de terceira pessoa é crime tipificado na Lei 9.455/97 (que pune o crime de tortura).

Diz-nos Nucci[25], "evitando-se a maculada extração da confissão por um método reprovável, é preciso que a autoridade interrogante aja com imparcialidade e sobriedade, levando sua sinceridade até o exagero". E prossegue, "a serenidade, a mansuetude, a receptividade e até mesmo uma certa postura passiva são atributos necessários ao interrogante".

Como já declina supra, o delegado, mesmo diante de confissão, deve buscar meios outros de prova, aptos a bem fundamentar a inicial acusatória a ser confeccionada pelo titular da ação penal (solicitar perícias, ouvir testemunhas, determinar reprodução simulada dos fatos, dentre outras diligências).

8.7.4. Declarações do ofendido: é a vítima. Sua versão acerca dos fatos é importante para o deslinde da investigação[26]. Mesmo diante de tal constatação, suas declarações devem ser interpretadas com cautela pela autoridade policial, vez que suas impressões podem ser distorcidas pelo nervosismo e pelo medo, tão naturais quando se é sujeito passivo de um delito.

24. BONFIM, Edilson Mougenot. **Júri: do inquérito ao plenário,** Saraiva, 2012, página 63.
25. NUCCI, Guilherme de Souza. **Obra acima citada**, página 90.
26. Sobre a oitiva de criança/adolescente vítima de crime, leia o tópico 4.7.4 (acerca da Lei 13.431/17).

O Código de Processo Penal determina que o ofendido não preste compromisso (será ouvido em termo de declarações – artigo 201, do referido diploma) e, caso minta, não pode ser processado por crime de falso testemunho.

A vítima pode ser conduzida coercitivamente, caso não compareça à audiência designada pela autoridade policial (§ 1º, do artigo 201, do CPP). Ao contrário do quanto dito em relação ao indiciado, é de bom tom que a vítima seja das primeiras pessoas a serem ouvidas no curso do inquérito, para que se tente colher elementos como características do autor do fato, armas usadas pelos criminosos, veículos usados no crime, dentre outros aspectos.

A Lei 11.690/2008 inseriu no CPP rede de proteção (ainda incipiente) à vítima (a ser observada pelo magistrado no curso do processo). Vejamos o artigo 201 do CPP por inteiro:

> Art. 201. Sempre que possível, o ofendido será qualificado e perguntado sobre as circunstâncias da infração, quem seja ou presuma ser o seu autor, as provas que possa indicar, tomando-se por termo as suas declarações.
>
> § 1º Se, intimado para esse fim, deixar de comparecer sem motivo justo, o ofendido poderá ser conduzido à presença da autoridade.
>
> § 2º O ofendido será comunicado dos atos processuais relativos ao ingresso e à saída do acusado da prisão, à designação de data para audiência e à sentença e respectivos acórdãos que a mantenham ou modifiquem.
>
> § 3º As comunicações ao ofendido deverão ser feitas no endereço por ele indicado, admitindo-se, por opção do ofendido, o uso de meio eletrônico.
>
> § 4º Antes do início da audiência e durante a sua realização, será reservado espaço separado para o ofendido.
>
> § 5º Se o juiz entender necessário, poderá encaminhar o ofendido para atendimento multidisciplinar, especialmente nas áreas psicossocial, de assistência jurídica e de saúde, a expensas do ofensor ou do Estado.
>
> § 6º O juiz tomará as providências necessárias à preservação da intimidade, vida privada, honra e imagem do ofendido, podendo, inclusive, determinar o segredo de justiça em relação aos dados, depoimentos e outras informações constantes dos autos a seu respeito para evitar sua exposição aos meios de comunicação.

8.7.5. Prova testemunhal: Em um primeiro plano, cumpre deixar claro que toda pessoa pode ser testemunha (artigo 202, do CPP).

A testemunha presta compromisso de dizer a verdade, na forma do artigo 203 do CPP, podendo ser sujeito ativo do crime de falso testemunho caso minta (artigo 342 do Código Penal).

O ato é oral na origem, sendo reduzido a termo (a testemunha não pode levar o seu depoimento por escrito, mas pode fazer consulta a apontamentos – artigo 204, do CPP). É materializado por meio de termo de depoimento e o compromisso de dizer a verdade deve estar claro nele.

No curso do inquérito não há número máximo ou mínimo de testemunhas. O delegado deve ouvir tantas quantas existam e sejam suficientes para o esclarecimento dos fatos apurados.

Diferente do processo, onde o acusado deve estar presente, como regra, no momento da ouvida das testemunhas, no curso do inquérito o depoimento destas não é acompanhado pelo investigado/indiciado (estamos no bojo de procedimento inquisitivo).

Algumas autoridades nominadas pelo CPP têm o direito de agendar dia, hora e local para serem ouvidas (artigo 221, caput, do diploma referido). A autoridade policial deve, caso se depare com essa situação, expedir ofício à autoridade solicitando a marcação da audiência.

Militares devem ser requisitados à autoridade superior (por meio de ofício). Funcionários públicos devem ter seu comparecimento solicitado ao órgão respectivo.

Apenas o presidente e o vice-presidente da República e os presidentes do Senado, da Câmara e do Supremo Tribunal Federal podem prestar testemunho por escrito (§ 1º, do artigo 221 do CPP).

A testemunha faltosa poderá: ser conduzida coercitivamente; pagar multa; custear a diligência; ser processada por desobediência (artigo 219 do CPP).

Não há fixação pelo CPP da quantidade de intimações que devem ser expedidas antes da condução coercitiva da testemunha. Isso deve ser resolvido pela autoridade diante de cada caso concreto (é importante que o delegado faça juntar nos autos do inquérito o(s) mandado(s) de intimação devidamente assinado(s) pela testemunha faltante, de forma a justificar a severa medida).

Caso a testemunha resida em comarca diferente daquela em que tramita o inquérito, deve o delegado de polícia expedir carta precatória solicitando a oitiva da mesma, consignando nela as perguntas a serem feitas e instruindo-a com as cópias das peças do apuratório que entenda necessárias à materialização da medida pela autoridade deprecada.

Repito aqui o quanto desenhado supra quando ao interrogatório. Em casos de maior repercussão, sempre que possível, é interessante que o delegado de polícia filme o depoimento da testemunha (de preferência informando-a acerca da gravação). A providência empresta maior verossimilhança ao quanto declinado pelo oitivado. A sugestão quanto à solicitação da presença de órgão do MP nas principais audiências de oitiva de testemunhas também é boa providência no curso de investigações mais rumorosas.

Por fim, cumpre deixar claro que não é vedado que o policial seja admitido como testemunha. Nesse sentido julgado do Tribunal da Cidadania[27]:

27. STJ, AgRg no Ag 1158921/SP, 6ª Turma, rel. Min. Maria Thereza de Assis Moura, DJe 01/06/2011.

> É assente nesta Corte o entendimento de que são válidos os depoimentos dos policiais em juízo, mormente quando submetidos ao necessário contraditório e corroborados pelas demais provas colhidas e pelas circunstâncias em que ocorreu o delito. Incidência do enunciado 83 da Súmula desta Corte.

Guilherme de Souza Nucci[28] assevera acerca do tema que "o policial pode e deve prestar seu depoimento, mas o magistrado deve ter cautela necessária na sua avaliação. Os pontos fundamentais precisam ser sopesados, extraindo-se os excessos e coibindo-se as propositadas carências de informes".

8.7.6. Reconhecimento de pessoas e coisas: trata-se de diligência de fundamental importância no curso da investigação.

Seguindo a sistemática do Código de Processo Penal, em primeiro lugar deve o reconhecedor descrever a coisa ou pessoa a ser reconhecida; a seguir a coisa ou pessoa, se possível, será colocada lado a lado com outras semelhantes; depois o reconhecedor será convidado a apontar o reconhecido; ao fim, será lavrado auto pormenorizado, que será assinado por duas testemunhas presenciais, pelo reconhecedor, pela autoridade e pelo escrivão que o lavrou (é a mecânica do artigo 226, do CPP).

É de se notar que a jurisprudência tupiniquim não tem nulificado reconhecimentos levados a efeito em flagrante desrespeito à forma legalmente determinada. Vejamos aresto do Superior Tribunal de Justiça[29]:

> De acordo com o entendimento desta Corte Superior, a suposta inobservância das formalidades previstas no art. 226 do Código de Processo Penal não enseja nulidade do ato de reconhecimento do paciente em sede policial se o édito condenatório está fundamentado em idôneo conjunto fático probatório, produzido sob o crivo do contraditório, que asseste a autoria do ilícito ao paciente.

Deve-se atentar para o permissivo do inciso III, do artigo 226, do CPP, que autoriza que a autoridade faça com que o reconhecido não veja o reconhecedor, caso o contato direto entre ambos cause intimidação ao último (providência não possível no curso do processo, nos termos do parágrafo único do mesmo artigo 226). O ideal é que a delegacia de polícia conte com sala específica para reconhecimento, de forma a garantir, caso necessário, a materialização de dita providência.

Apesar de não ser previsto no CPP, o reconhecimento fotográfico é admitido e deve, sempre que possível, seguir a mesma sistemática do reconhecimento de pessoas e coisas. Segundo Nucci[30], "cuida-se de meio de prova inominado,

28. NUCCI, Guilherme de Souza. **Obra acima citada**, página 169.
29. STJ, HC 184214/DF, 5ª Turma, rel. Min. Jorge Mussi, DJe 01/06/2011.
30. NUCCI, Guilherme de Souza. **Obra acima citada**, página 185.

porém lícito, vez que não contraria expressamente qualquer norma constitucional ou legal". No mesmo sentido Edilson Mougenot Bonfim[31]. Vejamos julgado do Tribunal da Cidadania[32] pela admissão do meio de prova em espeque:

> A jurisprudência desta Corte tem se posicionado no sentido da validade do reconhecimento fotográfico, desde que não seja utilizado de forma isolada, mas se coadune com os demais elementos constantes dos autos.

É interessante que o delegado advirta o reconhecedor acerca da importância e das consequências do ato (o fato de alguém ser reconhecido como pretenso autor de um fato delituoso certamente o torna o foco central das investigações), para que o reconhecimento tenha resultados positivos para o apuratório. Devem ser rechaçados, nesta senda, percentuais de certeza acerca do reconhecimento (reconheceu com 80% de certeza, por exemplo), reconhecimento apenas com base em compleição física ou detalhes físicos muito comuns – cor do cabelo, dos olhos, dentre outros aspectos.

Por fim, cumpre deixar claro que retrato falado não é reconhecimento de pessoa. Adverte-nos Válter Kenji Ishida[33] que este é "o desenho da face do criminoso. Devido a sua precariedade não é tido como meio de prova, mas apenas como instrumento auxiliar das investigações".

8.7.7. Acareação: significa colocar frente a frente pessoas que têm versões conflitantes acerca de um mesmo fato. Existem diversas possibilidades: entre testemunhas, entre testemunha e declarante, entre investigados, dentre outras. A disciplina legal se avista nos artigos 229 e 230, do CPP.

Não tem grande resultado prático. Em geral os acareados mantêm as versões apresentadas e a dúvida persiste. Neste sentido Válter Kenji Ishida[34]. Melhor é tentar colher provas outras que demonstrem que determinado personagem mentiu.

8.7.8. Documentos: o Código adotou o conceito estrito de documento, limitando-se a considerar como tal apenas os escritos (artigo 232). No curso do inquérito policial (foco deste trabalho) podem ser juntados, apensados e apreendidos documentos.

Via de regra, podemos dizer que são juntados os documentos que tiverem qualquer vinculação com o fato investigado (ofícios de órgãos públicos, laudos periciais, dentre outros). Devem ser apensados aos autos principais procedi-

31. BONFIM, Edilson Mougenot. **Obra acima citada**, página 80.
32. STJ, HC 191503/BA, 5ª Turma, rel. Min. Gilson Dipp, DJe 01/08/2011.
33. ISHIDA, Válter Kenji. **Obra acima citada**, página 142.
34. ISHIDA, Válter Kenji. **Obra acima citada**, página 151.

mentos administrativos que interessem ao deslinde do apuratório. Merecem ser apreendidos documentos que façam parte do corpo de delito (o original de documento contrafeito, por exemplo). É interessante que apenas cópias destes papéis sejam encartadas aos autos, encaminhando-se os documentos apreendidos ao depósito do cartório da unidade policial (atentar para realização de perícia nos mesmos, sempre que possível), para evitar a deterioração do objeto do crime.

8.7.9. Indícios: é quando se conclui, por indução, a existência de um fato a partir de outro. São definidos no artigo 239, do CPP. São suficientes para representar prisão, busca e apreensão, interceptação telefônica, promoção de indiciamento de investigado, oferecimento de denúncia e decisão de pronúncia.

Segundo Nucci[35], "são meios de prova indiretos. Não demonstram nada por si sós, pois são dependentes de outros elementos. Sua importância é inegável nos tempos atuais, quando, cada vez mais, o processo penal moderno necessita de instrumentos eficientes para, respeitando a intimidade e os direitos fundamentais alheios, produzir prova da culpa".

Para lastrear condenação, é necessária sua conjugação com provas, ainda que mínimas, que indiquem que o acusado praticou ou teve participação no crime apurado.

Ainda de acordo com Nucci[36], "não se deve desprezar a prova indiciária, tão somente pelo fato de se tratar de prova indireta. Por vezes, é mais segura que qualquer prova direta".

8.8. BUSCA E APREENSÃO

Tem assento legal nos artigos 240 e seguintes do CPP. Pode ser pessoal, veicular e domiciliar. A primeira é levada a efeito quando houver fundada suspeita que o indivíduo porte arma, munições ou drogas, para apreender coisas achadas ou obtidas por meios criminosos, instrumentos de falsificação ou de contrafação e objetos falsificados ou contrafeitos, instrumentos utilizados na prática de crime ou destinados a fim delituoso, descobrir objetos necessários à prova de infração ou à defesa do réu, apreender cartas, abertas ou não, destinadas ao acusado ou em seu poder, quando haja suspeita de que o conhecimento do seu conteúdo possa ser útil à elucidação do fato ou colher qualquer elemento de convicção.

A busca pessoal prescinde de mandado de busca expedido por autoridade judiciária, sendo necessária apenas a já afirmada fundada suspeita de que o sujeito porte qualquer dos objetos acima apontados (artigo 244, do CPP). É de

35. NUCCI, Guilherme de Souza. **Obra acima citada**, página 201.
36. NUCCI, Guilherme de Souza. **Obra acima citada**, página 202.

anotar que a busca pessoal feita em mulher deve ser feita, preferencialmente, por outra mulher (artigo 249 do CPP).

A busca em veículo deve ter a mesma dinâmica da busca pessoal, bastando mera suspeita de que no interior do carro se transporte objeto ilícito. É de se ressaltar que caso o veículo se destine à morada, deve ele ser equiparado a domicílio (reclamando expedição de mandado judicial para busca em seu interior). Neste sentido Nucci[37].

Na busca domiciliar, há que ser observado o inciso XI, do artigo 5º, da Lei Maior:

> Art. 5º. (...)
>
> (...)
>
> XI – a casa é asilo inviolável do indivíduo, ninguém nela podendo penetrar sem consentimento do morador, salvo em caso de flagrante delito ou desastre, ou para prestar socorro, ou, durante o dia, por determinação judicial;

O artigo transcrito consagra o direito à inviolabilidade de domicílio, que só pode ceder diante de: a) consentimento do morador; b) flagrante delito; c) desastre; d) para prestar socorro; e) durante o dia, por determinação judicial. Nas quatro primeiras situações, pode-se adentrar em residência alheia a qualquer hora.

A autorização de um dos moradores serve ao ingresso do aparelho policial na residência. É de bom tom que tal autorização seja documentada (é aconselhável que a equipe policial tenha sempre em mãos formulário em branco de autorização para entrada em domicílio, a ser preenchido com os dados do morador que permitiu a entrada e a ser por este assinado). Franqueada a entrada, a polícia está devidamente autorizada a adentrar na casa.

Sendo a situação flagrancial, a entrada do aparelho policial na residência é franqueada pelo permissivo constitucional acima descrito – artigo 5º, XL, da *Lex Mater* (inteligência do artigo 303 do CPP). Por óbvio, é preciso extrema cautela na checagem da verossimilhança da notícia de crime, com o fito de evitar prática de abusos (ingresso em casa errada, por exemplo) ou nulidade da prisão e das provas levantadas (veja decisões transcritas abaixo). Nessa esteira (análise de ingresso do aparelho policial em casa, em situação flagrancial), importante transcrever decisão do Pretório Excelso em Recurso Extraordinário[38] com repercussão geral:

> A entrada forçada em domicílio sem mandado judicial só é lícita, mesmo em período noturno, quando amparada em fundadas razões, devidamente justifica-

37. NUCCI, Guilherme de Souza. **Obra acima citada**, página 211.
38. STF, RE 603616/RO, rel. Min. Gilmar Mendes, j. 05/11/2015.

> das a posteriori, que indiquem que dentro da casa ocorre situação de flagrante delito, sob pena de responsabilidade disciplinar, civil e penal do agente ou da autoridade, e de nulidade dos atos praticados.

Nesta toada, o Tribunal de Justiça do Rio Grande do Sul vem entendendo que é preciso que o aparelho policial tenha certeza da existência da situação flagrancial antes de adentrar na residência do suspeito (mesmo que se detecte prática de crime permanente no interior da casa, se não havia convicção do cometimento do delito antes da entrada, haverá, segundo entendimento pretoriano, ilicitude da prova eventualmente apreendida na diligência e o relaxamento da prisão se imporá):

> APELAÇÃO CRIME. TRÁFICO DE DROGAS. POSSE ILEGAL DE ARMA DE FOGO. ILICITUDE PROBATÓRIA. ABSOLVIÇÃO DECRETADA. Nos termos do disposto no artigo 5º, XI, da CF, o ingresso dos policiais no âmbito domiciliar, quando nos casos de flagrante delito, exige certeza anterior quanto à situação de flagrante. A mera suspeita da prática delitiva autoriza exclusivamente a realização de diligências e a representação por mandado judicial de busca. Precedentes da Câmara. No caso, os policiais militares, ao que tudo indica sabedores da existência da arma de fogo, abordaram o acusado quando este retornava para casa, instando-o sobre suspeitas de envolvimento com delitos patrimoniais e sobre eventual posse de arma, o que foi negado. Então, ingressaram no domicílio para realização de busca domiciliar, sem mandado judicial. Eventual autorização assinada pelo réu – o que por este é negada em juízo – não torna lícita a busca realizada fora das hipóteses autorizadas na própria Constituição Federal. Irrenunciabilidade, como regra, dos direitos fundamentais. Restrições que devem observar o determinado em lei. Ilicitude material da apreensão da droga e da arma de fogo que contamina o restante do produzido na persecução penal. Apelo provido[39].

Note-se que no caso acima apresentado, houve autorização do investigado para ingresso do aparelho policial, o que foi desconsiderado pelo areópago.

Eis decisão do Superior Tribunal de Justiça no mesmo sentido (em razão da complexidade da construção, reproduzo todo o acórdão):

> RECURSO ESPECIAL. TRÁFICO DE DROGAS. FLAGRANTE. DOMICÍLIO COMO EXPRESSÃO DO DIREITO À INTIMIDADE. ASILO INVIOLÁVEL. EXCEÇÕES CONSTITUCIONAIS. INTERPRETAÇÃO RESTRITIVA. INVASÃO DE DOMICÍLIO PELA POLÍCIA. NECESSIDADE DE JUSTA CAUSA. NULIDADE DAS PROVAS OBTIDAS. TEORIA DOS FRUTOS DA ÁRVORE ENVENENADA. ABSOLVIÇÃO DO AGENTE. RECURSO NÃO PROVIDO. 1. O art. 5º, XI, da Constituição Federal consagrou o direito fundamental relativo à inviolabilidade domiciliar, ao dispor que "a casa é asilo inviolável do indivíduo, ninguém nela podendo penetrar sem consenti-

39. TJ/RS, Apelação Crime Nº 70067115550, Terceira Câmara Criminal, Relator: Sérgio Miguel Achutti Blattes, julgado em 10/12/2015.

mento do morador, salvo em caso de flagrante delito ou desastre, ou para prestar socorro, ou, durante o dia, por determinação judicial". 2. A inviolabilidade de sua morada é uma das expressões do direito à intimidade do indivíduo, o qual, na companhia de seu grupo familiar espera ter o seu espaço de intimidade preservado contra devassas indiscriminadas e arbitrárias, perpetradas sem os cuidados e os limites que a excepcionalidade da ressalva a tal franquia constitucional exigem. 3. O ingresso regular de domicílio alheio depende, para sua validade e regularidade, da existência de fundadas razões (justa causa) que sinalizem para a possibilidade de mitigação do direito fundamental em questão. É dizer, somente quando o contexto fático anterior à invasão permitir a conclusão acerca da ocorrência de crime no interior da residência é que se mostra possível sacrificar o direito à inviolabilidade do domicílio. 4. O Supremo Tribunal Federal definiu, em repercussão geral, que o ingresso forçado em domicílio sem mandado judicial apenas se revela legítimo - a qualquer hora do dia, inclusive durante o período noturno - quando amparado em fundadas razões, devidamente justificadas pelas circunstâncias do caso concreto, que indiquem estar ocorrendo, no interior da casa, situação de flagrante delito (RE n. 603.616/RO, Rel. Ministro Gilmar Mendes) DJe 8/10/2010). 5. O direito à inviolabilidade de domicílio, dada a sua magnitude e seu relevo, é salvaguardado em diversos catálogos constitucionais de direitos e garantias fundamentais, a exemplo da Convenção Americana de Direitos Humanos, cujo art. 11.2, destinado, explicitamente, à proteção da honra e da dignidade, assim dispõe: "Ninguém pode ser objeto de ingerências arbitrárias ou abusivas em sua vida privada, em sua família, em seu domicílio ou em sua correspondência, nem de ofensas ilegais à sua honra ou reputação." 6. A complexa e sofrida realidade social brasileira sujeita as forças policiais a situações de risco e à necessidade de tomada urgente de decisões no desempenho de suas relevantes funções, o que há de ser considerado quando, no conforto de seus gabinetes, realizamos os juízes o controle posterior das ações policiais. Mas, não se há de desconsiderar, por outra ótica, que ocasionalmente a ação policial submete pessoas a situações abusivas e arbitrárias, especialmente as que habitam comunidades socialmente vulneráveis e de baixa renda. 7. Se, por um lado, a dinâmica e a sofisticação do crime organizado exigem uma postura mais enérgica por parte do Estado, por outro, a coletividade, sobretudo a integrada por segmentos das camadas sociais mais precárias economicamente, também precisa sentir-se segura e ver preservados seus mínimos direitos e garantias constitucionais, em especial o de não ter a residência invadida, a qualquer hora do dia, por policiais, sem as cautelas devidas e sob a única justificativa, não amparada em elementos concretos de convicção, de que o local supostamente seria um ponto de tráfico de drogas, ou que o suspeito do tráfico ali se homiziou. 8. A ausência de justificativas e de elementos seguros a legitimar a ação dos agentes públicos, diante da discricionariedade policial na identificação de situações suspeitas relativas à ocorrência de tráfico de drogas, pode fragilizar e tornar írrito o direito à intimidade e à inviolabilidade domiciliar. 9. Tal compreensão não se traduz, obviamente, em transformar o domicílio em salvaguarda de criminosos, tampouco um espaço de criminalidade. Há de se convir, no entanto, que só justifica o ingresso no domicílio alheio a situação fática emergencial consubstanciadora de flagrante delito, incompatível com o aguardo do momento adequado para, mediante mandado judicial, legitimar a entrada na residência ou local de abrigo. 10. Se é verdade que o art. 5º, XI, da Constituição Federal, num primeiro momento, parece exigir a emergência da situação para autorizar o ingresso em domicílio alheio sem prévia autorização judicial - ao elencar hipóteses excepcionais como o flagrante delito, casos de desastre ou prestação de socorro -, também é certo que nem todo crime permanente denota essa emergência. 11. Na hipótese sob exame, o acusado estava em local supostamente conhecido como ponto de venda de drogas, quando, ao avistar a guarnição de policiais, refugiou-se dentro de sua casa, sendo certo que, após revista em seu domicílio, foram encontradas substâncias entorpecentes (18 pedras de crack). Havia, consoante se demonstrou, suspeitas vagas sobre eventual tráfico de drogas perpetrado pelo réu, em razão, única e exclusivamente, do local em que ele estava no momento em que policiais militares realizavam patrulhamento de rotina e em virtude de seu comportamento de correr para sua residência, conduta que pode explicar-se por diversos motivos, não necessariamente o de que o suspeito cometia, no momento, ação caracterizadora de mercancia ilícita de drogas. 12. A mera intuição acerca de eventual traficância praticada pelo recorrido, embora pudesse autorizar abordagem policial, em via pública, para averiguação, não configura, por si só, justa causa a autorizar o ingresso em seu domicílio, sem o consentimento do morador - que deve ser mínima e seguramente comprovado - e sem determinação judicial. 13. Ante a ausência de normatização que oriente e regule o ingresso em domicílio alheio, nas hipóteses excepcionais previstas no Texto Maior, há de se aceitar com muita reserva a usual afirmação - como ocorreu na espécie - de que o morador anuiu livremente ao ingresso dos policiais para a busca domiciliar, máxime quando a diligência não é acompanhada de qualquer preocupação em documentar e tornar imune a dúvidas a voluntariedade do consentimento. 14. Em que pese eventual boa-fé dos policiais militares, não havia elementos objetivos, seguros e racionais, que justificassem a invasão de domicílio. Assim, como decorrência da Doutrina dos Frutos da Árvore Envenenada (ou venenosa, visto que decorre da fruits of the poisonous tree doctrine, de origem norte-americana), consagrada no art. 5º, LVI, da nossa Constituição da República, é nula a prova derivada de conduta ilícita - no caso, a apreensão, após invasão desautorizada do domicílio do recorrido, de 18 pedras de crack -, pois evidente o nexo causal entre uma e outra conduta, ou seja, entre a invasão de domicílio (permeada de ilicitude) e a apreensão de drogas. 15. Recurso especial não provido, para manter a absolvição do recorrido[40].

Assim é que, nos termos dos acórdãos acima transcritos, é preciso que a polícia demonstre que havia indícios da prática de crime permanente no interior da residência e que tais elementos indiciários foram constatados antes do ingresso do aparelho policial na casa (essa demonstração pode ser ulterior à entrada e detenção do autor do fato – pode constar na narrativa do condutor e das testemunhas, no corpo do auto de prisão em flagrante, por exemplo).

Quanto à busca domiciliar fruto de cumprimento de ordem judicial, é preciso, inicialmente, pontuar que a medida cautelar de busca e apreensão

40. STJ, 6ª. Turma, REsp 1574681/RS, rel. Min. Rogerio Schietti Cruz, julgado em 20/04/2017, DJe em 30/05/2017.

é grande arma posta ao alcance da polícia judiciária para coleta de provas do cometimento de crimes. Ela pode ser representada pelo delegado de polícia, requerida pelo Ministério Público ou decretada de ofício pelo juízo competente. Trataremos especificamente da representação elaborada pela autoridade policial, em face do foco do presente trabalho.

O delegado deve expedir ofício (ou confeccionar petição) ao juízo, representando pela decretação da medida, encaminhando em anexo toda prova já produzida que indique que na residência ou empresa alvo da diligência poderá ser arrecadado o material descrito no artigo 240, § 1º, do CPP.

Ao representar, sempre que possível, o delegado deverá limitar o que tenciona buscar no local, cuidando de solicitar ainda que o juízo autorize, de logo, realização de perícia nos documentos, computadores, HDs, telefones e mídias apreendidos (prefiro fazer constar expressamente na representação pleito objetivando o acesso a todos os dados porventura existentes no material a ser apreendido, por cautela). Veja aresto[41] que trata do tema (acesso a dados armazenados em telefone celular apreendido no curso de busca domiciliar judicialmente determinada):

> PROCESSUAL PENAL. OPERAÇÃO "LAVA-JATO". MANDADO DE BUSCA E APREENSÃO. APREENSÃO DE APARELHOS DE TELEFONE CELULAR. LEI 9296/96. OFENSA AO ART. 5º, XII, DA CONSTITUIÇÃO FEDERAL. INOCORRÊNCIA. DECISÃO FUNDAMENTADA QUE NÃO SE SUBORDINA AOS DITAMES DA LEI 9296/96. ACESSO AO CONTEÚDO DE MENSAGENS ARQUIVADAS NO APARELHO. POSSIBILIDADE. LICITUDE DA PROVA. RECURSO DESPROVIDO. I - A obtenção do conteúdo de conversas e mensagens armazenadas em aparelho de telefone celular ou smartphones não se subordina aos ditames da Lei 9296/96. II - O acesso ao conteúdo armazenado em telefone celular ou smartphone, quando determinada judicialmente a busca e apreensão destes aparelhos, não ofende o art. 5º, inciso XII, da Constituição da República, porquanto o sigilo a que se refere o aludido preceito constitucional é em relação à interceptação telefônica ou telemática propriamente dita, ou seja, é da comunicação de dados, e não dos dados em si mesmos. III - Não há nulidade quando a decisão que determina a busca e apreensão está suficientemente fundamentada, como ocorre na espécie. IV - Na pressuposição da ordem de apreensão de aparelho celular ou smartphone está o acesso aos dados que neles estejam armazenados, sob pena de a busca e apreensão resultar em medida írrita, dado que o aparelho desprovido de conteúdo simplesmente não ostenta virtualidade de ser utilizado como prova criminal. V - Hipótese em que, demais disso, a decisão judicial expressamente determinou o acesso aos dados armazenados nos aparelhos eventualmente apreendidos, robustecendo o alvitre quanto à licitude da prova. Recurso desprovido.

É de bom tom que o delegado determine que seus agentes levantem de forma pormenorizada a residência objeto da diligência (com fotografias, inclu-

41. STJ, 5ª Turma, RHC 75.800/PR, rel. Min. Felix Fischer, julgado em 15/09/2016, DJe em 26/09/2016

sive), de forma a individualizá-la da forma mais clara possível. A um só tempo a diligência servirá para melhor planejar a ação (saber quantas entradas e saídas a casa possui, se há vizinhos, altura do muro, se há câmeras de segurança, dentre outros fatos importantes quando do cumprimento da ordem pleiteada) e, ainda, para que se limite a medida (que é mitigadora de direito fundamental) apenas ao imóvel descrito de forma exaustiva na representação.

Nesta toada, a meu ver, não há como representar por expedição de mandado de busca e apreensão domiciliar genérico. Não se pode olvidar da possibilidade de que exista objeto proibido ou que se traduza em prova de crime em mais de uma residência (na casa do investigado, de sua mãe e de seu irmão, por exemplo). Nada impede que o delegado represente de forma fundamentada a busca em todos os endereços, demonstrando as razões fáticas que indicam a necessidade da medida restritiva em todos os locais. Isso não autoriza, entrementes, que se defira, por exemplo, mandado de busca e apreensão em face de todas as casas da rua tal. Ou nas residências da favela tal. A mim me parece que essa medida atenta contra o direito individual à inviolabilidade de domicílio, grafado na *Lex Mater*.

Sintetizando os parágrafos supra, é cuidar de seguir os exatos termos delineados pelo artigo 243, incisos I e II, do CPP:

> Art. 243. O mandado de busca deverá:
>
> I – indicar, o mais precisamente possível, a casa em que será realizada a diligência e o nome do respectivo proprietário ou morador; ou, no caso de busca pessoal, o nome da pessoa que terá de sofrê-la ou os sinais que a identifiquem;
>
> II – mencionar o motivo e os fins da diligência;

Expedindo o mandado de busca e apreensão pela autoridade judiciária, deve o delegado de polícia cuidar de cumprir a ordem. Detalhes que devem ser observados para o cumprimento de toda e qualquer busca: a) anúncio de que se trata de cumprimento de busca, com leitura do mandado para o responsável pelo local objeto da medida (caso este recalcitre, o aparelho policial está autorizado a forçar a entrada, cuidando para que a medida seja efetivamente cumprida); b) depois de atestada a segurança do local, devem ser arregimentadas duas testemunhas que acompanharão o cumprimento da medida; c) cumprimento da busca, com confecção de auto circunstanciado de arrecadação (no qual deve constar a identificação dos executores da medida, nome e qualificação das duas testemunhas que a tenham acompanhado, listagem dos objetos arrecadados e final assinatura de todos – autoridade, agentes, escrivão, testemunhas e responsável pela residência); d) finda a diligência, deve o auto de arrecadação ser assinado por todos, sendo uma via passada ao responsável pela residência. Este é o resumo prático das determinações contidas no artigo 245, do CPP. Anote-se que mesmo em caso de nada ter sido arrecadado ou caso se perceba, por exemplo, que o investigado se mudou, deve o auto circunstanciando ser confeccionado, deixando claro todos esses detalhes.

Já na delegacia, deve a autoridade policial fazer triagem no sentido de identificar quais dos objetos arrecadados devem ser efetivamente apreendidos em auto próprio (há diferença ontológica entre arrecadar e apreender – apenas o que efetivamente importar como prova para a investigação deve ser apreendido formalmente, sendo o resto devolvido mediante termo de entrega ao dono/responsável), armazenados no depósito da delegacia ou encaminhados à perícia, se for o caso.

O cumprimento de busca em local sensível (investigação ligada a tráfico de drogas ou roubo a banco, por exemplo) deve ser executado por grupamento especializado e as providências de efetivamente buscar meios de prova e convocar testemunhas para acompanhar a diligência só devem ser feitas quando se constatar que o local está efetivamente seguro.

Em caso de busca a ser materializada em escritórios de advocacia, deve-se comunicar a OAB local, para que designe um representante para acompanhar a diligência (sugestiono, para assegurar o sigilo e o sucesso da diligência, que o aparelho policial ingresse no local da busca e, só então, faça a comunicação à representação local da OAB para acompanhamento – a busca só deve ser iniciada com a chegada do causídico indicado para acompanhá-la).

Findo todo o procedimento acima descrito, deve o juízo que determinou a busca ser comunicado do cumprimento da medida (via ofício), devendo-lhe ser enviada cópia do auto circunstanciado de busca.

8.9. A RESTITUIÇÃO DE COISAS APREENDIDAS

Os artigos 118 e seguintes, do Código de Processo Penal tratam da restituição de coisas apreendidas. O inquérito policial é procedimento escrito, destarte, todos os objetos que ingressam no feito devem ser formalmente apreendidos em auto próprio. Por vezes, a coisa apreendida não é imprescindível à investigação, seja porque não constitui efetiva prova do crime, seja porque não é mais necessária à mesma (já foi analisada ou periciada e não necessita permanecer apreendida até o término do inquérito). Nestes casos, pode o interessado perquirir a restituição do objeto apreendido.

A coisa apreendida pode ser restituída pela autoridade policial ou pelo juiz. Acerca do tema, vejamos o artigo 120 do CPP:

> Art. 120. A restituição, quando cabível, poderá ser ordenada pela autoridade policial ou juiz, mediante termo nos autos, desde que não exista dúvida quanto ao direito do reclamante.
>
> § 1º Se duvidoso esse direito, o pedido de restituição autuar-se-á em apartado, assinando-se ao requerente o prazo de 5 (cinco) dias para a prova. Em tal caso, só o juiz criminal poderá decidir o incidente.
>
> § 2º O incidente autuar-se-á também em apartado e só a autoridade judicial o resolverá, se as coisas forem apreendidas em poder de terceiro de boa-fé, que

> será intimado para alegar e provar o seu direito, em prazo igual e sucessivo ao do reclamante, tendo um e outro dois dias para arrazoar.
>
> § 3º Sobre o pedido de restituição será sempre ouvido o Ministério Público.
>
> § 4º Em caso de dúvida sobre quem seja o verdadeiro dono, o juiz remeterá as partes para o juízo cível, ordenando o depósito das coisas em mãos de depositário ou do próprio terceiro que as detinha, se for pessoa idônea.
>
> § 5º Tratando-se de coisas facilmente deterioráveis, serão avaliadas e levadas a leilão público, depositando-se o dinheiro apurado, ou entregues ao terceiro que as detinha, se este for pessoa idônea e assinar termo de responsabilidade.

A restituição pode ser determinada pela autoridade policial quando induvidosa a propriedade do item a ser devolvido. É importante que o delegado de polícia exija prova cabal da propriedade, representada por documento hábil a demonstrar o domínio (nota fiscal, CRLV, dentre outros). Esta prova documental de propriedade deve ser devidamente juntada aos autos do inquérito (cópia dela), com o fito de dar lastro ao despacho da autoridade que determina a devolução da coisa. Decidindo pela devolução, o delegado deve despachar de forma fundamentada e mandar confeccionar termo de entrega do bem, no qual este será devidamente individualizado e será declinada a qualificação completa do recebedor (é de bom tom que se junte aos autos cópia do documento de identidade deste).

Em caso de dúvida acerca da propriedade do bem apreendido, conforme declinado no artigo transcrito supra, a decisão acerca da restituição caberá ao juiz (§ 1º, do artigo 120, do CPP).

É de se anotar que o artigo 11 do CPP determina que os instrumentos do crime, bem como os objetos que interessarem ao inquérito devem acompanhá-lo, quando da sua remessa à Justiça. Vejamos o teor do dispositivo:

> Art. 11. Os instrumentos do crime, bem como os objetos que interessarem à prova, acompanharão os autos do inquérito.

Aliás, afora os bens que efetivamente interessarem à investigação, é de bom tom que não permaneçam apreendidos objetos inúteis ao esclarecimento do fato apurado. Bens apreendidos deterioram, podem ser furtados, danificados e por isso podem trazer grande dissabor para os policiais envolvidos com sua guarda e conservação. Por isso, como já declinado supra, é interessante que a destinação das coisas apreendidas seja decidida o mais rápido possível (destruição do que pode ser destruído, devolução do que pode ser devolvido e encaminhamento à Justiça do que efetivamente interessar ao feito, quando do término do inquérito, tudo por escrito).

8.10. MEDIDAS ASSECURATÓRIAS

O Código de Processo Penal prevê três medidas cautelares destinadas a proteger a reparação do prejuízo sofrido pelo ofendido em face da prática do crime (o artigo 91, I, do Código Penal, afirma ser efeito automático da condenação o dever de reparar o dano sofrido pela vítima): a) o sequestro; b) a hipoteca legal; c) o arresto.

No dizer de Alexandre Cebrian e Victor Gonçalves[42]:

> Todas essas medidas têm natureza cautelar, daí porque sua aplicação subordina-se à constatação de que há risco de dano na demora da entrega da prestação jurisdicional (periculum in mora) e de que há razoável probabilidade de ser acolhida a pretensão reparatória (fumus boni juris[43]).

Os autores prosseguem:

> Elas ensejam, ademais, a formação de um procedimento incidente, cujos autos, uma vez realizadas as medidas precautórias e sobrevindo sentença penal condenatória, serão remetidos ao juízo cível perante o qual o ofendido propuser a execução ex delito (art. 143 do CPP)[44].

Importante salientar que o artigo 141 do CPP reza que "o arresto será levantado ou cancelada a hipoteca, se, por sentença irrecorrível, o réu for absolvido ou julgada extinta a punibilidade".

Chamo a atenção do leitor para três leis especiais que tratam de medidas assecuratórias: a Lei 11.343/06 (tráfico de drogas - artigos 60 a 64), a Lei 13.260/16 (terrorismo - artigos 12 a 15) e a Lei 13.344/16 (tráfico de pessoas - artigo 8º).

8.10.1. Sequestro

O sequestro é medida assecuratória que pode recair sobre bens imóveis (tal qual disciplinado no artigo 125 do CPP) ou móveis (vide artigo 132 do CPP) que tenham sido adquiridos com os proventos da infração penal. É preciso salientar, como bem anotado por Alexandre Cebrian e Victor Gonçalves "que não se sujeitam ao sequestro, porém, os bens móveis que sejam produtos diretos da infração, pois passíveis de busca e apreensão"[45].

Nos termos do artigo 127 do CPP, o sequestro pode ser decretado pelo juiz, de ofício, ou a requerimento do Ministério Público, do ofendido, ou mediante representação da autoridade policial, em qualquer fase do processo ou ainda antes de oferecida a denúncia ou queixa (no curso do inquérito policial).

---

42. REIS, Alexandre Cebrian Araújo e GONÇALVES, Victor Eduardo Rios. **Obra acima citada**, página 227.
43. Artigo 126 do CPP.
44. REIS, Alexandre Cebrian Araújo e GONÇALVES, Victor Eduardo Rios. **Obra acima citada**, página 227.
45. REIS, Alexandre Cebrian Araújo e GONÇALVES, Victor Eduardo Rios. **Obra acima citada**, página 228.

O sequestro deverá ser autuado em apartado, nos termos do artigo 129 do CPP. Admitem-se embargos de terceiro. Realizado o sequestro de bens imóveis, o juiz mandará inscrevê-lo no registro de imóveis. Nos termos do artigo 130 do CPP:

> Art. 130. O seqüestro poderá ainda ser embargado:
>
> I – pelo acusado, sob o fundamento de não terem os bens sido adquiridos com os proventos da infração;
>
> II – pelo terceiro, a quem houverem os bens sido transferidos a título oneroso, sob o fundamento de tê-los adquirido de boa-fé.
>
> Parágrafo único. Não poderá ser pronunciada decisão nesses embargos antes de passar em julgado a sentença condenatória.

Reza o artigo 131 do CPP, acerca do levantamento do sequestro:

> Art. 131. O seqüestro será levantado:
>
> I – se a ação penal não for intentada no prazo de sessenta dias, contado da data em que ficar concluída a diligência;
>
> II – se o terceiro, a quem tiverem sido transferidos os bens, prestar caução que assegure a aplicação do disposto no art. 74, II, *b*, segunda parte, do Código Penal;
>
> III – se for julgada extinta a punibilidade ou absolvido o réu, por sentença transitada em julgado.

O artigo 133 do CPP determina que "transitada em julgado a sentença condenatória, o juiz, de ofício ou a requerimento do interessado, determinará a avaliação e a venda dos bens em leilão público". Nos termos do parágrafo único, do mesmo artigo, do dinheiro apurado, o que não couber ao lesado ou terceiro de boa-fé, será recolhido ao Tesouro Nacional.

Por fim, cumpre salientar que a decisão que decreta ou indefere o sequestro é atacável por recurso de apelação, nos termos do artigo 593, II, do CPP.

8.10.2. Hipoteca legal

Essa medida assecuratória incide sobre bens imóveis do autor do fato para satisfação do dano causado pelo delito e pagamento de despesas judiciais. Pode ser requerida pelo ofendido no curso do processo ou do inquérito policial, em que pese o artigo 134 do CPP falar apenas daquele momento, esquecendo-se deste (filio-me ao entendimento de Alexandre Cebrian e Victor Gonçalves[46], que citam e se apoiam na docência de Tourinho Filho e Guilherme de Souza Nucci).

46. REIS, Alexandre Cebrian Araújo e GONÇALVES, Victor Eduardo Rios. **Obra acima citada**, página 231.

É importante a leitura dos artigos 134 (legitimidade, momento para requerimento e requisitos) e 135 (procedimento), ambos do CPP:

> Art. 134. A hipoteca legal sobre os imóveis do indiciado poderá ser requerida pelo ofendido em qualquer fase do processo, desde que haja certeza da infração e indícios suficientes da autoria.
>
> Art. 135. Pedida a especialização mediante requerimento, em que a parte estimará o valor da responsabilidade civil, e designará e estimará o imóvel ou imóveis que terão de ficar especialmente hipotecados, o juiz mandará logo proceder ao arbitramento do valor da responsabilidade e à avaliação do imóvel ou imóveis.
>
> § 1º A petição será instruída com as provas ou indicação das provas em que se fundar a estimação da responsabilidade, com a relação dos imóveis que o responsável possuir, se outros tiver, além dos indicados no requerimento, e com os documentos comprobatórios do domínio.
>
> § 2º O arbitramento do valor da responsabilidade e a avaliação dos imóveis designados far-se-ão por perito nomeado pelo juiz, onde não houver avaliador judicial, sendo-lhe facultada a consulta dos autos do processo respectivo.
>
> § 3º O juiz, ouvidas as partes no prazo de dois dias, que correrá em cartório, poderá corrigir o arbitramento do valor da responsabilidade, se lhe parecer excessivo ou deficiente.
>
> § 4º O juiz autorizará somente a inscrição da hipoteca do imóvel ou imóveis necessários à garantia da responsabilidade.
>
> § 5º O valor da responsabilidade será liquidado definitivamente após a condenação, podendo ser requerido novo arbitramento se qualquer das partes não se conformar com o arbitramento anterior à sentença condenatória.
>
> § 6º Se o réu oferecer caução suficiente, em dinheiro ou em títulos de dívida pública, pelo valor de sua cotação em Bolsa, o juiz poderá deixar de mandar proceder à inscrição da hipoteca legal.

A hipoteca legal deve ser processada em apartado (artigo 138 do CPP). O artigo 141 determina que a hipoteca será cancelada se, por sentença irrecorrível, o réu for absolvido ou julgada extinta a punibilidade. O artigo 143 informa que "passando em julgado a sentença condenatória, serão os autos de hipoteca ou arresto remetidos ao juiz do cível".

8.10.3. Arresto

O arresto se destina a atacar o patrimônio adquirido de forma lítica pelo autor do fato. Pode ser manejado com foco em imóveis (como ato preparatório à hipoteca legal – artigo 136 do CPP) e bens móveis (nos termos do artigo 137 do CPP). Vejamos os dispositivos:

> Art. 136. O arresto do imóvel poderá ser decretado de início, revogando-se, porém, se no prazo de 15 (quinze) dias não for promovido o processo de inscrição da hipoteca legal.

> Art. 137. Se o responsável não possuir bens imóveis ou os possuir de valor insuficiente, poderão ser arrestados bens móveis suscetíveis de penhora, nos termos em que é facultada a hipoteca legal dos imóveis.
>
> § 1º Se esses bens forem coisas fungíveis e facilmente deterioráveis, proceder-se-á na forma do § 5º do art. 120.
>
> § 2º Das rendas dos bens móveis poderão ser fornecidos recursos arbitrados pelo juiz, para a manutenção do indiciado e de sua família.

O arresto se processa em apartado (artigo 138 do CPP) e deve ser requerido pelo ofendido (ou por seu representante legal ou por seus herdeiros). É preciso observar que o artigo 142 do CPP padece de inconstitucionalidade progressiva, vez que o órgão com atribuição constitucional para promover em juízo os interesses do cidadão pobre é a Defensoria Pública (o MP só poderá agir na defesa da vítima pobre, se não houver defensor público na localidade).

Os artigos 141 e 143 também se aplicam ao arresto.

8.10.4. Alienação antecipada

Caso os bens estejam sujeitos a deterioração, depreciação ou sejam de difícil guarda, no bojo de medidas cautelares reais, é possível materializar a alienação antecipada dos mesmos, nos termos do artigo 144-A do CPP:

> Art. 144-A. O juiz determinará a alienação antecipada para preservação do valor dos bens sempre que estiverem sujeitos a qualquer grau de deterioração ou depreciação, ou quando houver dificuldade para sua manutenção.
>
> § 1º O leilão far-se-á preferencialmente por meio eletrônico.
>
> § 2º Os bens deverão ser vendidos pelo valor fixado na avaliação judicial ou por valor maior. Não alcançado o valor estipulado pela administração judicial, será realizado novo leilão, em até 10 (dez) dias contados da realização do primeiro, podendo os bens ser alienados por valor não inferior a 80% (oitenta por cento) do estipulado na avaliação judicial.
>
> § 3º O produto da alienação ficará depositado em conta vinculada ao juízo até a decisão final do processo, procedendo-se à sua conversão em renda para a União, Estado ou Distrito Federal, no caso de condenação, ou, no caso de absolvição, à sua devolução ao acusado.
>
> § 4º Quando a indisponibilidade recair sobre dinheiro, inclusive moeda estrangeira, títulos, valores mobiliários ou cheques emitidos como ordem de pagamento, o juízo determinará a conversão do numerário apreendido em moeda nacional corrente e o depósito das correspondentes quantias em conta judicial.
>
> § 5º No caso da alienação de veículos, embarcações ou aeronaves, o juiz ordenará à autoridade de trânsito ou ao equivalente órgão de registro e controle a expedição de certificado de registro e licenciamento em favor do arrematante, ficando este livre do pagamento de multas, encargos e tributos anteriores, sem prejuízo de execução fiscal em relação ao antigo proprietário.

§ 6º O valor dos títulos da dívida pública, das ações das sociedades e dos títulos de crédito negociáveis em bolsa será o da cotação oficial do dia, provada por certidão ou publicação no órgão oficial.

8.11. INCIDENTE DE INSANIDADE MENTAL

Nos termos do artigo 149 do CPP, quando houver dúvida acerca da integridade mental do indiciado/acusado, o juiz ordenará, no curso do inquérito policial ou do processo, realização de exame médico-legal para sanar a dúvida.

Nos termos do artigo retromencionado, o juiz poderá determinar a realização do exame de ofício, a requerimento do Ministério Público, do defensor, do curador, do ascendente, descendente, irmão ou cônjuge do acusado, ou atendendo a representação do delegado de polícia (no curso do inquérito policial).

O procedimento será autuado em apartado (será apensado ao feito principal após a confecção do laudo, nos termos do artigo 153 do CPP) e o juiz deverá nomear curador ao indiciado/acusado (este poderá ser o próprio advogado/defensor público). Eventual omissão na nomeação de curador constitui nulidade que demanda prova do prejuízo (relativa). O juiz deverá determinar a suspensão da ação penal e a nomeação de dois peritos para materialização do exame, notificando as partes para oferta dos quesitos (caso o incidente seja levantado no curso do inquérito, os quesitos serão elaborados pelo juiz, pelo MP e pelo delegado). O laudo deve ser concluído em até 45 dias, salvo se os peritos demonstrarem a necessidade de prorrogação deste prazo (artigo 150, § 1º, do CPP).

A depender da conclusão dos peritos, três são os caminhos possíveis: a) caso o indiciado/réu seja considerado imputável, o processo/inquérito prosseguirá normalmente; b) caso os peritos concluam pela inimputabilidade ou semi-imputabilidade, o processo/inquérito seguirá seu curso normal, com a nomeação de curador ao indiciado/acusado, nos termos do artigo 151 do CPP; c) caso se perceba que a doença mental é posterior à prática delitiva, o processo continuará suspenso, aguardando o restabelecimento do acusado ou o advento da prescrição (o juiz poderá determinar a internação do acusado, nos termos do artigo 152, § 1º, do CPP).

Se a doença mental ocorrer no curso da execução penal, o juiz, de ofício, a requerimento do MP ou da autoridade administrativa, poderá determinar a substituição da pena por medida de segurança, nos moldes do artigo 183 da Lei de Execução Penal.

Não custa lembrar que o laudo pericial não vincula o juiz (vide artigo 182 do CPP) e que no incidente não há decisão final: apresentado o laudo, o juiz o homologa e determina que o incidente seja apensado ao feito principal, como manda o artigo 153 do CPP.

8.12. A QUEBRA DO SIGILO DAS COMUNICAÇÕES TELEFÔNICAS

Os incisos X e XII, do artigo 5º, da Constituição Federal, escudam a intimidade e a vida privada do cidadão brasileiro nos seguintes termos:

> X – são invioláveis a intimidade, a vida privada, a honra, e a imagem das pessoas, assegurado o direito à indenização pelo dano material ou moral decorrente de sua violação;
>
> XII – é inviolável o sigilo das correspondências e das comunicações telegráficas, de dados e das comunicações telefônicas, salvo, no último caso, por ordem judicial, nas hipóteses e na fora que a lei estabelecer para fins de investigação criminal ou instrução processual penal;

Ocorre que não há que se falar em direito individual absoluto. Ao passo em que o cidadão se utiliza do direito à intimidade outorgado pela Carta da República para cometer atos ilícitos, esse mesmo direito merece ceder ao interesse público representado pela elucidação da prática delitiva. Essa é uma das características dos direitos fundamentais, a limitabilidade, que na lição de Pedro Lenza[47] significa:

> Os direitos fundamentais não são absolutos (relatividade), havendo, muitas vezes, no caso concreto, confronto, conflito de interesses. A solução ou vem discriminada na própria Constituição (ex.: direito de propriedade versus desapropriação), ou caberá ao intérprete, ou magistrado, no caso concreto, decidir qual direito deverá prevalecer, levando em consideração a regra da máxima observância dos direitos fundamentais envolvidos, conjugando-a com a sua mínima restrição.

O artigo 1º da Lei 9.296/96 regulamenta os casos em que será admitida a quebra do sigilo das comunicações telefônicas:

> Art. 1º A interceptação de comunicações telefônicas, de qualquer natureza, para a prova em investigação criminal e em instrução processual penal, observará o disposto nesta Lei e dependerá de ordem do juiz competente da ação principal, sob segredo de justiça.

As exceções ao deferimento da ordem de interceptação estão descritas no artigo 2º do mesmo diploma legal.

Guilherme de Souza Nucci[48] resume, em sagaz comentário invertendo a redação negativa do dispositivo legal acima citado, que somente se admite in-

47. LENZA, Pedro. **Obra acima citada**, páginas 528 e 529.

48. NUCCI, Guilherme de Souza. **Leis Penais e Processuais Penais Comentadas**, Revista dos Tribunais, página 726.

terceptação telefônica nos seguintes casos: "a) devem existir indícios suficientes de autoria; b) não é possível colher a prova por outro meio; c) o crime em investigação deve ser apenado com reclusão".

Nesta toada, cumpre salientar que é inviável a chamada interceptação telefônica por prospecção (quando se intercepta terminal telefônico de uma pessoa para saber se ela está envolvida com prática delitógena). Isso porque o artigo 2º da Lei 9.296/96 (mencionado no parágrafo retro) determina que só se decretará a interceptação telefônica quando houver indícios suficientes de autoria de crime que puna com pena de reclusão (destarte, a medida invasiva só pode ser manejada quando já existem elementos indiciários suficientes de que o investigado cujo sigilo das comunicações telefônicas será levantado praticou ou vem praticando crime).

A medida pode ser levada a efeito no curso do inquérito ou do processo penal e pode ser determinada de ofício pelo juiz ou por ordem deste atendendo a representação da autoridade policial ou requerimento do Ministério Público.

É de se sublinhar a necessidade efetiva de existir inquérito policial ou processo em curso para materialização de interceptação das comunicações telefônicas. Ora, esta é medida cautelar que, por óbvio, deve estar vinculada a feito principal que lhe dê lastro. A meu ver, a prova resultante da interceptação de comunicações telefônicas, ainda que judicialmente autorizada (e não o devia ser sem ao menos existir procedimento inquisitivo preteritamente instaurado), deve ser reputada prova ilegítima até a instauração efetiva do inquérito policial (porque coligida em desacordo com os ditames legais que regem sua produção). Eduardo Luiz Santos Cabette[49] discorda deste entendimento e cita Lucas Pimentel de Oliveira e Eron Veríssimo Gimenes nos seguintes termos:

> Impende observar que a lei não exige a instauração de inquérito policial, admitindo a utilização da interceptação telefônica na fase inicial das investigações, ainda que empreendidas antes da formal instauração de procedimento investigatório. Conduto, não se pode esquecer que a lei condiciona o deferimento do pedido à existência de indícios razoáveis de autoria ou participação em infração penal (art. 2º, inciso I), cabendo à autoridade policial demonstrar a existência de tal requisito no pedido dirigido ao Juiz.

A interceptação, caso deferida, terá prazo de 15 dias, prorrogável por novos períodos idênticos (entender que a lei optou pela renovação do prazo por uma única vez é interpretação por demais restritiva e que sepulta a possibilidade de uma investigação efetiva do crime apurado). Limitar o alcance da norma é contribuir para impunidade tão presente em nosso país.

49. CABETTE, Eduardo Luiz Santos. **Interceptação Telefônica**, Editora Saraiva, páginas 110 e 111.

Melhor interpretar que o prazo pode ser repetido tantas vezes quanto se mostre necessário. É preciso deixar claro que todas as renovações serão precedidas por elaboração do auto circunstanciado referido no § 2º, do artigo 6º, da Lei 9.296/96 e deverão ser representadas por ofícios fundamentados onde a autoridade policial (isolando exemplo de pedido feito por esta no curso do inquérito policial, por ser o que mais se aproxima do objetivo deste trabalho) deixará claro todas as razões que demonstram a imprescindibilidade da medida para o bom termo das investigações. O Ministério Público ofertará parecer pelo deferimento ou não da renovação e o juiz decidirá também de forma fundamentada. Ora, é procedimento amarrado e complexo em que três autoridades públicas exporão suas razões para continuidade da medida restritiva que tem por objetivo garantir a colheita de provas com o fito de instruir futuro processo (estamos em fase inquisitorial no exemplo acima desenhado), meio para pacificação social depois da ocorrência do crime.

Vejamos aresto do Superior Tribunal de Justiça[50] sobre o tema:

> HABEAS CORPUS. PACIENTE DENUNCIADO POR CRIME FINANCEIRO (ART. 6º e 16 DA LEI 7.492/86). OCULTAÇÃO DE INFORMAÇÕES PARA REALIZAÇÃO DE OPERAÇÕES DE CÂMBIO ILEGAIS. OPERAR COMO INSTITUIÇÃO FINANCEIRA SEM AUTORIZAÇÃO. INTERCEPTAÇÃO TELEFÔNICA AUTORIZADA JUDICIALMENTE DE FORMA FUNDAMENTADA. PRORROGAÇÕES INDISPENSÁVEIS DIANTE DA COMPLEXIDADE DAS CONDUTAS DELITIVAS INVESTIGADAS. RAZOABILIDADE DO PRAZO DA MEDIDA (9 MESES). VIOLAÇÃO DE SIGILO CLIENTE/ADVOGADO NÃO DEMONSTRADA. ADVOGADO OBJETO DA INVESTIGAÇÃO E TAMBÉM DENUNCIADO. PARECER DO MPF PELA DENEGAÇÃO DA ORDEM. ORDEM DENEGADA. 1. Ausente, in casu, irregularidade no deferimento das interceptações telefônicas pelo Juízo Federal, que justificou suficientemente a imprescindibilidade da medida para o sucesso das investigações. As decisões de prorrogações, de igual, encontram-se suficientemente fundamentadas, e objetivaram, principalmente, identificar quem seria o coordenador das operações da prática dos referidos delitos. 2. Reveste-se de razoabilidade o tempo de duração das interceptações, pois intrincadas as relações estabelecidas, que necessitavam de minucioso acompanhamento e apuração. 3. A legislação infraconstitucional (Lei 9.296/96) não faz qualquer limitação quanto ao número de terminais que podem ser interceptados, ou ao prazo de renovação da medida; tudo irá depender do tipo de investigação a ser feita - quanto mais complexo o esquema criminoso, maior é a necessidade da quebra do sigilo telefônico, de mais pessoas e por mais tempo, com vistas à apuração da verdade que interessa ao processo penal. Precedentes. 4. A assertiva de violação das comunicações entre cliente e Advogado não restou comprovada. O próprio escritório de Advocacia estava sob investigação, por existirem indícios da prática dos crimes aqui descritos e de outros, tanto que alguns de seus sócios foram também denunciados neste e em outros processos; dessa forma, considerando que todos estavam sob investigação e ausente a demonstração das conversas gravadas em que o

50. STJ, HC 132137/SP, 5ª Turma, rel. Min. Napoleão Nunes Maia Filho, DJe 30/08/2010, grifo meu.

> paciente estaria apenas exercendo seu direito de acesso à defesa técnica, falha que persiste na presente impetração, inviável o reconhecimento de qualquer constrangimento ilegal, no ponto. 5. Parecer do MPF pela denegação da ordem. 6. Ordem denegada.

Em sentido contrário Eduardo Luiz Santos Cabette[51], que sentencia que "a conclusão em relação à renovação das interceptações somente pode ser ponderada no sentido da possibilidade de uma única reiteração pelo período de 15 dias, totalizando o tempo máximo de 30 dias de intromissão insidiosa na esfera do sigilo das comunicações do indivíduo".

É de bom tom que a autoridade policial, verificando estar diante de investigação que envolva organização criminosa e prevendo a possibilidade da ocorrência de delitos no curso da medida de interceptação telefônica, comunique ao juízo a possível utilização do meio de investigação denominado ação controlada, previsto no artigo 8º, da Lei 12.850/13[52], com o fito de melhor fundamentar posteriormente porque deixou de agir em face da evidente prática de crimes detectada no curso da interceptação telefônica (no sentido de colher o maior número de provas e de aguardar o momento oportuno para frear a atividade da organização criminosa investigada).

Além da interceptação das comunicações telefônicas propriamente dita, pode também interessar à investigação a quebra do sigilo telefônico (acesso a dados do titular da linha investigada e seus extratos de ligações em um determinado período). Importante salientar, no que toca ao acesso a dados cadastrais de usuário de linha telefônica (e/ou mantidos pela Justiça Eleitoral, por instituições financeiras, por provedores de internet e administradoras de cartão de crédito), que a Lei 12.683/12 inseriu na Lei 9.613/98 (que define o crime de lavagem de dinheiro e dá outras providências) o artigo 17-B, com a seguinte redação:

> Art. 17-B. A autoridade policial e o Ministério Público terão acesso, exclusivamente, aos dados cadastrais do investigado que informam qualificação pessoal, filiação e endereço, independentemente de autorização judicial, mantidos pela Justiça Eleitoral, pelas empresas telefônicas, pelas instituições financeiras, pelos provedores de internet e pelas administradoras de cartão de crédito.

A partir da edição da lei mencionada, a autoridade policial e o Ministério Público não mais necessitam de autorização judicial para ter acesso a dados cadastrais (que informem qualificação pessoal, filiação e endereço) mantidos

51. CABETTE, Eduardo Luiz Santos. **Obra acima citada**, página 133.

52. "Art. 8º Consiste a ação controlada em retardar a intervenção policial ou administrativa relativa à ação praticada por organização criminosa ou a ela vinculada, desde que mantida sob observação e acompanhamento para que a medida legal se concretize no momento mais eficaz à formação de provas e obtenção de informações".

por empresas telefônicas, instituições financeiras, provedores de internet, administradoras de cartão de crédito e pela Justiça Eleitoral. As informações serão obtidas por meio de requisição direta à empresa respectiva ou solicitação dirigida à Justiça Eleitoral.

Anote-se que o acesso a dados cadastrais feito sem necessidade de ordem judicial não se restringe a apuratórios que investiguem crimes tipificados na Lei 9.613/98, vez que o legislador não fez qualquer restrição nesse sentido. Assim é que, seja qual for a infração penal apurada, a autoridade policial (e/ou o MP) pode requisitar a qualificação pessoal, a filiação e o endereço do investigado diretamente, independente de ordem judicial.

O acesso direto a dados de investigados acima mencionado (independente de autorização judicial) foi reforçado pelo artigo 15 da Lei 12.850/13 (que define organização criminosa e dispõe sobre a investigação criminal, os meios de obtenção da prova, infrações penais correlatas e o procedimento criminal):

> Art. 15. O delegado de polícia e o Ministério Público terão acesso, independentemente de autorização judicial, apenas aos dados cadastrais do investigado que informem exclusivamente a qualificação pessoal, a filiação e o endereço mantidos pela Justiça Eleitoral, empresas telefônicas, instituições financeiras, provedores de internet e administradoras de cartão de crédito.

Nesta toada, é importante transcrever os artigos 16 e 17 da Lei 12.850/13, que dispõem acerca do acesso direto do delegado de polícia, do Ministério Público e do juiz aos bancos de dados de reservas e registro de viagens e à bilhetagem (chamadas efetuadas e recebidas) dos telefones dos investigados:

> Art. 16. As empresas de transporte possibilitarão, pelo prazo de 5 (cinco) anos, acesso direto e permanente do juiz, do Ministério Público ou do delegado de polícia aos bancos de dados de reservas e registro de viagens.
>
> Art. 17. As concessionárias de telefonia fixa ou móvel manterão, pelo prazo de 5 (cinco) anos, à disposição das autoridades mencionadas no art. 15, registros de identificação dos números dos terminais de origem e de destino das ligações telefônicas internacionais, interurbanas e locais.

O acesso direto a reservas e registros de viagens pela autoridade policial não era novidade (ainda assim a regulamentação é importantíssima), mas a requisição direta da bilhetagem (chamadas efetuadas e recebidas pelo terminal do investigado) representa grande avanço no combate à criminalidade. É assim porque o artigo 17 acima transcrito deixa claro que os registros de chamada ficarão à disposição das autoridades mencionadas no artigo 15 (juiz, MP e delegado de polícia), sem distinção (o que significa que os registros de chamada do investigado podem ser requestados diretamente por qualquer delas).

Uma vez mais (como foi dito em relação ao artigo 17-B da Lei 9.613/98), cumpre deixar claro que o acesso direto a registros, dados cadastrais, documentos e informações regulado pelos artigos 15, 16 e 17 da Lei 12.850/13 também não se restringe a investigações que apurem crimes cometidos por organizações criminosas (esta lei, como aquela, não fez limitações).

A recusa ou omissão no fornecimento dos dados requestados pelo delegado de polícia, pelo MP ou pelo juiz configura, em tese, o crime capitulado no artigo 21, da Lei 12.850/13 (com pena de reclusão, de seis meses a dois anos, e multa). Válida a transcrição do parágrafo único do mesmo dispositivo (figura equiparada):

> Art. 21. Recusar ou omitir dados cadastrais, registros, documentos e informações requisitadas pelo juiz, Ministério Público ou delegado de polícia, no curso de investigação ou do processo:
>
> Parágrafo único. Na mesma pena incorre quem, de forma indevida, se apossa, propala, divulga ou faz uso dos dados cadastrais de que trata esta Lei.

A requisição de dados cadastrais foi novamente repetida na legislação processual penal, desta feita por comando oriundo da Lei 13.344/16 (repressão ao tráfico interno e internacional de pessoas). O mandamento em espeque incluiu os artigos 13-A e 13-B no Código de Processo Penal.

O artigo 13-A repete o já conhecido poder requisitório do delegado de polícia e do Ministério Público, em relação a dados cadastrais, no curso de investigações criminais (como desenhado supra, tal poder requisitório consta expressamente nas Leis 9.613/98, 12.850/13 e é genericamente afirmado, em relação ao delegado de polícia, no § 2º, do artigo 2º, da Lei 12.830/13[53]). Penso que a repetição é desnecessária. É natural que o delegado de polícia tenha poder de requisitar diretamente todos os dados, documentos e diligências que não estejam protegidas por cláusula de reserva jurisdicional (caso haja dita cláusula, cabe ao delegado representar ao Poder Judiciário pela decretação da medida cautelar invasiva, com o fito de instruir o inquérito policial).

Eis o dispositivo:

> Art. 13-A. Nos crimes previstos nos arts. 148, 149 e 149-A, no § 3º do art. 158 e no art. 159 do Decreto-Lei no 2.848, de 7 de dezembro de 1940 (Código Penal), e no art. 239 da Lei nº 8.069, de 13 de julho de 1990 (Estatuto da Criança e do Adolescente), o membro do Ministério Público ou o delegado de polícia poderá requisitar, de quaisquer órgãos do poder público ou de empresas da iniciativa privada, dados e informações cadastrais da vítima ou de suspeitos.

---

53. Art. 2º As funções de polícia judiciária e a apuração de infrações penais exercidas pelo delegado de polícia são de natureza jurídica, essenciais e exclusivas de Estado.
(...)
§ 2º Durante a investigação criminal, cabe ao delegado de polícia a requisição de perícia, informações, documentos e dados que interessem à apuração dos fatos (grifos meus).

> Parágrafo único. A requisição, que será atendida no prazo de 24 (vinte e quatro) horas, conterá:
>
> I – o nome da autoridade requisitante;
>
> II – o número do inquérito policial; e
>
> III – a identificação da unidade de polícia judiciária responsável pela investigação.

O segundo artigo incluído no CPP pela Lei 13.344/16 foi o 13-B:

> Art. 13-B. Se necessário à prevenção e à repressão dos crimes relacionados ao tráfico de pessoas, o membro do Ministério Público ou o delegado de polícia poderão requisitar, mediante autorização judicial, às empresas prestadoras de serviço de telecomunicações e/ou telemática que disponibilizem imediatamente os meios técnicos adequados – como sinais, informações e outros – que permitam a localização da vítima ou dos suspeitos do delito em curso.
>
> § 1º Para os efeitos deste artigo, sinal significa posicionamento da estação de cobertura, setorização e intensidade de radiofrequência.
>
> § 2º Na hipótese de que trata o caput, o sinal:
>
> I – não permitirá acesso ao conteúdo da comunicação de qualquer natureza, que dependerá de autorização judicial, conforme disposto em lei;
>
> II – deverá ser fornecido pela prestadora de telefonia móvel celular por período não superior a 30 (trinta) dias, renovável por uma única vez, por igual período;
>
> III – para períodos superiores àquele de que trata o inciso II, será necessária a apresentação de ordem judicial.
>
> § 3º Na hipótese prevista neste artigo, o inquérito policial deverá ser instaurado no prazo máximo de 72 (setenta e duas) horas, contado do registro da respectiva ocorrência policial.
>
> § 4º Não havendo manifestação judicial no prazo de 12 (doze) horas, a autoridade competente requisitará às empresas prestadoras de serviço de telecomunicações e/ou telemática que disponibilizem imediatamente os meios técnicos adequados – como sinais, informações e outros – que permitam a localização da vítima ou dos suspeitos do delito em curso, com imediata comunicação ao juiz.

O estudo do dispositivo revela uma redação extremamente confusa. O texto legal fala na requisição do delegado de polícia ou membro do Ministério Público, mediante autorização judicial, às empresas prestadoras de serviços de telecomunicação ou de telemática pela disponibilização de meios técnicos que possibilitem a localização da vítima ou dos suspeitos de crimes relacionados ao tráfico de pessoas.

Ora, se se trata de requisição do delegado de polícia ou do MP, não haveria necessidade de autorização judicial prévia (se o legislador quis alçar a localização de pessoas por meio de recursos disponibilizados por prestadoras de serviços de telecomunicações/telemáticos ao patamar de cláusula de reserva de jurisdição, deveria ter deixado claro que a autoridade policial ou o Ministério Público, para ter acesso a tal ferramenta, teria que representar/requerer ao juízo competente ordem nesse sentido).

Segue a confusão: o inciso III, do § 2º, do artigo 13-B diz que se as ferramentas de localização de pessoas forem fornecidas por período superior ao prazo desenhado pelo inciso II (30 dias prorrogáveis por igual período), faz-se premente "a apresentação de ordem judicial" (o que leva o aplicador da lei a interpretar que a disponibilização de meios técnicos de localização de vítimas e suspeitos em crimes relacionados ao tráfico de pessoas prescinde de ordem judicial se for requisitada diretamente pelo delegado de polícia ou pelo Ministério Público pelo prazo de 30 dias, prorrogável por mais 30 dias).

O § 4º, do artigo 13-B, do CPP, traz outra situação inusitada (e inconstitucional, a meu sentir): autorização para que o delegado de polícia ou o Ministério Público faça implementar a ordem de disponibilização de meios para localização de pessoas em investigações que digam respeito ao tráfico de pessoas imediatamente, caso o juízo não se manifeste em até 12 horas. Mais uma vez o legislador desenhou no Caderno Processual Penal dispositivo teratológico. É como se decurso do prazo funcionasse como autorização judicial tácita. Com a devida vênia, não há sentido na redação do parágrafo em questão (o que o faz padecer de inconstitucionalidade patente).

Não há a menor dúvida de que o artigo 13-B do Código de Processo Penal (incluído por determinação da Lei 13.344/16) enxertou em nosso ordenamento importantíssima ferramenta investigativa (as operadoras de telefonia e de telemática são obrigadas pelo mandamento a disponibilizar meios de identificar a localização precisa de terminais móveis e isso contribui sobremaneira para revelar cativeiros e esconderijos de criminosos, facilitando a libertação de vítimas e a prisão de autores de graves delitos). Entrementes, a pouca técnica empregada na redação do dispositivo em comento traz dúvida quanto à correta materialização da diligência.

Analisando com cautela o que pretende o legislador (obrigar operadoras de telefonia e telemática a fornecer meios técnicos que possibilitem a localização de pessoas), penso que deveria ser desnecessária a intervenção judicial (não se trata de interceptação de comunicações, mas, tão somente, de fornecimento de dados que possibilitem identificar onde está um determinado terminal móvel). Andou mal o legislador ao afirmar a necessidade de "autorização judicial" para materialização da medida.

Entrementes, com o fito de prevenir contratempos, sugestiono que a utilização da medida de localização seja precedida de representação da autoridade policial (ou requerimento do Ministério Público) e, a partir de autorização genérica do juízo para fornecimento dos meios que possibilitem a localização pelas operadoras de telefonia/telemática, o presidente da investigação promova quantas requisições diretas de georeferenciamento forem necessárias para identificar o paradeiro da vítima e/ou dos suspeitos, dentro do prazo legalmente estipulado (30 dias, prorrogáveis por outros 30 dias). Findo esse período, imagino haver necessidade de nova ordem judicial para que se materializem novas requisições diretas pela autoridade policial às operadoras (decretada em atenção a nova representação do delegado de polícia).

Continuemos. É de se notar que a interceptação telefônica é importante meio investigativo à disposição do aparelho policial e que possibilita, inclusive, a condenação do acusado com fulcro nas provas por ela levantadas. Trata-se de medida cautelar não repetível, mencionada no artigo 155 do CPP como uma das exceções à possibilidade de condenação com base em prova colhida exclusivamente no curso da investigação (deve ser submetida, conforme já desenhado supra, ao contraditório diferido, no curso do processo).

É importante que a autoridade policial determine que seus agentes documentem por meio de informações policiais (devidamente instruídas por fotografias, filmagens e entrevistas) as situações que surgirem no curso da interceptação telefônica (encontros criminosos, entregas de drogas, armas, dentre outras situações). Anote-se que no mais das vezes os investigados se utilizam de linguajar codificado, de forma a dificultar o trabalho do aparelho policial. Por isso é necessário transmudar as gírias faladas pelos suspeitos interceptados em informações reais e documentadas (demonstrar que o encontro sugerido para entregar "talco", na verdade é a negociação para venda de cocaína).

Cumpre observar, acerca do procedimento para levar a efeito esta importante medida cautelar, a Resolução 59, do Conselho Nacional de Justiça, datada de 09 de setembro de 2008 (modificada, como se verá alhures, pela Resolução 217/2016, de 16 de fevereiro de 2016). Vejamos os principais dispositivos do marco regulatório.

O artigo 2º dispõe como deve ser encaminhado o pedido ao juízo competente:

> Art. 2º. Os pedidos de interceptação de comunicação telefônica, telemática ou de informática, formuladas em sede de investigação criminal e em instrução processual penal serão encaminhados à Distribuição da respectiva Comarca ou Subseção Judiciária, em envelope lacrado contendo o pedido e documentos necessários.

O artigo 4º determina que o nome do investigado não deve ser mencionado na folha de rosto do envelope em que é encaminhada a representação.

Em caso de deferimento da medida cautelar, serão adotadas as providências descritas no artigo 10 da resolução (com as alterações determinadas pela Resolução 217/2016):

> Art. 10. Atendidos os requisitos legalmente previstos para deferimento da medida, o Magistrado fará constar expressamente em sua decisão:
>
> I – a autoridade requerente;

> II – o relatório circunstanciado da autoridade requerente;
>
> III – os indícios razoáveis da autoria ou participação em infração criminal apenada com reclusão;
>
> IV – as diligências preparatórias realizadas, com destaque para os trabalhos mínimos de campo, com exceção de casos urgentes, devidamente justificados, em que as medidas iniciais de investigação sejam inviáveis;
>
> V – os motivos pelos quais não seria possível obter a prova por outros meios disponíveis;
>
> VI – os números dos telefones ou o nome de usuário, e-mail ou outro identificador no caso de interceptação de dados;
>
> VII – o prazo da interceptação, consoante o disposto no art. 5º da Lei 9.296/1996;
>
> VIII – a imediata indicação dos titulares dos referidos números ou, excepcionalmente, no prazo de 48 (quarenta e oito) horas;
>
> IX – a expressa vedação de interceptação de outros números não discriminados na decisão;
>
> X – os nomes de autoridades policiais e de membros do Ministério Público responsáveis pela investigação, que terão acesso às informações;
>
> XI – os nomes dos servidores do cartório ou da secretaria, bem assim, se for o caso, de peritos, tradutores e demais técnicos responsáveis pela tramitação da medida e expedição dos respectivos ofícios, no Poder Judiciário, na Polícia Judiciária e no Ministério Público, podendo reportar-se à portaria do juízo que discipline a rotina cartorária.
>
> § 1º Nos casos de formulação de pedido verbal de interceptação (art. 4º, § 1º, da Lei 9.296/1996), o servidor autorizado pelo magistrado deverá reduzir a termo os pressupostos que autorizem a interceptação, tais como expostos pela autoridade policial ou pelo representante do Ministério Público.
>
> § 2º A decisão judicial será sempre escrita e fundamentada.
>
> § 3º Fica vedada a utilização de dados ou informações que não tenham sido legitimamente gravados ou transcritos.

O artigo 14 da resolução trata do pedido de prorrogação da medida cautelar (também foi alterado pela citada Resolução 217/2016):

> Art. 14. A formulação de eventual pedido de prorrogação de prazo pela autoridade competente deverá observar os estritos termos e limites temporais fixados no art. 5º da Lei 9.296/1996, apresentando-se, também, os áudios (CD/DVD) com o inteiro teor das comunicações interceptadas, as transcrições integrais das conversas relevantes à apreciação do pedido de prorrogação e o relatório circunstanciado das investigações com seu resultado, de modo a comprovar a indispensabilidade da prorrogação da medida excepcional.
>
> § 1º Comprovada a indispensabilidade da prorrogação, o magistrado responsável pelo deferimento da medida original deverá proferir nova decisão, sempre escrita e fundamentada, observando o disposto no art. 5º da Lei 9.296/1996.
>
> § 2º Sempre que possível, os áudios, as transcrições das conversas relevantes à apreciação do pedido de prorrogação e os relatórios serão gravados de forma

> sigilosa, encriptados com chaves de conhecimento do Magistrado condutor do processo criminal.
>
> § 3º Os documentos acima referidos serão entregues pessoalmente pela autoridade responsável pela investigação ou por seu representante, expressamente autorizado, ao Magistrado competente ou ao servidor por ele indicado.

Vale conferir, ainda, os artigos 16 e 17 da resolução, que dispõem acerca do sigilo exigido dos agentes públicos que lidam com interceptação telefônica:

> Art. 16. No recebimento, movimentação e guarda de feitos e documentos sigilosos, as unidades do Poder Judiciário deverão tomar as medidas para que o acesso atenda às cautelas de segurança previstas nesta norma, sendo os servidores responsáveis pelos seus atos na forma da lei.
>
> Parágrafo único. No caso de violação de sigilo de que trata esta Resolução, o magistrado responsável pelo deferimento da medida determinará a imediata apuração dos fatos.
>
> Art. 17. Não será permitido ao Magistrado e ao servidor fornecer quaisquer informações, direta ou indiretamente, a terceiros ou a órgão de comunicação social, de elementos sigilosos contidos em processos ou inquéritos regulamentados por esta Resolução, ou que tramitem em segredo de Justiça, sob pena de responsabilização nos termos da legislação pertinente.
>
> § 1º No caso de violação de sigilo de que trata o caput deste artigo, por integrantes do Poder Judiciário ou por membros de outras instituições, dentre as quais a polícia, o Ministério Público e a advocacia, o Magistrado responsável pelo deferimento da medida requisitará a imediata apuração dos fatos pelas autoridades competentes, sob pena de responsabilização.
>
> § 2º Decorrido prazo razoável, o Magistrado solicitará informações sobre o andamento das investigações.

Cumpre estudar uma situação interessante: é permitido ao aparelho policial acessar o conteúdo de telefone celular de investigado preso em flagrante delito (ou em cumprimento de mandado de prisão preventiva/temporária), visualizando agenda telefônica, histórico de chamadas, fotos, vídeos, mensagens e conversas travadas em aplicativos ("whatsapp", telegrama, etc.)?

O Superior Tribunal de Justiça enfrentou o tema e entendeu não ser possível o acesso, sem prévia autorização judicial:

> PENAL. PROCESSUAL PENAL. RECURSO ORDINÁRIO EM HABEAS CORPUS. TRÁFICO DE DROGAS. NULIDADE DA PROVA. AUSÊNCIA DE AUTORIZAÇÃO JUDICIAL PARA A PERÍCIA NO CELULAR. CONSTRANGIMENTO ILEGAL EVIDENCIADO. 1. Ilícita é a devassa de dados, bem como das conversas de whatsapp, obtidas diretamente pela polícia em celular apreendido no flagrante, sem prévia autorização judicial. 2. Recurso ordinário em habeas corpus provido, para declarar a nulidade das provas obtidas no celular do paciente sem autorização judicial, cujo produto deve ser desentranhado dos autos[54].

54. STJ, 6ª Turma, RHC 51.531/RO, rel. Min. Nefi Cordeiro, julgado em 19/04/2016, DJe em 09/05/2016.

> PROCESSUAL PENAL. RECURSO EM HABEAS CORPUS. ASSOCIAÇÃO E TRÁFICO DE DROGAS. PRISÃO EM FLAGRANTE. INTERCEPTAÇÃO TELEFÔNICA. ACESSO ÀS MENSAGENS DE TEXTO VIA WHATSAPP AUTORIZADA PELO PROPRIETÁRIO DO APARELHO. REVOLVIMENTO DO CONJUNTO FÁTICO-PROBATÓRIO. IMPOSSIBILIDADE. CONSTRANGIMENTO ILEGAL NÃO CONFIGURADO. RECURSO EM HABEAS CORPUS NÃO PROVIDO. 1. A Constituição Federal de 1988 prevê como garantias ao cidadão a inviolabilidade da intimidade, do sigilo de correspondência, dados e comunicações telefônicas, salvo ordem judicial. 2. A Lei n. 12.965/2014, conhecida como Marco Civil da Internet, em seu art. 7º, assegura aos usuários os direitos para o uso da internet no Brasil, entre eles, o da inviolabilidade da intimidade e da vida privada, o do sigilo do fluxo de suas comunicações pela internet, bem como o de suas comunicações privadas armazenadas. 3. Hipótese em que o acesso às conversas dos aplicativos no celular pelos policiais foi permitido pelo corréu, sendo certo que não cabe a esta Corte Superior, em habeas corpus, desconstituir a conclusão das instâncias ordinárias, porquanto demandaria profunda incursão no conjunto fático-probatório, inviável nessa via eleita. 4. A jurisprudência desta Corte Superior é no sentido de que, em sede de habeas corpus, a prova deve ser pré-constituída e incontroversa, cabendo ao impetrante apresentar documentos suficientes à análise de eventual ilegalidade flagrante no ato atacado, o que não se verifica na espécie. 5. Recurso em habeas corpus não provido[55].

Destarte, em caso de apreensão de terminal móvel com o detido (e com o fito de evitar que a prova coligida seja declarada nula), cumpre ao delegado de polícia, antes de conhecer o conteúdo nele armazenado, representar por autorização judicial de acesso aos dados.

Também é inviável, segundo entendimento do Superior Tribunal de Justiça, a obtenção de prova pela polícia, por meio de conversa travada pelo suspeito com seu interlocutor na função viva-voz (o STJ considerou ter havido afronta ao direito constitucional a não autoincriminação):

> PENAL E PROCESSUAL PENAL. RECURSO ESPECIAL. TRÁFICO DE DROGAS. PROVA OBTIDA DE CONVERSA TRAVADA POR FUNÇÃO VIVA-VOZ DO APARELHO CELULAR DO SUSPEITO. DÚVIDAS QUANTO AO CONSENTIMENTO. INEXISTÊNCIA DE AUTORIZAÇÃO JUDICIAL. ILICITUDE CONSTATADA. AUTOINCRIMINAÇÃO. IMPOSSIBILIDADE. DESCOBERTA INEVITÁVEL. INOCORRÊNCIA. PLEITO ABSOLUTÓRIO MANTIDO. RECURSO ESPECIAL DESPROVIDO. 1. O Tribunal de origem considerou que, embora nada de ilícito houvesse sido encontrado em poder do acusado, a prova da traficância foi obtida em flagrante violação ao direito constitucional à não autoincriminação, uma vez que aquele foi compelido a reproduzir, contra si, conversa travada com terceira pessoa pelo sistema viva-voz do celular, que conduziu os policiais à sua residência e culminou com a arrecadação de todo material estupefaciente em questão. 2. Não se cogita estar diante de descoberta inevitável, porquanto este fenômeno

---

55. STJ, 5ª Turma, RHC 81.297/SP, rel. Min. Ribeiro Dantas, julgado em 27/04/2017, DJe em 05/05/2017.

ocorre quando a prova derivada seria descoberta de qualquer forma, com ou sem a prova ilícita, o que não se coaduna com o caso aqui tratado em que a prova do crime dependeu da informação obtida pela autoridade policial quando da conversa telefônica travada entre o suspeito e terceira pessoa. 3. O relato dos autos demonstra que a abordagem feita pelos milicianos foi obtida de forma involuntária e coercitiva, por má conduta policial, gerando uma verdadeira autoincriminação. Não se pode perder de vista que qualquer tipo de prova contra o réu que dependa dele mesmo só vale se o ato for feito de forma voluntária e consciente. 4. Está-se diante de situação onde a prova está contaminada, diante do disposto na essência da teoria dos frutos da árvore envenenada (fruits of the poisonous tree), consagrada no art. 5º, inciso LVI, da Constituição Federal, que proclama a nódoa de provas, supostamente consideradas lícitas e admissíveis, mas obtidas a partir de outras declaradas nulas pela forma ilícita de sua colheita. 5. Recurso especial desprovido[56].

8.13. ESCUTA TELEFÔNICA, GRAVAÇÃO CLANDESTINA, INTERCEPTAÇÃO AMBIENTAL ESCUTA AMBIENTAL E GRAVAÇÃO AMBIENTAL

Em primeiro lugar, cumpre conceituar as expressões estudadas neste tópico. O termo *interceptação* significa a gravação de uma conversa por terceiro, sem autorização dos interlocutores; *escuta* significa a captação de uma conversa por terceiro, com a ciência/autorização de um dos interlocutores; *gravação* é a captação da conversa feita por um dos interlocutores, sem o conhecimento do outro. Quando falamos de interceptação, escuta ou gravação *telefônica*, referimo-nos à captação de conversa mantida por meio de aparelhos de telefonia (fixa, móvel ou com uso de rádio); já se falarmos em interceptação, escuta ou gravação *ambiental*, estamos tratando de captação de conversa travada em locais públicos ou privados, sem o uso da telefonia.

Genericamente, tem-se que a interceptação ilícita de conversas (assim consideradas as que não têm ciência de nenhum dos interlocutores, nem autorização judicial) não é permitida, sendo inquinada de nulidade por violação dos direitos à intimidade e privacidade dos envolvidos. Neste sentido Pacelli[57].

A jurisprudência tupiniquim tem admitido a prova resultante da gravação feita por um interlocutor sem a ciência do outro (conceituada pela doutrina de gravação clandestina[58]). Vejamos arestos acerca do tema:

56. STJ, 5ª Turma, REsp 1630097/RJ, rel. Min. Joel Ilan Paciornik, julgado em 18/04/2017, DJe em 28/04/2017.

57. DE OLIVEIRA, Eugênio Pacelli. **Obra acima citada**, página 334.

58. GOMES, Luiz Flávio e MACIEL, Silvio. **Interceptação Telefônica**. Revista dos Tribunais, 2013, páginas 24 e 25.

> A jurisprudência desta Corte, em perfeita consonância com a do Pretório Excelso, firmou o entendimento de que a gravação de conversas, efetuada pela vítima dos fatos, com criminosos, é prova lícita, que pode servir de elemento probatório para a notitia criminis e para a persecução criminal[59].
>
> A gravação de conversa realizada por um dos interlocutores é considerada prova lícita, e difere da interceptação telefônica, esta sim, medida que imprescinde de autorização judicial (Precedentes do STF e do STJ)[60].

O Pretório Excelso[61] já se manifestou sobre o tema nos seguintes termos:

> HABEAS CORPUS. FALSIDADE IDEOLÓGICA. INTERCEPTAÇÃO AMBIENTAL POR UM DOS INTERLOCUTORES. ILICITUDE DA PROVA. INOCORRÊNCIA. REPORTAGEM LEVADA AO AR POR EMISSORA DE TELEVISÃO. NOTITIA CRIMINIS. DEVER-PODER DE INVESTIGAR. 1. Paciente denunciado por falsidade ideológica, consubstanciada em exigir quantia em dinheiro para inserir falsa informação de excesso de contingente em certificado de dispensa de incorporação. Gravação clandestina realizada pelo alistando, a pedido de emissora de televisão, que levou as imagens ao ar em todo o território nacional por meio de conhecido programa jornalístico. O conteúdo da reportagem representou notitia criminis, compelindo as autoridades ao exercício do dever-poder de investigar, sob pena de prevaricação. 2. A ordem cronológica dos fatos evidencia que as provas, consistentes nos depoimentos das testemunhas e no interrogatório do paciente, foram produzidas em decorrência da notitia criminis e antes da juntada da fita nos autos do processo de sindicância que embasou o Inquérito Policial Militar.3. A questão posta não é de inviolabilidade das comunicações e sim da proteção da privacidade e da própria honra,que não constitui direito absoluto, devendo ceder em prol do interesse público. (Precedentes). Ordem denegada.

Espancando qualquer tipo de dúvida acerca do tema, o Supremo Tribunal Federal decidiu em sede recurso extraordinário com repercussão geral:

> Prova. Gravação ambiental. Realização por um dos interlocutores sem conhecimento do outro. Validade. Jurisprudência reafirmada. Repercussão geral reconhecida. Recurso extraordinário provido. Aplicação do art. 543-B, § 3º, do CPC. É lícita a prova consistente em gravação ambiental realizada por um dos interlocutores sem conhecimento do outro[62].

Como visto supra, a proteção dos direitos da vítima tem sido admitida como justificativa válida para gravação clandestina ou escuta (telefônica ou

59. STJ, 5ª Turma, AgRg no Ag 1142348/PR, rel. Min. Laurita Vaz, DJe 09/11/2009.
60. STJ, 5ª Turma, RHC 19136/MG, rel. Min. Felix Fischer, DJ 14/05/2007.
61. STF, 1ª. Turma, HC 87341/PR, rel. Min. Eros Grau, j. 07/02/2007.
62. STF, RE 583937 QO-RG (repercussão geral), rel. Min. Cezar Peluso, julgado em 19/11/2009, DJe em 18/12/2009.

ambiental) levada a efeito por esta, sem conhecimento do outro interlocutor. É o caso, também, de gravações levadas a efeito por mães preocupadas com a possibilidade de que seus filhos possam estar sofrendo maus-tratos por parte de babás, gravações em estabelecimentos comerciais (supermercados e lojas), dentre outros exemplos. Trata-se de prova evidentemente lícita e válida.

Acerca do tema, há caso extremamente interessante e atual: dono de portentoso conglomerado empresarial, com o fito de registrar tratativas supostamente ilícitas, findou materializando gravações clandestinas com altas autoridades tupiniquins (o presidente da República, um senador e um deputado federal[63]).

Os áudios foram entregues (acompanhados de documentos que supostamente comprovam práticas delitivas gravíssimas) à Procuradoria-Geral da República, no curso de negociação para materialização de acordo de colaboração premiada. O *Parquet* admitiu os elementos de convicção apresentados pelo investigado e fechou com ele e outros membros do grupo empresarial avença (nos termos da Lei 12.850/13). O acordo foi encaminhado ao Pretório Excelso e findou homologado pelo Ministro relator, Edson Fachin.

Nesta toada, percebe-se que, ao menos até o momento, o Supremo Tribunal Federal vem seguindo, no rumoroso caso aqui apresentado, o entendimento desenhado supra, que se inclina pela admissão da gravação clandestina (seja telefônica, seja ambiental) materializada com viés defensivo (o empresário tencionou demonstrar ter sido alvo de pedidos de pagamento de propina em troca de benesses prometidas pelas citadas autoridades).

No meu sentir, agiu com correção o Pretório Excelso. Negociatas como as captadas pelo citado empresário, só são efetivamente demonstradas e esclarecidas com o auxílio de alguém que delas toma parte e não há nulidade nesse tipo de captação, como acima demonstrado. Eis trecho da decisão do Ministro Fachin, ao autorizar a instauração de inquérito para apurar suposta prática de crimes pelo presidente da República:

> Convém registrar, por pertinência à questão aqui apreciada, que a Corte Suprema, no âmbito de Repercussão Geral, deliberou que "é lícita a prova consistente em gravação ambiental realizada por um dos interlocutores sem conhecimento do outro" (RE 583.937 QO-RG, Rel. Min. CEZAR PELUSO, DJe de 18.12.2009). Desse modo, não há ilegalidade na consideração de 4 (quatro) gravações em áudios efetuadas pelo possível colaborador Joesley Mendonça Batista, as quais foram ratificadas e elucidadas em depoimento prestado perante o Ministério

63. O empresário gravou conversas travadas com o presidente da República Michel Temer, com o senador Aécio Neves e com o deputado federal Rodrigo Loures – vide inquérito 4483, em trâmite no STF, sob relatoria do Ministro Edson Fachin.

Público (registrado em vídeo e por escrito), quando o referido interessado se fez, inclusive, acompanhado de seu defensor[64].

Continuemos. É de se anotar que filmagens, fotografias e gravações feitas em locais públicos não são provas ilícitas, ainda que levadas estas a efeito sem conhecimento de nenhum dos envolvidos. A razão é óbvia. Não pode levantar a proteção da intimidade/privacidade aquele que pratica o ato registrado em local acessível a todos. Assim é que prescindem de autorização judicial e são tranquilamente válidas as fotografias, filmagens e gravações de encontros entre investigados, de veículos guiados por suspeitos, de entrada e saída de pessoas em residências, dentre outros eventos que auxiliam, por exemplo, a entender a dinâmica de conversas mantidas por indiciados e gravadas com autorização judicial. Vejamos *decisum* do Tribunal da Cidadania[65] a respeito do tema:

> HABEAS CORPUS. PROCESSUAL PENAL. CORRUPÇÃO PASSIVA. EXCESSO DE PRAZO PARA A FORMAÇÃO DA CULPA. SUPERVENIÊNCIA DA SENTENÇA CONDENATÓRIA. PREJUDICIALIDADE. INÉPCIA DA DENÚNCIA BASEADA EM PROVA ILÍCITA. NÃO-OCORRÊNCIA. CONVERSA GRAVADA EM LOCAL PÚBLICO. ESCUTA AMBIENTAL. CONSTRANGIMENTO ILEGAL NÃO-EVIDENCIADO. ORDEM PARCIALMENTE CONHECIDA E, NESSA EXTENSÃO, DENEGADA. 1. A superveniência da sentença condenatória prejudica a discussão sobre o excesso de prazo para o término da instrução criminal. 2. Segunda a jurisprudência do Supremo Tribunal Federal, a utilização de conversa gravada em local público não fere o inciso XII do art. 5º da Constituição Federal (HC 74.356/SP, Rel. Min. OCTÁVIO GALLOTTI, Primeira Turma, DJ de 25/4/97). 3. A restrição imposta no texto constitucional (art. 5, XII, da CF) tem por objetivo preservar a intimidade e a dignidade da pessoa, como bem jurídico privado. 4. Tal restrição, entretanto, não deve prevalecer sobre o interesse público na apuração e punição de eventual delito, principalmente, cometido por funcionário público. 5. Ordem parcialmente conhecida e, nessa extensão, denegada.

No mesmo sentido Eduardo Luiz Santos Cabette[66], quando sentencia que "parece que esse tipo de conduta (gravações, fotos ou filmagens), quando levado a efeito em locais públicos não afeta consideravelmente os referidos direitos (à honra, privacidade, intimidade e à imagem) e deve prevalecer o interesse público da segurança e da apuração das infrações penais".

64. Trecho da decisão que autorizou a instauração do inquérito 4483, que tramita no Supremo Tribunal Federal sob a relatoria do Ministro Edson Fachin, para apurar crimes supostamente praticados por Michel Miguel Elias Temer Lulia (presidente da República) e Rodrigo Santos da Rocha Loures (deputado federal à época dos fatos).

65. STJ, HC 87339/SP, 5ª Turma, rel. Min. Arnaldo Esteves Lima, DJe 03/11/2008.

66. CABETTE, Eduardo Luiz Santos. **Obra acima citada,** página 115.

Cumpre destacar ainda que descabe alegação de vilipêndio à privacidade/intimidade quando a filmagem, gravação ou fotografia registra cometimento de crime. O registro de situação de flagrância, ainda que sem o conhecimento de qualquer dos envolvidos, é lícito e serve para robustecer o auto de prisão em flagrante resultante da captura dos criminosos. Imaginar que traficante de drogas possa alegar ofensa a seu direito à intimidade ou privacidade porque filmado quando vendia cocaína a usuário beira o absurdo. A prova resultante desta gravação é evidentemente lícita e válida, não há elucubrações a fazer.

A Lei 12.850/13, que define organização criminosa e dispõe sobre a investigação criminal, os meios de obtenção da prova, infrações penais correlatas e o procedimento criminal, permite captação ambiental de sinais eletromagnéticos, óticos ou acústicos. Convém anotar que a captação mencionada, quando feita em locais privados (escritórios e casas, por exemplo), precisa de autorização judicial (quando levada a efeito sem o consentimento de qualquer dos envolvidos). Já a captação ambiental de tratativa feita em local público é válida independente de ordem do Poder Judiciário, como visto supra. É o que prescreve o artigo 3º, II, do referido mandamento legal:

> Art. 3º Em qualquer fase da persecução penal, serão permitidos, sem prejuízo de outros já previstos em lei, os seguintes meios de obtenção da prova:
>
> (...)
>
> II – captação ambiental de sinais eletromagnéticos, ópticos ou acústicos;

Nessa esteira, é mister, em investigações que apuram práticas delitógenas levadas a efeito por organizações criminosas, que a autoridade policial materialize representação solicitando autorização judicial para uso desta importante ferramenta (a captação e a interceptação ambiental de sinais), com o fito de evitar eventual alegação futura de nulidade da prova coligida na fase pré-processual (veja-se que se trata de prova não repetível e que pode ser usada pelo magistrado como lastro para condenação, depois de submetida ao contraditório diferido no bojo do processo).

8.14. A QUEBRA DO SIGILO DAS COMUNICAÇÕES TELEMÁTICAS

A internet é um grande facilitador na vida moderna. Ao lado das conveniências (acesso a informação, facilidade nas movimentações bancárias, comunicação, dentre outras benesses trazidas pela web), vieram a reboque os crimes cibernéticos.

Furto, estelionato, calúnia, difamação, injúria, ameaça, dentre outros tipos penais tradicionais, ganharam nova roupagem e meios de execução antes impensáveis.

A evolução dos meios de cometimento de crimes também precisa ser acompanhada de perto pela evolução dos meios de investigação. O crime deixa rastros (o que acontece às vezes é que o rastro não é percebido pelos responsáveis pela investigação ou, por acuidade do criminoso, ele é tão tênue que passa despercebido, como se não existisse) e não é diferente com o delito praticado com o auxílio da internet. Uma das mais eficazes ferramentas investigativas para seguir o rastro do delito cibernético é a interceptação telemática.

Tudo o quanto foi dito acerca da interceptação telefônica é aplicável à interceptação telemática. Isso em respeito ao parágrafo único do artigo 1º, da Lei 9.296/96. A Resolução 59 do CNJ também é aplicável.

A quebra do sigilo telemático tem por alvo, apenas a título de exemplo, os dados cadastrais de contas de e-mail (que agora são acessíveis à autoridade policial sem necessidade de ordem judicial, nos termos do já citado artigo 17-B, da Lei 9.613/98), conteúdo de mensagens, interceptação do fluxo da comunicação telemática, dentre outras possibilidades.

Acerca da possibilidade de acesso, pelo delegado de polícia, a conversas mantidas por investigados meio de aplicativos no momento da prisão do mesmo, independente de prévia ordem judicial, remeto o leitor ao tópico 8.12.

8.15. QUEBRA DO SIGILO BANCÁRIO

Outra providência investigativa extremamente eficiente no curso do inquérito policial com o fito de demonstrar eventual prática delitógena é o afastamento do sigilo bancário dos indiciados.

É mister que a representação levada a efeito pela autoridade policial delimite de forma clara o período e as contas cujos sigilos se deseja quebrar. A delimitação é medida de extrema utilidade prática para que não se encarte aos autos dados bancários irrelevantes à investigação.

É de rigor que se justifique a necessidade prática da medida, vez que esta mitiga direito constitucionalmente assegurado ao cidadão brasileiro. Aqui, faz-se necessário mencionar que referida quebra de sigilo pode, tranquilamente, basear-se em relatório produzido pelo COAF - Conselho de Controle de Atividades Financeiras, do Ministério da Fazenda (órgão de inteligência que atua na prevenção e combate ao crime de lavagem de dinheiro).

O entendimento acima externado é diametralmente oposto ao pensamento exarado pelo Tribunal da Cidadania nos autos do HC 191378/DF, relatado pelo Ministro Sebastião Reis Júnior, que anulou operação policial por entender que o Estado-juiz não poderia deferir quebras de sigilo bancário, fiscal e telefônico com lastro em relatório de inteligência do COAF (a construção que resultou na anulação da operação foi fruto de evidente e pernicioso superdimensionamento de direitos individuais - vide tópico 5.4).

Via de regra, mostra-se necessário periciar os extratos resultantes da quebra de sigilo bancário. Aliás, como defendido neste trabalho, a prova pericial deve, sempre que possível, ser materializada, vez que robustece o cabedal probante produzido no curso do procedimento inquisitivo.

A quebra de sigilo bancário pode provar transações financeiras ilícitas, pagamentos e recebimentos irregulares, patrimônio incompatível com os ganhos declarados, lavagem de dinheiro, sonegação fiscal, dentre outros aspectos e delitos.

Vejamos aresto acerca do tema, oriundo do STJ[67]:

> A proteção aos sigilos de dados não é direito absoluto, podendo ser quebrados quando houver a prevalência do direito público sobre o privado, na apuração de fatos delituosos ou na instrução dos processos criminais, desde que a decisão esteja adequadamente fundamentada na necessidade da medida. Precedentes do STJ. Na hipótese em exame, deve subsistir a decisão judicial que, motivadamente, determinou a quebra do sigilo bancário do paciente, uma vez que demonstrados os indícios de prática delituosa, os motivos pelos quais a medida se faz necessária, bem como o objeto da investigação e a pessoa do investigado.

8.16. QUEBRA DO SIGILO FISCAL

Mais uma ferramenta de suma importância à investigação. O que foi dito em relação à quebra de sigilo bancário se amolda a este tópico. A representação deve indicar exatamente o período do afastamento do segredo fiscal pretendido e em que monta a medida mitigadora contribui para o aclaramento do fato apurado.

O pleito encontra guarida no artigo 198, parágrafo 1º, I, do Código Tributário Nacional:

> Art. 198. Sem prejuízo do disposto na legislação criminal, é vedada a divulgação, por parte da Fazenda Pública ou de seus servidores, de informação obtida em razão do ofício sobre a situação econômica ou financeira do sujeito passivo ou de terceiros e sobre a natureza e o estado de seus negócios ou atividades.
>
> § 1º Excetuam-se do disposto neste artigo, além dos casos previstos no art. 199, os seguintes:
>
> I – requisição de autoridade judiciária no interesse da justiça.

A mesma argumentação acerca da requisição de perícia para melhor se esclarecer o fato criminoso feita em relação à quebra de sigilo bancário tem assento neste tópico.

67. STJ, HC 114846/MG, 5ª Turma, Rel. Min. Arnaldo Esteves Lima, DJe 02/08/2010.

8.17. INFILTRAÇÃO POLICIAL

É meio investigativo posto à disposição do aparelho policial pelas Leis 11.343/06 e 12.850/13.

Vejamos o artigo 53, I, da Lei 11.343/06:

> Art. 53. Em qualquer fase da persecução criminal relativa aos crimes previstos nesta Lei, são permitidos, além dos previstos em lei, mediante autorização judicial e ouvido o Ministério Público, os seguintes procedimentos investigatórios:
>
> I – a infiltração por agentes de polícia, em tarefas de investigação, constituída pelos órgãos especializados pertinentes;

E o artigo 3º, VII, da Lei 12.850/13:

> Art. 3º Em qualquer fase da persecução penal, serão permitidos, sem prejuízo de outros já previstos em lei, os seguintes meios de obtenção da prova:
>
> (...)
>
> VII – infiltração, por policiais, em atividade de investigação, na forma do art. 11;

Outrora considerada técnica investigativa nebulosa (vez que a revogada Lei 9.034/95 não disciplinava claramente seu limites), a infiltração policial ganhou nova roupagem com a edição da Lei 12.850/13 (a Lei 11.343/06 também não traz regulamentação efetiva da técnica).

O artigo 10 da citada lei deixa claro que a medida deve representada pelo delegado de polícia ou requerida pelo Ministério Público (caso em que será precedida de manifestação técnica da autoridade policial, se o requerimento do MP for levado a efeito no curso do inquérito policial) ao juízo competente, que a determinará em decisão circunstanciada, motivada e sigilosa, onde serão fixados seus limites.

O artigo 11 do mandamento legal mencionado determina que a representação (da autoridade policial) ou o requerimento (do MP) contenha a demonstração da necessidade da medida, o alcance das tarefas dos agentes e, quando possível, os nomes ou apelidos das pessoas investigadas e o local da infiltração.

Vejamos os dispositivos citados:

> Art. 10. A infiltração de agentes de polícia em tarefas de investigação, representada pelo delegado de polícia ou requerida pelo Ministério Público, após manifestação técnica do delegado de polícia quando solicitada no curso de inquérito policial, será precedida de circunstanciada, motivada e sigilosa autorização judicial, que estabelecerá seus limites.
>
> Art. 11. O requerimento do Ministério Público ou a representação do delegado de polícia para a infiltração de agentes conterão a demonstração da necessidade da medida, o alcance das tarefas dos agentes e, quando possível, os nomes ou apelidos das pessoas investigadas e o local da infiltração.

Andou bem o legislador ao reclamar manifestação técnica do delegado de polícia em caso de requerimento levado a efeito pelo Ministério Público no curso do inquérito policial (nada mais sensato que colher a opinião do presidente do apuratório, antes do eventual deferimento de medida investigativa tão incisiva).

O § 1º do artigo 10 da lei em comento autoriza a utilização da infiltração policial apenas quando houver indícios do cometimento de infração penal por organização criminosa[68] e desde que a prova não possa ser produzida por outros meios disponíveis.

A infiltração policial tem prazo de até seis meses, renovável desde que comprovada a necessidade. Como a lei não fixou limite para a quantidade de renovações, forçoso entender que a medida pode ser prorrogada repetidas vezes, enquanto for necessária à elucidação dos fatos (dede que por períodos não superiores a seis meses).

Findo o prazo de infiltração fixado pela autoridade judiciária, deve a autoridade policial encaminhar relatório circunstanciado das atividades de campo (o § 5º, do artigo 10, da Lei 12.850/13 autoriza que o delegado de polícia ou o Ministério Público requisite a qualquer tempo relatório da atividade de infiltração).

Caso existam indícios seguros de que o agente infiltrado corre risco iminente, a infiltração pode ser sustada por determinação do delegado de polícia ou requisição do Ministério Público, dando-se ciência imediata à autoridade judicial (artigo 12, § 3º, da Lei 12.850/13).

Caso o agente cometa crime no curso da infiltração, este não será punível quando inexigível conduta diversa (a solução adotada pela lei estudada para resguardar penalmente o policial infiltrado que é obrigado a cometer delitos para proteger sua identidade durante a infiltração foi isentá-lo de pena – ausência de culpabilidade pela inexigibilidade de conduta diversa). Por óbvio, o policial será responsabilizado criminalmente se cometer excessos. São os termos do artigo 13, da Lei 12.850/13:

> Art. 13. O agente que não guardar, em sua atuação, a devida proporcionalidade com a finalidade da investigação, responderá pelos excessos praticados.
>
> Parágrafo único. Não é punível, no âmbito da infiltração, a prática de crime pelo agente infiltrado no curso da investigação, quando inexigível conduta diversa.

---

68. O § 1º, do artigo 1º, da Lei 12.850/13 define organização criminosa como "a associação de 4 (quatro) ou mais pessoas estruturalmente ordenada e caracterizada pela divisão de tarefas, ainda que informalmente, com objetivo de obter, direta ou indiretamente, vantagem de qualquer natureza, mediante a prática de infrações penais cujas penas máximas sejam superiores a 4 (quatro) anos, ou que sejam de caráter transnacional".

O artigo 14 da lei citada trata dos direitos do policial infiltrado:

> Art. 14. São direitos do agente:
>
> I - recusar ou fazer cessar a atuação infiltrada;
>
> II - ter sua identidade alterada, aplicando-se, no que couber, o disposto no art. 9º da Lei nº 9.807, de 13 de julho de 1999, bem como usufruir das medidas de proteção a testemunhas;
>
> III - ter seu nome, sua qualificação, sua imagem, sua voz e demais informações pessoais preservadas durante a investigação e o processo criminal, salvo se houver decisão judicial em contrário;
>
> IV - não ter sua identidade revelada, nem ser fotografado ou filmado pelos meios de comunicação, sem sua prévia autorização por escrito.

Indubitavelmente, como visto supra, a técnica investigativa aqui analisada finalmente ganhou contornos mais definidos com a edição da Lei 12.850/13 (como dito, a matéria era tratada de maneira muito superficial pela agora revogada Lei 9.034/95). Cabe agora ao aparelho policial utilizar efetivamente esta importante ferramenta voltada à desarticulação de organizações criminosas.

8.18. INFILTRAÇÃO POLICIAL NA INTERNET (INFILTRAÇÃO VIRTUAL)

O combate aos crimes contra a dignidade sexual praticados contra crianças e adolescentes e os que envolvem produção, divulgação, compartilhamento e armazenamento de imagens/vídeos pornográficos de crianças/adolescentes foi incrementado com a entrada em vigor da Lei 13.441/17.

O novel mandamento legal permite a infiltração policial na internet, com o fito de investigar os crimes previstos nos artigos 240, 241, 241-A, 241-B, 241-C, 241-D, todos do Estatuto da Criança e do Adolescente (Lei 8.069/90), e artigos 154-A, 217-A, 218, 218-A e 218-B, todos do Código Penal.

Em síntese apertada, a infiltração policial na internet depende de autorização judicial (atendendo a requerimento do Ministério Público ou representação do delegado de polícia) e será decretada pelo prazo de 90 dias, admitidas prorrogações, desde que não ultrapassado o prazo total de 720 dias (dicção do artigo 190-A, I, II e III, do ECA, incluído pela nova lei).

O estudo inicial do artigo acima mencionado revela:

a) que a infiltração não pode ser determinada de ofício pelo juiz;

b) que a infiltração inicial e as prorrogações subsequentes não precisam ser, necessariamente, determinadas em blocos de 90 dias (é possível estipulação de prazo menor a cada período, nunca maior);

c) não é preciso que as prorrogações sejam sequenciais (desde que, em relação ao caso apurado, a medida não ultrapasse o lapso temporal total de 720 dias).

O inciso II e o § 3º, do já mencionado artigo 190-A do ECA, revelam que o MP ou o delegado de polícia deverá demonstrar:

a) a necessidade da medida (indícios mínimos de autoria, demonstração da materialidade delitiva e que a prova não pode ser coligida por outro meio);

b) o alcance das tarefas do agente infiltrado (planejamento das ações a serem materializadas no curso da técnica investigativa);

c) os nomes ou apelidos das pessoas investigadas (o que for possível, no momento que a medida for pleiteada); e

d) quando possível, os dados de conexão ou dados cadastrais que permitam a identificação dessas pessoas (eventualmente colecionados por meio de requisição a provedores de internet).

É possível, para garantir a efetividade da infiltração, que o agente faça uso de documentos com dados fictícios (que serão fornecidos por órgãos públicos mediante requisição judicial, nos termos do artigo 190-D do ECA). Tal medida é extremamente importante para garantir o sucesso da infiltração (observe que providência semelhante não foi adotada quando da regulamentação da infiltração policial em organização criminosa, no bojo da Lei 12.850/13[1] - aliás, penso ser perfeitamente adequada a utilização de analogia para estender o permissivo do Estatuto da Criança e do Adolescente em relação à infiltração na internet para infiltração no seio de organização criminosa).

Destarte, nos termos dos artigos 190-C e 190-D do ECA, não há que se falar na prática do crime (de falsidade ideológica, por exemplo), em face da confecção de documentação com dados inverídicos (ou da criação de perfis falsos em redes sociais ou aplicativos/programas), vez que criado permissivo legal (que desemboca na atipicidade do fato em face de ausência de antinormatividade ou em causa de exclusão da ilicitude da conduta, a depender do entendimento adotado - o novel mandamento legal parece ter preferido a exclusão da ilicitude, em face do contido no parágrafo único do artigo 190-C, que fala da possibilidade de punição do excesso).

A primeira análise da lei leva a crer que é possível, no curso de investigação relativa aos crimes descritos no artigo 190-A do ECA:

a) criar perfil falso de adulto, com o objetivo de se aproximar do investigado e constatar a prática delitiva (parece estar autorizado ao policial, inclusive, fazer-se passar por pedófilo para ser

1 Os artigos 10 e seguintes da Lei 12.850/13 dão os contornos legais da medida de infiltração policial no enfrentamento às organizações criminosas, mas ainda há algumas lacunas incômodas, como a citada possibilidade de confecção de documentos com

dados ideologicamente falsos por órgão oficial, para proteger a identidade do policial infiltrado. incluído em grupo de troca de material pornográfico proibido, por exemplo);

b) criação de perfil falso de criança ou adolescente, com o fito de manter contato com o investigado e colher mais elementos acerca das suas práticas delitivas.

Por óbvio, é preciso descartar materialidade decorrente de eventual provocação criminosa, que parta do agente policial infiltrado em relação ao investigado (parece-me que não é possível, por exemplo, utilizar como prova da prática de crime uma foto pornográfica proibida enviada pelo investigado a pedido do policial infiltrado que se faz passar por pedófilo).

Outrossim, é possível fazer tal operação simulada com o fito de detectar se o investigado possui acervo de imagens/vídeos proscritos e, diante desta constatação, representar ao juízo e cumprir validamente mandado de busca com consequente apreensão de outros arquivos, que não o enviado no curso da operação de infiltração.

Mostra-se possível, ainda, que se utilize de arquivos enviados sem anterior pedido do agente infiltrado, porque livres da pecha da provocação. Imagine, a título de exemplo, que o agente infiltrado, em determinada data, estimula o investigado a enviar arquivo proibido (esse arquivo enviado não deve ser usado como elemento de prova). Em outra data (e sem que o agente infiltrado peça), suponha que o investigado, já confiando no policial que se faz passar por pedófilo, envie outro arquivo proscrito – penso que este novo vídeo/foto pode ser usado tranquilamente como materialidade delitiva.

Parece-me perfeitamente possível, de igual sorte, que o policial infiltrado encaminhe material pornográfico proibido ao investigado com o fito de emprestar maior verossimilhança ao seu disfarce (não permitir tal prática findaria por inviabilizar, em grande medida, a técnica investigativa). Por óbvio, será preciso que o MP ou delegado de polícia informe tal possibilidade já na peça que pleiteia a infiltração (e que o aparelho policial documente, por meio de informação anterior à materialização da infiltração já deferida judicialmente quais imagens/vídeos serão usados no curso da investigação). Novamente aqui não haverá prática de crime pelo policial, em face da manifesta causa excludente de ilicitude (estrito cumprimento do dever legal).

É importante que se diga que os elementos probantes resultantes da infiltração (diálogos travados pelos investigados, arquivos enviados sem anterior provocação do agente infiltrado, dentre outras possibilidades), podem ser traduzidos como provas cautelares e não repetíveis, que funcionarão como lastro para ulterior decreto condenatório (ainda que produzidas no curso do inquérito policial), depois de óbvia submissão ao contraditório diferido (ou postergado), nos termos da parte final do artigo 155 do Código de Processo Penal.

Ao fim e ao cabo da investigação, o aparelho policial deverá remeter ao juízo competente relatório circunstanciado acompanhado de todos os atos eletrônicos praticados no curso da infiltração, com preservação da identidade do policial infiltrado e de crianças e adolescentes envolvidos (artigo 190-E do ECA). Penso que, apesar da lei ter sido silente quanto à necessidade de encaminhamento de relatório circunstanciado a cada pedido de renovação de prazo de infiltração, é de bom tom sua confecção e envio ao juízo competente, como forma de subsidiar o pedido de continuidade da medida cautelar.

Por fim, não é demais lembrar que não deve ser admitida a infiltração na internet por prospecção (com o fito de verificar se determinado indivíduo é envolvido com alguma das práticas listadas no artigo 190-A do ECA) - ao revés, o pleito deve ser calcado em elementos mínimos que demonstrem que o investigado pratica algum dos crimes do citado artigo, para que a medida cautelar seja deferida e que não há óbice da utilização da técnica investigativa em comento em conjunto com outras medidas cautelares/técnicas investigativas (interceptação telefônica, interceptação telemática, ação controlada, dentre outras).

Como se vê, trata-se de mandamento legal bastante útil à elucidação de crimes graves cometidos contra crianças/adolescentes e que certamente será importante arma à disposição dos órgãos de persecução penal para identificar, colher provas e responsabilizar os autores de tais delitos.

8.19. COLABORAÇÃO PREMIADA

O instituto foi inserido no nosso ordenamento pela Lei 12.850/13 (que define organização criminosa e dispõe sobre a investigação criminal, os meios de obtenção da prova, infrações penais correlatas e o procedimento criminal). Trata-se de importantíssima ferramenta destinada a facilitar o desbaratamento de organizações criminosas.

Em síntese bastante apertada, a colaboração premiada pode ser definida como o acordo firmado entre o membro de organização criminosa e o estado (representado pelo delegado de polícia[69] ou pelo Ministério Público), por meio do qual é possível o perdão judicial, a redução da pena ou a substituição da pena privativa de liberdade por restritiva de direitos do colaborador voluntá-

69. O procurador-geral da República manejou ação direta de inconstitucionalidade (número 5508) contra a legitimidade do delegado de polícia para figurar no polo ativo do acordo de colaboração premiada, argumentando, em síntese, que tal permissivo afronta o sistema acusatório. A liminar foi indeferida pelo Ministro Marco Aurélio, do STF. A ADI pende de julgamento. Com a devida vênia, o pedido de Sua Excelência segue linha diametralmente oposta da defendida nesta obra e, a meu sentir, choca-se com a interpretação sistemática da legislação processual penal, que outorga ao delegado de polícia ampla legitimidade para representar diretamente por medidas cautelares ao juízo competente (vide tópico 8.19).

rio, desde que alcançado ao menos um dos resultados descritos nos incisos do artigo 4º da Lei 12.850/13.

Para estudar o tema é importante transcrever a integralidade o referido artigo 4º do citado mandamento legal (respeitando o foco desta obra, cumpre sublinhar a importância da leitura dos §§ 2º, 6º, 7º, 9º, 13, 14 e 15, todos do artigo a seguir transcrito):

> Art. 4º O juiz poderá, a requerimento das partes, conceder o perdão judicial, reduzir em até 2/3 (dois terços) a pena privativa de liberdade ou substituí-la por restritiva de direitos daquele que tenha colaborado efetiva e voluntariamente com a investigação e com o processo criminal, desde que dessa colaboração advenha um ou mais dos seguintes resultados:
>
> I – a identificação dos demais coautores e partícipes da organização criminosa e das infrações penais por eles praticadas;
>
> II – a revelação da estrutura hierárquica e da divisão de tarefas da organização criminosa;
>
> III – a prevenção de infrações penais decorrentes das atividades da organização criminosa;
>
> IV – a recuperação total ou parcial do produto ou do proveito das infrações penais praticadas pela organização criminosa;
>
> V – a localização de eventual vítima com a sua integridade física preservada.
>
> § 1º Em qualquer caso, a concessão do benefício levará em conta a personalidade do colaborador, a natureza, as circunstâncias, a gravidade e a repercussão social do fato criminoso e a eficácia da colaboração.
>
> § 2º Considerando a relevância da colaboração prestada, o Ministério Público, a qualquer tempo, e o delegado de polícia, nos autos do inquérito policial, com a manifestação do Ministério Público, poderão requerer ou representar ao juiz pela concessão de perdão judicial ao colaborador, ainda que esse benefício não tenha sido previsto na proposta inicial, aplicando-se, no que couber, o art. 28 do Decreto-Lei nº 3.689, de 3 de outubro de 1941 (Código de Processo Penal).
>
> § 3º O prazo para oferecimento de denúncia ou o processo, relativos ao colaborador, poderá ser suspenso por até 6 (seis) meses, prorrogáveis por igual período, até que sejam cumpridas as medidas de colaboração, suspendendo-se o respectivo prazo prescricional.
>
> § 4º Nas mesmas hipóteses do caput, o Ministério Público poderá deixar de oferecer denúncia se o colaborador:
>
> I – não for o líder da organização criminosa;
>
> II – for o primeiro a prestar efetiva colaboração nos termos deste artigo.
>
> § 5º Se a colaboração for posterior à sentença, a pena poderá ser reduzida até a metade ou será admitida a progressão de regime ainda que ausentes os requisitos objetivos.
>
> § 6º O juiz não participará das negociações realizadas entre as partes para a formalização do acordo de colaboração, que ocorrerá entre o delegado de polícia, o investigado e o defensor, com a manifestação do Ministério Público, ou, conforme o caso, entre o Ministério Público e o investigado ou acusado e seu defensor.

§ 7º Realizado o acordo na forma do § 6º, o respectivo termo, acompanhado das declarações do colaborador e de cópia da investigação, será remetido ao juiz para homologação, o qual deverá verificar sua regularidade, legalidade e voluntariedade, podendo para este fim, sigilosamente, ouvir o colaborador, na presença de seu defensor.

§ 8º O juiz poderá recusar homologação à proposta que não atender aos requisitos legais, ou adequá-la ao caso concreto.

§ 9º Depois de homologado o acordo, o colaborador poderá, sempre acompanhado pelo seu defensor, ser ouvido pelo membro do Ministério Público ou pelo delegado de polícia responsável pelas investigações.

§ 10. As partes podem retratar-se da proposta, caso em que as provas autoincriminatórias produzidas pelo colaborador não poderão ser utilizadas exclusivamente em seu desfavor.

§ 11. A sentença apreciará os termos do acordo homologado e sua eficácia.

§ 12. Ainda que beneficiado por perdão judicial ou não denunciado, o colaborador poderá ser ouvido em juízo a requerimento das partes ou por iniciativa da autoridade judicial.

§ 13. Sempre que possível, o registro dos atos de colaboração será feito pelos meios ou recursos de gravação magnética, estenotipia, digital ou técnica similar, inclusive audiovisual, destinados a obter maior fidelidade das informações.

§ 14. Nos depoimentos que prestar, o colaborador renunciará, na presença de seu defensor, ao direito ao silêncio e estará sujeito ao compromisso legal de dizer a verdade.

§ 15. Em todos os atos de negociação, confirmação e execução da colaboração, o colaborador deverá estar assistido por defensor.

§ 16. Nenhuma sentença condenatória será proferida com fundamento apenas nas declarações de agente colaborador.

O artigo 5º da Lei 12.850/13 trata dos direitos do colaborador:

Art. 5º São direitos do colaborador:

I – usufruir das medidas de proteção previstas na legislação específica;

II – ter nome, qualificação, imagem e demais informações pessoais preservados;

III – ser conduzido, em juízo, separadamente dos demais coautores e partícipes;

IV – participar das audiências sem contato visual com os outros acusados;

V – não ter sua identidade revelada pelos meios de comunicação, nem ser fotografado ou filmado, sem sua prévia autorização por escrito;

VI – cumprir pena em estabelecimento penal diverso dos demais corréus ou condenados.

O acordo de colaboração deve ser feito por escrito e deverá abranger os tópicos relacionados no artigo 6º da mesma lei:

Art. 6º O termo de acordo da colaboração premiada deverá ser feito por escrito e conter:

I – o relato da colaboração e seus possíveis resultados;

II – as condições da proposta do Ministério Público ou do delegado de polícia;

III – a declaração de aceitação do colaborador e de seu defensor;

IV – as assinaturas do representante do Ministério Público ou do delegado de polícia, do colaborador e de seu defensor;

V – a especificação das medidas de proteção ao colaborador e à sua família, quando necessário.

O pedido de homologação do acordo de colaboração será sigilosamente distribuído, contendo apenas informações que não possam identificar o colaborador e o seu objeto (artigo 7º da Lei 12.850/13). O juiz decidirá no prazo de 48 (quarenta e oito) horas. Impende ressaltar que em órgãos colegiados, é o relator quem deve homologar o acordo de colaboração premiada e dita homologação deve se circunscrever a avaliar a regularidade, a legalidade e voluntariedade da avença (o Judiciário não deve adentrar no mérito do quanto acordado e o acordo deve ser observado, caso o colaborador tenha cumprido com suas obrigações), tal qual decidido pelo Supremo Tribunal Federal (nos autos de Questão de Ordem na Petição 7074):

> Preliminarmente, o Tribunal, por maioria, vencidos os Ministros Marco Aurélio e Gilmar Mendes, resolveu questão de ordem suscitada pelo Ministro Marco Aurélio no sentido de que o entendimento adotado no julgamento da questão de ordem na PET 7074 se estende a outros casos. Em seguida, o Tribunal, nos termos do voto do Relator, ora reajustado, resolveu questão de ordem no sentido de reafirmar, nos limites dos § 7º e § 11 do art. 4º da Lei 12.850/2013, e incs. I e II do art. 21 do RI/STF: I) a atribuição do Relator para, monocraticamente, homologar acordos de colaboração premiada, oportunidade na qual se limita ao juízo de regularidade, legalidade e voluntariedade da avença, vencidos os Ministros Gilmar Mendes e Marco Aurélio; II) a competência colegiada do Supremo Tribunal Federal, em decisão final de mérito, para avaliar o cumprimento dos termos bem como a eficácia do acordo, vencidos, nos termos de seus votos, os Ministros Ricardo Lewandowski, Gilmar Mendes e Marco Aurélio; III) que o acordo homologado como regular, voluntário e legal em regra haverá de ser observado mediante o cumprimento dos deveres assumidos pelo colaborador, sendo possível ao Plenário a análise de sua legalidade, nos termos do § 4º do art. 966 do CPC. Ausente o Ministro Ricardo Lewandowski, participando do Seminário de Verão 2017, na Faculdade de Direito da Universidade de Coimbra, em Portugal. Presidiu o julgamento a Ministra Cármen Lúcia. Plenário, 29.6.2017.

Os autos do acordo de colaboração só devem ser acessados pelo juiz, ao Ministério Público e pelo delegado de polícia (porque contêm cópia da investigação, na forma do § 7º do artigo 4º da Lei 12.850/13). Ao defensor do colaborador é assegurado, no interesse do representado, amplo acesso aos elementos de prova que digam respeito ao exercício do direito de defesa, devidamente precedido de autorização judicial, ressalvados os referentes às diligências em andamento (o § 2º, do artigo 7º, da lei citada prestigiou os termos da Súmula Vinculante 14 do STF).

Por fim, cumpre deixar claro que o § 3º, do artigo 7º, da Lei 12.850/13 determina que o acordo de colaboração premiada deixa de ser sigiloso assim que recebida a denúncia. Apesar da dicção legal, o Supremo Tribunal Federal tem levantado o sigilo dos acordos de colaboração premiada logo após a homologação dos mesmos pelo relator, nos seguintes termos:

> Quanto ao pleito de levantamento do sigilo dos autos, anoto que, como regra geral, a Constituição Federal veda a restrição à publicidade dos atos processuais, ressalvada a hipótese em que a defesa do interesse social e da intimidade exigir providência diversa (art. 5º, LX), e desde que *a preservação do direito à intimidade do interessado no sigilo não prejudique o interesse público à informação* (art. 93, IX).
>
> Percebe-se, nesse cenário, que a própria Constituição, em antecipado juízo de ponderação iluminado pelos ideais democráticos e republicanos, no campo dos atos jurisdicionais, prestigia o interesse público à informação. Acrescenta-se que a exigência de motivação e de publicidade das decisões judiciais integra o mesmo dispositivo constitucional (art. 93, IX), fato decorrente de uma razão lógica: ambas as imposições, a um só tempo, propiciam o controle da atividade jurisdicional tanto sob uma ótica endoprocessual (pelas partes e outros interessados), quanto extraprocessual (pelo povo em nome de quem o poder é exercido). Logo, o Estado-Juiz, devedor da prestação jurisdicional, ao aferir a indispensabilidade, ou não, da restrição à publicidade, não pode se afastar da eleição de diretrizes normativas vinculantes levadas a efeito pelo legislador constitucional.
>
> D'outro lado, a Lei 12.850/2013, ao tratar da colaboração premiada em investigações criminais, impôs regime de sigilo ao acordo e aos procedimentos correspondentes (art. 7º), circunstância que, em princípio, perdura, se for o caso, até o eventual recebimento da denúncia (art. 7º, § 3º). Observe-se, entretanto, que referida sistemática deve ser compreendida à luz das regras e princípios constitucionais, tendo como lastro suas finalidades precípuas, quais sejam, a garantia do êxito das investigações (art. 7°, § 2º) e a proteção à pessoa do colaborador e de seus próximos (art. 5º, II). Não fosse isso, compete enfatizar que o mencionado art. 7º, § 3º relaciona-se ao exercício do direito de defesa, assegurando ao denunciado, após o recebimento da peça acusatória, e com os meios e recursos inerentes ao contraditório, a possibilidade de insurgir-se contra a denúncia. Todavia, referido dispositivo que, como dito, tem a preservação da ampla defesa como finalidade, não veda a implementação da publicidade em momento processual anterior.
>
> No caso, a manifestação do órgão acusador, destinatário da apuração para fins de formação da *opinio delicti*, revela, desde logo, que não mais subsistem, sob a ótica do sucesso da investigação, razões que determinem a manutenção do regime restritivo da publicidade.
>
> Em relação aos direitos dos colaboradores, as particularidades da situação evidenciam que o contexto fático subjacente, notadamente o envolvimento em delitos associados à gestão da coisa pública, atraem o interesse público à

> informação e, portanto, desautorizam o afastamento da norma constitucional que confere predileção à publicidade dos atos processuais. Com esse pensamento, aliás, o saudoso Min. TEORI ZAVASCKI, meu antecessor na Relatoria de inúmeros feitos a este relacionados, já determinou o levantamento do sigilo em autos de colaborações premiadas em diversas oportunidades, citando-se: Pet. 6.149 (23.11.2016); Pet. 6.122 (18.11.2016); Pet. 6.150 (21.11.2016); Pet. 6.121 (25.10.2016); Pet. 5.970 (01.09.2016); Pet. 5.886 (30.05.2016); Pet. 5.899 (09.03.2016); Pet. 5.624 (26.11.2015); Pet. 5.737 (09.12.2015); Pet. 5.790 (18.12.2015); Pet. 5.780 (15.12.2015); Pet. 5.253 (06.03.2015); Pet. 5.259 (06.03.2015) e Pet. 5.287 (06.03.2015). Na mesma linha, registro o julgamento, em 21.02.2017, do agravo regimental na Pet. 6.138 (acórdão pendente de publicação), ocasião em que a Segunda Turma desta Corte, por unanimidade, considerou legítimo o levantamento do sigilo de autos que contavam com colaboração premiada, mesmo anteriormente ao recebimento da denúncia.
>
> Não fosse isso, os próprios colaboradores, por ocasião da audiência prevista no art. 4º, § 7º, da Lei 12.850/2013, anuíram com a divulgação do seu teor, o que também é objeto de cláusula nos Acordos de Colaboração Premiada por eles subscrito.
>
> À luz dessas considerações, tenho como pertinente o pedido para levantamento do sigilo, em vista da regra geral da publicidade dos atos processuais[70].

8.20. PODE O DELEGADO DE POLÍCIA REPRESENTAR DIRETAMENTE MEDIDAS CAUTELARES AO JUDICIÁRIO, NO CURSO DO INQUÉRITO POLICIAL?

Neste capítulo foram estudadas algumas medidas cautelares que podem ser representadas no curso do inquérito policial com o fito de solucionar o crime apurado no bojo do feito (busca e apreensão, interceptação telefônica e telemática, quebra de sigilo bancário e fiscal). No capítulo seguinte estudaremos outras medidas cautelares importantes, como a prisão preventiva e a temporária. Nesta senda, cumpre discutir se o delegado de policial pode representar diretamente ao Poder Judiciário pela decretação das medidas citadas ou se apenas o Ministério Público pode fazê-lo.

Os que advogam a tese de que a autoridade policial não pode representar diretamente ao juízo competente pela decretação de medidas cautelares constroem sua argumentação em suposta ausência de capacidade postulatória do delegado de polícia. Entendem que a ação penal deve ser tida como processo principal e as medidas cautelares como pleitos preparatórios para o manejo do futuro processo. Afirmam que apenas quem tem capacidade postulatória para ajuizar a ação penal pode deduzir pleito cautelar em juízo (somente o

70. STF, PET 7003, rel. Min. Edson Fachin, decisão em 18/05/2017.

Ministério Público, no caso das ações penais públicas). Andrey Borges de Mendonça[71] sintetiza o argumento acima desenhado:

> Como possui a prerrogativa de decisão sobre o início da ação penal principal, com muito maior razão deve possuir legitimidade para decidir se é o caso ou não de requerimento das medidas cautelares na fase das investigações.

O autor citado arremata asseverando que: "todas as representações da autoridade policial, portanto, devem ser dirigidas ao Ministério Público, que, caso concorde, as proporá ao Juízo"[72].

A meu ver tal construção não se sustenta. Em primeiro lugar porque as medidas cautelares não são pleitos preparatórios para o manejo de futuro processo penal (esta não deve ser a relação principal/acessório). Em verdade, quando representadas pelo delegado de polícia, as medidas cautelares servem ao inquérito policial (a relação principal/acessório é, na verdade, inquérito/medida cautelar). Finda, assim, derrubada a viga mestra da argumentação que pretende ver negada a pergunta desenhada no título deste tópico.

O sistema processual penal brasileiro desenhou uma clara e salutar divisão de tarefas confiadas a órgãos estatais distintos: o Estado-investigação, representado pela polícia judiciária, tem a missão de elucidar as infrações penais - deve perquirir a autoria e a materialidade delitiva; o Estado-acusação, representado pelo Ministério Público, é responsável por manejar ação penal em face dos que dilaceraram a ordem jurídica através do cometimento de delito; e o Estado-juiz, representado pelo Poder Judiciário, tem a missão de julgar os processos penais, condenando ou absolvendo os réus.

Neste panorama, para se desincumbir do seu mister, a polícia judiciária tem o dever de instaurar inquérito policial, coligindo provas suficientes da existência do crime (materialidade) e de autoria delitiva. No curso do feito inquisitivo, pode o delegado de polícia entender que o fato será melhor aclarado com o manejo de medida cautelar (de busca e apreensão, interceptação telefônica, quebra de sigilo bancário, etc.), que deve ser representada ao Poder Judiciário. Fica claro, neste diapasão, que o que está sendo acautelado pela medida representada é o próprio inquérito (e a prova a ser produzida em seu bojo). Assim é que a autoridade policial terá que demonstrar a necessidade/utilidade da medida mitigadora dos direitos do investigado/indiciado para que a mesma seja deferida pelo juízo competente.

Nesta esteira, é coerente e lógico que a decisão a respeito da materialização de pleito cautelar levado a efeito no bojo do inquérito caiba ao delegado

71. DE MENDONÇA, Andrey Borges. **Prisão e outras Medidas Cautelares Pessoais**. Método, 2011. Página 68.

72. DE MENDONÇA, Andrey Borges. **Obra acima citada**. Página 69.

de polícia (sendo certo que o Ministério Público tem legitimação concorrente para requerer tais medidas).

A resposta ao quesito proposto neste tópico pode ainda ser fundamentada de maneira muito mais simplória: a legislação autoriza o manejo direto de todos os pleitos cautelares possíveis no curso do inquérito pela autoridade policial. Vejamos alguns exemplos (grifos meus):

> Lei 9.296/96:
>
> Art. 3° A interceptação das comunicações telefônicas poderá ser determinada pelo juiz, de ofício ou a requerimento:
>
> I - da autoridade policial, na investigação criminal;
>
> Lei 7.960/89:
>
> Art. 2° A prisão temporária será decretada pelo Juiz, em face da representação da autoridade policial ou de requerimento do Ministério Público, e terá o prazo de 5 (cinco) dias, prorrogável por igual período em caso de extrema e comprovada necessidade.
>
> Código de Processo Penal:
>
> Art. 282. As medidas cautelares previstas neste Título deverão ser aplicadas observando-se a:
>
> § 2º As medidas cautelares serão decretadas pelo juiz, de ofício ou a requerimento das partes ou, quando no curso da investigação criminal, por representação da autoridade policial ou mediante requerimento do Ministério Público.
>
> Art. 311. Em qualquer fase da investigação policial ou do processo penal, caberá a prisão preventiva decretada pelo juiz, de ofício, se no curso da ação penal, ou a requerimento do Ministério Público, do querelante ou do assistente, ou por representação da autoridade policial.

Demonstrado está que tentar submeter a representação do delegado de polícia à autorização ou à aquiescência do Ministério Público é subverter a ordem jurídica e, em última análise, afirmar que o entendimento da autoridade policial está condicionado ao pensar do *Parquet* (conclusão, a meu ver, teratológica).

O que diz o arcabouço legislativo pátrio é que o MP ofertará parecer no bojo das medidas cautelares quando estas forem representadas pelo delegado de polícia, mas este não vincula a autoridade Judiciária, que poderá deferir o pleito, mesmo diante de parecer contrário do MP.

8.21. QUESTÕES DE CONCURSO PÚBLICOS

1. **(Promotor de Justiça/RO/2010 – Desmembrada) O incidente de restituição de coisas apreendidas, nos termos do CPP, somente poderá ser resolvido pela autoridade judicial, com a prévia oitiva do MP, e, caso haja complexidade na definição da titularidade do bem apreendido, o juiz deverá remeter as partes ao juízo cível competente e ordenar o depósito do bem até solução definitiva.**

2. **(Promotor de Justiça/RO/2010) Assinale a opção correta a respeito da prova criminal.**
   A. Na falta de perito oficial, o exame de corpo delito deverá ser realizado por um profissional idôneo, indicado pelo juiz, que tenha habilitação técnica relacionada com a natureza do exame.
   B. O juiz penal está adstrito ao laudo, não podendo rejeitar suas conclusões em face do princípio da persuasão racional.
   C. O interrogatório é ato privativo do juiz, que, durante sua realização, assegurará o direito do réu ao silêncio e ao privilégio de não ser obrigado a produzir prova contra si, razão pela qual é vedada à acusação e à defesa a elaboração de perguntas.
   D. De acordo com o CPP, os doentes mentais e os menores de quatorze anos de idade podem ser testemunhas não compromissadas.
   E. No reconhecimento de pessoa, aquele que for submetido a reconhecimento deve ser colocado ao lado de, pelo menos, outros dois indivíduos que tenham as mesmas características físicas, sob pena de nulidade do ato.
3. **(Juiz/AL/2008) Acerca das provas, à luz do disposto no CPP, assinale a opção correta.**
   A. O juiz formará sua convicção pela livre apreciação da prova produzida em contraditório judicial. Os elementos informativos colhidos na investigação não poderão servir de fundamentos para a sua decisão, sob pena de nulidade absoluta.
   B. Considerando que o MP é o titular da ação penal pública, é vedado ao juiz, antes do início da ação penal, ordenar a produção de qualquer tipo de prova.
   C. São inadmissíveis as provas ilícitas, as quais devem ser desentranhadas do processo. O juiz que conhecer do conteúdo da prova declarada inadmissível não poderá proferir a sentença.
   D. Preclusa a decisão de desentranhamento da prova declarada inadmissível, esta terá de ser inutilizada por força de decisão judicial, facultando-se às partes acompanhar o incidente.
   E. São inadmissíveis as provas derivadas das ilícitas, ainda que não seja evidenciado o nexo de causalidade entre uma e outra, ou que as derivadas poderiam ter sido obtidas por uma fonte independente das primeiras.
4. **(Promotor de Justiça/RN/09 - Desmembrada) Segundo entendimento doutrinário, quando a norma afrontada tiver natureza processual, a prova vedada deve ser chamada de ilícita; afrontando normas de direito material, deve ser chamada de ilegítima.**
5. **(OAB/SP Exame 136/2008) Assinale a opção correta acerca da confissão e do interrogatório, segundo o CPP e a CF.**
   A. O réu pode retratar-se da confissão, bem como pode confessar a totalidade ou apenas uma parte do fato que lhe foi imputado.
   B. Se o acusado confessa o crime perante o juiz, na presença de seu advogado, é desnecessário confrontar a confissão com as demais provas do processo para a verificação de compatibilidade ou concordância.

C. Antes de iniciar o interrogatório, o juiz esclarecerá ao réu que, embora não esteja obrigado a responder às perguntas que lhe forem formuladas, o seu silêncio poderá ser interpretado em prejuízo da própria defesa.

D. O silêncio do acusado importa em confissão ficta ou presumida.

6. **(Delegado de Polícia Civil/PB/2008 - Desmembrada) O pedido de interceptação das comunicações telefônicas deve ser feito necessariamente por escrito.**

7. **(Delegado de Polícia Civil/PB/2008 - Desmembrada) Não se admite interceptação das comunicações telefônicas quando o fato investigado constituir infração penal punida no máximo, com pena de detenção.**

8. **(Agente de Polícia Federal/2009) Não se admite a acareação entre o acusado e a pessoa ofendida, considerando-se que o acusado tem o direito constitucional ao silêncio, e o ofendido não será compromissado.**

9. **(Delegado de Polícia Civil/ES/2006 - Desmembrada) A prova obtida por meio de interceptação legal, para fins de investigação criminal, pode ser utilizada em ação de divórcio, caso a autoridade judiciária assim o autorize e as partes tenham relação com os fatos investigados.**

10. **(Delegado de Polícia Civil/SE/2005) Nos termos da lei processual penal, a exigência da presença de defensor, prevista para o interrogatório judicial, não se aplica ao interrogatório policial, por ser o inquérito procedimento de natureza inquisitiva, ao qual não se impõe a observância do contraditório.**

11. **(Agente de Polícia Federal/2012) Como o sistema processual penal brasileiro assegura ao investigado o direito de não produzir provas contra si mesmo, a ele é conferida a faculdade de não participar de alguns atos investigativos, como, por exemplo, da reprodução simulada dos fatos e do procedimento de identificação datiloscópica e de reconhecimento, além do direito de não fornecer material para comparação em exame pericial.**

12. **(Agente de Polícia Federal/2012) O Código de Processo Penal determina expressamente que o interrogatório do investigado seja o último ato da investigação criminal antes do relatório da autoridade policial, de modo que seja possível sanar eventuais vícios decorrentes dos elementos informativos colhidos até então bem como indicar outros elementos relevantes para o esclarecimento dos fatos.**

13. **(Delegado de Polícia Civil/PI/2009) Durante busca pessoal realizada no curso de busca domiciliar, tendo esta última sido efetivada em cumprimento a mandado judicial às oito horas da manhã, foi encontrada na mochila de Paulo arma de fogo de uso restrito e com numeração raspada. Preso em flagrante e levado à presença da autoridade policial, Paulo confessou a posse ilegal da arma, tendo ainda reconhecido que ele próprio raspou a sua numeração, a fim de ocultar a verdadeira origem do objeto. Diante da situação hipotética acima exposta, assinale a afirmativa correta.**

A. A busca pessoal foi ilegal, porque apenas a busca domiciliar havia sido autorizada por mandado judicial.

B. A busca domiciliar foi realizada às oito horas da manhã porque em nenhuma hipótese poderia se dar à noite, nem mesmo com o consentimento do morador, devido a garantia da inviolabilidade de domicílio assegurada pela própria Constituição Federal.

C. A confissão de Paulo diante da autoridade policial poderá vir a ser retratada em juízo.

D. A confissão, de acordo com o Código de Processo Penal, é indivisível, ou seja, seu teor não pode vir a ser desmembrado.

E. Como Paulo já confessou seu delito perante a autoridade policial, não haverá mais necessidade de produção de outras provas acerca da materialidade e da autoria da conduta delituosa.

14. (Delegado de Polícia Civil/MG/2008) Sobre a Lei n. 9.296/96, que dispõe sobre a interceptação de comunicações telefônicas, é CORRETO afirmar:

A. Que poderá ser decretada a quebra do sigilo telefônico quando a prova da autoria ou materialidade do delito puder ser feita por outro meio de prova.

B. Que o delito investigado deve ser punido com pena de detenção.

C. Que, decretada a interceptação telefônica, a autoridade policial não necessita dar ciência dos procedimentos realizados ao Ministério Público.

D. Que a interceptação telefônica não poderá ser decretada por período superior a 15 dias, admitida a prorrogação do prazo.

15. (Juiz/PE/2011) No tocante à prova, o juiz

A. Formará sua convicção pela livre apreciação da produzida nos autos, sem qualquer restrição.

B. Poderá, de ofício, ordenar a produção antecipada de provas consideradas urgentes e relevantes, mas apenas depois de iniciada a ação penal.

C. Formará sua convicção pela livre apreciação da produzida em contraditório judicial, não podendo fundamentar sua decisão em provas cautelares, não repetíveis e antecipadas.

D. Observará a necessidade, adequação e proporcionalidade da produção antecipada de provas, mesmo antes de iniciada a ação penal.

E. Não poderá determinar, de ofício, no curso da instrução, a realização de diligências para dirimir dúvida sobre ponto relevante.

16. (Juiz/GO/2012) Em relação à prova no processo penal, é correto afirmar que:

A. Não sendo possível o exame de corpo de delito, por haverem desaparecido os vestígios, a prova testemunhal não poderá suprir-lhe a falta.

B. A autópsia será feita até 6 (seis) horas depois do óbito.

C. O interrogatório do réu preso será realizado obrigatoriamente em sala própria no estabelecimento em que estiver recolhido ou por sistema de videoconferência.

D. A confissão é divisível e retratável.

E. Havendo mais de um acusado, serão interrogados conjuntamente.

17. (Juiz/GO/2012) Em relação às testemunhas, é correto afirmar que:

A. As pessoas impossibilitadas por enfermidade ou velhice serão dispensadas de depor.

B. Será permitida à testemunha breve consulta a apontamentos.
C. As pessoas com dever de sigilo são proibidas de depor mesmo se desobrigadas pela parte interessada.
D. As perguntas serão formuladas pelas partes diretamente à testemunha, exceto se não tiverem relação com a causa.
E. Se o juiz reconhecer que alguma testemunha fez afirmação falsa, remeterá cópia do depoimento para o Ministério Público, para instauração de inquérito.

18. (Juiz/GO/2012) De acordo com o disposto na Lei no 9.296/96,

A. Não será admitida a interceptação de comunicações telefônicas se o fato investigado constituir infração penal punida, no máximo, com pena de detenção.
B. A interceptação telefônica não poderá ser decretada de ofício pelo juiz.
C. A decisão que decretar a interceptação telefônica será fundamentada, sob pena de nulidade, mas não precisará indicar a forma de execução da diligência.
D. A gravação que não interessar à prova não poderá ser inutilizada, devendo ser mantida para fins de defesa.
E. O representante do Ministério Público poderá requerer a realização de interceptação telefônica na instrução processual penal, mas não na investigação criminal.

19. (Juiz/CE/2012) Assinale a opção correta acerca da prova no âmbito do direito processual penal.

A. Nos casos de morte violenta, desde que as lesões externas permitam precisar a causa da morte, basta o simples exame externo do cadáver, ainda que haja infração penal a apurar.
B. Depois de devidamente qualificado e cientificado do inteiro teor da acusação, o réu será informado pelo juiz, antes de iniciar o interrogatório, do seu direito de permanecer calado; o silêncio não importa em confissão, mas poderá ser interpretado em prejuízo da defesa.
C. São proibidas de depor as pessoas que, em razão de função, ministério, ofício ou profissão, devam guardar segredo, salvo se liberadas pela parte interessada, quando serão obrigadas a dar o seu testemunho.
D. A prova da alegação incumbirá a quem a fizer, sendo, porém, facultado ao juiz, de ofício, ordenar, desde que após o início da ação penal, a produção antecipada de provas consideradas urgentes e relevantes, observando a necessidade, adequação e proporcionalidade da medida.
E. São inadmissíveis as provas derivadas das ilícitas, salvo quando não evidenciado o nexo de causalidade entre umas e outras, ou quando as derivadas puderem ser obtidas por uma fonte independente das primeiras.

20. (Defensor Público/RS/2011) Sobre provas ilícitas, é INCORRETO afirmar:

A. A vedação da utilização de provas ilícitas pode ser excepcionalmente afastada em favor do acusado.

B. A doutrina processual penal faz uma distinção conceitual entre a prova ilícita e a prova ilegítima, sendo aquela a obtida com violação ao direito substantivo e esta a obtida com violação ao direito adjetivo.

C. As provas derivadas das ilícitas não se considerarão contaminadas quando puderem ser obtidas de uma fonte independente destas, ou quando não evidenciado o nexo de causalidade entre umas e outras, segundo o disposto na norma processual penal.

D. Consoante previsto no Código de Processo Penal, preclusa a decisão de desentranhamento da prova declarada inadmissível, esta será inutilizada por decisão judicial.

E. Contra a decisão interlocutória que não reconhece a ilicitude de prova cabe recurso em sentido estrito.

21. (Advogado da União AGU/2009) A restituição, por constituir ato privativo da autoridade judicial, não poderá ser ordenada pela autoridade policial, ainda que não exista dúvida quanto ao direito do reclamante.

22. (Delegado de Polícia/RS/2009) Analise as seguintes assertivas e marque a correta.

A. A busca pessoal em mulher, em qualquer circunstância, somente poderá ser feita por outra mulher.

B. Tendo sido expedido mandado de busca domiciliar, é dispensado o respectivo mandado para realizar a busca pessoal nos moradores da residência.

C. Ainda que existam indícios de autoria e materialidade da prática de crime por advogado, não é admitida a expedição de mandado judicial de busca e apreensão no escritório profissional daquele.

D. Quando a autoridade policial, pessoalmente, executar a busca e apreensão de coisas obtidas por meios criminosos é dispensado o mandado de busca e apreensão.

E. É taxativo o rol de hipóteses previstas no Código de Processo Penal que autorizavam a busca e apreensão.

23. (Delegado de Polícia/TO/2008) Não se faz distinção entre corpo de delito e exame de corpo de delito, pois ambos representam o próprio crime em sua materialidade.

24. (OAB/V Exame Unificado) A respeito da prova no processo penal, assinale a alternativa correta.

A. A prova objetiva demonstra a existência/inexistência de um determinado fato ou a veracidade/falsidade de uma determinada alegação. Todos os fatos, em sede de processo penal, devem ser provados.

B. São consideradas provas ilícitas aquelas obtidas com a violação do direito processual. Por outro lado, são consideradas provas ilegítimas as obtidas com a violação das regras de direito material.

C. As leis em geral e os costumes não precisam ser comprovados.

D. A lei processual pátria prevê expressamente a inadmissibilidade da prova ilícita por derivação, perfilhando-se à "teoria dos frutos da árvore envenenada" ("*fruits of poisonous tree*").

25. (OAB/Exame Unificado 2010-3) O advogado Ademar é surpreendido por mandado de busca e apreensão dos documentos guardados no seu escritório, de forma indiscriminada. Após pesquisa, verifica que existe processo investigando um dos seus clientes e a ele mesmo. Apesar disso, os documentos de toda a sua clientela foram apreendidos.

Diante do narrado, é correto afirmar que:

A. A prática é correta, em função de a investigação atingir o advogado.

B. A inviolabilidade do escritório de advocacia é absoluta.

C. A proteção ao escritório do advogado não se inclui na hipótese versada.

D. Houve excesso na apreensão de todos os documentos da clientela do advogado.

26. (Delegado de Polícia Civil/RJ/2013) Marque a resposta correta.

A. O princípio da identidade física do juiz consiste na dimensão formal do princípio do juiz natural, enquanto a vedação de tribunais de exceção e escolha de juiz traduzem a dimensão substancial do juiz natural.

B. São incontestáveis, na doutrina e na jurisprudência, o poder de investigação direta do Ministério Público e a prerrogativa legal de tomar assento imediatamente à direita e no mesmo plano do Magistrado, sem que haja, com isso, ofensa ao sistema acusatório ou à paridade de armas.

C. O STF admite como prova a gravação ambiental de conversas entre particulares, mas não admite a gravação clandestina de conversa informal entre agentes policiais e o indiciado, este último, em razão do direito constitucional ao silêncio.

D. A Constituição de 1988 consagrou expressamente, no processo penal brasileiro, o princípio da verdade real. Por isso o Juiz poderá, de ofício, produzir prova no curso do processo.

E. O Delegado de Polícia não pode ordenar buscas domiciliares. Este poder, contudo, foi atribuído, excepcionalmente, às CPIs, que possuem poderes de investigação típicos da autoridade judiciária.

27. (Delegado de Polícia Civil/RJ/2013) Em matéria de prova, disciplinada pelo Código de Processo Penal, é correto afirmar:

A. Quando a infração deixar vestígios, o exame de corpo de delito poderá ser dispensado a pedido da parte interessada.

B. O juiz julga conforme seu livre convencimento e sem obrigação de fundamentar a sua convicção, porém com base na prova existente nos autos.

C. O silêncio do acusado não importará confissão, e tampouco poderá constituir elemento para a formação do convencimento do juiz.

D. O maior de quatorze anos e menor de dezoito anos não prestará compromisso como testemunha, quando desacompanhado do responsável legal.

E. Consideram-se documentos somente os escritos ou papéis, públicos ou particulares.

28. (Promotor de Justiça/AL/2012) No tocante à prova no processo penal, é INCORRETO afirmar que:

A. Quando a infração deixar vestígios, será indispensável o exame de corpo de delito, direto ou indireto, não podendo supri-lo a confissão do acusado.

B. Durante o curso do processo judicial, é permitido às partes, quanto à perícia, requerer a oitiva dos peritos para esclarecerem a prova ou para responderem a quesitos, desde que o mandado de intimação e os quesitos ou questões a serem esclarecidos sejam encaminhados com antecedência mínima de dez dias, podendo apresentar as respostas em laudo complementar.

C. É facultado ao juiz determinar, no curso da instrução, ou antes de proferir sentença, a realização de diligências para dirimir dúvida sobre ponto relevante.

D. O juiz formará sua convicção pela livre apreciação da prova produzida em contraditório judicial, não podendo fundamentar sua decisão exclusivamente nos elementos informativos colhidos na investigação, ressalvadas as provas cautelares, não repetíveis ou antecipadas.

E. O exame de corpo de delito realizado por perito oficial somente poderá ser feito durante o dia.

29. (Delegado de Polícia Civil/BA/2013) A restituição de coisas apreendidas em poder do investigado, no âmbito do inquérito policial, pode ser ordenada pela autoridade policial, desde que não haja vedação legal à restituição das coisas e inexista importância à prova da infração ou desde que a restituição não sirva à reparação do dano causado pelo crime e seja induvidoso o direito do reclamante, após oitiva obrigatória do MP.

30. (Delegado de Polícia Civil/BA/2013) É indispensável o exame pericial, direto ou indireto, nos casos em que a infração penal deixe vestígios, não podendo supri-lo a confissão do acusado, facultada ao MP, ao assistente de acusação, ao ofendido, ao querelante e ao acusado a indicação de assistente técnico para atuar na etapa processual após sua admissão pelo juiz e a conclusão dos exames e elaboração do laudo pelos peritos oficiais.

31. (Delegado de Polícia Civil/MA/2012) Com relação ao capítulo da *prova*, assinale a afirmativa incorreta.

A. Admite-se a prova pericial, apesar de o juiz não ficar adstrito ao laudo, podendo aceitá-lo ou rejeitá-lo, no todo ou em parte.

B. De acordo com o Art. 212, do CPP, as perguntas serão formuladas pelas partes diretamente às testemunhas, podendo o juiz complementar a inquirição formulando perguntas sobre pontos não esclarecidos.

C. Havendo mais de um réu, cada um deles deverá ser interrogado separadamente, podendo a defesa e a acusação formular perguntas ao final.

D. Apesar de a lei processual penal dispor que o assistente de acusação pode propor meios de prova (Art. 271), em regra não poderá arrolar testemunhas, eis que somente pode o assistente ser admitido após o oferecimento e recebimento da denúncia com o rol respectivo.

E. Por força do princípio constitucional da ampla defesa, a testemunha deverá ser ouvida em juízo na presença do acusado e da defesa técnica, não se admitindo exceção a esta regra.

32. (Delegado de Polícia Civil/PA/2012) A interceptação de comunicações telefônicas, de qualquer natureza, para prova em investigação criminal e em instrução

processual penal, observará o disposto na Lei nº 9.296, de 24 de julho de 1996 e dependerá de ordem do juiz competente da ação principal, sob segredo de justiça. Com base nessas informações e pautando-se na referida lei, assinale a alternativa correta:

A. Realizar interceptação de comunicações telefônicas, de informática ou telemática, ou quebrar segredo da Justiça, sem autorização judicial ou com objetivos não autorizados em lei não é crime.

B. A interceptação de comunicação telefônica, de qualquer natureza, ocorrerá nos autos principais do inquérito policial ou do processo criminal, preservando-se o sigilo das diligências, gravações e transcrições respectivas.

C. É admitida a interceptação de comunicações telefônicas quando o fato investigado constituir infração penal punida, no máximo, com pena de detenção.

D. Excepcionalmente, o juiz poderá admitir que o pedido seja formulado verbalmente, desde que estejam presentes os pressupostos que autorizem a interceptação, caso em que a concessão será condicionada à sua redução a termo.

E. O juiz, no prazo máximo de quarenta e oito horas, decidirá sobre o pedido de interceptação de comunicação telefônica.

33. (Delegado de Polícia Civil/BA/2013) Consoante a interpretação doutrinária da legislação penal, as buscas e apreensões são consideradas não só meios de prova, mas também providências acautelatórias da atividade probante (medida cautelar), podendo ser executadas em qualquer fase da persecução penal.

34. (OAB/V Exame Unificado) A respeito da prova no processo penal, assinale a alternativa correta.

A. A prova objetiva demonstra a existência/inexistência de um determinado fato ou a veracidade/falsidade de uma determinada alegação. Todos os fatos, em sede de processo penal, devem ser provados.

B. São consideradas provas ilícitas aquelas obtidas com a violação do direito processual. Por outro lado, são consideradas provas ilegítimas as obtidas com a violação das regras de direito material.

C. As leis em geral e os costumes não precisam ser comprovados.

D. A lei processual pátria prevê expressamente a inadmissibilidade da prova ilícita por derivação, perfilhando-se à "teoria dos frutos da árvore envenenada" (*"fruits of poisonous tree"*).

35. (Delegado de Polícia Civil/AL/2012) No curso do inquérito policial, as partes poderão indicar assistentes técnicos para a produção e elaboração da prova pericial, podendo apresentar quesitos aos peritos oficiais e elaborar laudo em sentido diverso.

36. (Delegado de Polícia Civil/TO/2008) Considere que em determinada ação penal foi realizada perícia de natureza contábil, nos moldes determinados pela legislação pertinente, o que resultou na elaboração do competente laudo de exame pericial. Na fase decisória, o juiz discordou das conclusões dos peritos e, de forma fundamentada, descartou o laudo pericial ao exarar a sentença. Nessa situação, a sentença é nula, pois o exame pericial vincula o juiz da causa.

37. (Delegado de Polícia Federal/2013) No curso de inquérito policial presidido por delegado federal, foi deferida a interceptação telefônica dos indiciados, tendo sido a transcrição dos dados em laudo pericial juntada em apenso aos autos do inquérito, sob segredo de justiça. Encaminhado o procedimento policial ao Poder Judiciário, o juiz permitiu o acesso da imprensa ao conteúdo dos dados da interceptação e a sua divulgação, sob o fundamento de interesse público à informação. Nessa situação hipotética, independentemente da autorização judicial de acesso da imprensa aos dados da interceptação telefônica, a divulgação desse conteúdo é ilegal e invalida a prova colhida, uma vez que o procedimento em questão, tanto na fase inquisitorial quanto na judicial, é sigiloso, por expressa regra constitucional.

38. (Delegado de Polícia Federal/2013) José foi indiciado em inquérito policial por crime de contrabando e, devidamente intimado, compareceu perante a autoridade policial para interrogatório. Ao ser indagado a respeito de seus dados qualificativos para o preenchimento da primeira parte do interrogatório, José arguiu o direito ao silêncio, nada respondendo. Nessa situação hipotética, cabe à autoridade policial alertar José de que a sua recusa em prestar as informações solicitadas acarreta responsabilidade penal, porque a lei é taxativa quanto à obrigatoriedade da qualificação do acusado.

39. (Delegado de Polícia Civil/PR/2013) Sobre o tema prova, atribua V (verdadeiro) ou F (falso) às afirmativas a seguir.

( ) O juiz formará sua convicção pela apreciação da prova judicial, estando impedido de fundamentar sua decisão nos elementos informativos colhidos na investigação.

( ) A prova da alegação incumbirá a quem a fizer, sendo vedado ao juiz determiná-la de ofício e antes de iniciada a ação penal.

( ) O laudo pericial será elaborado no prazo máximo de dez dias, podendo ser prorrogado, em casos excepcionais, a requerimento dos peritos.

( ) Quando a infração deixar vestígios, será dispensável o exame de corpo de delito, mediante a confissão do acusado.

( ) O exame de corpo de delito poderá ser feito em qualquer dia e qualquer hora.

Assinale a alternativa que contém, de cima para baixo, a sequência correta.

a. V, V, F, V, F.

b. V, F, V, F, V.

c. F, V, F, V, F.

d. F, V, F, F, V.

e. F, F, V, F, V.

40. (Promotor de Justiça/MS/2013) Em tema de interceptação telefônica, é correto afirmar que:

A. A gravação que não interessar à prova será inutilizada, incontinenti, por determinação da autoridade policial, durante o inquérito policial.

B. Em qualquer hipótese, a interceptação telefônica não será admitida quando não for possível a indicação e qualificação dos investigados.

C. A interceptação telefônica poderá ser determinada pelo juiz a requerimento da autoridade policial ou do Ministério Público, não podendo ser determinada de ofício.

D. O pedido de interceptação telefônica poderá ser formulado verbalmente, caso em que a concessão será condicionada à sua redução a termo, devendo a autoridade judiciária sobre ela decidir no prazo de vinte e quatro horas.

E. O crime de constrangimento ilegal (art. 146 do CP), executado por uma só pessoa e sem emprego de arma de fogo, mas mediante grave ameaça, admite a quebra do sigilo telefônico.

41. (Delegado de Polícia/DF/2015) Assinale a alternativa correta a respeito de prova, indiciamento e inquérito policial, com base na legislação, na jurisprudência e na doutrina majoritária.

A. Conforme a lei, o indiciamento é ato privativo do delegado de polícia ou do órgão do Ministério Público, devendo ocorrer por meio de ato fundamentado, que, mediante análise técnico-jurídica do fato, deverá indicar a autoria, a materialidade e suas circunstâncias.

B. O relatório de inquérito policial, a ser redigido pela autoridade que o preside, é indispensável para o oferecimento da denúncia ou da queixa-crime pelo titular da ação penal.

C. As provas ilegítimas são as obtidas por meio de violação de normas de direito material, ao passo que as provas ilícitas são as obtidas por meio de violação de normas de direito processual.

D. Consoante o Código de Processo Penal (CPP), admitem-se as provas derivadas das ilícitas, desde que não evidenciado o nexo de causalidade entre umas e outras, ou que as derivadas possam ser obtidas por uma fonte independente das primeiras.

E. No ordenamento jurídico brasileiro, não se adota a denominada teoria da árvore dos frutos envenenados, de modo que a prova derivada da prova ilícita tem existência autônoma e deverá ser apreciada em juízo.

42. (Delegado de Polícia/DF/2015) A respeito do depoimento de testemunhas, é correto afirmar que

A. É vedada a retirada do réu da sala de audiências, sob pena de violação aos princípios constitucionais da ampla defesa e do contraditório.

B. A adoção do sistema acusatório implica a inadmissibilidade da condução coercitiva de testemunha, devendo o caso ser solucionado a partir do sistema de distribuição do ônus da prova.

C. A ex-esposa do acusado de determinado crime poderá recusar-se a depor, mesmo que já separada judicialmente do réu.

D. Não se deferirá o compromisso de dizer a verdade ao menor de dezoito anos de idade.

E. São proibidas de depor as pessoas que, em razão de função, ministério, ofício ou profissão, devam guardar segredo, ainda que desobrigadas dessa guarda pela parte interessada.

43. (Delegado de Polícia/DF/2015) Em relação a provas e ao procedimento de busca e apreensão, assinale a alternativa correta.

A. Não há necessidade de lavratura de auto, após a diligência de busca e apreensão, em razão da presunção de veracidade e legalidade dos atos administrativos e da presunção de boa fé da autoridade policial.

B. A busca em mulher deve ser feita por outra mulher, ainda que isso importe em retardamento da diligência.

C. É válida a *serendipidade* no procedimento de busca e apreensão, especialmente quando há conexão entre crimes.

D. Tanto o procedimento de busca e apreensão quanto o de busca pessoal sujeitam-se à reserva de jurisdição, devendo ser precedidos de mandado, mesmo quando realizados pessoalmente pela autoridade policial.

E. É vedado o arrombamento de porta ao se proceder à busca e apreensão na residência do indiciado, visto que tal ação acarretaria ofensa ao direito humano da moradia.

44. (Juiz/AL/2015) A Lei nº 12.850/2013 que define organização criminosa e dispõe sobre a investigação criminal e os meios de obtenção da prova de tal modalidade traz, como instrumento processual, a colaboração premiada. Além da lei citada, a Lei nº 9.807/1999 também aporta instituto semelhante ao réu colaborador. Tomando-se por base as duas leis e a construção doutrinária e jurisprudencial acerca da colaboração premiada,

A. É possível a aplicação da atenuante de confissão espontânea e da redução de pena prevista em lei, conforme já decidiu o STJ.

B. Tal colaboração deverá ser sempre espontânea, e que se alcance determinados resultados, dentre eles a prevenção de infrações penais decorrentes de atividade da organização criminosa.

C. Tal colaboração deverá ser sempre voluntária, e um dos resultados deverá ser a recuperação total do produto ou proveito das infrações praticadas pela organização criminosa.

D. O acordo celebrado entre o juiz e o colaborador deverá ser obrigatoriamente considerado no momento da sentença.

E. As partes que celebram o acordo poderão, a qualquer tempo, se retratarem da proposta, caso no qual as provas produzidas pelo colaborador serão todas desconsideradas.

45. (Delegado de Polícia/CE/2015) Determina o art. 156 do CPP que a prova da alegação incumbirá a quem a fizer. Tal norma

A. É relativizada, pois o juiz pode ordenar, mesmo antes de iniciada a ação penal, a produção antecipada de provas consideradas urgentes e relevantes.

B. É corolário do Estado Democrático de Direito, pois apenas ao acusado, tecnicamente assistido por advogado, é franqueado o direito de provar o que entende relevante para o sucesso de seus argumentos.

C. Consagra o princípio da imparcialidade da jurisdição, pois ao Estado-Juiz é defeso realizar diligências de ofício no curso do processo.

D. Consagra o princípio do *in dubio pro reo*, pois o juiz não pode determinar de ofício a produção de prova que aproveite a tese da parte autora.

E. Consagra o princípio da inércia judicial, pois o julgador não poderá determinar a produção de provas no curso da ação penal.

46. (Delegado de Polícia/CE/2015) Em matéria de prova, vige no processo penal o livre convencimento motivado. Todavia, o STJ fixou entendimento (súmula 74) estabelecendo que

A. Para a decretação da extinção da punibilidade pela morte do acusado, é necessário que venha aos autos original ou cópia autenticada de certidão de óbito.

B. A prova de idade de acusado maior de 70 anos, a fim de obter o benefício da prescrição pela metade, faz-se apenas por documento oficial válido e original.

C. O reconhecimento da menoridade do acusado requer prova por documento hábil.

D. A renúncia ao direito de queixa deve ser feita por escrito e na presença de testemunhas numerárias.

E. A delação premiada só é válida se colhida na presença de órgão do Ministério Público e advogado constituído.

47. (Delegado de Polícia/CE/2015) Assinale alternativa que contempla todas as hipóteses de decretação de interceptação telefônica (art. 3º, Lei nº 9.296/96).

A. Pelo juiz, a requerimento da autoridade policial, na investigação criminal; ou pelo juiz, a requerimento do representante do Ministério Público, na investigação criminal e na instrução processual penal.

B. Pelo juiz, a requerimento da autoridade policial, na investigação criminal; ou a requerimento do representante do Ministério Público ou da autoridade policial, na instrução processual penal.

C. Pelo juiz, a requerimento da autoridade policial, na investigação criminal; ou a requerimento do representante do Ministério Público, na investigação criminal e na instrução processual penal.

D. Pelo juiz, de ofício, ou a requerimento da autoridade policial, na investigação criminal; ou a requerimento do representante do Ministério Público ou da autoridade policial, na instrução processual penal.

E. Pelo juiz, de ofício, ou a requerimento da autoridade policial, na investigação criminal; ou a requerimento do representante do Ministério Público, na investigação criminal e na instrução processual penal.

48. (Delegado de Polícia/CE/2015) No curso das investigações, a Autoridade Policial toma conhecimento de intenso tráfico de drogas realizado por uma associação em determinada região da cidade e, com vistas à identificação e prisão dos criminosos, intercepta as conversas telefônicas de quatro suspeitos. Com relação a essa conduta, é correto afirmar que a Autoridade Policial:

A. Agiu corretamente, considerando que uma vez presentes fortes indícios de autoria e materialidade de delito punido com pena de reclusão, pode a Autoridade Policial determinar a interceptação das conversas telefônicas com base na Lei nº 9.296/96.

B. Incorreu no crime previsto no artigo 10 da Lei nº 9.296/96.

C. Agiu corretamente, considerando que a interceptação de comunicações telefônicas sobrepõe-se e dispensa outros meios de provas.

D. Não agiu corretamente, porque, segundo a lei, somente se autoriza interceptação de comunicação telefônica no curso da instrução processual e não no curso das investigações.

E. Não agiu corretamente, porque deveria ter submetido a análise da necessidade dessa prova ao Ministério Público, buscando autorização com o órgão ministerial.

49. (Delegado de Polícia/SP/2014) No processo penal, a prova produzida durante o inquérito policial:

A. Pode ser utilizada por qualquer das partes, bem como pelo juiz.

B. Tem o mesmo valor que a prova produzida judicialmente.

C. Pode ser utilizada somente pelo juiz.

D. Não tem valor legal.

E. Deverá ser sempre ratificada judicialmente para ter valor legal.

50. (Delegado de Polícia/SP/2014) A respeito do direito ao silêncio do acusado no inquérito policial, é correto afirmar que:

A. Não importará em confissão, mas em presunção de culpabilidade.

B. Importará em confissão.

C. Importará em confissão, exceto se o acusado manifestar o direito constitucional de somente falar em juízo.

D. Não importará em confissão, entretanto, poderá constituir elemento para formação do convencimento do juiz em eventual processo penal.

E. Não importará em confissão.

51. (Delegado de Polícia/SP/2014) No delito de homicídio, o exame de corpo de delito:

A. É prova pericial fundamental, sem a qual não pode haver o oferecimento da denúncia.

B. Deve, em regra, ser realizado por perito oficial, portador de diploma de curso superior.

C. É dispensável, no caso de confissão do crime.

D. É dispensável, caso existam outras provas da prática delituosa.

E. Deve ser realizado por dois peritos médicos pertencentes ao Instituto Médico Legal.

52. (Delegado de Polícia/RO/2014) No que se refere ao estudo das provas no processo penal, sabe-se que a autoridade judiciária se sujeita ao Princípio da Persuasão Racional (ou do Livre Convencimento Motivado), que tem por característica:

A. A impossibilidade de vincular o convencimento judicial à atuação das partes, por existir autonomia da autoridade judiciária para buscar as provas.

B. A possibilidade de a autoridade judiciária se valer de provas ilícita s para a formação do convencimento judicial.

C. A necessidade de a autoridade judiciária explicitar os motivos de fato e de direito que foram relevantes para a formação do seu convencimento.

D. A preponderância da prova pericial sobre a prova testemunhai.

E. A maior valoração que a lei confere à confissão.

53. (Delegado de Polícia/SC/2014) Sobre a Prova, de acordo com o Código de Processo Penal, é correto afirmar:

A. São admissíveis as provas derivadas das ilícitas quando não evidenciado o nexo de causalidade entre umas e outras, ou quando as derivadas puderem ser obtidas por uma fonte dependente das primeiras.

B. O juiz formará sua convicção pela livre apreciação da prova produzida em contraditório judicial, não podendo fundamentar sua decisão exclusivamente nos elementos informativos colhidos na investigação, ressalvadas as provas cautelares, não repetíveis e antecipadas.

C. Considera-se fonte independente a prova que por si só seria incapaz de conduzir ao fato objeto da prova.

D. Preclusa a decisão de desentranhamento da prova declarada inadmissível, esta não será inutilizada por decisão judicial.

E. O juiz formará sua convicção pela livre apreciação da prova produzida em contraditório judicial, podendo fundamentar sua decisão exclusivamente nos elementos informativos colhidos na investigação, ressalvadas as provas cautelares, não repetíveis e antecipadas.

54. (Delegado de Polícia/SC/2014) Considere o Código de Processo Penal quanto ao exame de corpo de delito e perícias em geral, analise as afirmações a seguir e assinale a alternativa correta.

I – Quando a infração deixar vestígios será indispensável o exame de corpo de delito, direto ou indireto, não podendo supri-lo a confissão do acusado.

II – O assistente técnico atuará a partir de sua indicação pelo juiz e antes da conclusão dos exames e elaboração do laudo pelos peritos oficiais, sendo as partes intimadas desta decisão.

III – Na falta de perito oficial, o exame será realizado por 2 (duas) pessoas idôneas, portadoras de diploma de curso superior indispensavelmente na área específica relacionada com a natureza do exame.

IV – Serão facultadas ao Ministério Público, ao assistente de acusação, ao ofendido, ao querelante e ao acusado, a formulação de quesitos e indicação de assistente técnico.

A. Apenas I e IV estão corretas.

B. Apenas I, II e III estão corretas.

C. Apenas II e III estão corretas.

D. Apenas II e IV estão corretas.

E. Apenas II, III e IV estão corretas.

55. (Delegado de Polícia/SC/2014) De acordo com o Código de Processo Penal, assinale a alternativa correta.

A. O exame de corpo de delito poderá ser feito em qualquer dia e a qualquer hora.

B. A autópsia será feita pelo menos doze horas depois do óbito, salvo se os peritos, pela evidência dos sinais de morte, julgarem que possa ser feita antes daquele prazo, o que declararão no auto.

C. Proceder-se-á, sempre, a avaliação de coisas destruídas, deterioradas ou que constituam produto do crime.

D. Para o efeito de exame do local onde houver sido praticada a infração, a autoridade providenciará imediatamente para que não se altere o estado das coisas até a chegada dos parentes, que poderão instruir os laudos com fotografias, desenhos ou esquemas elucidativos.

E. Nos casos de morte violenta bastará o simples exame externo do cadáver, quando houver infração penal que apurar ou quando as lesões internas não permitirem precisar a causa da morte ou a verificação de alguma circunstância relevante.

56. (Juiz/PB/2015) A respeito da restituição de coisas apreendidas, assinale a opção correta.

A. Os instrumentos do crime, se a perda for decretada em favor da União, bem como as demais coisas confiscadas, deverão ser inutilizados, sendo vedado que tais instrumentos ou coisas recebam qualquer outra destinação.

B. A restituição, quando cabível, poderá ser ordenada pela autoridade policial ou pelo juiz, mediante termo nos autos, desde que não haja dúvida quanto ao direito do reclamante.

C. Após ter sido formulado o pedido de restituição de bens apreendidos, o juiz poderá dispensar a oitiva do MP e decidir o pleito de imediato.

D. Caso seja facilmente deteriorável, a coisa apreendida deverá ser avaliada e, em seguida, deverá ser vendida, sem que seja necessário realizar leilão público.

E. As coisas apreendidas, ainda que deixem de ser diretamente importantes ao processo, não poderão ser restituídas antes do trânsito em julgado da sentença final.

57. (Juiz/PE/2015) Em relação à Lei no 12.850/2013 – Lei das Organizações Criminosas, é correto afirmar que:

A. A concessão do benefício da colaboração premiada levará em conta a natureza, as circunstâncias, a gravidade e a repercussão social do fato criminoso, a eficácia da colaboração, mas não a personalidade do colaborador.

B. Beneficiado por perdão judicial ou não denunciado, o colaborador não poderá mais ser ouvido em juízo.

C. Autoriza a infiltração, por policiais, em atividades de investigação, independentemente da existência de investigação formal iniciada, para preservar o sigilo das investigações.

D. Não prevê expressamente a interceptação de comunicações telefônicas dentre os meios de obtenção de prova.

E. O retardamento da intervenção policial ou administrativa, na ação controlada, será previamente comunicado ao juiz competente que, se for o caso, estabelecerá os seus limites e comunicará ao Ministério Público.

58. (Juiz/MS/2015) Com relação ao pedido de interceptação telefônica, disciplinado pela Lei no 9.296/96, assinale a alternativa correta.

A. Poderá ser formulado verbalmente, desde que presentes os pressupostos autorizadores e demonstrada a excepcionalidade da situação, caso em que a concessão será reduzida a termo.

B. Na investigação criminal, será formulado ao representante do Ministério Público, e na instrução processual penal, ao juiz, com prazo de 24 horas para decisão.

C. Deferido o pedido, o juiz conduzirá os procedimentos de interceptação, dando ciência ao Ministério Público, que poderá acompanhar a sua realização.

D. Conterá prova de materialidade e indícios de autoria ou participação em crime apenado com detenção ou reclusão, além de demonstração da indispensabilidade do meio de prova.

E. Na decisão de deferimento, será consignado, para a execução da diligência, o prazo de 30 (trinta) dias, prorrogável por uma vez, comprovada a indispensabilidade do meio de prova.

59. (Defensor Público/SP/2015) A colaboração premiada, prevista na Lei no 12.850/13,

A. Autoriza que o juiz profira sentença condenatória apenas com base nas declarações do agente colaborador.

B. Prevê que, para fazer jus aos benefícios da lei, seja indispensável que o colaborador tenha revelado a estrutura hierárquica e a divisão de tarefas da organização criminosa.

C. É um meio de obtenção de prova permitido, apenas, na primeira fase da persecução penal.

D. Prevê restrições ao direito ao silêncio.

E. Prevê que o juiz participe de todas as negociações realizadas pelas partes para a formalização do acordo de colaboração.

60. (Defensor Público/MA/2015) Em matéria de provas, segundo o Código de Processo Penal,

A. As acareações, em decorrência da própria essência do ato, não poderão ser realizadas por carta precatória.

B. Após a determinação do desentranhamento de prova declarada inadmissível, esta será inutilizada por decisão judicial, facultado às partes o acompanhamento do incidente, sendo vedado ao magistrado que tomou conhecimento da prova ilícita proferir a sentença no mesmo processo.

C. O juiz poderá ordenar a produção de provas antes mesmo do início da ação penal.

D. Sempre que a infração penal deixar vestígios, o exame de corpo de delito poderá ser dispensado por determinação da autoridade policial e judicial quando sua elaboração puder comprometer a moral pública.

E. Nos exames para reconhecimento de escritos exige-se que a pessoa a quem se atribua o escrito forneça, de próprio punho, material gráfico para a comparação, sendo inadmissíveis documentos já produzidos, ainda que a pessoa reconheça-os como de seu punho.

61. (Promotor de Justiça/BA/2014) Quanto às interceptações telefônicas e ao combate à criminalidade organizada, pode-se afirmar que:

A. A Lei de Interceptações Telefônicas (Lei nº 9.296/1996) se aplica à interceptação do fluxo de comunicações em sistemas de informática, com exceção dos sistemas de telemática.

B. Segundo o disposto na Lei nº 12.850/2013 (Organizações Criminosas), se a ação controlada envolver transposição de fronteiras, o retardamento da intervenção policial ou administrativa não dependerá da cooperação das autoridades dos países que figurem como provável itinerário ou destino do investigado, o que garantirá a efetividade da investigação criminal.

C. Excepcionalmente, o juiz poderá admitir que o pedido de interceptação telefônica seja formulado verbalmente, desde que estejam presentes os pressupostos que autorizem a interceptação, caso em que a concessão será condicionada à sua redução a termo.

D. De acordo com a Lei nº 12.850/2013 (Organizações Criminosas), o juiz participará das negociações realizadas entre as partes para a formalização do acordo de colaboração premiada, que ocorrerá entre o delegado de polícia, o investigado e o defensor, com a manifestação do Ministério Público, ou, conforme o caso, entre o Ministério Público e o investigado ou acusado e seu defensor.

E. O pedido de interceptação telefônica é um tipo de questão processual incidental do processo penal, e, por esta razão, não ocorrerá, segundo os termos da Lei nº 9.296/96, em autos apartados.

62. (Agente de Polícia Federal/2014) A autoridade providenciará que, em dia e hora previamente marcados, seja realizada a diligência de exumação para exame cadavérico, devendo-se lavrar auto circunstanciado da sua realização.

63. (Agente de Polícia Federal/2014) A confissão do acusado suprirá o exame de corpo de delito, quando a infração deixar vestígios, mas não for possível fazê-lo de modo direto.

64. (Delegado de Polícia/TO/2014) Uma vez arroladas como testemunhas, o Código de Processo Penal determina que serão inquiridas em local, dia e hora, previamente ajustados entre elas e o juiz, as seguintes autoridades, entre outras:

A. Delegados de polícia.

B. Vereadores de Capitais.

C. Secretários de Estado.

D. Membros dos Tribunais de Contas dos Municípios.

65. (Delegado de Polícia Federal/2013) Um homem penalmente capaz foi preso e autuado em flagrante pela prática de tráfico ilícito de entorpecentes. Ao final do processo-crime, o juiz da causa determinou a juntada do laudo toxicológico definitivo, o que não ocorreu. Nessa situação, de acordo com a jurisprudência do STJ, não poderá o juiz proferir sentença condenatória valendo-se apenas do laudo preliminar da substância entorpecente.

66. (Delegado de Polícia Federal/2013) José foi indiciado em inquérito policial por crime de contrabando e, devidamente intimado, compareceu perante a autoridade policial para interrogatório. Ao ser indagado a respeito de seus dados qualificativos para o preenchimento da primeira parte do interrogatório, José arguiu o direito ao silêncio, nada respondendo. Nessa situação hipotética, cabe à autoridade policial alertar José de que a sua recusa em prestar as informações solicitadas acarreta responsabilidade penal, porque a lei é taxativa quanto à obrigatoriedade da qualificação do acusado.

67. (Delegado de Polícia Civil/PE/2016) De acordo com a doutrina majoritária e com o entendimento dos tribunais superiores, assinale a opção correta relativamente à prova no processo penal.

A. Para a caracterização do crime de lesão corporal de natureza grave que resulte na incapacidade da vítima para as ocupações habituais por mais de trinta dias, é imprescindível a realização de exame complementar e a comprovação da incapacidade mediante prova pericial.

B. É nula a prova colhida em interceptação telefônica deferida por juiz estadual no curso de investigação criminal que, a posteriori, venha a se declarar incompetente por entender que a causa deverá ser processada e julgada no âmbito federal.

C. Em decorrência do princípio da ampla defesa, autoriza-se a inclusão, no processo, de provas obtidas ilicitamente, desde que favoráveis à defesa.

D. Dado o princípio da verdade real que rege o processo penal, os fatos notórios, os fatos incontroversos e aqueles que contêm presunção absoluta dependem de prova hábil para a sua convalidação.

E. Conforme a legislação processual pátria, a vítima não é qualificada como testemunha, não integrando, portanto, o número máximo de testemunhas a serem arroladas; todavia, a condição de ofendido não exclui a responsabilidade pelo crime de falso testemunho, caso, em seu depoimento, falte ou omita a verdade.

68. (Delegado de Polícia Civil/GO/2016) O Código de Processo Penal prevê a requisição, às empresas prestadoras de serviço de telecomunicações, de disponibilização imediata de sinais que permitam a localização da vítima ou dos suspeitos de delito em curso, se isso for necessário à prevenção e à repressão de crimes relacionados ao tráfico de pessoas. Essa requisição pode ser realizada pelo

A. delegado de polícia, independentemente de autorização judicial e por prazo indeterminado.

B. Ministério Público, independentemente de autorização judicial, por prazo não superior a trinta dias, renovável por uma única vez, podendo incluir o acesso ao conteúdo da comunicação.

C. delegado de polícia, mediante autorização judicial e por prazo indeterminado, podendo incluir o acesso ao conteúdo da comunicação.

D. delegado de polícia, mediante autorização judicial, devendo o inquérito policial ser instaurado no prazo máximo de setenta e duas horas do registro da respectiva ocorrência policial.

E. Ministério Público, independentemente de autorização judicial e por prazo indeterminado.

69. (Delegado de Polícia Civil/PE/2016) Conforme a legislação em vigor e o posicionamento doutrinário prevalente, assinale a opção correta com relação à competência e às questões e processos incidentes.

A. Todas as infrações penais, incluindo-se as contravenções que atingirem o patrimônio da União, suas autarquias e empresas públicas, serão da competência da justiça federal.

B. O processo incidente surge acessoriamente no processo principal, cujo mérito se confunde com o mérito da causa principal, devendo, assim, tal processo — o incidente — ser resolvido concomitantemente ao exame do mérito da ação penal, sob pena de decisões conflitantes.

C. A restituição de coisas apreendidas no bojo do inquérito policial ainda não concluído poderá ser ordenada pela autoridade policial, quando cabível, desde que seja evidente o direito do reclamante.

D. Havendo fundada dúvida sobre a sanidade mental do indiciado, o delegado de polícia poderá determinar de ofício a realização do competente exame, com o objetivo de aferir a sua imputabilidade.

E. Tratando-se de foro privativo por prerrogativa de função cuja competência para o conhecimento da causa é atribuída à jurisdição colegiada, esta será determinada pelo lugar da infração.

70. (Delegado de Polícia Civil/PE/2016) Sebastião, Júlia, Caio e Marcela foram indiciados por, supostamente, terem se organizado para cometer crimes contra o Sistema Financeiro Nacional. No curso do inquérito, Sebastião e Júlia, sucessivamente com intervalo de quinze dias, fizeram acordo de colaboração premiada. Nessa situação hipotética, no que se refere à colaboração premiada,

A. nos depoimentos que prestarem, Sebastião e Júlia terão direito ao silêncio e à presença de seus defensores.

B. o MP poderá não oferecer denúncia contra Sebastião, caso ele não seja o líder da organização criminosa.

C. o MP poderá não oferecer denúncia contra Júlia, ainda que a delação de Sebastião tenha sido a primeira a prestar efetiva colaboração.

D. Sebastião e Júlia poderão ter o benefício do perdão judicial, independentemente do fato de as colaborações terem ocorrido depois de sentença judicial.

E. o prazo para o oferecimento da denúncia em relação aos delatores poderá ser suspenso pelo período, improrrogável, de até seis meses.

71. (Delegado de Polícia Civil/GO/2016) Suponha que o réu em determinado processo criminal tenha indicado como testemunhas o presidente da República, o presidente do Senado Federal, o prefeito de Goiânia – GO, um desembargador estadual aposentado, um vereador e um militar das Forças Armadas.

Nessa situação hipotética, conforme o Código de Processo Penal, poderão optar pela prestação de depoimento por escrito

A. o presidente do Senado Federal e o desembargador estadual.

B. o prefeito de Goiânia – GO e o militar das Forças Armadas.

C. o desembargador estadual e o vereador.

D. o presidente da República e o presidente do Senado Federal.

E. o presidente da República e o vereador.

72. (Delegado de Polícia Civil/AC/2017) No que tange à regência do código de processo penal sobre reconhecimento de pessoas, leia as assertivas a seguir.

I – A pessoa que tiver de fazer o reconhecimento será convidada a descrever a pessoa que deva ser reconhecida.

II – A pessoa, cujo reconhecimento se pretender, será colocada, se possível, ao lado de outras que com ela tiverem qualquer semelhança, convidando-se quem tiver de fazer o reconhecimento a apontá-la, não sendo possível, serão apresentadas fotografias de pessoas diversas para quem tiver que proceder o reconhecimento de pessoa.

III – Se houver razão para recear que a pessoa chamada para o reconhecimento, por efeito de intimidação ou outra influência, não diga a verdade em face da pessoa que deve ser reconhecida, a autoridade providenciará para que esta não veja aquela, seja em sede policial, no curso da instrução criminal ou no plenário do júri.

IV – Do ato de reconhecimento lavrar-se-á auto pormenorizado, subscrito pela autoridade, pela pessoa chamada para proceder ao reconhecimento e por duas testemunhas presenciais.

Está correto apenas o que se afirma em:

I e IV.

I, III e IV.

I e III.

II, III e IV.

I e II.

73. (Delegado de Polícia Civil/AC/2017) No curso de uma interceptação telefônica que apurava a prática dos crimes de associação para o tráfico, bem como o crime de tráfico de drogas, foi descoberto que os mesmo criminosos também eram responsáveis por diversos outros crimes na região, como homicídios e roubos. Este encontro fortuito de elementos probatórios em relação a outros fatos delituosos é denominado pela doutrina e jurisprudência como Teoria da(o):

A. nexo causal atenuado.

B. fonte independente.

C. serendipidade

D. exceção da descoberta inevitável

E. aparência.

74. (Delegado de Polícia Civil/AC/2017) Segundo o código de processo penal o mandado de busca domiciliar deverá:

A. indicar ainda que de forma genérica e indeterminada a casa na qual se realizará a diligência, precisando com tudo a região da busca.

B. indicar, o mais precisamente possível, a casa em que será realizada a diligência e o nome do respectivo proprietário ou morador; ou, no caso de busca pessoal, o nome da pessoa que terá de sofrê-la ou os sinais que a identifiquem.

C. em qualquer caso, permitir a apreensão de documento em poder do defensor do acusado.

D. ser subscrito pelo escrivão de polícia pela autoridade policial.

E. mencionar ainda que de forma genérica o motivo e os fins da diligência.

75. (Defensor Público da União/2017) Situação hipotética: Arnaldo, empresário, gravou, com seu telefone celular, uma ligação recebida de fiscal ligado a uma autarquia a respeito da liberação de empreendimento da sociedade empresária da qual Arnaldo era sócio. Na conversa gravada, o fiscal exigiu para si vantagem financeira como condição para a liberação do empreendimento. Assertiva: Nessa situação, de acordo com o STF, o referido meio de prova é ilícito por violar o direito à privacidade, não servindo, portanto, para embasar ação penal contra o fiscal.

76. (Defensor Público da União/2017) Embora o ordenamento jurídico brasileiro tenha adotado o sistema da persuasão racional para a apreciação de provas judiciais, o CPP remete ao sistema da prova tarifada, como, por exemplo, quando da necessidade de se provar o estado das pessoas por meio de documentos indicados pela lei civil.

77. (Delegado de Polícia/AP/2017) O exame de corpo de delito

A. é dispensável nos crimes que deixam vestígios.

B. deve ser feito imediatamente para que não se percam os vestígios do crime, o que veda a indicação de assistente técnico pelas partes.

C. deve ser feito, em regra, pelo menos 2 horas após o óbito.

D. realiza-se sobre vestígios do corpo humano, havendo regime diverso para o exame sobre objetos e sobre reconhecimento de escritos.

E. pode ser rejeitado pelo juiz, no todo ou em parte.

8.22. GABARITO E COMENTÁRIOS

QUESITO	ASSERTIVA CORRETA	JUSTIFICATIVA
01	ERRADO	Vide artigo 120, do CPP – tópico 7.7.
02	D	Vide artigo 208, do CPP.
03	D	Vide artigo 157, § 3º, do CPP – tópico 7.3.
04	ERRADO	Os conceitos estão invertidos – tópico 7.3.
05	A	Vide tópico 7.5.3.
06	ERRADO	Excepcionalmente admite-se pedido verbal, artigo 4º, § 1º, da Lei 9.296/96.
07	CERTO	Artigo 2º, III, da Lei 9.296/96 – tópico 7.8.
08	ERRADO	A acareação é normalmente admitida neste caso (artigo 229 do CPP) – tópico 7.5.7.
09	ERRADO	A interceptação telefônica só pode ser usada como prova no processo penal, artigo 1º, da Lei 9.296/96.
10	CERTO	Vide tópico 7.6.2.

QUESITO	ASSERTIVA CORRETA	JUSTIFICATIVA
11	ERRADO	O investigado não pode se esquivar da identificação criminal, nos casos previstos em lei (Lei 12.037/09).
12	ERRADO	O CPP não prevê sequência de atos a ser observada no curso do inquérito policial. Vide itens 4.2.1 e 7.6.2.
13	C	Artigo 197 do CPP – tópico 7.6.3.
14	D	Artigo 5º, da Lei 9.296/96 - tópico 7.9.
15	D	Artigo 156, I, do CPP.
16	D	Artigo 200 do CPP – tópico 7.6.3.
17	B	Artigo 204, parágrafo único do CPP – tópico 7.6.5.
18	A	Artigo 2º, III, da Lei 9.296/96 - tópico 7.9.
19	E	Artigo 157, § 1º, do CPP – tópico 7.3.
20	E	Vide tópico 7.3.
21	ERRADO	Vide tópico 7.8.
22	B	Vide tópico 7.7.
23	ERRADO	Vide tópico 7.6.1.
24	D	Artigo 157, § 1º, do CPP – tópico 7.3.
25	D	Vide tópico 7.7.
26	C	Vide tópico 7.13.
27	C	Vide tópico 7.6.2.
28	E	Artigo 160 do CPP – tópico 7.6.1.
29	CERTO	Vide tópico 7.8.
30	CERTO	Vide artigos 158 e 159 §§ 3º e 4º, do CPP.
31	E	Vide tópico 7.6.5.
32	D	Artigo 4º, § 1º, da Lei 9.296/96 – tópico 7.9.
33	CERTO	Vide tópico 7.7.
34	D	Vide tópico 7.3.

QUESITO	ASSERTIVA CORRETA	JUSTIFICATIVA
35	ERRADO	A prova pericial é produzida pelo perito oficial (vide artigo 159 do CPP). O assistente técnico elabora parecer, após a confecção do laudo, da lavra do perito oficial – vide artigo 159, §§ 3º, 4º e 5º II, do CPP.
36	ERRADO	Vide tópico 7.6.1.
37	ERRADO	Em que pese ser ilegal a divulgação do conteúdo da interceptação, a prova produzida não será invalidada.
38	CERTO	Vide tópico 7.6.2.
39	E	Vide artigos 155, 156, I, 160, parágrafo único, 158 e 161, respectivamente, todos do CPP.
40	D	Vide § 1º, do artigo 4º, da Lei 9.296/96.
41	D	Vide artigo 157, § 1º, do Código de Processo Penal.
42	C	Vide artigo 206 do CPP.
43	C	Vide tópico 8.6.
44	A	Vide tópico 8.16.
45	A	Vide artigo 156, I, do CPP.
46	C	Vide Súmula 74 do STJ: "Para efeitos penais, o reconhecimento da menoridade do réu requer prova por documento hábil".
47	E	Vide artigo 3º da Lei 9.296/96.
48	B	Vide artigo 10 da Lei 9.296/96.
49	A	Princípio da comunhão da prova e em virtude de que a investigação pré-processual não serve somente à acusação, mas à elucidação dos fatos.
50	E	Vide tópico 8.7.3.
51	B	Vide tópico 8.7.1.
52	C	Vide tópico 8.5.4.
53	B	Vide artigo 155 do CPP.
54	A	Vide artigos 158 e 159, § 3º, ambos do CPP.
55	A	Vide artigo 161 do CPP.
56	B	Vide tópico 8.9.

QUESITO	ASSERTIVA CORRETA	JUSTIFICATIVA
57	E	Vide artigo 8º, § 1º, da Lei 12.850/13.
58	A	Vide tópico 8.10.
59	D	Vide tópico 8.16.
60	C	Vide artigo 156, I, do CPP.
61	C	Vide artigo 4º, § 1º, da Lei 9.296/96.
62	C	Vide artigo 163 do CPP.
63	E	Vide artigo 158 do CPP.
64	C	Vide artigo 221 do CPP.
65	C	Vide STJ, HC 118666/MG, 6ª Turma, rel. Min. Jane Silva, DJe 02/03/2009.
66	C	O direito ao silêncio, constitucionalmente previsto, não pode ser utilizado no momento da qualificação.
67	C	Vide tópico 8.3.
68	D	Vide tópico 8.12.
69	C	Vide tópico 8.9.
70	B	É possível deixar de oferecer denúncia em face de SEBASTIÃO caso ele não seja o líder da ORCRIM, porque o cabeçalho da questão diz que ele foi o primeiro a fechar o acordo de colaboração, nos termos do artigo 4º, § 4º, da Lei 12.850/13.
71	D	Vide tópico 8.7.5.
72	A	Vide tópico 8.7.6.
73	C	Vide tópico 8.6.
74	B	Vide tópico 8.8.
75	ERRADO	Vide tópico 8.13
76	CERTO	Vide tópico 8.5.2
77	E	Vide artigo 182 do CPP.

9

MEDIDAS CAUTELARES DIVERSAS DA PRISÃO, PRISÃO E LIBERDADE PROVISÓRIA

A partir desta edição, passarei a analisar, além das prisões processuais e temas correlatos, as medidas cautelares diversas da prisão (enxertadas no CPP pela Lei 12.403/11) e a liberdade provisória.

9.1. MEDIDAS CAUTELARES DIVERSAS DA PRISÃO

9.1.1. Generalidades

As medidas cautelares diversas da prisão foram inseridas no Código de Processo Penal por meio da Lei 12.403/11. Referido texto legal modificou o artigo 319 do CPP e nele enxertou uma série de medidas alternativas ao cárcere, colocadas à disposição do magistrado para resguardar o processo.

O uso da expressão cautelar se explica porque ditas medidas servem para acautelar, resguardar, proteger o processo, garantindo sua efetividade.

Em primeiro lugar, urge ressaltar que o CPP determina que as medidas cautelares (inclusive a prisão preventiva) só deverão ser materializadas caso se comprove sua necessidade prática (para aplicação da lei penal, para investigação ou instrução ou para evitar a prática de infrações penais), desde que se obedeça à adequação à gravidade do crime praticado, às circunstâncias do fato e às condições pessoais do indiciado/acusado. É o que prescreve o artigo 282 do CPP:

> Art. 282. As medidas cautelares previstas neste Título deverão ser aplicadas observando-se a:
>
> I – necessidade para aplicação da lei penal, para a investigação ou a instrução criminal e, nos casos expressamente previstos, para evitar a prática de infrações penais;

> II – adequação da medida à gravidade do crime, circunstâncias do fato e condições pessoais do indiciado ou acusado.

Nesse sentido lição de Guilherme de Souza Nucci[1], para quem:

> Não se pode olvidar que as medidas cautelares, previstas no Título IX do Código de Processo Penal, envolvem várias modalidades de restrições à liberdade individual, desde a mais grave, consistente na prisão, até a mais leve, baseada na proibição de contato com determinada pessoa. Por isso, não podem ser decretadas sem base legal e fática, uma vez que, acima das regras processuais, encontra-se o princípio constitucional da presunção de inocência (art. 5º, LVII, CF).

O mesmo dispositivo transcrito supra informa que as medidas poderão ser aplicadas isolada ou cumulativamente pelo juiz (de ofício ou a requerimento das partes no curso do processo ou atendendo a representação da autoridade policial ou requerimento do MP no curso do inquérito policial).

O § 3º, do citado artigo 288, do CPP determina que o juiz, ressalvados os casos de urgência ou de perigo de ineficácia da medida, deverá intimar a parte contrária para se manifestar acerca do pedido (como o Código fala em partes, o dispositivo parece não ter aplicação no curso do inquérito policial, no qual estas não existem).

O §§ 4º e 6º, do artigo 282 do CPP reafirmam ser a prisão provisória a última alternativa estatal na defesa do inquérito ou do processo. Já o § 5º reafirma o comando contido no inciso I, do artigo 282 (há que existir necessidade concreta da medida restritiva, caso contrário o juiz deverá revogá-la).

Vejamos o artigo 319 do CPP:

> Art. 319. São medidas cautelares diversas da prisão:
>
> I – comparecimento periódico em juízo, no prazo e nas condições fixadas pelo juiz, para informar e justificar atividades;
>
> II – proibição de acesso ou frequência a determinados lugares quando, por circunstâncias relacionadas ao fato, deva o indiciado ou acusado permanecer distante desses locais para evitar o risco de novas infrações;
>
> III – proibição de manter contato com pessoa determinada quando, por circunstâncias relacionadas ao fato, deva o indiciado ou acusado dela permanecer distante;
>
> IV – proibição de ausentar-se da Comarca quando a permanência seja conveniente ou necessária para a investigação ou instrução;
>
> V – recolhimento domiciliar no período noturno e nos dias de folga quando o investigado ou acusado tenha residência e trabalho fixos;

1. NUCCI, Guilherme de Souza. **Prisão e liberdade**, RT, 2011, página 26.

> VI – suspensão do exercício de função pública ou de atividade de natureza econômica ou financeira quando houver justo receio de sua utilização para a prática de infrações penais;
>
> VII – internação provisória do acusado nas hipóteses de crimes praticados com violência ou grave ameaça, quando os peritos concluírem ser inimputável ou semi-imputável (art. 26 do Código Penal) e houver risco de reiteração;
>
> VIII – fiança, nas infrações que a admitem, para assegurar o comparecimento a atos do processo, evitar a obstrução do seu andamento ou em caso de resistência injustificada à ordem judicial;
>
> IX – monitoração eletrônica.
>
> ...

A seguir veremos as medidas, uma a uma.

9.1.2. Comparecimento periódico em juízo, no prazo e nas condições fixadas pelo juiz, para informar e justificar atividades

Medida autoexplicativa. O juiz determinará que o indiciado/acusado compareça em prazo por ele determinado (geralmente todo mês) para informar e justificar suas atividades (estudo ou trabalho).

A prova da frequência deve ser feita, preferencialmente, por meio de declaração fornecida pela instituição de ensino ou empresa. Caso não seja possível apresentar declaração por escrito, admite-se qualquer meio de prova permitido em direito, inclusive declaração oral do indiciado/acusado, reduzida a escrito pelo escrivão por meio de certidão (por óbvio, o juiz pode determinar realização de diligência com o fito de comprovar se as atividades informadas realmente foram materializadas – caso se ateste que as atividades não foram efetivamente praticadas ou se o indiciado/acusado não cuidar de comparecer no prazo assinalado pelo juízo, a prisão preventiva pode vir a ser decretada - inteligência do artigo 282, § 4º, do CPP).

9.1.3. Proibição de acesso ou frequência a determinados lugares quando, por circunstâncias relacionadas ao fato, deva o indiciado ou acusado permanecer distante desses locais para evitar o risco de novas infrações

O juiz deverá determinar quais são os lugares cuja frequência será proibida ao indicado/acusado. Importante salientar que tais locais deverão ter estreita relação com o lugar onde o fato foi praticado ou com as circunstâncias que gravitaram em torno da prática delitógena (não que a proibição deva se cingir ao local onde o fato foi praticado, mas que os locais proibidos sejam semelhantes – se o crime foi praticado em um bar, pode o juiz determinar que o indiciado/acusado não mais frequente bares, prostíbulos, casa de jogo, etc.).

9.1.4. Proibição de manter contato com pessoa determinada quando, por circunstâncias relacionadas ao fato, deva o indiciado ou acusado dela permanecer distante

Pode ser determinado o afastamento do indiciado/acusado da vítima, de coautor ou de partícipe, caso se perceba que a proximidade seja perniciosa para qualquer dos envolvidos, para o processo ou para sociedade (se houver o indicativo de que novas infrações puderem ser cometidas, por exemplo).

Essa medida encontra paralelo no artigo 22, III, 'a' e 'b' da Lei 11.340/06 (Lei Maria da Penha). Por óbvio, se o crime praticado for relacionado à violência doméstica contra mulher, deve-se aplicar a medida protetiva especial e não a genericamente prevista no CPP.

9.1.5. Proibição de ausentar-se da Comarca quando a permanência seja conveniente ou necessária para a investigação ou instrução

Medida cautelar importante para assegurar a regular marcha do inquérito ou do processo, vez que garante a presença do investigado/acusado na comarca, à disposição do aparelho policial ou do juízo (facilitando sua intimação e comparecimento, caso se mostre necessário sua presença para prática de qualquer ato instrutório).

Doutra banda, a medida sob análise busca assegurar aplicação futura da lei penal (garantindo que o acusado não se furtará do cumprimento de eventual sanção aplicada pelo Estado-juiz).

Em caso de descumprimento da medida, o magistrado poderá, conforme o caso, decretar a prisão preventiva do indiciado/acusado por conveniência da instrução criminal ou para assegurar aplicação futura da lei penal.

9.1.6. Recolhimento domiciliar no período noturno e nos dias de folga quando o investigado ou acusado tenha residência e trabalho fixos

Nesta medida cautelar o juiz determinará que o indiciado/acusado não saia de sua residência no período noturno (importante que seja fixado o horário de recolhimento, para que reste facilitada a fiscalização do cumprimento da restrição).

O dispositivo exige que tenha o indiciado/acusado trabalho e residência fixos, que devem ser comprovados, de preferência, documentalmente (comprovante de residência, declaração fornecida pelo empregador, CTPS, etc.).

9.1.7. Suspensão do exercício de função pública ou de atividade de natureza econômica ou financeira quando houver justo receio de sua utilização para a prática de infrações penais

Esta medida cautelar pode ser determinada quando a prática da infração penal guardar relação com o exercício da função pública da qual o indiciado/acusado será afastado (prática de crime contra a Administração Pública, por exemplo).

No que toca à suspensão de atividade de natureza econômica ou financeira, a decretação pode ser materializada quando se tratar da prática de delito contra ordem tributária, contra o sistema financeiro nacional ou contra as relações de consumo, por exemplo.

Nesta toada, Guilherme de Souza Nucci[2] decreta:

> A medida pode ser ideal para crimes contra a administração pública (ex.: corrupção, concussão, prevaricação, etc.), bem como para delitos econômicos e financeiros, evitando-se a preventiva, que tenha por fundo a garantia da ordem econômica. Como já mencionamos, uma das razões para a decretação da prisão cautelar, nesse cenário, é a persistência do réu na continuidade de negócios escusos. Assim, a sua suspensão do exercício da atividade pode ser suficiente para aguardar o desenvolvimento do processo.

9.1.8. Internação provisória do acusado nas hipóteses de crimes praticados com violência ou grave ameaça, quando os peritos concluírem ser inimputável ou semi-imputável (art. 26 do Código Penal) e houver risco de reiteração

A internação provisória do inimputável ou do semi-imputável deve obedecer às regras para decretação da prisão preventiva para o imputável, vez que se trata, em última análise, de medida cautelar de privação da liberdade.

Destarte, o magistrado deve, por analogia, estudar a presença concreta dos requisitos e fundamentos exigidos para decretação da custódia provisória, especialmente os dos artigos 312 e 313 do CPP (note-se que o risco de reiteração citado no inciso aqui analisado guarda grande semelhança com um dos fundamentos da prisão preventiva, a garantia da ordem pública).

2. NUCCI, Guilherme de Souza. **Obra acima citada,** página 85.

9.1.9. Fiança, nas infrações que a admitem, para assegurar o comparecimento a atos do processo, evitar a obstrução do seu andamento ou em caso de resistência injustificada à ordem judicial

A fiança outrora era considerada apenas caução paga em troca da liberdade provisória do indiciado preso em estado de flagrância. Com a edição da Lei 12.403/11, o espectro de abrangência da fiança aumentou consideravelmente. Agora ela pode ser arbitrada para assegurar o comparecimento a atos do processo, evitar a obstrução do seu andamento ou em caso de resistência injustificada à ordem judicial (em uma espécie de sanção processual imposta ao acusado).

9.1.10. Monitoração eletrônica

Trata-se da colocação de dispositivo de monitoração eletrônica que ficará preso ao corpo do indiciado/acusado de forma que o Estado saiba por onde ele passou.

A medida cautelar em espeque exigirá considerável dispêndio de numerário para sua efetiva implementação. Obrigará a compra de equipamentos de monitoração e que o Estado efetivamente fiscalize os passos do monitorado para verificar o cumprimento da medida cautelar.

9.2. PRISÕES CAUTELARES

9.2.1. Generalidades sobre a prisão cautelar

A prisão cautelar se destina a resguardar a integridade e a eficácia do processo e desafia um dos mais caros direitos do ser humano, qual seja, a liberdade, que no dizer de José Lisboa da Gama Malcher[3] "é o estado natural do Homem".

Como equacionar a plena aplicação da Lei Maior, de vocação eminentemente garantista, com a necessidade de rigidez estatal no trato com os cidadãos suspeitos de dilacerar o tecido social? Finque-se que estamos em momento anterior ao próprio processo (o foco do trabalho, repise-se, é o inquérito policial). A resposta a esse e a outros questionamentos serão perseguidas no decorrer deste tópico, de forma a aclarar a matéria tão instigante quanto controversa.

3. MALCHER, José Lisboa da Gama. **Manual de Processo Penal**. Freitas Bastos, 2002, página 115.

A privação de liberdade levada a efeito antes do trânsito em julgado da sentença penal condenatória é chamada de prisão cautelar ou provisória. A nomenclatura se justifica diante da situação transitória representada pela medida. Neste momento não se pode falar em prisão-pena, vez que não foi imposta, em definitivo, uma sanção. Daí seu caráter provisório. Os termos "cautelar", "processual" e "provisória" serão importantes elementos no estudo do tema. Cautela significa "cuidado para evitar um mal, precaução, cuidado"[4]; processual quer dizer "referente a processo judicial"[5]; e provisório denota "interino, passageiro, temporário, provisional"[6].

Acerca do assunto, Daniela Cristina Rios Gonçalves[7] nos detalha que

> Possui a prisão processual as seguintes características: a) instrumentalidade, na medida em que serve como meio de garantir a eficácia das providências que se pretendem tomar no processo; b) provisoriedade, porque fica condicionada à definição do processo; e c) acessoriedade, já que se liga ao processo principal e destina-se a assegurar seu resultado.

Genericamente, a constrição cautelar tem como requisitos a fumaça do bom direito (*fumus boni iuris*) e o *periculum libertatis* (*periculum in mora*). O primeiro é representado pela existência de prova de materialidade delitiva e indícios suficientes de autoria; o segundo pelo perigo à sociedade representado pela liberdade do sujeito ativo da prática delitógena.

São espécies do gênero prisão cautelar: a prisão em flagrante delito (que alguns preferem chamar pré-cautelar, como veremos adiante), a prisão preventiva e a prisão temporária (melhor interpretar que a prisão decorrente de sentença penal condenatória recorrível e a prisão decorrente de decisão de pronúncia desapareceram do nosso sistema processual penal por meio da edição da Lei 11.719/08, que acabou com a decretação de prisão automática em tais momentos).

Importante, ainda, tecer breves comentários acerca da prisão (execução provisória de pena privativa de liberdade) decorrente de decisão condenatória proferida por tribunal de segundo grau (em que pese o foco da obra ser a fase pré-processual, o tema é relevante e muito polêmico) – confira o tópico 9.7.

4. FERREIRA, Aurélio Buarque de Holanda. **Novo Dicionário da Língua Portuguesa**. Nova Fronteira, 1986, página 373.
5. FERREIRA, Aurélio Buarque de Holanda. **Obra acima citada**, página 1.395.
6. FERREIRA, Aurélio Buarque de Holanda. **Obra acima citada**, página 1.409.
7. RIOS GONÇALVES, Daniela Cristina. **Prisão em flagrante.** Saraiva, 2004, página 04.

Apenas para encerrar este tópico introdutório, cumpre deixar claro, de logo, que a Lei 13.167/15 alterou a Lei de Execuções Penais (Lei 7.210/84) nos seguintes termos:

> Art. 84. O preso provisório ficará separado do condenado por sentença transitada em julgado.
>
> § 1º Os presos provisórios ficarão separados de acordo com os seguintes critérios:
>
> I – acusados pela prática de crimes hediondos ou equiparados;
>
> II – acusados pela prática de crimes cometidos com violência ou grave ameaça à pessoa;
>
> III – acusados pela prática de outros crimes ou contravenções diversos dos apontados nos incisos I e II.
>
> § 2° O preso que, ao tempo do fato, era funcionário da Administração da Justiça Criminal ficará em dependência separada.
>
> § 3º Os presos condenados ficarão separados de acordo com os seguintes critérios:
>
> I – condenados pela prática de crimes hediondos ou equiparados;
>
> II – reincidentes condenados pela prática de crimes cometidos com violência ou grave ameaça à pessoa;
>
> III – primários condenados pela prática de crimes cometidos com violência ou grave ameaça à pessoa;
>
> IV – demais condenados pela prática de outros crimes ou contravenções em situação diversa das previstas nos incisos I, II e III.
>
> § 4º O preso que tiver sua integridade física, moral ou psicológica ameaçada pela convivência com os demais presos ficará segregado em local próprio.

9.2.2. O uso de algemas

Antes de adentrar especificamente nas modalidades de prisão cautelar, cumpre estudar tema bastante controvertido: o uso de algemas pelo aparelho policial durante a condução de presos provisórios (especialmente no caso de captura em estado de flagrância). Antes uma regra, diante de premissas básicas incrustadas na doutrina policial (proteção da equipe responsável pela custódia, para evitar a fuga do preso, para proteger a integridade do próprio conduzido, dentre outras máximas relacionadas ao tema), o uso de algemas passou a ser visto como exceção, diante da edição da Súmula Vinculante 11 do Pretório Excelso:

> Súmula Vinculante 11: Só é lícito o uso de algemas em casos de resistência e de fundado receio de fuga ou de perigo à integridade física própria ou alheia, por parte do preso ou de terceiros, justificada a excepcionalidade por escrito, sob pena de responsabilidade disciplinar, civil e penal do agente ou da autoridade e de nulidade da prisão ou do ato processual a que se refere, sem prejuízo da responsabilidade civil do Estado.

A análise do édito do Supremo Tribunal Federal e do primeiro parágrafo deste tópico revela que a Corte Máxima simplesmente transmudou regra automática e calcada em presunções em exceção, que precisa ser devidamente fundamentada e justificada em situação efetivamente observada no mundo dos fatos.

A meu ver, andou mal o STF. Quando se pensa na prisão de um estelionatário ou de um sonegador, em uma primeira análise, parece válido e pertinente o enunciado (alhures explicarei porque a defesa do verbete cede a um estudo mais cauteloso). Ocorre que, quando se pensa na captura de assaltantes de banco ou traficantes, imaginar que é preciso aguardar primeiro a resistência do conduzido ou que é necessário elucubrar a respeito da existência de fundado receio de fuga ou perigo à integridade física própria ou alheia para só então autorizar que seja o conduzido algemado soa irreal.

Disse quanto ao primeiro exemplo que a súmula parece ter conteúdo válido e pertinente apenas à primeira análise, porque a prisão é um momento traumático para o capturado e sua materialização pode gerar neste os mais diversos sentimentos (negativos em sua maioria). Como prever que, diante de um momento de loucura causado pela vergonha de ter sido surpreendido cometendo um delito, o conduzido resolva investir contra o aparelho policial ou contra sua própria integridade física? Poderá ser tarde demais para determinar que o preso seja algemado.

Penso ter havido uma inversão de valores. Em verdade, algemar o preso deveria ser a regra, podendo ser tal providência excepcionada a juízo dos executores da medida, que responderiam caso optassem por não algemar o preso e acontecesse algo de anormal (fuga, lesão ou morte do preso ou de terceiro).

o este introito, cumpre analisar o verbete em suas exigências e consequências de não observância.

A partir de sua edição, a súmula, como dito supra, transmudou o uso de algemas em exceção, que deve ser devidamente justificada pelo agente ou autoridade. Tal justificativa deve ser feita por escrito e, apesar de poder ser breve, deve ser calcada em algum dos seguintes permissivos: a) resistência à prisão; b) fundado receio de fuga; c) fundado perigo à integridade física própria ou alheia, por parte do preso ou de terceiros.

Não há exigência de termo ou auto próprio, podendo o uso de algemas ser justificado no bojo do auto de prisão em flagrante, em relatório de ocorrência policial da polícia militar, em despacho nos autos do inquérito ou em peça própria criada pela autoridade para esse fim.

As consequências da inobservância da justificação por escrito do uso de algemas são gravíssimas: a) responsabilidade disciplinar, civil e penal do agente ou da autoridade; b) nulidade da prisão ou do ato processual a que se refere; c) possibilidade de responsabilidade civil do Estado.

Volto a exemplificar com caso prático. Imaginar que a prisão em flagrante de perigosos assaltantes de banco no curso de roubo a agência, portando fuzis, submetralhadoras e pistolas, pode ser nulificada simplesmente porque o delegado de polícia não cuidou de justificar por escrito o uso de algemas pela equipe que prendeu o consórcio criminoso não parece razoável, mas é a determinação clara do verbete. Soa absurdo, mas foi o que o STF verberou.

Destarte, a Súmula Vinculante 11 do STF fez surgir nova formalidade imprescindível à validade da prisão cautelar: a justificação por escrito da necessidade do uso de algemas. Caso inobservada, impõe-se o relaxamento da prisão (veja-se que se transmuda em ilegal apenas a prisão, não sendo fulminada de nulidade a prova colhida no momento da captura). Em sentido contrário Andrey Borges de Mendonça[8]:

> Da mesma forma, não há sentido em falar de nulidade do ato prisional apenas e tão somente pelo uso indevido de algemas. O fato de as algemas terem sido utilizadas, de maneira abusiva, deve levar à eventual responsabilização do agente como visto. Até aí, tudo bem. Porém, não há qualquer justificativa para afirmar que o ato prisional em si deve ser anulado. Se o agente foi preso em situação de flagrância e todas as formalidades do auto de prisão foram observadas, não haveria sentido em impor a pecha de nulidade a uma prisão, pelo fato de as algemas terem sido utilizadas equivocadamente. O mesmo se pode afirmar em caso de cumprimento da prisão preventiva. Se a prisão ocorreu em situação legal, houve preenchimento dos requisitos legais intrínsecos ao ato, o uso indevido de algemas não pode levar à nulidade de todo ato prisional.

Para salientar a importância do tema, cumpre afirmar que o STF, nos autos da Reclamação 22.557/RJ (julgado em 14/12/2015), anulou o Interrogatório (e todos os atos subsequentes, inclusive sentença condenatória), porque o réu foi mantido algemado no curso da audiência. Importante salientar que a utilização de algemas foi fundamentada pelo juízo reclamado (o Ministro Edson Fachin, relator, entendeu insuficiente a fundamentação do magistrado). Com a devida vênia, andou mal o Pretório Excelso. O ato do juízo (de manter o réu algemado em audiência) foi devidamente fundamentado e, portanto, respeitou a Súmula Vinculante 11 do STF. Não havia nada a reparar. A decisão abre perigoso precedente, criando verdadeira nova possibilidade recursal direta (acionar o STF diretamente, via reclamação, caso o réu seja mantido algemado na audiência, com o fito de anular todos os atos subsequentes, inclusive eventual sentença condenatória – foi o caso concreto aqui exposto).

Por fim, é importante pontuar alteração legislativa que vedou uso de algemas em "mulheres grávidas durante os atos médico-hospitalares preparatórios para a realização do parto e durante o trabalho de parto, bem como em mulheres durante o período de puerpério imediato" (parágrafo único, do artigo 292, do CPP, acrescentado pela Lei 13.434/17).

8. DE MENDONÇA, Andrey Borges. **Obra acima citada**, página 121.

9.2.3. Prisão em flagrante delito

9.2.3.1. Generalidades

A primeira espécie de prisão provisória a ser estudada será a flagrancial. O fundamento de validade do encarceramento do preso em flagrante está presente no inciso LXI, do artigo 5º, da Carta Maior.

Afora os casos de transgressão militar ou crime propriamente militar esta é a única hipótese de privação de liberdade que não decorre de ordem escrita e fundamentada de autoridade judiciária. Na lição de Mirabete[9], "a palavra flagrante é derivada do latim flagrare (queimar) e flagrans, flagrantis (ardente brilhante, resplandescente), que no léxico, é acalorado, evidente, notório, visível, manifesto".

Em suma, a prisão em flagrante delito pode ser definida como a captura do autor do fato quando ainda queima o tecido social, dilacerado pela prática delitiva que se pretende frear.

Ensina-nos Paulo Rangel[10] que

> A prisão em flagrante tem como fundamentos: evitar a fuga do autor do fato; resguardar a sociedade, dando-lhe confiança na lei; servir de exemplos para aqueles que desafiam a ordem jurídica e acautelar as provas que, eventualmente, serão colhidas no curso do inquérito policial ou na instrução criminal, quer quanto à materialidade, quer quanto à autoria.

9.2.3.2. A mitigação da inviolabilidade de domicílio em caso de flagrante

Mesmo a garantia constitucional da inviolabilidade de domicílio cede diante da prisão em flagrante delito. É o mandamento inserto no inciso XI, do artigo 5º, da *Lex Mater*.

O direito à inviolabilidade de domicílio, consoante nos lembra o Ministro Alexandre de Moraes[11], é instituto de origem inglesa, nos moldes do discurso do Lord Chatham no Parlamento Britânico:

> O homem mais pobre desafia em sua casa todas as forças da Coroa, sua cabana pode ser muito frágil, seu teto pode tremer, o vento pode soprar entre as portas mal ajustadas, a tormenta pode nela penetrar, mas o Rei da Inglaterra não pode nela entrar.

9. MIRABETE, Julio Fabbrini. **Processo Penal.** Atlas, 2004, página 401.
10. RANGEL, Paulo. **Direito Processual Penal**. Lúmen Júris, 2006, página 562 e 563.
11. MORAES, Alexandre de. **Direito Constitucional.** Atlas, 2002, página 81.

Como qualquer direito assegurado aos cidadãos, ele comporta certa mitigação, não sendo absoluto. A prisão em flagrante é uma das facetas desta relativização.

Em primeiro lugar urge destacar o significado genérico do termo casa, que comporta interpretação mais ampla que simplesmente o imóvel que serve de morada ao indivíduo. A conceituação da expressão pode ser encontrada no artigo 246 do Código de Processo Penal e no artigo 150, § 4º do Código Penal (que trata do crime de invasão de domicílio). Nos termos dos dispositivos, entende-se como sendo casa: qualquer compartimento habitado, aposento ocupado de habitação coletiva e compartimento não aberto ao público, onde alguém exerce profissão ou atividade.

A aplicação do preceito constitucional (que possibilita relativizar a inviolabilidade de domicílio) vai exigir do intérprete a verificação concreta de uma das modalidades flagranciais descritas em lei (artigo 302 do CPP, que será esmiuçado alhures), de forma a constatar a legalidade da medida.

Os tribunais tupiniquins têm conferido efetividade ao ditame Maior, que nada mais é que a proclamação da máxima, já lembrada, de que não existem direitos ou garantias absolutas (mesmo o direito à vida pode ceder, que dirá o direito à inviolabilidade de domicílio). Vejamos um aresto[12] que se amolda à preleção:

> Não é ilegal a entrada em domicílio sem o consentimento do autor do delito, que é perseguido, logo após a prática do crime, pela autoridade policial, pois a própria Constituição Federal permite a entrada em casa alheia, mesmo contra a vontade do morador, para fins de prisão em flagrante.

Mesmo que o perseguido adentre em casa alheia, estará autorizado o ingresso do aparelho policial para materializar a prisão. Neste sentido Nestor Távora e Rosmar Rodrigues Alencar[13]:

> Se em razão da perseguição, o agente vier a adentrar numa casa, diante da situação de flagrância, por não ter havido interrupção da perseguição, o executor poderá invadir a residência, sendo dia ou noite, pois, por autorização constitucional, o ingresso domiciliar ocorreria para concretizar o flagrante, tendo assim pleno cabimento.

Outrossim, em caso de dúvida quanto à entrada do perseguido, por cautela, deve a autoridade policial cuidar de cercar a residência, isolando a área, cientificar o proprietário que a pessoa que adentrou na sua casa está sendo perseguida em face do cometimento de delito e, caso não lhe seja franqueado

12. STJ, HC 10899/GO, 5ª Turma, rel. Min. Gilson Dipp, DJ 23/04/2001, p. 166.

13. TÁVORA, Nestor e ALENCAR, Rosmar Rodrigues. **Obra acima citada**, página 503.

o acesso para efetivar a captura do indigitado fugitivo, representar ao juízo competente a expedição de mandado de busca domiciliar para efetiva materialização da prisão.

Frise-se que caso o criminoso seja capturado em estado de flagrância fora de sua residência (e o crime não houver sido praticado no interior desta), não está o aparelho policial autorizado a adentrar em sua casa para realização de busca com o fito de coligir material probante relacionado à atividade criminosa freada. Neste caso, deverá ser representada a medida cautelar de busca e apreensão junto ao juízo competente, a quem caberá franquear o acesso à casa do infrator (ou deverá a polícia colher autorização para ingresso na residência, assinada pelo proprietário/responsável). Caso o delito tenha sido praticado no interior da casa, a entrada da polícia está franqueada (ainda que a prisão em flagrante tenha se dado fora da mesma), por ser ela local de crime.

Convém lembrar que caso se evidencie prática de crime permanente no interior da residência, a entrada policial está autorizada a qualquer hora do dia ou da noite, sem que haja necessidade de autorização judicial (artigo 303 do CPP). Em situações como essas, exige-se muita cautela do delegado de polícia. A notícia de que está ocorrendo crime no interior de uma residência deve ser averiguada com cuidado pelo aparelho policial. Em caso de dúvida, é mais prudente que a autoridade policial represente por medida cautelar de busca e apreensão ao juízo competente (depois de instaurado inquérito policial) ou só adentre na residência depois de autorização formal subscrita pelo dono da habitação, de forma a evitar abusos. Eis síntese da vertente aqui defendida, na lição de Andrey Borges de Mendonça[14]:

> É possível adentrar em residência caso se verifique que em seu interior está ocorrendo alguma infração em flagrante delito, nos termos do art. 5º, inc. XI, da CF. Neste caso, é possível adentrar durante o dia ou de noite e sequer é necessária ordem judicial. Porém, a polícia deve dispor de quais elementos para adentrar na residência? Deve ter certeza da prática de um crime? Basta mera suspeita? A melhor interpretação, para preservar os bens jurídicos em jogo (interesse na persecução penal e privacidade) passa pelo juízo de razoabilidade. Somente se pode admitir que a polícia adentre em residência, sem mandado judicial, quando possua elementos que indiquem, dentro de um juízo de razoabilidade, que está ocorrendo um crime no interior da residência. A autoridade policial deve ter elementos prévios que justifiquem a entrada e não violar a residência para, somente então, verificar se existem tais elementos. Em outras palavras, não se pode admitir que a polícia, sem quaisquer elementos de convicção, adentre na residência se mandado judicial para, em um segundo momento, verificar se há ou não o delito em flagrante. A situação deve ser justamente a contrária: verifica se há flagrante e, depois, entre. Do contrário, estar-se-ia concedendo uma margem ampla para práticas abusivas e uma verdadeira carta em branco para violações.

14. DE MENDONÇA, Andrey Borges. **Obra acima citada**, página 141.

Nesta toada, o Tribunal de Justiça do Rio Grande do Sul anulou condenação pela prática do crime de posse ilegal de arma de fogo, decretando que caso exista mera suspeita da prática de ilícito no interior da residência, o correto é que o delegado de polícia represente pela expedição de mandado de busca e não que o aparelho policial ingresse na casa do suspeito sem ordem judicial (o julgado desprezou a existência de autorização de ingresso em residência assinada pelo autor do fato):

> APELAÇÃO CRIME. TRÁFICO DE DROGAS. POSSE ILEGAL DE ARMA DE FOGO. ILICITUDE PROBATÓRIA. ABSOLVIÇÃO DECRETADA. Nos termos do disposto no artigo 5º, XI, da CF, o ingresso dos policiais no âmbito domiciliar, quando nos casos de flagrante delito, exige certeza anterior quanto à situação de flagrante. A mera suspeita da prática delitiva autoriza exclusivamente a realização de diligências e a representação por mandado judicial de busca. Precedentes da Câmara. No caso, os policiais militares, ao que tudo indica sabedores da existência da arma de fogo, abordaram o acusado quando este retornava para casa, instando-o sobre suspeitas de envolvimento com delitos patrimoniais e sobre eventual posse de arma, o que foi negado. Então, ingressaram no domicílio para realização de busca domiciliar, sem mandado judicial. Eventual autorização assinada pelo réu - o que por este é negada em juízo - não torna lícita a busca realizada fora das hipóteses autorizadas na própria Constituição Federal. Irrenunciabilidade, como regra, dos direitos fundamentais. Restrições que devem observar o determinado em lei. Ilicitude material da apreensão da droga e da arma de fogo que contamina o restante do produzido na persecução penal. APELO PROVIDO[15].

Ressaltando o quanto afirmado neste tópico (de que é preciso muita cautela no ingresso em casa alheia sem ordem judicial), o STF decidiu que "a entrada forçada em domicílio sem mandado judicial só é lícita, mesmo em período noturno, quando amparada em fundadas razões, devidamente justificadas a posteriori, que indiquem que dentro da casa ocorre situação de flagrante delito, sob pena de responsabilidade disciplinar, civil e penal do agente ou da autoridade, e de nulidade dos atos praticados"[16].

Acerca do tema (e a respeito de decisão mais recente do STJ[17] ressaltando a necessidade de convicção do aparelho policial quanto à situação flagrancial antes da entrada em casa alheia, sugestiono a leitura do tópico 8.8).

Óbvio que se a notícia for de crime violento (homicídio, estupro, etc.), não é conveniente postergar a ação e a entrada deverá ser materializada para fre-

15. TJ/RS, Apelação Crime 70067115550, Terceira Câmara Criminal, rel. Des. Sérgio Miguel Achutti Blattes, julgado em 10/12/2015 – decisão já citada no tópico 8.8.
16. STF, RE 603616/RO (repercussão geral – tema 280), rel. Min. Gilmar Mendes, julgado em 05/11/2015 - decisão já citada no tópico 8.8.
17. STJ, 6ª Turma, REsp 1574681/RS, rel. Min. Rogerio Schietti Cruz, julgado em 20/04/2017, DJe em 30/05/2017.

ar a suposta prática delitiva (os levantamentos preliminares devem ser feitos com a rapidez exigida pela situação premente).

As mesmas observações devem ser feitas em caso de notícia apócrifa de crime praticado no interior de residência (quanto à cautela para ingresso sem mandado judicial). Frise-se que a prisão em flagrante calcada em notícia anônima de delito é perfeitamente possível e legal:

> DIREITO PROCESSUAL PENAL. HABEAS CORPUS. NULIDADE DO PROCESSO. ALEGAÇÃO DE PROVA ILÍCITA E DE VIOLAÇÃO AO DOMICÍLIO. INEXISTÊNCIA. ESTADO DE FLAGRÂNCIA. CRIME PERMANENTE. 1. A questão controvertida consiste na possível existência de prova ilícita ("denúncia anônima" e prova colhida sem observância da garantia da inviolabilidade do domicílio), o que contaminaria o processo que resultou na sua condenação. 2. Legitimidade e validade do processo que se originou de investigações baseadas, no primeiro momento, de "denúncia anônima" dando conta de possíveis práticas ilícitas relacionadas ao tráfico de substância entorpecente. Entendeu-se não haver flagrante forjado o resultante de diligências policiais após denúncia anônima sobre tráfico de entorpecentes (HC 74.195, rel. Min. Sidney Sanches, 1ª Turma, DJ 13.09.1996). 3. Elementos indiciários acerca da prática de ilícito penal. Não houve emprego ou utilização de provas obtidas por meios ilícitos no âmbito do processo instaurado contra o recorrente, não incidindo, na espécie, o disposto no art. 5°, inciso LVI, da Constituição Federal. 4. Garantia da inviolabilidade do domicílio é a regra, mas constitucionalmente excepcionada quando houver flagrante delito, desastre, for o caso de prestar socorro, ou, ainda, por determinação judicial. 5. Outras questões levantadas nas razões recursais envolvem o revolver de substrato fático-probatório, o que se mostra inviável em sede de habeas corpus. 6. Recurso ordinário em habeas corpus improvido[18].
>
> 1. AÇÃO PENAL. Porte ilegal de arma de fogo de uso restrito. Tipicidade. Caracterização. São típicas as condutas de possuir, ter em depósito, manter sob guarda e ocultar arma de fogo de uso restrito. 2. INQUÉRITO POLICIAL. Denúncia anônima. Irrelevância. Procedimento instaurado a partir da prisão em flagrante. Ordem indeferida. Não é nulo o inquérito policial instaurado a partir da prisão em flagrante dos acusados, ainda que a autoridade policial tenha tomado conhecimento prévio dos fatos por meio de denúncia anônima[19].

Destarte, o aparelho policial pode adentrar, independente de ordem judicial, na casa onde está sendo praticado um delito, ainda que a notícia de crime seja advinda comunicação anônima (óbvio que há que ser feito levantamento preliminar com o fito de atestar a veracidade desta). Mesmo diante do permissivo, é de bom tom que a autoridade policial não decida de forma açodada determinar que seus agentes ingressem sem mandado na residência onde supostamente esteja ocorrendo crime. Os reflexos negativos de possível

18. STF, RHC 86.082/RS, Segunda Turma, rel. Min. Ellen Gracie, DJ em 22.08.2008.
19. STF, HC 90.178, Segunda Turma, rel. Min. Cezar Peluso, j em 02.02.2010.

insucesso da diligência são perigosos para os que dela participaram. Caso seja possível, é mais sensato que a notícia seja rapidamente averiguada, que seja instaurado inquérito policial e representada a busca na residência suspeita. Ainda que nada seja encontrado, estará a equipe policial totalmente amparada legalmente.

Por fim, cumpre afirmar que ainda que não haja mandado, a busca domiciliar pode ser realizada, por óbvio, com a autorização do morador (neste caso o morador/responsável autoriza expressamente o ingresso do aparelho policial em sua casa, com o fito de verificar se está ou não sendo praticado crime no seu interior). Faço a ressalva, apesar de evidente, para que o profissional que atua na área de segurança cuide de documentar a autorização dada pelo responsável pela residência. No documento deverá constar a localização exata do imóvel, o nome completo e qualificação do morador que franqueou a entrada, a assinatura do mesmo e, de preferência, qualificação e assinatura de duas testemunhas. A providência é de extrema utilidade para que não se alegue ulteriormente a ilicitude da prova eventualmente arrecadada na casa (pode ser que não exista situação de flagrante, mas que seja encontrada no interior da residência alguma prova do cometimento de infração penal), ou pior: que se pretenda responsabilizar os policiais envolvidos na diligência.

9.2.3.3. *Audiência de custódia*

O Conselho Nacional de Justiça lançou, no mês de fevereiro de 2015, projeto com o objetivo de instituir a audiência de custódia nos tribunais pátrios. Foram firmados três acordos de cooperação técnica com o Ministério da Justiça e o Instituto de Defesa do Direito de Defesa (IDDD). Basicamente os três acordos objetivam acelerar a implantação da audiência de custódia nos areópagos tupiniquins, estimular a aplicação de medidas cautelares diversas da prisão e o monitoramento eletrônico. As medidas têm o objetivo de "combater a cultura do encarceramento que se instalou no Brasil"[20].

Audiência de custódia, em rápidas palavras, é a apresentação imediata do preso em flagrante delito a um juiz, para que este delibere acerca da sua manutenção no cárcere e avalie as circunstâncias que gravitaram em torno da sua prisão.

O pano de fundo do projeto é o Pacto de San José da Costa Rica (Convenção Interamericana de Direitos Humanos), de 22 de novembro de 1969, incorporado em nosso ordenamento jurídico formalmente por meio do Decreto 678/92. O artigo 7º, item 5 da avença determina que:

20. Em http://www.cnj.jus.br/sistema-carcerario-e-execucao-penal/audiencia-de-custodia/historico, acesso em 07 de dezembro de 2015.

Artigo 7º - Direito à liberdade pessoal

(...)

5. Toda pessoa presa, detida ou retida deve ser conduzida, sem demora, à presença de um juiz ou outra autoridade autorizada por lei a exercer funções judiciais e tem o direito de ser julgada em prazo razoável ou de ser posta em liberdade, sem prejuízo de que prossiga o processo. Sua liberdade pode ser condicionada a garantias que assegurem o seu comparecimento em juízo.

Apresentado o preso à autoridade judiciária, as saídas possíveis são as descritas no artigo 310 do CPP:

Art. 310. Ao receber o auto de prisão em flagrante, o juiz deverá fundamentadamente:

I – relaxar a prisão ilegal; ou

II – converter a prisão em flagrante em preventiva, quando presentes os requisitos constantes do art. 312 deste Código, e se revelarem inadequadas ou insuficientes as medidas cautelares diversas da prisão; ou

III – conceder liberdade provisória, com ou sem fiança.

Parágrafo único. Se o juiz verificar, pelo auto de prisão em flagrante, que o agente praticou o fato nas condições constantes dos incisos I a III do caput do art. 23 do Decreto-Lei nº 2.848, de 7 de dezembro de 1940 - Código Penal, poderá, fundamentadamente, conceder ao acusado liberdade provisória, mediante termo de comparecimento a todos os atos processuais, sob pena de revogação.

É preciso que se diga, entrementes, que o Brasil já cumpria a Convenção Interamericana de Direitos Humanos. É que, como dito no capítulo 2 desta obra, o delegado de polícia é a "autoridade autorizada por lei a exercer funções judiciais" descrita no artigo 7º, item 5, da avença. Apresentado o detido à autoridade policial, esta, analisando os fatos e ouvindo os envolvidos, decidirá sobre a manutenção ou não do encarceramento, mediante a lavratura ou não do auto de prisão em flagrante delito. É possível, ainda, a concessão de fiança (caução que redunda na imediata liberação do preso) arbitrada pelo delegado, nas hipóteses legalmente autorizadas. Neste sentido, julgado do TJ/SP[21], relatado por Guilherme de Souza Nucci (apenas parte da decisão será transcrita):

No tocante à alegada ilegalidade da prisão em flagrante, ante a ausência de imediata apresentação do paciente ao Juiz de Direito, entendo inexistir qualquer ofensa aos tratados internacionais de Direitos Humanos. Isto porque, conforme dispõe o art. 7º, 5, da Convenção Americana de Direitos Humanos, toda pessoa presa, detida ou retida deve ser conduzida, sem demora, à presença de um juiz ou outra autoridade autorizada por lei a exercer funções judiciais. No cenário

21. TJ/SP, HC 2150332-23.2015.8.26.0000, 16ª Câmara de Direito Criminal, Rel. Des. Guilherme de Souza Nucci, j. em 20/10/2015.

> jurídico brasileiro, embora o Delegado de Polícia não integre o Poder Judiciário, é certo que a Lei atribui a esta autoridade a função de receber e ratificar a ordem de prisão em flagrante. Assim, in concreto, o paciente foi devidamente apresentado ao Delegado, não se havendo falar em relaxamento da prisão. Não bastasse, em 24 horas, o juiz analisou o auto de prisão em flagrante.

O Código de Processo Penal determina o encaminhamento do auto de prisão em flagrante delito à autoridade judiciária no prazo de até 24 horas, nos termos do seu artigo 306, § 1º. Recebida a cópia integral do auto, o juiz decidirá sobre a manutenção ou não da prisão, na forma do artigo 310, acima transcrito.

Enfim, o projeto encampando pelo CNJ[22] não traz nenhuma solução efetiva e inédita para o problema da superpopulação carcerária. Pior, envolve aumento de despesas, porque a apresentação do detido ao juiz reclamará gastos com escolta, combustível, etc.

Os encarceramentos desnecessários seriam reduzidos (a custo zero, diga-se de passagem) com a autorização legal para que o delegado de polícia, depois de lavrado o auto de prisão em flagrante delito, pudesse decidir sobre a aplicação das medidas cautelares diversas da prisão previstas no artigo 319 do CPP. Nada mais simples e lógico. O delegado já pode decidir pela aplicação de uma medida cautelar diversa da prisão (arbitramento de fiança, nos termos do artigo 319, VIII, do CPP). Por que não estender outras cautelares mencionadas no referido dispositivo legal ao delegado de polícia, de forma a permitir a concessão imediata de liberdade provisória ainda na seara policial?

Destarte, desnecessária a audiência de custódia em nosso sistema processual penal, porque o Brasil já respeitava e respeita o Pacto de San José da Costa Rica, posto que o detido tem respeitado o seu direito de ser apresentado imediatamente a "autoridade autorizada por lei a exercer funções judiciais", o delegado de polícia.

Por fim, o tema merece ser abordado por meio da análise da Resolução 213/2015, do Conselho Nacional de Justiça, datada de 15 de dezembro de 2015.

O artigo 1º do normativo determina:

> Art. 1º Determinar que toda pessoa presa em flagrante delito, independentemente da motivação ou natureza do ato, seja obrigatoriamente apresentada, em até 24 horas da comunicação do flagrante, à autoridade judicial competente, e ouvida sobre as circunstâncias em que se realizou sua prisão ou apreensão.
>
> § 1º A comunicação da prisão em flagrante à autoridade judicial, que se dará por meio do encaminhamento do auto de prisão em flagrante, de acordo com as ro-

22. Importante salientar que tramitam no Congresso Nacional o Projeto de Lei do Senado 554/2011 e o Projeto de Lei da Câmara dos Deputados 7.871/2014, para implantação da audiência de custódia no nosso ordenamento jurídico.

> tinas previstas em cada Estado da Federação, não supre a apresentação pessoal determinada no caput.
>
> § 2º Entende-se por autoridade judicial competente aquela assim disposta pelas leis de organização judiciária locais, ou, salvo omissão, definida por ato normativo do Tribunal de Justiça ou Tribunal Federal local que instituir as audiências de apresentação, incluído o juiz plantonista.
>
> § 3º No caso de prisão em flagrante delito da competência originária de Tribunal, a apresentação do preso poderá ser feita ao juiz que o Presidente do Tribunal ou Relator designar para esse fim.
>
> § 4º Estando a pessoa presa acometida de grave enfermidade, ou havendo circunstância comprovadamente excepcional que a impossibilite de ser apresentada ao juiz no prazo do caput, deverá ser assegurada a realização da audiência no local em que ela se encontre e, nos casos em que o deslocamento se mostre inviável, deverá ser providenciada a condução para a audiência de custódia imediatamente após restabelecida sua condição de saúde ou de apresentação.
>
> § 5º O CNJ, ouvidos os órgãos jurisdicionais locais, editará ato complementar a esta Resolução, regulamentando, em caráter excepcional, os prazos para apresentação à autoridade judicial da pessoa presa em Municípios ou sedes regionais a serem especificados, em que o juiz competente ou plantonista esteja impossibilitado de cumprir o prazo estabelecido no caput.

Lavrado o auto de prisão em flagrante delito pelo delegado de polícia, deve o preso ser apresentado à autoridade judiciária no prazo de 24 horas, contado da comunicação da prisão ao juízo. Assim é que, a autoridade policial deve encaminhar cópia do auto de prisão em flagrante ao juízo e, em até 24 horas depois do envio, deve providenciar a apresentação do detido à autoridade judiciária, para materialização da audiência de custódia.

O artigo 2º do ato normativo analisado dispõe acerca da responsabilidade do deslocamento da pessoa presa para audiência, que será da Secretaria de Administração Penitenciária ou da Secretaria de Segurança Pública:

> Art. 2º O deslocamento da pessoa presa em flagrante delito ao local da audiência e desse, eventualmente, para alguma unidade prisional específica, no caso de aplicação da prisão preventiva, será de responsabilidade da Secretaria de Administração Penitenciária ou da Secretaria de Segurança Pública, conforme os regramentos locais.
>
> Parágrafo único. Os tribunais poderão celebrar convênios de modo a viabilizar a realização da audiência de custódia fora da unidade judiciária correspondente.

Caso não haja juiz na comarca até o fim do prazo assinalado no artigo 1º da resolução, o detido deve ser apresentado ao substituto legal da autoridade judiciária, nos termos do artigo 3º.

A audiência será realizada na presença do Ministério Público e da Defensoria Pública, caso o preso não possua advogado constituído, sendo vedada a presença dos policiais responsáveis pela prisão ou pela investigação, na forma do artigo 4º:

> Art. 4º A audiência de custódia será realizada na presença do Ministério Público e da Defensoria Pública, caso a pessoa detida não possua defensor constituído no momento da lavratura do flagrante.
>
> Parágrafo único. É vedada a presença dos agentes policiais responsáveis pela prisão ou pela investigação durante a audiência de custódia.

O artigo 5º determina que o delegado de polícia comunique ao advogado do detido a realização da audiência de custódia. A comunicação pode ser dar por qualquer meio e deverá constar do fechamento do auto de prisão em flagrante delito (sugiro consignar referida comunicação no interrogatório do conduzido). Caso o preso não possua advogado, cumpre informar ao defensor público da realização da audiência no corpo do ofício que encaminhar a cópia do auto de prisão em flagrante delito:

> Art. 5º Se a pessoa presa em flagrante delito constituir advogado até o término da lavratura do auto de prisão em flagrante, o Delegado de polícia deverá notificá-lo, pelos meios mais comuns, tais como correio eletrônico, telefone ou mensagem de texto, para que compareça à audiência de custódia, consignando nos autos.
>
> Parágrafo único. Não havendo defensor constituído, a pessoa presa será atendida pela Defensoria Pública.

O preso terá direito de entrevista reservada com seu advogado ou com o defensor público antes da realização da audiência de custódia, na forma do artigo 6º:

> Art. 6º Antes da apresentação da pessoa presa ao juiz, será assegurado seu atendimento prévio e reservado por advogado por ela constituído ou defensor público, sem a presença de agentes policiais, sendo esclarecidos por funcionário credenciado os motivos, fundamentos e ritos que versam a audiência de custódia.
>
> Parágrafo único. Será reservado local apropriado visando a garantia da confidencialidade do atendimento prévio com advogado ou defensor público

O artigo 7º da Resolução 213/2015 trata da criação do SISTAC – Sistema de Audiência de Custódia (trata-se de um sistema eletrônico, disponibilizado pelo CNJ para cadastramento das audiências).

O artigo 8º dispõe acerca do desenrolar da audiência de custódia. O ato normativo segue a mesma linha errônea da Súmula Vinculante 11 do STF (ao tratar o uso de algemas como exceção, determinando que o preso não esteja algemado, como regra) e demonstra que a audiência de custódia funciona, ao que parece, como simples análise acerca do cumprimento, pelo delegado de polícia, das formalidades impostas pela *Lex Mater* e pela legislação de regência ao materializar a prisão em flagrante – um erro porque o Brasil já cumpria o Pacto de San José da Costa Rica e porque dita análise poderia ser feita com o envio do auto de prisão em flagrante delito ao juízo, na forma do artigo 306, § 1º, do CPP. Ao fim, o juiz deverá tomar uma das decisões descritas no § 1º, do artigo 8º, da resolução (basicamente são as mesmas possibilidades do artigo 310 do CPP). Eis o dispositivo:

> Art. 8º Na audiência de custódia, a autoridade judicial entrevistará a pessoa presa em flagrante, devendo:
>
> I – esclarecer o que é a audiência de custódia, ressaltando as questões a serem analisadas pela autoridade judicial;
>
> II – assegurar que a pessoa presa não esteja algemada, salvo em casos de resistência e de fundado receio de fuga ou de perigo à integridade física própria ou alheia, devendo a excepcionalidade ser justificada por escrito;
>
> III – dar ciência sobre seu direito de permanecer em silêncio;
>
> IV – questionar se lhe foi dada ciência e efetiva oportunidade de exercício dos direitos constitucionais inerentes à sua condição, particularmente o direito de consultar-se com advogado ou defensor público, o de ser atendido por médico e o de comunicar-se com seus familiares;
>
> V – indagar sobre as circunstâncias de sua prisão ou apreensão;
>
> VI – perguntar sobre o tratamento recebido em todos os locais por onde passou antes da apresentação à audiência, questionando sobre a ocorrência de tortura e maus tratos e adotando as providências cabíveis;
>
> VII – verificar se houve a realização de exame de corpo de delito, determinando sua realização nos casos em que:
>
> a) não tiver sido realizado;
>
> b) os registros se mostrarem insuficientes;
>
> c) a alegação de tortura e maus tratos referir-se a momento posterior ao exame realizado;
>
> d) o exame tiver sido realizado na presença de agente policial, observando-se a Recomendação CNJ 49/2014 quanto à formulação de quesitos ao perito; Poder Judiciário Conselho Nacional de Justiça
>
> VIII – abster-se de formular perguntas com finalidade de produzir prova para a investigação ou ação penal relativas aos fatos objeto do auto de prisão em flagrante;
>
> IX – adotar as providências a seu cargo para sanar possíveis irregularidades;
>
> X – averiguar, por perguntas e visualmente, hipóteses de gravidez, existência de filhos ou dependentes sob cuidados da pessoa presa em flagrante delito, histórico de doença grave, incluídos os transtornos mentais e a dependência química, para analisar o cabimento de encaminhamento assistencial e da concessão da liberdade provisória, sem ou com a imposição de medida cautelar.
>
> § 1º Após a oitiva da pessoa presa em flagrante delito, o juiz deferirá ao Ministério Público e à defesa técnica, nesta ordem, reperguntas compatíveis com a natureza do ato, devendo indeferir as perguntas relativas ao mérito dos fatos que possam constituir eventual imputação, permitindo-lhes, em seguida, requerer:
>
> I – o relaxamento da prisão em flagrante;

II – a concessão da liberdade provisória sem ou com aplicação de medida cautelar diversa da prisão;

III – a decretação de prisão preventiva;

IV – a adoção de outras medidas necessárias à preservação de direitos da pessoa presa.

§ 2º A oitiva da pessoa presa será registrada, preferencialmente, em mídia, dispensando-se a formalização de termo de manifestação da pessoa presa ou do conteúdo das postulações das partes, e ficará arquivada na unidade responsável pela audiência de custódia.

§ 3º A ata da audiência conterá, apenas e resumidamente, a deliberação fundamentada do magistrado quanto à legalidade e manutenção da prisão, cabimento de liberdade provisória sem ou com a imposição de medidas cautelares diversas da prisão, considerando-se o pedido de cada parte, como também as providências tomadas, em caso da constatação de indícios de tortura e maus tratos.

§ 4º Concluída a audiência de custódia, cópia da sua ata será entregue à pessoa presa em flagrante delito, ao Defensor e ao Ministério Público, tomando-se a ciência de todos, Poder Judiciário Conselho Nacional de Justiça e apenas o auto de prisão em flagrante, com antecedentes e cópia da ata, seguirá para livre distribuição.

§ 5º Proferida a decisão que resultar no relaxamento da prisão em flagrante, na concessão da liberdade provisória sem ou com a imposição de medida cautelar alternativa à prisão, ou quando determinado o imediato arquivamento do inquérito, a pessoa presa em flagrante delito será prontamente colocada em liberdade, mediante a expedição de alvará de soltura, e será informada sobre seus direitos e obrigações, salvo se por outro motivo tenha que continuar presa.

Os artigos 11 e 12 da resolução tratam de eventual declaração, por parte do preso, de que ele foi vítima do crime de tortura:

Art. 11. Havendo declaração da pessoa presa em flagrante delito de que foi vítima de tortura e maus tratos ou entendimento da autoridade judicial de que há indícios da prática de tortura, será determinado o registro das informações, adotadas as providências cabíveis para a investigação da denúncia e preservação da segurança física e psicológica da vítima, que será encaminhada para atendimento médico e psicossocial especializado.

§ 1º Com o objetivo de assegurar o efetivo combate à tortura e maus tratos, a autoridade jurídica e funcionários deverão observar o Protocolo II desta Resolução com vistas a garantir condições adequadas para a oitiva e coleta idônea de depoimento das pessoas presas em flagrante delito na audiência de custódia, a adoção de procedimentos durante o depoimento que permitam a apuração de indícios de práticas de tortura e de providências cabíveis em caso de identificação de práticas de tortura.

§ 2º O funcionário responsável pela coleta de dados da pessoa presa em flagrante delito deve cuidar para que sejam coletadas as seguintes informações, respeitando a vontade da vítima:

I – identificação dos agressores, indicando sua instituição e sua unidade de atuação;

> II – locais, datas e horários aproximados dos fatos;
>
> III – descrição dos fatos, inclusive dos métodos adotados pelo agressor e a indicação das lesões sofridas;
>
> IV – identificação de testemunhas que possam colaborar para a averiguação dos fatos;
>
> V – verificação de registros das lesões sofridas pela vítima;
>
> VI – existência de registro que indique prática de tortura ou maus tratos no laudo elaborado pelos peritos do Instituto Médico Legal;
>
> VII – registro dos encaminhamentos dados pela autoridade judicial para requisitar investigação dos relatos;
>
> VIII – registro da aplicação de medida protetiva ao autuado pela autoridade judicial, caso a natureza ou gravidade dos fatos relatados coloque em risco a vida ou a segurança da pessoa presa em flagrante delito, de seus familiares ou de testemunhas.
>
> § 3º Os registros das lesões poderão ser feitos em modo fotográfico ou audiovisual, respeitando a intimidade e consignando o consentimento da vítima.
>
> § 4º Averiguada pela autoridade judicial a necessidade da imposição de alguma medida de proteção à pessoa presa em flagrante delito, em razão da comunicação ou denúncia da prática de tortura e maus tratos, será assegurada, primordialmente, a integridade pessoal do denunciante, das testemunhas, do funcionário que constatou a ocorrência da prática abusiva e de seus familiares, e, se pertinente, o sigilo das informações.
>
> § 5º Os encaminhamentos dados pela autoridade judicial e as informações deles resultantes deverão ser comunicadas ao juiz responsável pela instrução do processo.
>
> Art. 12. O termo da audiência de custódia será apensado ao inquérito ou à ação penal.

O artigo 13 determina a apresentação do preso à autoridade judiciária, no prazo de 24 horas, em caso de cumprimento de mandado de prisão cautelar ou definitiva:

> Art. 13. A apresentação à autoridade judicial no prazo de 24 horas também será assegurada às pessoas presas em decorrência de cumprimento de mandados de prisão cautelar ou definitiva, aplicando-se, no que couber, os procedimentos previstos nesta Resolução.
>
> Parágrafo único. Todos os mandados de prisão deverão conter, expressamente, a determinação para que, no momento de seu cumprimento, a pessoa presa seja imediatamente apresentada à autoridade judicial que determinou a expedição da ordem de custódia ou, nos casos em que forem cumpridos fora da jurisdição do juiz processante, à autoridade judicial competente, conforme lei de organização judiciária local.

Além da crítica já declinada supra (a de que o Brasil já cumpre o Pacto de San José da Costa Rica e a audiência de custódia é desnecessária), cumpre deixar claro que a resolução acima analisada é teratológica, na medida em que o Conselho Nacional de Justiça, por ato do seu presidente, findou atropelando o Poder Legislativo (lembro que tramita no Congresso Nacional o PLS 554, de autoria do senador Antônio Carlos Valadares, com o fito de inserir a audiência de custódia no bojo do Código de Processo Penal). O Judiciário findou legislando!

Por fim, cumpre afirmar que a Associação Nacional dos Magistrados Estaduais (ANAMAGES) ingressou com ADI contra a resolução acima comentada (tombada no STF sob número 5448, relatada pelo Ministro Dias Toffoli). O cerne do pleito deduzido pela ANAMAGES foi a usurpação, pelo CNJ, da competência privativa do Poder Legislativo para legislar sobre processo penal, tal qual declinado no parágrafo retro. O Pretório Excelso findou não julgando o mérito da causa. Eis a ementa do acórdão:

> Agravo regimental em ação direta de inconstitucionalidade. Resolução nº 213/2015 do Conselho Nacional de Justiça (CNJ), que dispõe sobre a apresentação de toda pessoa presa à autoridade judicial no prazo de 24 horas. Norma que repercute sobre toda a magistratura nacional. Associação Nacional de Magistrados Estaduais (ANAMAGES). Entidade representativa dos interesses dos magistrados que integram a Justiça dos estados da Federação e do Distrito Federal e Territórios. Parcela da categoria profissional. Ilegitimidade ativa. Agravo a que se nega provimento. 1. A jurisprudência do Supremo Tribunal Federal orientou-se no sentido de que não detém legitimidade ativa ad causam para o controle concentrado de constitucionalidade a associação que represente apenas parcela da categoria profissional sobre a qual repercute o ato normativo impugnado. Precedentes. 2. A Associação Nacional de Magistrados Estaduais (ANAMAGES), entidade representativa dos interesses dos magistrados que integram a Justiça dos Estados da Federação e do Distrito Federal e Territórios (art. 2º, a, do Estatuto), não tem legitimidade para impugnar a Resolução nº 213/2015 do Conselho Nacional de Justiça (CNJ), que dispõe sobre a apresentação de toda pessoa presa à autoridade judicial no prazo de 24 horas, a qual contém dispositivos que repercutem sobre toda a magistratura nacional. 3. Agravo regimental a que se nega provimento[23].

9.2.3.4. Sujeitos do flagrante

Passemos à análise do tratamento legal da prisão em flagrante. Em nível infraconstitucional, os artigos 301 e seguintes do Compêndio Processual Penal disciplinam esta restrição ao direito ambulatorial.

O estudo detido do artigo 301 do Código de Processo Penal revela os possíveis sujeitos ativos da captura flagrancial. Extrai-se da exegese gramatical

23. STF, Tribunal Pleno, ADI 5448 AgR, rel. Min. DIAS TOFFOLI, julgado em 09/12/2016, DJe-038 em 01/03/2017.

que qualquer do povo pode e as autoridades policiais e seus agentes devem prender quem quer que se ache em flagrante delito.

Diz-se flagrante facultativo o primeiro caso, vez que não seria coerente ou razoável exigir de pessoa inabilitada no trato com criminosos a efetivação da prisão. Destarte, a lei faculta ao cidadão, estranho à força policial, efetuar ou não a captura do autor do fato, não respondendo pela inércia, vez que justificada pela falta de meios operacionais próprios do Estado.

No segundo caso temos o flagrante compulsório, obrigatório. O policial tem o dever, a obrigação de prender quem quer que se ache em flagrante delito, sob pena de responder pela sua inação. Anote-se, todavia, que o dispositivo deve ser interpretado com cautela. O policial deve estar no exercício das suas funções para ser enquadrado na hipótese. Merece ser rechaçada a interpretação rija que exige a ação do agente público em toda e qualquer situação, sob pena de profanar a intenção legal. O policial de folga, de férias, de licença, deve ser equiparado a qualquer do povo, para fins de aplicação do artigo 301 do CPP. A mesma interpretação deve ser dada ao caso de nítida desproporção entre a quantidade de infratores e a de policias. Não é razoável que uma equipe policial pequena e pobre em equipamentos seja obrigada a enfrentar traficantes ou assaltantes de banco fortemente armados e em maior número (anote-se que o artigo 13, parágrafo 2º, do Código Penal, que trata da relevância da omissão, fala que esta é punível em tese quando o agente devia e podia agir para impedir o resultado – grifo meu).

No mais, cumpre enfatizar que a prisão em flagrante tem como sujeito passivo a pessoa natural maior de 18 anos (ao menor fala-se em apreensão, se for o caso, nos termos do Estatuto da Criança e do Adolescente).

Nos exatos termos lecionados por Edílson Mougenot Bonfim[24]:

> Há pessoas que não podem ser presas em flagrante:
>
> a) os menores de 18 anos;
>
> b) os diplomatas estrangeiros;
>
> c) o Presidente da República;
>
> d) o condutor de veículo que prestar socorro à vítima, nos casos de acidente de trânsito (art. 301 da Lei n. 9.503, de 23-9-1997);
>
> e) o autor de infração de menor potencial ofensivo que, após a lavratura do termo, for encaminhado ao Juizado ou assumir o compromisso de a ele comparecer (art. 69, parágrafo único, da Lei n. 9.099/95).

24. BONFIM, Edílson Mougenot. **Processo Penal 1 – Dos fundamentos à sentença.** Saraiva, 2005, página. 168.

Não podem ser presos, senão em flagrante delito por prática de crimes inafiançáveis, os senadores e deputados federais (§ 2º, do artigo 53, da Constituição Federal), os membros do Ministério Público (artigo 18, II, 'd', da Lei Complementar 75/93 e artigo 40, III, da Lei 8.625/93) e os juízes (artigo 33, II, da Lei Complementar 35/79).

A incoercibilidade pessoal dos parlamentares – *freedom from arrest* (que, nos termos acima desenhados, só poderia ceder diante da prisão em flagrante pela prática de crime inafiançável) foi relativizada pelo Supremo Tribunal Federal nos autos da Ação Cautelar 4036. Nesta, o procurador-geral da República requereu a decretação da prisão preventiva de senador no exercício do mandato, ao argumento de que seria possível manejo desta modalidade de privação cautelar quando:

> (i) haja elevada clareza probatória da prática de crime e dos pressupostos da custódia cautelar, em patamar que se aproxime aos critérios legais da prisão em flagrante (os quais incluem, vale lembrar, as hipóteses legais de quase-flagrante e flagrante presumido, em que o ato delituoso não é visto por quem prende), e (ii) estejam preenchidos os pressupostos legais que autorizam genericamente a prisão preventiva nos dias de hoje (art. 313 do Código de Processo Penal) e os que impunham a inafiançabilidade em 2001.

O Ministro Teori Zavascki atendeu ao pleito do *Parquet* e decretou a prisão do congressista, que era investigado pela prática do crime tipificado no artigo 2º, § 1º, da Lei 12.850/13. A prisão do senador Delcídio do Amaral Gomez foi ratificada pela 2ª Turma do STF e, após cumprida, foi ratificada pelo Senado Federal[25]. Eis o acórdão:

> Constitucional. Processual penal. Prisão cautelar. Suposto delito de organização criminosa (art. 2º, § 1º, na forma do § 4º, II, da lei 12.850/2013) com participação de parlamentar federal. Situação de flagrância. Presença dos requisitos correspondentes. Cabimento. Decisão ratificada pelo colegiado[26].

Interessante que já havia precedente anterior (decretação de prisão preventiva de parlamentar estadual no exercício do mandato), do próprio STF, relatado pela Ministra Carmen Lúcia:

> EMENTA: HABEAS CORPUS. PROCESSUAL PENAL. PRISÃO DECRETADA EM AÇÃO PENAL POR MINISTRA DO SUPERIOR TRIBUNAL DE JUSTIÇA. DEPUTA-

25. O § 2º, do artigo 53, da Constituição Federal determina que a Casa respectiva delibere acerca da prisão do parlamentar no prazo de vinte e quatro horas – "§ 2º Desde a expedição do diploma, os membros do Congresso Nacional não poderão ser presos, salvo em flagrante de crime inafiançável. Nesse caso, os autos serão remetidos dentro de vinte e quatro horas à Casa respectiva, para que, pelo voto da maioria de seus membros, resolva sobre a prisão" (grifo meu).
26. STF, 2ª Turma, AC 4036, rel. Min. Teori Zavascki, julgado em 25/11/2015, DJe em 29/02/2016.

> DO ESTADUAL. ALEGAÇÃO DE INCOMPETÊNCIA DA AUTORIDADE COATORA E NULIDADE DA PRISÃO EM RAZÃO DE NÃO TER SIDO OBSERVADA A IMUNIDADE PREVISTA NO § 3º DO ART. 53 C/C PARÁGRAFO ÚNICO DO ART. 27, § 1º, DA CONSTITUIÇÃO DA REPÚBLICA. COMUNICAÇÃO DA PRISÃO À ASSEMBLÉIA LEGISLATIVA DO ESTADO. SITUAÇÃO EXCEPCIONAL. INTERPRETAÇÃO E APLICAÇÃO À ESPÉCIE DA NORMA CONSTITUCIONAL DO ART. 53, § 2º, DA CONSTITUIÇÃO DA REPÚBLICA. CONSTRANGIMENTO ILEGAL NÃO CONFIGURADO. 1. A atração do caso ao Superior Tribunal de Justiça Tribunal é perfeitamente explicada e adequadamente fundamentada pela autoridade coatora em razão da presença de um Desembargador e de um Conselheiro do Tribunal de Contas do Estado nos fatos investigados na ação penal, todos interligados entre si, subjetiva e objetivamente. Conexão entre os inquéritos que tramitaram perante o Superior Tribunal de Justiça, que exerce a vis atractiva. Não configuração de afronta ao princípio do juiz natural. Decisão em perfeita consonância com a jurisprudência deste Supremo Tribunal Federal. Súmula 704. 2. Os elementos contidos nos autos impõem interpretação que considere mais que a regra proibitiva da prisão de parlamentar, isoladamente, como previsto no art. 53, § 2º, da Constituição da República. Há de se buscar interpretação que conduza à aplicação efetiva e eficaz do sistema constitucional como um todo. A norma constitucional que cuida da imunidade parlamentar e da proibição de prisão do membro de órgão legislativo não pode ser tomada em sua literalidade, menos ainda como regra isolada do sistema constitucional. Os princípios determinam a interpretação e aplicação corretas da norma, sempre se considerando os fins a que ela se destina. A Assembléia Legislativa do Estado de Rondônia, composta de vinte e quatro deputados, dos quais, vinte e três estão indiciados em diversos inquéritos, afirma situação excepcional e, por isso, não se há de aplicar a regra constitucional do art. 53, § 2º, da Constituição da República, de forma isolada e insujeita aos princípios fundamentais do sistema jurídico vigente. 3. Habeas corpus cuja ordem se denega[27].

Destarte, apesar de restrição constitucional, o Supremo Tribunal Federal, em algumas oportunidades[28], manifestou-se pela possibilidade de decretação de prisão preventiva de parlamentar no exercício do mandato. Conclui-se que, excepcionalmente, é possível ao delegado de polícia (ou ao Ministério Público) representar (ou requerer, no caso do MP) ao tribunal competente pela decretação da prisão preventiva de parlamentar no exercício do mandato.

Por fim, caso autoridade que goza de prerrogativa de foro seja surpreendida cometendo delito inafiançável, entendo que deve o delegado de polícia civil ou federal lavrar normalmente o auto flagrancial caso não seja possível o encaminhamento imediato do autor do fato ao órgão responsável pelo seu jul-

27. STF, 1ª Turma, HC 89417, rel. Min. Cármen Lúcia, julgado em 22/08/2006, DJ em 15/12/2006.
28. No curso da operação Lava-jato, iniciada pela Polícia Federal, o PGR requereu, ainda, a prisão preventiva do deputado federal Rodrigo Loures (o Pretório Excelso decretou a constrição – Ação Cautelar 4329) e do senador Aécio Neves (o pleito foi denegado, com decretação de medidas cautelares diversas da prisão – Ação Cautelar 4327).

gamento (o tribunal competente para o julgamento da autoridade também é o responsável pela supervisão da investigação da mesma – e no caso do STF é o responsável pela própria investigação). Isso porque em alguns casos práticos é inviável a observância da regra mencionada. Imagine senador da República que comete crime inafiançável em distante cidade do interior do Estado da Bahia. Neste caso hipotético, deverá o delegado lavrar o flagrante e comunicar imediatamente o Supremo Tribunal Federal (competente para investigar e julgar dita autoridade) e à casa legislativa respectiva (Senado Federal, no exemplo construído). É o entendimento de Nestor Távora e Rosmar Rodrigues Alencar[29]:

Desse modo, entendemos que se um deputado federal for encontrado em flagrante, a solução legal/constitucional é a prisão em flagrante, seguida de comunicação imediata ao STF, a quem compete a presidência investigativa.

9.2.3.5. Modalidades de flagrante

O artigo 302 do referido arcabouço legislativo esmiúça quando alguém poderá ser flagranteado. Eis o dispositivo:

> Art. 302. Considera-se em flagrante delito quem:
>
> I – está cometendo a infração penal;
>
> II – acaba de cometê-la;
>
> III – é perseguido, logo após, pela autoridade, pelo ofendido ou por qualquer pessoa, em situação que faça presumir ser autor da infração;
>
> IV – é encontrado, logo depois, com instrumentos, armas, objetos ou papéis que façam presumir ser ele autor da infração.

O inciso I do dispositivo transcrito alerta que pode ser preso em flagrante delito quem está cometendo a infração penal. É o chamado flagrante próprio. A hipótese não suscita dúvidas, restando verificar na prática apenas o início da execução da atividade delitiva (o *iter criminis* passa pelas fases de cogitação, preparação, execução e consumação, sendo que a prática de atos idôneos de execução já autoriza a captura) para determinar a possibilidade de prisão flagrancial. A mera leitura dos fatos narrados na peça coercitiva já fornecerá ao interprete munição suficiente para desvendar se era ou não cabível a prisão.

O inciso II do mesmo artigo se refere ao sujeito que acabou de cometer a infração. Também é espécie de flagrante próprio. A expressão se refere à consumação delitiva. A leitura atenta do artigo 14, I, do Código Penal, revela que se considera consumado o crime quando se reúnem todas as elementares descritas no tipo. O item não suscita dúvidas.

29. TÁVORA, Nestor e ALENCAR, Rosmar Rodrigues. **Obra acima citada**, página 89.

O item III autoriza a prisão de quem é perseguido logo após o cometimento do delito, pela autoridade, pelo ofendido ou por qualquer pessoa, em situação que faça presumir ser ele o autor da infração. É nominado pela doutrina de escol de flagrante impróprio ou quase-flagrante. O momento do início da perseguição deve levar em conta tempo razoável para que seja acionado o aparelho policial. O § 1º, do artigo 290, do CPP, trata da perseguição. Vejamos o mandamento legal em espeque à literalidade:

> Art. 290. (...)
>
> § 1º - Entender-se-á que o executor vai em perseguição do réu, quando:
>
> a) tendo-o avistado, for perseguindo-o se, interrupção, embora depois o tenha perdido de vista;
>
> b) sabendo, por indícios ou informações fidedignas, que o réu tenha passado, há pouco tempo, em tal ou qual direção, pelo lugar em que o procure, for no seu encalço.

Depois de iniciada a caçada, ela não deve sofrer solução de continuidade, sob pena de esmorecer a situação flagrancial. Aliás, diga-se que a expressão logo após serve para medir exatamente o elastério temporal compreendido entre o cometimento do delito e o início da perseguição, sendo que esta pode durar por período muito maior, desde que não cesse. Caso finde a perseguição, a autoridade policial deverá instaurar inquérito por portaria, colher as provas disponíveis e, caso entenda que existe motivo para o encarceramento provisório do investigado, representar pela decretação da prisão temporária ou preventiva a depender do caso concreto.

Nesta esteira, perspicaz a lição de Rogério Greco[30], que adverte que "já se encontra no imaginário popular o fato de que se o sujeito não for preso no prazo de 24 horas não poderá mais ser privado cautelarmente de sua liberdade. Criou-se na mente da população a necessidade da prisão ocorrer no prazo de 24 horas. Tal determinação não consta de qualquer dispositivo legal. Assim, respondendo às nossas próprias indagações, ainda haverá situação de fragrante enquanto durar a perseguição, ou seja, enquanto os agentes estiverem sendo perseguidos pela autoridade policial após a prática da infração penal".

O último inciso diz respeito ao sujeito que é encontrado logo depois do cometimento do crime, com instrumentos, armas, objetos ou papéis que façam presumir ser ele autor da infração. Trata-se do flagrante presumido, em que não há perseguição, mas coincidência. A polícia finda encontrando o autor do fato num lance de sorte. A expressão logo depois comporta elastério temporal um pouco maior que a anterior (logo após). Não fosse assim, o legislador teria usado o mesmo termo para ambos os incisos. Por óbvio, a interpretação acerca

30. GRECO, Rogério. **Obra acima citada**, página 23.

do interstício temporal entre a prática do delito e o início da perseguição (no caso do flagrante impróprio) ou entre aquela e o momento em que o suspeito é encontrado (no flagrante presumido) será levada a efeito, em primeiro lugar pela autoridade policial (que decidirá no calor dos acontecimentos se é cabível a prisão) e alhures, efetuando o controle de legalidade da medida, pelo magistrado. Caso interprete que já se passou mais tempo que o autorizado legalmente, deve o delegado de polícia tomar a providência desenhada no parágrafo anterior (instaurar inquérito, colher provas e representar, caso necessário, pela prisão provisória do investigado).

Por fim, cumpre lembrar que o artigo 303 do Código de Processo Penal deixa claro que nos crimes permanentes (os que se consumam com uma única conduta, embora a situação antijurídica gerada se prolongue no tempo até quando queira o agente[31]) o agente pode ser preso em flagrante enquanto durar a permanência.

9.2.3.6. *Lavratura do auto flagrancial e seus desdobramentos*

A disciplina processual e constitucional acerca do tema determina que o flagranteado seja apresentado à autoridade policial que, em sendo o caso, lavrará o auto de prisão em flagrante, peça que documenta todas as circunstâncias da prisão.

O § 1º do artigo 304 determina que o delegado de polícia recolha o conduzido, exceto no caso do mesmo livrar-se solto ou prestar fiança. Não se escreverá uma linha sobre a hipótese dele livrar-se solto, vez que os casos listados no artigo 321 do CPP são inteiramente abarcados pela Lei 9.099/95, que dispensa a lavratura do auto flagrancial e a própria prisão, como regra. O caso de prestação de fiança arbitrada pela autoridade policial será analisado alhures.

Cumpre inicialmente tecer alguns comentários acerca da possibilidade de o delegado estudar, *a priori*, a tipicidade do fato a ele apresentado, com fulcro nos postulados mais modernos acerca da estrutura morfológica do fato típico.

O permissivo do artigo 304, § 1º, do Código de Processo Penal dá azo ao exercício da atividade intelectiva da autoridade policial no sentido de analisar o fenômeno típico de forma aprofundada.

Cumpre ainda à autoridade policial verificar, mesmo atestada a ocorrência de crime, se há de fato alguma das situações referidas no artigo 302 do CPP (caso não seja hipótese de flagrância, deverá o delegado instaurar o inquérito policial por portaria e ouvir os envolvidos, determinando a soltura do conduzido). Seguindo esta linha, o Tribunal de Justiça de São Paulo[32] assim decidiu:

---

31. NUCCI, Guilherme de Souza. **Manual de Direito Penal.** Revista dos Tribunais, página 169.

32. TJ/SP, HC 990.10.322466-3, 15ª Câmara de Direito Criminal, rel. Des. J. Martins, j. 14/10/2010.

HABEAS CORPUS - AUTO DE PRISÃO EM FLAGRANTE DELITO - OBRIGATORIEDADE - Inocorrência: Cabe à autoridade policial verificar a necessidade de lavrar mencionado documento, fundamentando a sua decisão. Ordem concedida.

O *decisum* foi exarado em *habeas corpus* impetrado por delegado de polícia denunciado pela prática de crime de prevaricação, tipificado no artigo 319 do Código Repressivo, por não ter lavrado auto de prisão em flagrante delito de policiais militares a quem era imputado delito de receptação (artigo 180 do CP). A autoridade policial entendeu que o auto flagrancial deveria ter sido lavrado em outra circunscrição. Ainda assim, o delegado apreendeu objetos, requisitou perícia, fundamentou a não lavratura do flagrante, tendo confeccionado portaria, instaurando inquérito para apuração cabal dos fatos. O remédio heroico foi concedido, tendo o Areópago determinado o trancamento da ação penal açodadamente deflagrada em face do delegado.

Ponderando que o inquérito policial não se inicia sem a presença de justa causa (considerando esta a verificação concreta da prática delitiva) e que o auto de prisão em flagrante é peça de deflagração do mencionado procedimento, cumpre ao delegado não o materializar quando diante de um fato atípico. É seguir lição de Fernando Capez[33], para quem "a autoridade policial, sendo autoridade administrativa, possui discricionariedade para decidir acerca da lavratura ou não do auto de prisão em flagrante".

Anote-se que o fato ensejador da lavratura do flagrante é o materialmente típico, interpretado à luz das teorias penais mais modernas (constitucionalista do delito, da tipicidade conglobante, etc.).

Caso entenda atípica a conduta, o delegado de polícia deverá ouvir os personagens a ele apresentados (condutor, testemunhas, vítima e conduzido) e, ao fim, elaborar despacho fundamentado expondo de forma pormenorizada as razões jurídicas para não lavratura do auto flagrancial (e, portanto, da não instauração de inquérito policial), enviando, em seguida, as peças de informação ao Ministério Público, titular da ação penal pública, de forma a não suprimir a atribuição constitucional grafada no artigo 129, I, da *Lex Maxima*.

Em discordando da interpretação jurídica elaborada pelo delegado de polícia, o Ministério Público poderá requisitar instauração de procedimento investigativo ou, entendendo suficientes os elementos de convencimento contidos nas peças enviadas, denunciar o suposto autor do fato.

Tal procedimento tem em mira evitar a instauração de procedimento sem que exista justa causa para tal, o que, em tese, configuraria constrangimento ilegal, sanável pela via estreita do *habeas corpus*.

33. CAPEZ, Fernando. **Obra acima citada**, páginas 319 e 320.

Anote-se a importância da observância do procedimento acima descrito. Tome-se o exemplo do indivíduo surpreendido subtraindo para si uma fruta de um supermercado. O fato é formalmente típico, vez que presentes os requisitos objetivos da estrutura típica (conduta, resultado, nexo de causalidade e tipicidade). Ocorre que não há tipicidade material, vez que não houve lesão grave (ou relevante) a bem jurídico penalmente tutelado (o bem jurídico patrimônio é tutelado pelo direito penal, mas a ofensa perpetrada pelo incauto larápio não teve espessura jurídica para deflagrar a máquina punitiva estatal, de acordo com as construções doutrinárias de escol[34]). Isso levando em consideração a moderna teoria constitucionalista do delito, capitaneada por Luiz Flávio Gomes[35], para quem a concepção de delito com maior ressonância constitucional "é, portanto, a que o considera como uma ofensa grave (intolerável) ao bem jurídico relevante protegido pela norma penal".

Imaginemos a lavratura do flagrante por autoridade policial não atenta às inovações interpretativas apontadas. Ainda que imediatamente concedida a liberdade provisória, nos termos do inciso III ou do parágrafo único do artigo 310 do Código de Ritos Penais quando da comunicação da prisão (o procedimento será visto adiante), o sujeito teria que aguardar o envio do inquérito relatado a juízo, abertura de vista para o Ministério Público, eventual pedido de arquivamento deste e chancela judicial determinando o arquivamento, para só então se ver livre do açodado procedimento investigativo contra ele deflagrado. Longo e desnecessário calvário.

Obrigar o delegado de polícia a lavrar auto de prisão em flagrante diante de fato materialmente atípico é, em primeiro plano, autorizá-lo a restringir sem justo motivo o direito ambulatorial do preso e, noutro aspecto, subestimar o intelecto do mencionado operador do direito.

Igual procedimento deve ser observado quando se tratar de cristalina ocorrência de causa excludente de ilicitude. Acerca da ilicitude, não é demais beber nas palavras de Rogério Greco[36], para quem:

> A ilicitude, expressão sinônima de antijuridicidade, é aquela relação de contrariedade, de antagonismo, que se estabelece entre a conduta do agente e o ordenamento jurídico. A licitude ou a juridicidade da conduta praticada é encontrada por exclusão, ou seja, somente será lícita a conduta se o agente houver atuado amparado por um das causas excludentes da ilicitude previstas no art. 23 do Código Penal.

34. Acerca do princípio da insignificância, STF e STJ têm reclamado a presença dos seguintes requisitos para sua aplicação: a) a mínima ofensividade da conduta do agente; b) nenhuma periculosidade social da ação; c) o reduzidíssimo grau de reprovabilidade do comportamento e d) a inexpressividade da lesão jurídica provocada.
35. GOMES, Luiz Flávio. **Direito Penal - Parte Geral.** Revista dos Tribunais, 2006, página 33.
36. GRECO, Rogério. **Curso de Direito Penal – Parte Geral**. Impetus, 2006, página 150.

Continuemos. A constatação, extreme de dúvidas, de que o fato foi praticado sob o manto de excludente de antijuridicidade afasta a prática de crime, posto que esta (a antijuridicidade) constitui um dos elementos do delito.

Repete-se o mesmo argumento lançado supra. Constatado, à luz das provas apresentadas ao delegado de polícia, que o fato não constitui infração penal, a lavratura de auto de prisão em flagrante e o recolhimento do conduzido à prisão até que o juiz se manifeste pela sua soltura, com fulcro no artigo 310 do Código de Processo Penal, são evidentes abusos (melhor ouvir todos os envolvidos, solicitar todas as perícias, proferir despacho fundamentado explicando a não lavratura do flagrante e encaminhar as conclusões e peças ao Ministério Público ou, conforme o caso, instaurar o inquérito por portaria).

Imaginemos a situação do indivíduo que subtrai a vida de um assaltante que acabara de invadir sua residência, com arma de fogo em punho, anunciando um roubo. Suponhamos a chegada do aparelho policiesco ao local e a "captura" do pai de família que acabou de confiscar a vida do meliante. Apresentados todos os fatos à autoridade policial, o que deveria ela fazer? Autuar o cidadão que agiu em legítima defesa em flagrante, recolhê-lo ao cárcere e comunicar a prisão ao juízo competente, para que, só após ouvido o Ministério Público, seja a ele concedida liberdade provisória (nos termos do artigo 310, parágrafo único, do CPP)? Não parece saída razoável[37]. O procedimento acima mencionado se afigura mais lógico e concatenado com os ditames constitucionais que regem a matéria. No mesmo sentido Walter Francisco Sampaio Filho[38] e Fernando Capez[39].

É óbvio que em caso de dúvida, afigura-se plausível, como dito supra, a instauração de inquérito policial por portaria ou mesmo a confecção de auto flagrancial, com recolhimento do conduzido.

Vamos a outro exemplo, este comum na praxe policial. Imaginemos confronto entre criminosos e policiais no curso de assalto a banco. Caso algum dos bandidos seja morto no embate e os outros findem presos, a solução é simplória: deve-se instaurar o inquérito policial mediante a confecção de auto de prisão em flagrante dos autores do fato presos (pela prática do crime de tentativa de latrocínio) e confeccionar, no bojo do referido procedimento, auto de resistência em que serão descritos todos os pormenores da ação policial (peça referida no artigo 292, do CPP).

37. Na verdade, penso ser mais técnico e justo instaurar por portaria inquérito para apurar o roubo em sua forma tentada, consignar a resistência levada a efeito pela vítima e relatar o feito sugestionando o arquivamento do mesmo em face da extinção da punibilidade pela morte do agente – o incauto roubador (isso, por óbvio, se não for reconhecido excesso na legítima defesa, caso em que a vítima/agressora deve ser indiciada).

38. SAMPAIO FILHO, Walter Francisco. **Prisão em flagrante – Aplicação do devido processo legal**. Rideel, p. 93.

39. CAPEZ, Fernando. **Obra acima citada**, página 320.

Trabalhemos o mesmo exemplo, mas com outro final: a morte de todos os bandidos. Se fossemos seguir a linha dos que pensam estar o delegado obrigado a "prender" em flagrante o policial que vence o embate contra o criminoso que tenciona confiscar-lhe a vida (pela profana interpretação de que a autoridade policial não pode adentrar na seara da análise da antijuridicidade), estaríamos diante de uma situação no mínimo jocosa, para não dizer trágica: os policiais que, em confronto com bando armado de criminosos, findam por prender alguns e confiscar a vida de outros não serão presos em flagrante, mas os que acabam por, em razão do combate, tirar a vida de todos os meliantes, serão presos até que o juiz decida libertá-los (anote-se que ao confeccionar auto de prisão em flagrante, o delegado está automaticamente indiciando o capturado pelo eventual crime praticado). Definitivamente essa não é a saída mais lógica. Aqui cumpre discordar de Nucci[40], para quem:

> Se o executor for levado a matar o preso, porque este o agrediu, durante o procedimento de detenção, alcança-se esfera não autorizada pela lei para fins de concretização do ato de prisão. Por isso, deve a autoridade policial lavrar o auto de prisão em flagrante do executor, por homicídio doloso ou culposo, conforme o caso, mas não o denominado auto de resistência seguido de morte. Com a devida vênia, essa peça não existe. A morte do preso é completamente fora dos parâmetros processuais penais, atingindo âmbito penal. Cuida-se de fato típico, motivo pelo qual a autoridade policial deve lavrar o auto de prisão em flagrante. Cabe ao juiz, após, providenciar imediata soltura do executor, com base no art. 310, parágrafo único, do CPP. Ao final, concluída a investigação, poderá o Ministério Público requerer o seu arquivamento e o juiz assim determinar.

A linha de ação defendida nesta obra foi corroborada pela edição, em 13 de outubro de 2015, da Resolução Conjunta 02/2015 do Conselho Superior da Federal e do Conselho Nacional dos Chefes de Polícia Civil (determinando a instauração de inquérito policial para apuração da morte ou lesão corporal decorrentes de oposição à intervenção policial):

> Art. 1º Ficam definidos os procedimentos internos a serem adotados pelas polícias judiciárias em face de ocorrências em que haja resultado lesão corporal ou morte decorrentes de oposição à intervenção policial.
>
> Art. 2º Os dirigentes dos órgãos de polícia judiciária providenciarão para que as ocorrências de que trata o art. 1º sejam registradas com a classificação "lesão corporal decorrente de oposição à intervenção policial" ou "homicídio decorrente de oposição à intervenção policial", conforme o caso.
>
> Art. 3º Havendo resistência à legítima ação policial de natureza preventiva ou repressiva, ainda que por terceiros, o delegado de polícia verificará se o executor

40. NUCCI, Guilherme de Souza. **Obra acima citada**, páginas 44 e 45.

> e as pessoas que o auxiliaram se valeram, moderadamente, dos meios necessários e disponíveis para defender-se ou para vencer a resistência.
>
> § 1º Se do emprego da força resultar ofensa à integridade corporal ou à vida do resistente, deverá ser imediatamente instaurado inquérito policial para apuração dos fatos, com tramitação prioritária.
>
> § 2º A instauração do inquérito policial será comunicada ao Ministério Público e à Defensoria Pública, sem prejuízo do posterior envio de cópia do feito ao órgão correcional correspondente.
>
> § 3º Os objetos relacionados a evento danoso decorrente de resistência à intervenção policial, como armas, material balístico e veículos, deverão ser apreendidos pelo delegado de polícia.
>
> § 4º O delegado de polícia responsável pela investigação do evento danoso com resultado morte deverá requisitar o exame pericial do local, independentemente da remoção de pessoas e coisas.
>
> § 5º O delegado de polícia poderá requisitar registros de comunicação e de movimentação das viaturas envolvidas na ocorrência, dentre outras providências.
>
> § 6º O delegado responsável pela investigação representará pelas medidas cautelares necessárias à identificação de todos os policiais envolvidos na ação, ainda que não figurem entre aqueles qualificados na comunicação do fato.
>
> § 7º Sem prejuízo do disposto no parágrafo anterior, o delegado poderá requisitar a apresentação dos policiais envolvidos na ocorrência, bem como de todos os objetos que possam interessar à investigação, sob pena de responsabilidade administrativa e criminal em caso de descumprimento da requisição.
>
> § 8º No caso de morte do resistente, é obrigatória a juntada do respectivo laudo necroscópico ou cadavérico aos autos do inquérito policial.
>
> Art. 4º Nas hipóteses do art. 3º, os fatos serão noticiados preferencialmente ao delegado da Delegacia de Crimes contra a Pessoa ou da repartição de polícia judiciária, federal ou civil, com atribuição assemelhada.
>
> Art. 5º Esta Resolução entra em vigor na data de sua publicação, seguindo assinada pelos membros do Conselho Superior de Polícia, Superintendentes Regionais da Polícia Federal e membros do Conselho Nacional dos Chefes de Polícia Civil.

Continuemos. Daniela Cristina Rios Gonçalves[41] entende que "ao ser apresentado alguém detido em flagrante na Delegacia de Polícia, deve-se necessariamente lavrar o respectivo auto". Depois da confecção, ela completa que a prisão pode ser relaxada pela autoridade policial, a depender do caso concreto. Esse entendimento finda por obrigar o delegado a instaurar inquérito policial (vez que o auto de prisão é peça de instauração do referido procedimento inquisitivo), mesmo entendendo que não há crime na espécie. Neste sentido Manoel Messias Barbosa[42], para quem:

---

41. RIOS GONÇALVES, Daniela Cristina. **Obra acima citada**, página 97.
42. BARBOSA, Manoel Messias. **Obra acima citada**, página 108.

> A liberação do detido, de qualquer forma, não exime a autoridade policial, nos termos do artigo 304 do Código de Processo Penal, de lavrar o auto. O dispositivo é claro, ouvem-se o condutor e as testemunhas e lavra-se "afinal o auto". Depois, "resultando das respostas fundada suspeita contra o conduzido, a autoridade mandará recolhê-lo à prisão".

Walter Francisco Sampaio Filho[43] engrossa a fileira dos que entendem que "pode também a prisão ser relaxada pela própria autoridade policial, conforme se depreende da interpretação a contrario senso do § 1º do artigo 304". Completa o autor grafando que "se não sentir segurança na prova apresentada, por exemplo, pode deixar de autuar o conduzido, sendo o inquérito policial iniciado por portaria"[44].

No mesmo sentido Luiz Carlos Rocha[45], para quem "encerrado o auto de prisão em flagrante, o delegado poderá relaxá-lo se das declarações prestadas não resultar suspeita contra o preso (art. 304, caput, e § 1º)". No mesmo sentido Fernando da Costa Tourinho Filho[46].

Acrescenta o primeiro[47], desta feita na linha de raciocínio desenvolvida por este trabalho, que

> A apresentação do preso ao delegado não implica, obrigatoriamente, lavratura de auto de prisão em flagrante. Compete à autoridade, examinando o caso, exercer verdadeiro ato de julgamento sobre as circunstâncias objetivas e subjetivas, para ver se, realmente, o auto deve ser lavrado, como tem entendido o E. Tribunal de Alçada Criminal de São Paulo, em seus julgados.

E completa:

> A determinação da lavratura do auto de prisão em flagrante pelo delegado não se constitui em um ato automático, a ser por ele praticado diante da simples notícia de um ilícito penal pelo condutor. Em face do sistema processual vigente, o delegado tem o poder de decidir da oportunidade ou não de lavrar o flagrante.

Apoia este pensar Guilherme de Souza Nucci[48], também reconhecendo que, antes da lavratura, o delegado de polícia procurará ouvir informalmente todos os envolvidos, para dali materializar seu entendimento jurídico acerca do fato. Esta constatação é cristalina e foi levada a efeito acima.

---

43. SAMPAIO FILHO, Walter Francisco. **Obra acima citada**, página 92.
44. SAMPAIO FILHO, Walter Francisco. **Obra acima citada**, página 93.
45. ROCHA, Luiz Carlos. **Obra acima citada**, página 426.
46. TOURINHO FILHO, Fernando da Costa. **Processo Penal 3**. Saraiva, 2006, página 481.
47. ROCHA, Luiz Carlos. **Obra acima citada**, página 426.
48. NUCCI, Guilherme de Souza. **Obra acima citada**, página 558.

Verificando ser caso de confecção do auto, deve o delegado ouvir formalmente o condutor (o indivíduo que apresenta o preso à autoridade, não sendo necessariamente a pessoa que deu voz de prisão ao autor do fato). O artigo 304, cabeça, determina que o delegado ouça o condutor em termo apartado e o libere, dando recibo constatando o recebimento do conduzido (é salutar que a autoridade determine realização de exame de corpo de delito para atestar se há ou não lesões, antes do recebimento formal do preso).

Depois se ouvirá testemunhas. O CPP fala no plural, portanto devem ser oitivadas pelo menos duas testemunhas. Preferencialmente devem ser ouvidas testemunhas do fato criminoso. Em não sendo possível, ouvir-se-á testemunhas da apresentação do preso à autoridade. Nada impede que as testemunhas sejam policiais.

Caso haja apenas uma testemunha, não há óbice para que o condutor cumule as funções de condutor e 1ª testemunha, de forma a alcançar o mínimo legal de duas testemunhas.

Deve ainda ser oitivada a vítima (apesar de não existir determinação no CPP nesse sentido). Esta é ouvida em termo de declarações e não presta compromisso de dizer a verdade.

Por fim, deverá ser ouvido o conduzido. A ele devem ser garantidos todos os direitos prescritos pela Constituição Federal e pelo CPP (direito ao silêncio, a não produzir prova contra si, à integridade física e moral, à assistência de advogado, a ter familiar ou pessoa por ele indicada comunicada imediatamente da sua prisão, dentre outros). É preciso atentar que o § 4º, do artigo 304, do CPP (com redação dada pela Lei 13.257/16), determina que, na lavratura do auto de prisão em flagrante, deverá constar a informação sobre a existência de filhos, respectivas idades e se possuem alguma deficiência e o nome e o contato de eventual responsável pelos cuidados dos filhos, indicado pela pessoa presa.

Cumpre anotar que o Código de Processo Penal, em seu artigo 322, preceitua que cabe ao delegado o arbitramento de fiança em infrações penais cuja pena privativa de liberdade máxima não seja superior a 4 (quatro) anos. A redação anterior do referido dispositivo conferia à autoridade policial o poder de arbitrar fiança apenas em caso de crime punido com detenção ou prisão simples, distinção não vislumbrada com a edição da Lei 12.403/11. Assim, o delegado arbitrará fiança tanto para crimes punidos com reclusão como para delitos apenados com detenção, observando apenas o quantitativo de pena máxima, que não deve ultrapassar quatro anos.

Nesta toada, o delegado de polícia, depois de concluir a lavratura do auto de prisão, arbitrará a fiança cabível, com estrita observância aos artigos 323 e seguintes do Código de Ritos Penais (andou bem o legislador, que cuidou de atualizar as já defasadas regras a respeito do instituto da fiança, fixando patamares claros e objetivos que servirão para auxiliar a autoridade policial e/ou o juiz na fixação de valores mais adequados aos nossos tempos - vide artigo 325 do CPP, quanto aos valores a serem fixados).

Anote-se que o delegado poderá e não deverá arbitrar fiança. Explico. A autoridade policial negará o arbitramento da fiança nas hipóteses do artigo 323 e 324. Anote-se que o artigo 324, IV, do CPP, permite ao delegado exercer atividade intelectiva no sentido de deixar de arbitrar fiança caso vislumbre presentes os motivos que autorizam a decretação da prisão preventiva - verificar na prática as hipóteses dos inciso II e III, do artigo 313 e a presença de qualquer dos fundamentos (ou motivos) da prisão preventiva (artigo 312, do CPP).

O inciso I do artigo 313 exclui automaticamente do delegado a possibilidade de deixar de arbitrar fiança com fulcro no inciso IV, do artigo 324. É que a autoridade policial só pode arbitrar fiança em caso de crime punido com pena privativa de liberdade não superior a quatro anos e a prisão preventiva, genericamente falando (nos termos do inciso I, do artigo 313), só pode ser decretada em face do cometimento de crime com pena máxima superior a quatro anos.

Tratemos agora dos delitos inafiançáveis e daqueles cuja fiança só pode ser arbitrada pelo magistrado.

Findas todas as formalidades legais referentes à confecção do auto prisional, deverá o mesmo ser imediatamente enviado ao juiz competente para que este verifique, num primeiro plano, a legalidade da medida constritiva (se presente impor-se-á a homologação da prisão, se ausente implicará no seu relaxamento) e, alhures, a possibilidade de libertar ou não o preso.

Anote-se que o artigo 306, do CPP traz em seu bojo dois momentos diferentes. O primeiro, presente em sua cabeça, diz respeito à comunicação da prisão (que deve ser imediata ao juiz, ao MP e à família do preso ou a pessoa por ele indicada - em respeito ao inciso LXII, do artigo 5º, da *Lex Mater*) e o segundo, avistável em seu § 1º, que se refere ao encaminhamento de cópia do auto flagrancial ao magistrado e à defensoria pública (caso o indiciado não tenha constituído ou indicado advogado). O primeiro deve ser materializado por meio de ofício encaminhado ao juízo e ao MP e por meio de telefonema a familiar ou pessoa indicada pelo preso, ato devidamente certificado no corpo do auto de prisão em flagrante pelo escrivão. O segundo através de ofícios com cópias integrais do auto.

Se for caso de ilegalidade na restrição da liberdade, a solução é simplória (como já adiantado supra). O juiz relaxará imediatamente a prisão, em atenção ao inciso LXV, do artigo 5º, da Constituição Federal e ao inciso I, do artigo 310, do CPP (dispositivo incluído pela Lei 12.403/2011). Esta hipótese é verificada em caso de desrespeito a forma legalmente exigida para confecção do auto ou por não ser caso de flagrante (inobservância do artigo 302, do CPP).

Exige-se, durante a confecção do auto, em primeiro plano, que o capturado seja cientificado de todos os seus direitos e garantias de cunho constitucional (esta providência se comprova com a entrega ao preso, mediante recibo, de nota de ciência das garantias constitucionais – peça que descreve todos os direitos a ele assegurados pela Carta da República). O preso deve ser informado acerca do direito ao silêncio e a não incriminação, direito à assistência familiar e à assistência jurídica (inciso LXIII, do artigo 5º, da CF); identificação dos responsáveis pela prisão e pelo seu interrogatório (inciso LXIV, do mesmo artigo), comunicação da família ou de alguém por ele indicado, da Defensoria Pública (caso o preso não indique nome de advogado durante a lavratura do auto), do Ministério Público (nova redação do artigo 306, cabeça), do juiz competente (inciso LXII, do artigo 5º, da CF), dentre outros.

Há que se observar ainda: presidência do auto por delegado de polícia de carreira (artigo 144, § 4º, da CF e 304, do CP); entrega de nota de culpa no prazo de 24 horas (artigo 306, § 2º, do CPP); direito a não ser criminalmente identificado, salvo quando a lei assim determinar (inciso LVIII, do artigo 5º, da CF e Lei 12.037/09); justificação do eventual uso de algemas (Súmula Vinculante 11 do STF).

Se legal a privação, cumpre ao magistrado debruçar-se diante do auto e verificar, num primeiro plano, se o preso praticou o fato sob manto de excludente de ilicitude (artigo 23 do Código Penal) e, em um segundo momento, se estão presentes os requisitos da prisão preventiva. Esta é a leitura do artigo 310 do Código de Ritos Penais, que encontra fundamento de validade no inciso LXVI, do artigo 5º, da Lei Maior (era assim antes da edição da Lei 12.403/11 e agora, depois da sua entrada em vigor, com ainda mais força e convicção). Neste sentido lição de Alexandre Cebrian Araújo Reis e Victor Eduardo Rios Gonçalves[49], que apontam fórmula simples e didática:

> O juiz, portanto, ao se deparar com alguém preso em flagrante, deve fazer a si próprio a seguinte pergunta: se essa pessoa não tivesse sido presa em flagrante, seria caso de decretar-lhe a preventiva? Se a resposta for afirmativa, o juiz não concede a liberdade provisória. Se a resposta for negativa, o juiz deve conceder-lhe a liberdade, independentemente de fiança, tomando-lhe apenas o compromisso de comparecimento a todos os atos do processo, sob pena de revogação do benefício.

Analisemos com mais pesar a segunda hipótese, vez que a primeira se exaure com a mera observação da peça (simples confrontação do fato narrado com as hipóteses do artigo 23 do Código Penal). Neste caso a solução é a concessão da liberdade provisória mediante termo de comparecimento a todos os atos processuais (caso o juiz entenda que o fato foi praticado sob manto de excludente de ilicitude).

---

49. ARAÚJO REIS, Alexandre Cebrian. RIOS GONÇALVES, Victor Eduardo. **Processo Penal – Parte Geral**. Saraiva, 2005, página 197.

Até 2011, o parágrafo único do já citado artigo 310 do Código de Processo Penal determinava que fosse concedida liberdade provisória mediante termo de comparecimento aos atos do processo quando o juiz verificasse que não estavam presentes, no caso concreto, os requisitos que autorizavam a prisão preventiva. A Lei 12.403/11 alterou o citado artigo 310, dando ao mesmo a seguinte redação:

> Art. 310. Ao receber o auto de prisão em flagrante, o juiz deverá fundamentadamente:
>
> I – relaxar a prisão ilegal; ou
>
> II – converter a prisão em flagrante em preventiva, quando presentes os requisitos constantes do art. 312 deste Código, e se revelarem inadequadas ou insuficientes as medidas cautelares diversas da prisão; ou
>
> III – conceder liberdade provisória, com ou sem fiança.
>
> Parágrafo único. Se o juiz verificar, pelo auto de prisão em flagrante, que o agente praticou o fato nas condições constantes dos incisos I a III do caput do art. 23 do Decreto-Lei no 2.848, de 7 de dezembro de 1940 - Código Penal, poderá, fundamentadamente, conceder ao acusado liberdade provisória, mediante termo de comparecimento a todos os atos processuais, sob pena de revogação.

Em suma, da leitura acurada dos fatos articulados no auto de prisão em flagrante, o magistrado deve extrair a necessidade da manutenção do encarceramento com fulcro na garantia da ordem pública, na garantia da ordem econômica, na conveniência da instrução criminal ou para garantir a aplicação da lei penal.

Em que pese apenas agora estar explícito que o magistrado deve fundamentar sua decisão mesmo quando optar por manter o preso em flagrante custodiado, convertendo a prisão em flagrante em prisão preventiva, tal interpretação podia ser tranquilamente extraída da redação anterior do artigo 310, do CPP. Isso porque a Carta da República determina em seu artigo 93, IX, que as decisões judiciais devem ser motivadas (ainda mais quando se fala em um direito tão caro ao cidadão – a liberdade).

Nesta senda, já defendia, antes da alteração legislativa aqui estudada, que caso o juiz optasse por manter o cidadão preso em flagrante detido, deveria converter a prisão em flagrancial outrora homologada em prisão preventiva. Isso porque me filio à corrente que entende a prisão em flagrante como restrição pré-cautelar, que tem por escopo dar um primeiro combate às chamas do incêndio provocado no tecido social pelo cometimento de um delito. O aparelho policial garante ao Estado-Juiz, neste momento, a possibilidade de estudar sobre a conveniência da manutenção daquela restrição para o processo que em breve se iniciará. Neste sentido, citação de Daniela Cristina Rios Gonçalves[50]:

50. RIOS GONÇALVES, Daniela Cristina. **Obra acima citada**, página 20.

Há outros autores, por sua vez, como Romeu Pires de Campos Barros, que encaram a prisão em flagrante como pré-cautelar (pré-causa) em relação à prisão preventiva, mormente diante da introdução do parágrafo único do art. 310 do Código de Processo Penal.

Depois da demonstração de força estatal representada pelo encarceramento do flagranteado, cabe levar a efeito análise pormenorizada do caso concreto, de forma a vislumbrar se aquela prisão deve perdurar. Agora estamos diante da cautela. O magistrado, depois de homologar a prisão legal (porque se ilegal o caminho a ser trilhado é o do relaxamento), fará explanação fundamentada dos motivos que o levam a libertar (concessão de liberdade provisória mediante termo de comparecimento aos atos do processo ou mediante pagamento de fiança) ou converter a medida pré-cautelar em prisão preventiva.

Tecnicamente não havia e não há que se falar em decretação da preventiva, vez que o autor do fato já estaria preso. Não há porque determinar a segregação de quem já está segregado. Trata-se, destarte, de conversão. Mero jogo de palavras. Essa foi a opção do legislador (vide inciso II, do artigo 310, do CPP).

A ordem constitucional vigente não admitia (mesmo na vigência da redação anterior do artigo 310, do CPP) que o juiz se limitasse a homologar o flagrante e, sem mais delongas, mantivesse o autor do fato preso sem manifestação expressa acerca da possibilidade imediata de libertação (inciso LXVI, do artigo 5º, da CF). Esta atitude impunha o manejo de pedido de liberdade provisória a ser peticionado pelo defensor do custodiado (não se tratava de pedido de relaxamento porque a prisão havia sido legal, nem de revogação de preventiva, vez que preventiva não havia). Este pleito (pedido de liberdade provisória levado a efeito por advogado/defensor público) fazia com que o magistrado cumprisse seu mister, imposto desde a comunicação do flagrante.

Aliás, como Mirabete[51], entendia e entendo que é direito subjetivo do preso ser liberado provisoriamente se faltarem os fundamentos da prisão preventiva.

Não levar a efeito os passos acima descritos podia significar, antes da edição da Lei 12.403/11, manter o autor do fato preso "em flagrante" até o trânsito em julgado da sentença penal condenatória.

A Constituição Federal é de índole inegavelmente garantista. Não no sentido de outorgar aos que cometem crimes regalias processuais, realidade alardeada pela doutrina sensacionalista e pelos movimentos sociais que tencionam recrudescer a legislação penal. A melhor definição deste vetor constitucional é de que o investigado ou réu deverá ter todas as garantias a ele concedidas observadas, como oportunidade de defesa ampla, contraditório, dentre outras.

51. MIRABETE, Julio Fabbrini. **Obra acima citada**, página 439.

Afinal, a análise determinada pelo artigo 310 do CPP (tanto em sua antiga, quanto na sua nova redação) não redunda em libertar o preso, vez que, como dito, ele poderá ser mantido encarcerado com a conversão do flagrante em prisão preventiva. Seguir as linhas traçadas pela legislação de regência e em especial pela Constituição Federal implica num processo justo e dificilmente desafiado por recursos, vez que a fundamentação importa numa maior segurança jurídica da prisão porventura mantida. É selar com chancela judicial a medida coercitiva desfechada pela polícia.

A não observância da interpretação levada a efeito supra (antes da edição da Lei 12.403/11) era, na minha ótica, uma das causas da superlotação do sistema carcerário pátrio. A não liberação imediata dos criminosos de bagatela, responsáveis pelo cometimento de delitos de somenos importância redundava no crescimento da população prisional, sempre deletério ao sistema estatal de repressão ao crime. Muitas das vezes esses operários insipientes do crime acabam se transmudando em massa de manipulação dos grandes criminosos e findam recrutados por organizações criminosas, mergulhando definitivamente no mundo do delito, caminho muitas vezes sem volta, ante a gritante falibilidade do caráter ressocializador da pena (anote-se que ainda nem estamos a falar de efetiva pena, vez que esta só passará a existir depois do trânsito em julgado da sentença penal condenatória, festejando o princípio do estado de inocência – artigo 5º, LVII, da Constituição Federal).

O acúmulo de processos pendentes de julgamento faz com que os prazos processuais sejam desrespeitados e com que o encarceramento se prolongue. É ferir de morte o direito à razoável duração do processo, que ganhou envergadura constitucional por intermédio da Emenda nº. 45/04, que enxertou o inciso LXXVIII, no artigo 5º, da Carta Magna.

O respeito ao sistema ditado pelo Código e pela *Lex Legum* faz com que se alargue a possibilidade do indivíduo ser liberado antes mesmo do oferecimento da denúncia. Anote-se que a qualquer tempo seu aprisionamento pode ser determinado uma vez mais, desta feita sob o manto da prisão preventiva (ou temporária, se ainda na fase inquisitorial), caso existam razões bastantes para tal.

Agora, com a alteração do artigo 310, do Caderno de Ritos Penais, espera-se que o Estado-Juiz efetivamente analise os autos de prisão em flagrante e determine a soltura dos que não precisam continuar encarcerados, contribuindo para desafogar nossas prisões.

Antes da edição da Lei 12.403/11, nossas Cortes de Justiça verberavam o entendimento de que não era necessário fundamentar a manutenção da prisão em flagrante por meio de decisão motivada. O Superior Tribunal de Justiça repetia em seus julgados a desnecessidade de fundamentação para homologação do flagrante e manutenção da prisão provisória. O Areópago considerava imperativa a necessidade de fundamentação apenas no caso de atravessamento de pedido de liberdade provisória, quando então o magistrado deveria demonstrar a existência de fundamento que escorasse a medida restritiva, sob pena de libertação do preso. Destarte, para o Colendo Tribunal, a manutenção do encarceramento era lastreada pela mera observância dos requisitos legais que circundam o estado flagrancial, nada mais. Os arestos seguintes bem demonstram tal entendimento:

> A homologação do auto de prisão em flagrante, mera formalidade legal, não exige fundamentação, salvo para relaxar a prisão. Writ denegado[52].
>
> O despacho que homologa o auto de prisão em flagrante, porque consubstancia mero exame de formalidades legais, não exige fundamentação, salvo se para ordenar o relaxamento da prisão. Contudo, o indeferimento do pedido de liberdade provisória, considerando a excepcionalidade da custódia cautelar, exige concreta motivação, tendo em vista o disposto no art. 312 do Código de Processo Penal[53].

Também era assim o pensar do Pretório Excelso, consoante nos informa Mirabete[54]:

> Segundo a jurisprudência dominante, inclusive no Supremo Tribunal Federal, não está o magistrado, entretanto, obrigado a exarar despacho motivado de mantença da prisão em flagrante quando recebe a cópia da autuação ou os próprios autos do inquérito policial, salvo se for requerida liberdade provisória pelo interessado.

Em boa hora a alteração legislativa.

9.2.3.7. Apresentação espontânea

A doutrina majoritária entende que a apresentação espontânea do indivíduo logo após a prática delitiva elide a efetivação da prisão em flagrante delito. Neste sentido Bruno Fontenele Cabral e Rafael Pinto Marques de Souza[55], que salientam que "segundo orientação do STF, quem logo após o delito se apresenta espontaneamente à autoridade policial não pode ser preso em flagrante, pois inexistirá estado flagrancial (STF, RHC nº. 61.442/MT)".

Vale conferir aresto[56] que expõe, de forma didática, os argumentos em defesa da posição declinada supra:

---

52. STJ, HC 47545/RN, 5ª Turma, rel. Min. Felix Fischer, DJ 27.03.06.
53. STJ, HC 41455/SC, 5ª Turma, rel. Min. Arnaldo Esteves Lima, DJ 22/08/2005.
54. MIRABETE, Julio Fabbrini. **Obra acima citada**, página 441.
55. CABRAL, Bruno Fontenele e DE SOUZA, Rafael Pinto Marques. **Manual Prático de Polícia Judiciária**, Juspodivm, 2012, página 123.
56. STJ, HC 30527/RJ, 5ª Turma, rel. Min. Felix Fischer, DJ 22.03.04. p. 335.

> PROCESSUAL PENAL. HABEAS CORPUS. ART. 121, § 2º, I E IV E ART. 121 C/C O ART. 14, II E ART. 18, I, 2 ª PARTE, NA FORMA DO ART. 70, AMBOS DO CÓDIGO PENAL C/C O ART. 1º DA LEI N.º 8072/90. PRISÃO EM FLAGRANTE. APRESENTAÇÃO ESPONTÂNEA DO PACIENTE. RELAXAMENTO. "Prisão em flagrante. Não tem cabimento prender em flagrante o agente que, horas depois do delito, entrega-se à polícia, que o não perseguia, e confessa o crime. Ressalvada a hipótese de decretação da custódia preventiva, se presentes os seus pressupostos, concede-se a ordem de habeas corpus, para invalidar o flagrante. Unânime." (STF - RHC n.º 61.442/MT, 2ª Turma, Rel. Min. Francisco Rezek, DJU de 10.02.84). Writ concedido, a fim de que seja relaxada a prisão em flagrante a que se submete o paciente, com a conseqüente expedição do alvará de soltura, se por outro motivo não estiver preso, sem prejuízo de eventual decretação de prisão preventiva devidamente fundamentada.

O artigo 317 do CPP prescrevia que a apresentação espontânea não afastava a possibilidade de decretação da prisão preventiva do investigado/indiciado. A *contrario senso*, entendia-se que descabia a prisão em flagrante do indivíduo que, depois do cometimento da infração, apresentava-se espontaneamente à autoridade policial.

Mesmo com a revogação do dispositivo pela Lei 12.403/11 (o artigo 317 do CPP agora trata da prisão domiciliar), penso que ainda é perfeitamente aplicável dita interpretação. Nesse sentido Thiago Minagé[57].

Ressalvo que tal entendimento comporta pontuais exceções, em casos de especial gravidade, autorizando a confecção de auto de prisão em flagrante em face do indivíduo que se apresentou espontaneamente, posição também defendida por Guilherme de Souza Nucci[58]:

> Concordamos, pois, com a impossibilidade de estabelecer regras matemáticas para essa situação, razão pela qual preferimos registrar que a prisão em flagrante de quem se apresenta espontaneamente pode ser possível, conforme o caso.

Referido doutrinador ampara seu entendimento exemplificando o caso de grave delito, que chocou toda uma comunidade, praticado por agente perigoso, que se apresenta após o cometimento do crime ao delegado de polícia. De fato cada caso é um caso. Apesar de a regra geral ser a supramencionada (que proíbe a prisão em flagrante), situações há em que o encarceramento é imprescindível para defesa da paz social (estas pontuais e evidentemente, excepcionais).

---

57. MINAGÉ, Thiago. **Da prisão, das Medidas Cautelares e da Liberdade Provisória**, EDIPRO, 2011, página 107.

58. NUCCI, Guilherme de Souza. **Obra acima citada**, página 554 e 555.

Ainda acerca do tema, válida a lição de Andrey Borges de Mendonça[59]:

> Por fim, uma ressalva: a apresentação espontânea não permite a lavratura do auto de prisão em flagrante quando fora das hipóteses do art. 302 do CPP. Se, porém, o agente ainda está em situação de flagrância (está sendo perseguido pela autoridade policial, logo após a prática do delito, por exemplo), a apresentação à autoridade policial não lhe imuniza da possibilidade de prisão. Somente a apresentação espontânea fora das hipóteses de flagrância é que impede a lavratura do auto de prisão.

9.2.3.8. *Flagrante esperado, retardado, preparado e forjado*

Feita esta análise, cumpre registrar que a leitura constitucional das prisões cautelares impõe falar de algumas outras modalidades de flagrante.

Em primeiro lugar insta comentar o flagrante esperado. Ocorre quando a força estatal aguarda o cometimento do crime, sem qualquer interferência ou induzimento à prática. É espécie legal e constitucional de privação da liberdade, vez que não houve qualquer influência externa na execução do crime. Em síntese apertada poderíamos visualizar a espécie no aviso às autoridades que em determinado horário um caminhão abarrotado de substância entorpecente passaria em determinada rodovia. A blitz montada com base na informação e a captura dos envolvidos em estado flagrancial não vilipendiam a Carta Magna e a legislação de regência.

Outra espécie é o flagrante retardado ou prorrogado. Esta modalidade flagrancial acontece na chamada ação controlada[60], definida pelo artigo 8º, da Lei 12.850/13 (que revogou a Lei 9.034/95):

> Art. 8º Consiste a ação controlada em retardar a intervenção policial ou administrativa relativa à ação praticada por organização criminosa ou a ela vinculada, desde que mantida sob observação e acompanhamento para que a medida legal se concretize no momento mais eficaz à formação de provas e obtenção de informações.

Estamos a analisar hipótese também legal de prisão em flagrante. Por óbvio o instituto encontra baliza no respeito aos bens jurídicos em jogo. Não há

59. DE MENDONÇA, Andrey Borges. **Obra acima citada**, página 156.

60. Cumpre anotar que a Lei 12.850/13 reclama comunicação prévia dirigida ao juízo competente, para utilização da técnica de ação controlada, na forma do § 1º do seu artigo 8º. Há na legislação tupiniquim referência à técnica de ação controlada na Lei 11.343/06 (artigo 53, II, do mandamento legal em espeque – o dispositivo reclama prévia autorização judicial para materialização da ação controlada) e na Lei 9.613/98 (o artigo 4º-B da referida lei também exige prévia autorização judicial para uso da técnica).

como permitir o retardamento da ação policial com o fito de carrear maior número de provas e prender mais infratores diante da iminente prática de um homicídio ou de um estupro, envolvendo membros de uma organização. A situação concreta grita pela imediata ação policial e o instituto do retardo não pode ser validamente admitido.

Passemos ao flagrante preparado ou provocado. Ocorre quando a situação flagrancial é instigada pelo chamado agente provocador, que ao mesmo tempo toma as providências necessárias para que o crime não se consume. Neste caso estamos diante de crime impossível, sendo hipótese largamente rechaçada pela doutrina e pela jurisprudência. É o chamado delito de ensaio ou crime putativo por obra do agente provocador. A vontade do agente finda viciada por terceiro que o induz à prática criminosa e o "prende em flagrante" no instante seguinte. O assunto foi sumulado pelo Supremo Tribunal Federal, nos termos do verbete número 145:

> **Súmula 145 – Não há crime, quando a preparação do flagrante pela polícia torna impossível a sua consumação.**

A última hipótese, a ser analisada também a voo de pássaro, é o flagrante forjado. Neste a inconstitucionalidade é ainda mais gritante, vez que existe uma encenação de um estado flagrancial que não existe. As provas da materialidade delitiva são plantadas, de forma a dar a falsa impressão de que o flagranteado praticou um crime. Além de não existir crime, o autor do teatro pode ser punido penalmente.

9.2.4. Prisão preventiva

A segunda hipótese de prisão cautelar a ser estudada será a preventiva. A restrição é tratada pelos artigos 311 e seguintes do Código de Processo Penal. Tais dispositivos revelam que a prisão preventiva pode ser decretada pelo juiz em qualquer fase do inquérito policial ou da ação penal, mediante requerimento do Ministério Público ou do querelante, representação do delegado de polícia, ou de ofício pelo próprio magistrado (importante salientar que com a edição da Lei 12.403/11, o julgador passou a só poder decretar de ofício a prisão preventiva no curso do processo).

No artigo 312 estão presentes os chamados fundamentos da preventiva. A detenção pode ter escora jurídica na: a) garantia da ordem pública; b) na conveniência da instrução criminal; c) para garantir a futura aplicação da lei penal; ou d) na garantia da ordem econômica. A lei acima citada incluiu novo fundamento para decretação da medida extrema em estudo: descumprimento de qualquer obrigação imposta por força de medida cautelar (artigo 319, do CPP).

A parte final do artigo 312 e o artigo 313, ambos do CPP, tratam dos requisitos para decretação da medida extrema. O primeiro dispositivo reclama que sejam demonstrados indícios suficientes de autoria e prova da existência do crime. O segundo reza que a restrição só pode ser determinada quando: a) se vislumbre prática de crime doloso punido com pena privativa de liberdade máxima superior a quatro anos (outra alteração feita pela Lei 12.403/11 - antes o CPP falava da decretação em face do cometimento de crime doloso punido com reclusão); b) o custodiado já tiver sido condenado por outro crime doloso em sentença transitada em julgado; c) se verifique prática de violência doméstica e familiar contra mulher, criança, adolescente, idoso, enfermo ou pessoa com deficiência; d) houver dúvida sobre a identidade civil da pessoa ou quando esta não fornecer elementos suficientes para esclarecê-la, devendo o preso ser imediatamente posto em liberdade depois de identificado. Anote-se que os requisitos não são cumulativos (assim é que é possível decretação de prisão preventiva em face de cometimento de crime doloso com pena inferior a quatro anos, nos casos listados nos itens 'b', 'c' e 'd' retro).

O § 4º, do artigo 282, do CPP autoriza a decretação da custódia preventiva em caso de descumprimento de medida cautelar diversa da prisão.

Feitas essas considerações iniciais, vejamos detidamente o reflexo da luz constitucional sobre o tema. A principal problemática acerca deste assunto é bem definir cada um dos fundamentos autorizadores da medida, de forma a aclarar suas hipóteses de cabimento em relação aos casos concretos apresentados.

Cumpre perquirir, inicialmente, o que se pode entender por ordem pública. A expressão é ampla e comporta um sem número de interpretações. Há que se buscar uma que se harmonize com a natureza jurídica da privação. Já se entendeu como autorizadores da constrição a gravidade da infração praticada, periculosidade do agente, o clamor público, dentre outros aspectos.

Para Paulo Rangel[61],

> Por ordem pública, deve-se entender a paz e a tranqüilidade social, que deve existir no seio da comunidade, com todas as pessoas vivendo em perfeita harmonia, sem que haja qualquer comportamento divorciado do modus vivendi em sociedade.

Jayme Walmer de Freitas[62] explicita que "a ordem pública corre risco quando o indiciado ou réu livre e solto pode concluir crime interrompido ou voltar a delinqüir, perpetrando novos delitos".

O Superior Tribunal de Justiça e o Supremo Tribunal Federal têm entendido que a gravidade abstrata da infração praticada não pode ser motivo

61. RANGEL, Paulo. **Obra acima citada**, página.

62. FREITAS, Jayme Walmer de. **Prisão Temporária**. Saraiva, 2004, página 47.

ensejador da prisão preventiva para garantia da ordem pública, vez que essa circunstância fica subsumida no próprio tipo penal. Fundamentar prisão com base na gravidade abstrata do crime seria, em tese, criar uma forma automática de segregação provisória, independente de análise concreta (homicídio qualificado e estupro, por exemplo, são crimes sempre abstratamente graves).

Aliás, cumpre ressaltar que a hipótese que autorizava decretação de prisão preventiva automática, independente da análise do caso concreto, foi abolida, (redação original do artigo 312 do Código de Processo Penal, que determinava prisão obrigatória do acusado de crime cuja pena máxima fosse igual ou superior a 10 anos de reclusão). O édito prisional com fulcro na garantia da ordem pública exige algo mais.

Vejamos alguns arestos acerca do tema:

> O juízo valorativo sobre a gravidade genérica do delito imputado ao paciente e a existência de prova da autoria e materialidade dos crimes não constituem fundamentação idônea a autorizar a prisão para garantia da ordem pública, se desvinculados de qualquer fator concreto, que não a própria conduta, em tese, delituosa[63].
>
> O fundamento da garantia da ordem pública é inidôneo quando alicerçado na credibilidade da justiça e na gravidade do crime. De igual modo, circunstâncias judiciais como a gravidade do crime, o motivo, a frieza, a premeditação, o emprego de violência exacerbada e o desprezo pelas normas que regem a vida em sociedade não conferem base concreta a justificar a exigência de garantia da ordem pública[64].

O Ministro Marco Aurélio, na relatoria do habeas corpus nº. 85.646/SP destrinchou o tema de forma bastante didática. Eis a ementa da decisão:

> PRISÃO PREVENTIVA – PARÂMETROS DA AÇÃO PENAL – MATERIALIDADE E AUTORIA. A materialidade do crime e os indícios de autoria não respaldam, por si sós, a prisão preventiva.
>
> PRISÃO PREVENTIVA – GRAVIDADE DO CRIME. A gravidade do crime circunscreve-se ao tipo penal, não autorizando prisão preventiva.
>
> PRISÃO PREVENTIVA – TRANQUILIDADE SOCIAL. Juízo sobre a tranqüilidade social, de nítido caráter subjetivo, não ser de base à prisão preventiva.
>
> PRISÃO PREVENTIVA – REPUTAÇÃO DE ÓRGÃO PARLAMENTAR. A preservação da respeitabilidade de órgão do Legislativo – Comissão Parlamentar de Inquérito – prescinde de medidas extremas, como é a prisão preventiva do acusado da prática criminosa.
>
> PRISÃO PREVENTIVA – COMOÇÃO POPULAR – INSUFICIÊNCIA. Por maior que seja a repercussão do crime na vida gregária, o sentimento de indignação do

63. STJ, HC 53206/PR, 5ª Turma, rel. Min. Gilson Dipp, DJ 12.06.06.

64. STF, HC 88535/PE, 2ª Turma, rel. Min. Eros Grau, DJ 02.06.06.

público em geral, descabe, sob essa óptica, implementar a prisão do acusado, invertendo-se a ordem natural das coisas.

PRISÃO PREVENTIVA - PODER ECONÔMICO. O poder econômico, quer o individual do acusado, quer do grupo que se diz criminoso não conduz a pronunciamento no sentido de se ter a prisão precoce do envolvido.

PRISÃO PREVENTIVA - AÇÕES EM CURSO. O princípio da não-culpabilidade exclui a tomada de ações penais em curso como a respaldar a segregação do acusado.

Diferente do estudo do tipo em abstrato é a análise do caso concreto apresentado. Nas palavras de José Lisboa da Gama Malcher[65], a privação preventiva está autorizada "quando a ordem pública esteja ameaçada pelo próprio fato". O *modus operandi* tem sido largamente considerado como deflagrador da necessidade de prisão preventiva forte na garantia da ordem pública. Neste caso não se considera a abstração descrita nos parágrafos anteriores (que denotava o estudo em tese do delito) e sim a forma como praticado o crime. Aqui se pode ter uma ideia acerca do vetor principal que vem sendo alicerce para fundamentar esta modalidade de prisão provisória, a periculosidade do agente. A personalidade voltada ao crime, o choque social causado pela brutalidade de uma ação delituosa concretamente praticada e a reiteração delitiva do agente têm sido fundamento para decretação e manutenção de privações escoradas na garantia da ordem pública.

É indubitável que a instabilidade social causada pela prática delitógena aviltante e os reiterados ataques à paz pública levados a efeito por criminoso contumaz fazem brotar insatisfação e anormalidade, em parte restabelecidas pela custódia provisória do investigado/indiciado ou acusado (prisão determinada na fase processual).

A garantia da ordem pública deve ser entendida como a resposta estatal à ressonância do fato ilícito sobre a paz social (análise do modo como o crime foi cometido e como isso chocou a sociedade) e ao abalo representado pela liberdade do indivíduo perigoso (a periculosidade deve ser medida pela reiteração criminosa e pela forma como o delito foi praticado).

Urge registrar que a decretação da prisão preventiva para garantir a ordem pública não destoa da natureza jurídica da medida restritiva. Como assentado no início deste capítulo, a prisão cautelar tem por finalidade resguardar o processo e sua efetividade enquanto meio hábil à prestação jurisdicional penal. Significa ainda cuidar para evitar um mal.

Em última análise o processo penal pode ser entendido como meio para satisfação do poder punitivo, tendo por escopo afirmar a força estatal em resposta a atitudes que conflitam com as normas postas de comportamento. Reti-

65. MALCHER, José Lisboa da Gama. **Obra acima citada**, página 118.

rar provisoriamente o delinquente das ruas com o fito de restabelecer a ordem dilacerada pela prática delitiva confere legitimidade ao processo enquanto meio de pacificação social.

Esta pacificação, objeto final da prestação jurisdicional (representada pela aplicação de uma sanção proporcional ao agravo representado pelo crime), é sem qualquer sombra de dúvida resguardada pela privação provisória da liberdade. A afirmação da efetividade processual não significa aplicação açodada de pena antes do trânsito em julgado da sentença condenatória e não deve ser entendida como reconhecimento antecipado de culpa.

Se é certo que o investigado/indiciado tem a seu favor a presunção de inocência, é certo também que esta não é absoluta. Assim, diante do pernicioso impacto social da manutenção da sua liberdade em casos de pontual gravidade, esta deve ceder, decretando-se a prisão provisória. A índole garantista de nossa Carta Magna não deve servir de escudo intransponível ao encarceramento do suposto criminoso, preterindo o interesse de toda uma sociedade.

Abraçar com fervor exagerado qualquer das correntes, a que tenciona esvaziar o instituto da prisão cautelar ou a que deseja recrudescer as normas que a circundam de forma desarrazoada, é perigoso e deve ser evitado. Num plano porque a prisão cautelar tem um grande efeito pragmático na demonstração da presença estatal e no combate à criminalidade, funcionando como paliativo para dor social causada pela prática delitiva. Noutro porque estamos em momento anterior ao reconhecimento cabal de culpa do indiciado/investigado e diante dos postulados constitucionais de regência é temerário transmudar a apuração em antecipação de punição. A prisão provisória é remédio a ser usado com parcimônia e diante de reais fatos motivadores. Fazendo um trocadilho, com cautela.

Entender que a garantia da ordem pública não serve ao processo é imaginar este como um fim em si mesmo. Imaginar o processo penal como um fenômeno totalmente desapegado da sua finalidade não serve ao seio social, mas tão só ao acusado, vez que restariam esvaziados os fundamentos da preventiva garantia da ordem pública e garantia da ordem econômica.

Imaginemos a hipótese de cruel homicida serial que não é capturado em estado de flagrância e que se apresenta a todos os atos do inquérito e do processo, sem prejudicar em nada a marcha processual. Acrescentemos ao exemplo que esse acusado continua sua saga criminosa, ceifando vítimas, em liberdade. Para os adeptos da tese de que a garantia da ordem publica deve ser rechaçada enquanto fundamento de custódia cautelar, esse indivíduo deveria continuar solto até que findasse a última possibilidade recursal. Não parece aceitável tal entendimento.

Andrey Borges de Mendonça[66] defende a constitucionalidade da prisão preventiva para garantia da ordem pública nos seguintes termos:

> Conclui-se, portanto, que a prisão preventiva para fins de garantia da ordem pública não possui finalidade de prevenção geral ou especial, mas sim de prevenção concreta, com o intuito de evitar que a sociedade sofra um dano concreto e iminente em seus bens jurídicos relevantes. Ao assim fazê-lo, o processo penal está buscando um de seus fins, que é a proteção da sociedade, contra ameaças concretas, concretizando um dos escopos da própria função jurisdicional (escopo social)

Em sentido contrário Thiago Minagé[67], para quem:

> Uma prisão para garantir a ordem pública não pode, jamais, constituir-se em regra geral para pautar uma prisão preventiva. Devido a sua notória imprecisão quanto ao significado, sua utilização afronta de forma brutal o princípio da presunção de inocência. O que se busca efetivamente com uma prisão preventiva pautada na ordem pública, em nada tem a ver com os preceitos almejados pelas medidas cautelares trazidas pela nova legislação. A prisão preventiva busca, inevitavelmente, a antecipação dos efeitos da tutela penal.

Vejamos como a garantia da ordem pública é analisada no âmbito do Supremo Tribunal Federal[68]:

> DIREITO PROCESSUAL PENAL. HABEAS CORPUS. PRISÃO PREVENTIVA. DECISÃO FUNDAMENTADA. GARANTIA DA ORDEM PÚBLICA. DENEGAÇÃO DA ORDEM. 1. Possível constrangimento ilegal sofrido pelo paciente devido à ausência dos requisitos autorizadores para a decretação de sua prisão preventiva. 2. Diante do conjunto probatório dos autos da ação penal, a manutenção da custódia cautelar se justifica para a garantia da ordem pública, nos termos do art. 312 do Código de Processo Penal. 3. Como já decidiu esta Corte, "a garantia da ordem pública, por sua vez, visa, entre outras coisas, evitar a reiteração delitiva, assim resguardando a sociedade de maiores danos" (HC 84.658/PE, rel. Min. Joaquim Barbosa, DJ 03/06/2005), além de se caracterizar "pelo perigo que o agente representa para a sociedade como fundamento apto à manutenção da segregação" (HC 90.398/SP, rel. Min. Ricardo Lewandowski, DJ 18/05/2007). Outrossim, "a garantia da ordem pública é representada pelo imperativo de se impedir a reiteração das práticas criminosas, como se verifica no caso sob julgamento. A garantia da ordem pública se revela, ainda, na necessidade de se assegurar a credibilidade das instituições públicas quanto à visibilidade e transparência de políticas públicas de persecução criminal" (HC 98.143, de minha relatoria, DJ 27-06-2008). 4. A circunstância de o paciente ser primário, ter bons

66. DE MENDONÇA, Andrey Borges. **Obra acima citada**, página 267.
67. MINAGÉ, Thiago. **Obra acima citada**, página 84.
68. STF, HC 96579, rel. Min. Ellen Gracie, j. 02/06/2009, grifos meus.

antecedentes, trabalho e residência fixa, à evidência, não se mostra obstáculo ao decreto de prisão preventiva, desde que presentes os pressupostos e condições previstas no art. 312, do CPP (HC 83.148/SP, rel. Min. Gilmar Mendes, 2ª Turma, DJ 02.09.2005). 5. Habeas corpus denegado.

EMENTA: HABEAS CORPUS. PRISÃO PREVENTIVA. GARANTIA DA ORDEM PÚBLICA E CONVENIÊNCIA DA INSTRUÇÃO CRIMINAL. RÉU CONDENADO POR HOMICÍDIO QUALIFICADO A DEZESSETE ANOS DE RECLUSÃO. RECURSO DE APELAÇÃO DEFENSIVO. MANUTENÇÃO DA CUSTÓDIA CAUTELAR. DECISÃO EMBASADA EM FATOS CONCRETOS. ORDEM DENEGADA. 1. O fundamento da garantia da ordem pública é suficiente, no caso, para sustentar o decreto de prisão preventiva do paciente. Decreto, afinal, mantido pela sentença condenatória recorrida, com o reconhecimento de que permanecem incólumes os fundamentos da preventiva. <u>Não há como refugar a aplicabilidade do conceito de ordem pública se a concreta situação dos autos evidencia a necessidade de acautelamento do meio social.</u> 2. <u>Quando da maneira de execução do delito sobressair a extrema periculosidade do agente, abre-se ao decreto de prisão a possibilidade de estabelecer um vínculo funcional entre o modus operandi do suposto crime e a garantia da ordem pública.</u> 3. Não há que se falar em inidoneidade do decreto de prisão, se este embasa a custódia cautelar a partir do contexto empírico da causa. <u>Contexto, esse, revelador da gravidade concreta da conduta (de violência incomum, aliada ao motivo fútil) e da periculosidade do paciente; sem contar a notícia de fuga do acusado e a dificuldade da respectiva citação</u>. 4. Ordem denegada[69].

Eis dois arestos proferidos pelo Superior Tribunal de Justiça[70] acerca do tema:

HABEAS CORPUS. TRÁFICO E ASSOCIAÇÃO PARA O TRÁFICO DE DROGAS. PRISÃO PREVENTIVA. DECISÃO FUNDAMENTADA. GARANTIA DA ORDEM PÚBLICA. ORDEM DENEGADA. 1. <u>Revela-se devidamente justificada a custódia provisória na necessidade de garantia da ordem pública dada a manifesta periculosidade do paciente, acusado de integrar verdadeira organização criminosa voltada para a prática do tráfico de drogas no Estado do Pará - oriundas da cidade de Manaus -, inclusive com envolvimento de policiais civis e militares, desenvolvendo importante papel no grupo, na medida em que, consoante a exordial, era o responsável pelo envio de cocaína para a cidade de Jacundá, encontrando-se, diga-se de passagem foragido, inexistindo, assim, o alegado constrangimento ilegal.</u> 2. Eventuais condições pessoais favoráveis do paciente não têm o condão de, por si sós, impedir a decretação da prisão antecipada, existindo nos autos outros elementos capazes de autorizá-la. 3. Habeas corpus denegado.

HABEAS CORPUS. CRIME DE ESTUPRO, PRATICADO CONTRA A PRÓPRIA ENTEADA MENOR. LIBERDADE PROVISÓRIA. INDEFERIMENTO FUNDAMENTA-

69. STF, HC 92459, rel. Min. Carlos Britto, j. 10/03/2009, grifos meus.

70. STJ, HC 200902238839, rel. Haroldo Rodrigues (Desembargador convocado do TJ/CE), DJE 14/02/2011, grifos meus.

> DO NA GARANTIA DA ORDEM PÚBLICA. PERICULOSIDADE IN CONCRETO DO AGENTE. VEDAÇÃO EXPRESSA CONTIDA NA LEI N.º 8.072/90. FUNDAMENTAÇÃO IDÔNEA E SUFICIENTE PARA JUSTIFICAR O INDEFERIMENTO DO BENEFÍCIO. SUBSTITUIÇÃO DA PRISÃO POR MEDIDAS CAUTELARES DIVERSAS. INCOMPATIBILIDADE NA ESPÉCIE. ORDEM DE HABEAS CORPUS DENEGADA. 1. Tem-se por fundamentada a negativa do benefício da liberdade provisória, com expressa menção à situação concreta, em razão, essencialmente, do modus operandi empregado pelo agente na prática da conduta criminosa contra sua própria enteada menor, representando periculosidade ao meio social. 2. A vedação contida no art. 2.º, inciso II, da Lei n.º 8.072/90, acerca da negativa de concessão de fiança e de liberdade provisória aos acusados pela prática de crimes hediondos ou equiparados, não contraria a ordem constitucional, pelo contrário, deriva do seu próprio texto (art. 5.º, inciso XLIII, da CF), que impõe a inafiançabilidade das referidas infrações penais. 3. A negativa do benefício da liberdade provisória encontra amparo, também, no art. 5.º, inciso LXVI, da Constituição Federal, que somente assegurou aos presos em flagrante delito a indigitada benesse quando a lei ordinária a admitir ou por decisão fundamentada do magistrado condutor do processo (art. 2.º, § 2.º, da Lei n.º 8.072/90). 4. Desse modo, a aludida vedação, por si só, constitui motivo suficiente para negar ao preso em flagrante por crime hediondo ou equiparado o benefício da liberdade provisória. Precedentes. 5. No que diz respeito às medidas cautelares substitutivas do cárcere, segundo assentado no acórdão impugnado, não se mostram compatíveis, na espécie, ante o não-atendimento dos pressupostos legais, não se considerando adequadas e suficientes, em face da gravidade e das circunstâncias do crime. 6. Ordem de habeas corpus denegada[71].

O Superior Tribunal de Justiça reconhece, ainda, a existência do fundamento garantia da ordem pública quando detectada prática pretérita de atos infracionais (em outras palavras, a prática anterior de atos infracionais demonstra a periculosidade do agente e autoriza a decretação da prisão preventiva para garantia da ordem pública):

> RECURSO ORDINÁRIO EM HABEAS CORPUS. ROUBO CIRCUNSTANCIADO. PRISÃO PREVENTIVA. RÉU QUE POSSUI ANOTAÇÕES POR ATOS INFRACIONAIS. RISCO DE REITERAÇÃO. MODUS OPERANDI. NECESSIDADE DA PRISÃO PARA GARANTIA DA ORDEM PÚBLICA. SEGREGAÇÃO JUSTIFICADA. CONDIÇÕES PESSOAIS FAVORÁVEIS. IRRELEVÂNCIA. RECURSO IMPROVIDO. 1. A privação antecipada da liberdade do cidadão acusado de crime reveste-se de caráter excepcional em nosso ordenamento jurídico, e a medida deve estar embasada em decisão judicial fundamentada (art. 93, IX, da CF), que demonstre a existência da prova da materialidade do crime e a presença de indícios suficientes da autoria, bem como a ocorrência de um ou mais pressupostos do artigo 312 do Código de Processo Penal. Exige-se, ainda, na linha perfilhada pela jurisprudência dominante deste Superior Tribunal de Justiça e do Supremo Tribunal Federal, que a decisão esteja pautada em motivação concreta, sendo vedadas considerações

71. STJ, HC 226104/PA, 5ª Turma, rel. Min. Laurita Vaz, j. 08/05/2012, grifos meus.

abstratas sobre a gravidade do crime. 2. No presente caso, a prisão preventiva está devidamente justificada para a garantia da ordem pública, em razão da periculosidade do agente, evidenciada (i) por dados de sua vida pregressa, notadamente por registrar anotações pela prática de atos análogos aos crimes de roubo, porte ilegal de arma e tentativa de homicídio, quando menor e (ii) pelo modus operandi empregado (subtrair, mediante uso de arma de fogo, a moto da vítima e ao se ver perseguido pela polícia, empunhar, por diversas vezes, a arma de fogo em direção aos policiais). A prisão preventiva, portanto, mostra-se indispensável para garantir a ordem pública. 3. Embora o registro de ato infracional não possa ser utilizado para fins de reincidência ou maus antecedentes, por não serem considerados crimes, podem ser sopesados na análise da personalidade do recorrente, reforçando os elementos já suficientes dos autos que o apontam como pessoa perigosa e cuja segregação é necessária. Precedentes. 4. As condições subjetivas favoráveis do recorrente, por si sós, não obstam a segregação cautelar, quando presentes os requisitos legais para a decretação da prisão preventiva. 5. Mostra-se indevida a aplicação de medidas cautelares diversas da prisão, quando evidenciada a sua insuficiência para acautelar a ordem pública. 6. Recurso improvido[72].

Passemos ao segundo fundamento, a garantia da ordem econômica. O que se disse em relação ao tópico anterior merece repetição nesta hipótese. Cumpre, tão só, substituir a proteção da paz social pela guarida da tranquilidade econômica. Tem espaço quando praticado crime contra ordem tributária, contra o sistema financeiro nacional, contra as relações de consumo, etc.

O artigo 312 do Código de Ritos prevê ainda a possibilidade de decretação da preventiva por conveniência da instrução criminal. A expressão se traduz na necessidade de restringir o direito ambulatório do réu/indiciado, quando este representa entrave para o normal andamento dos trabalhos de apuração da verdade real (seja na fase investigativa, seja no curso do processo).

Comumente o fundamento é utilizado como escora da privação da liberdade quando há tentativa de destruição de provas por parte do investigado/indiciado ou ameaça a testemunhas. Enfim, quando o investigado/indiciado procura embaraçar a coleta de material probante, geralmente a ele desfavorável. Como ocorre com qualquer dos fundamentos, este não se contenta com alegações genéricas apartadas da realidade dos fatos. A privação de tão importante direito, o ambulatorial, não pode ser autorizada diante de meras conjecturas e ilações. Neste sentido, fartos são os julgados proferidos pelos areópagos tupiniquins. Vejamos aresto a respeito do tema[73]:

72. STJ, 5ª Turma, RHC 86.119/PI, rel. Min. Reynaldo Soares Da Fonseca, julgado em 22/08/2017, DJe 01/09/2017.

73. STJ, RHC 29075/RJ, 5ª Turma, Rel. Min. Gilson Dipp, j. 17/05/2012, grifos meus.

> CRIMINAL. RECURSO ORDINÁRIO EM HABEAS CORPUS. FURTOS QUALIFICADOS CONSUMADOS E TENTADO. PRISÃO PREVENTIVA. QUADRILHA FORMADA POR CIVIS, POLICIAIS E EX-POLICIAIS MILITARES. AMEAÇA A TESTEMUNHAS. CONVENIÊNCIA DA INSTRUÇÃO PROCESSUAL. PRISÃO CAUTELAR MANTIDA POR OUTRO FUNDAMENTO POR FORÇA DE RECURSO EM HABEAS CORPUS JÁ JULGADO POR ESTA CORTE. RECURSO DESPROVIDO. I. Hipótese em que o paciente é ex-policial militar e é acusado de fazer parte de quadrilha formada por outros policiais e ex-policiais militares para a prática de crimes de furto em caixas eletrônicos na região serrana do Rio de Janeiro, tendo sido "flagrado em escutas telefônicas ameaçando testemunhas". II. A ameaça às testemunhas, por si só, é fundamento suficiente para motivar a segregação provisória, como garantia da regular instrução do feito. III. Prisão preventiva que já se encontra sustentada na necessidade de se garantir a ordem pública, por força das decisões ordinárias mantidas sob este fundamento no julgamento do RHC 29.036/RJ por esta Corte. IV. Recurso desprovido.

Por fim, temos a prisão preventiva para assegurar a futura aplicação da lei penal. Trata-se de possibilidade de evasão do autor do fato, furtando-se de provável sentença condenatória. Por óbvio a resposta estatal à prática delitiva tem seu ápice na prolação de um édito condenatório, que merece, depois de transitado em julgado, integral cumprimento, sob pena de achincalhe à decisão judicial. Esta modalidade de restrição provisória tem em mira justamente impedir essa troça, representada pela fuga do acusado. É afastar a mais mínima possibilidade de impunidade. Eis julgado[74] a respeito do tema:

> CRIMINAL. HABEAS CORPUS. FURTO QUALIFICADO. PRISÃO EM FLAGRANTE CONVERTIDA EM PREVENTIVA. GARANTIA DA ORDEM PÚBLICA E DA APLICAÇÃO DA LEI PENAL. RÉU REINCIDENTE. PERICULOSIDADE EVIDENCIADA. RISCO DE REITERAÇÃO CRIMINOSA. DOMICÍLIO FIXO E DESEMPENHO DE ATIVIDADE LABORAL LÍCITA NÃO DEMONSTRADOS. POSSIBILIDADE DE APLICAÇÃO DE MEDIDA CAUTELAR DIVERSA DA PRISÃO NÃO ANALISADA PELA CORTE DE ORIGEM. SUPRESSÃO DE INSTÂNCIA. ORDEM PARCIALMENTE CONHECIDA E DENEGADA NESSA EXTENSÃO. I. Exige-se concreta motivação para a decretação da custódia preventiva, com base em fatos que efetivamente justifiquem a excepcionalidade da medida, atendendo-se aos termos do artigo 312 do Código de Processo Penal e da jurisprudência dominante. II. Réu multireincidente, razão pela qual há que se reconhecer a necessidade de sua segregação para garantia da ordem pública. III. A prisão preventiva encontra-se devidamente fundamentada, já que se infere a periculosidade do réu e a possibilidade concreta de reiteração delitiva caso seja posto em liberdade (Precedentes). IV. Hipótese na qual a ausência comprovação do domicílio fixo no distrito de culpa e do desempenho de atividade laboral lícita pelo réu reforçam a necessidade de segregação, com vistas a assegurar a eventual aplicação da lei penal. V. A possibilidade de aplicação de medida diversa da prisão ao paciente não foi objeto de análise pelo

74. STJ, HC 231485/SP, 5ª Turma, rel. Min. Gilson Dipp, j. 17/05/2012, grifos meus.

Colegiado de origem, o que obsta a apreciação do tema por este Tribunal, sob pena de indevida supressão de instância. VI. Ordem parcialmente conhecida e, nessa extensão, denegada, nos termos do voto do Relator.

Encerradas as hipóteses autorizadoras de decretação de prisão preventiva cumpre, tão só, reafirmar a natureza provisória da medida, que a qualquer tempo pode ser revista. Fenecida a escora jurídica que determinou a privação, cumpre revogar a ordem, nos exatos termos do artigo 316 do Código de Processo Penal[75] - por isso se diz que a decisão que decreta a prisão preventiva é *rebus sic standibus*. Não há elucubrações a fazer.

Cumpre deixar claro que a apresentação espontânea do indiciado/acusado não elide a decretação da prisão preventiva (mesmo tendo sido revogado o artigo 317, do CPP). Eis aresto elucidativo:

> HABEAS CORPUS SUBSTITUTIVO DO RECURSO PRÓPRIO (NÃO CONHECIMENTO). HOMICÍDIO QUALIFICADO. PRISÃO PREVENTIVA. FUGA DO DISTRITO DA CULPA. APRESENTAÇÃO ESPONTÂNEA À AUTORIDADE POLICIAL. CONSTRANGIMENTO ILEGAL RECONHECIDO. ORDEM CONCEDIDA DE OFÍCIO. 1. O habeas corpus não pode ser utilizado como substitutivo de recurso próprio, a fim de que não se desvirtue a finalidade dessa garantia constitucional, com a exceção de quando a ilegalidade apontada é flagrante, hipótese em que se concede a ordem de ofício (Precedentes). 2. A apresentação espontânea à autoridade policial não impede a decretação da prisão provisória, tampouco serve de motivo para a sua revogação, caso a necessidade do cárcere se faça presente (Precedentes). 3. Todavia, o fundamento para a decretação da segregação cautelar fica superado com a apresentação espontânea do réu, aliada às suas condições pessoais favoráveis, se a fuga do distrito da culpa após o cometimento do delito for o único motivo constante do decreto prisional (Precedentes). 4. Caso em que não resta caracterizado o periculum libertatis, ante a apresentação espontânea do paciente à Delegacia de Polícia, confessando a autoria da prática delitiva, a fim de colaborar com a instrução. A medida extrema não se mostra mais necessária a resguardar a aplicação da lei penal. 5. Writ não conhecido. Ordem de habeas corpus concedida de ofício para revogar a prisão preventiva decretada contra o paciente, com a advertência de que deve permanecer no distrito da culpa, atendendo aos chamamentos judiciais, sem prejuízo de nova e fundamentada aplicação de medida cautelar penal, inclusive menos gravosa do que a prisão processual, caso demonstrada a sua necessidade[76].

75. Caso o juiz não determine a soltura do indiciado/acusado de ofício, cabe ao advogado/defensor público peticionar pedindo a revogação da prisão preventiva, apontando o fenecimento do fundamento que determinou a prisão. Em caso de indeferimento do pleito, deve ser manejado *habeas corpus* dirigido ao tribunal competente.

76. STJ, 5ª Turma, HC 329.375/TO, rel. Min. Reynaldo Soares da Fonseca, julgado em 01/09/2015, DJe em 08/09/2015, grifos meus.

Quando representada pela autoridade policial, a prisão é solicitada ao juízo competente via ofício (há quem prefira peticionar – cumpre afirmar que neste caso é o órgão de polícia judiciária o autor do pleito e não a pessoa do delegado de polícia).

O delegado deverá demonstrar de forma clara a presença dos requisitos e de pelo menos um dos fundamentos que autorizem a privação da liberdade. O juiz abrirá vista do pedido ao MP para manifestação (que não vincula o magistrado) e decidirá de forma fundamentada. Caso decrete a prisão, fará expedir mandado de prisão que será encaminhado ao aparelho policial para cumprimento.

É discussão interessante saber se o mandado de prisão autoriza o ingresso da polícia em casa alheia (que não a da pessoa a ser presa) sem mandado de busca domiciliar (como previsto no artigo 293 do CPP). Vejamos a redação do dispositivo:

> Art. 293. Se o executor do mandado verificar, com segurança, que o réu entrou ou se encontra em alguma casa, o morador será intimado a entregá-lo, à vista da ordem de prisão. Se não for obedecido imediatamente, o executor convocará duas testemunhas e, sendo dia, entrará à força na casa, arrombando as portas, se preciso; sendo noite, o executor, depois da intimação ao morador, se não for atendido, fará guardar todas as saídas, tornando a casa incomunicável, e, logo que amanheça, arrombará as portas e efetuará a prisão.
>
> Parágrafo único. O morador que se recusar a entregar o réu oculto em sua casa será levado à presença da autoridade, para que se proceda contra ele como for de direito.

Prefiro o entendimento garantista e mais cauteloso, no sentido de que além de mandado de prisão, para ingressar em residência é necessário mandado de busca específico para a casa onde está homiziada a pessoa a ser presa ou, caso não exista mandado, que o responsável pela habitação autorize por escrito a entrada do aparelho policial (penso que é a leitura mais correta do artigo 283, § 2º, do CPP)[77]. Assim estarão plenamente respaldados os policiais que participaram da diligência[78].

É que, caso se entenda que o mandado de prisão permite ingresso em residência que não a da pessoa a ser presa, a ordem se transmudaria em autoriza-

77. Por óbvio, em situações excepcionais e restando devidamente comprovado que o foragido está em determinada casa, cumpre utilizar o permissivo legal transcrito e adentrar na residência para materializar a prisão.

78. É certo que aquele que homizia pessoa contra quem foi expedido mandado de prisão de forma deliberada (dolosa) comete crime de favorecimento pessoal (artigo 348 do Código Penal). O problema para o aparelho policial acontece quando o dono da residência não age com dolo ou quando a pessoa a ser presa não está na casa, apesar da suspeita (daí porque prego ser de bom tom representar pela busca na casa).

ção em branco para que a polícia adentre em toda e qualquer casa (basta que o aparelho policial faça constar que há fundado receio de que ali se esconde foragido). Como dito supra, prefiro a cautela de representar pela expedição de mandado de busca específico, calcado no artigo 240, § 1º, 'a', do CPP.

Cumpre chamar atenção para leitura dos artigos 285 a 289-A, do Código de Processo Penal (tratam do mandado de prisão – expedição, deprecação e cumprimento). Frise-se que os artigos 285 a 288 não foram objeto de modificação, o artigo 289 foi alterado e o artigo 289-A foi incluído pela Lei 12.403/11:

> Art. 285. A autoridade que ordenar a prisão fará expedir o respectivo mandado.
>
> Parágrafo único. O mandado de prisão:
>
> a) será lavrado pelo escrivão e assinado pela autoridade;
>
> b) designará a pessoa, que tiver de ser presa, por seu nome, alcunha ou sinais característicos;
>
> c) mencionará a infração penal que motivar a prisão;
>
> d) declarará o valor da fiança arbitrada, quando afiançável a infração;
>
> e) será dirigido a quem tiver qualidade para dar-lhe execução.
>
> Art. 286. O mandado será passado em duplicata, e o executor entregará ao preso, logo depois da prisão, um dos exemplares com declaração do dia, hora e lugar da diligência. Da entrega deverá o preso passar recibo no outro exemplar; se recusar, não souber ou não puder escrever, o fato será mencionado em declaração, assinada por duas testemunhas.
>
> Art. 287. Se a infração for inafiançável, a falta de exibição do mandado não obstará à prisão, e o preso, em tal caso, será imediatamente apresentado ao juiz que tiver expedido o mandado.
>
> Art. 288. Ninguém será recolhido à prisão, sem que seja exibido o mandado ao respectivo diretor ou carcereiro, a quem será entregue cópia assinada pelo executor ou apresentada a guia expedida pela autoridade competente, devendo ser passado recibo da entrega do preso, com declaração de dia e hora.
>
> Parágrafo único. O recibo poderá ser passado no próprio exemplar do mandado, se este for o documento exibido.
>
> Art. 289. Quando o acusado estiver no território nacional, fora da jurisdição do juiz processante, será deprecada a sua prisão, devendo constar da precatória o inteiro teor do mandado.
>
> § 1º Havendo urgência, o juiz poderá requisitar a prisão por qualquer meio de comunicação, do qual deverá constar o motivo da prisão, bem como o valor da fiança se arbitrada.
>
> § 2º A autoridade a quem se fizer a requisição tomará as precauções necessárias para averiguar a autenticidade da comunicação.
>
> § 3º O juiz processante deverá providenciar a remoção do preso no prazo máximo de 30 (trinta) dias, contados da efetivação da medida.

> Art. 289-A. O juiz competente providenciará o imediato registro do mandado de prisão em banco de dados mantido pelo Conselho Nacional de Justiça para essa finalidade.
>
> § 1º Qualquer agente policial poderá efetuar a prisão determinada no mandado de prisão registrado no Conselho Nacional de Justiça, ainda que fora da competência territorial do juiz que o expediu.
>
> § 2º Qualquer agente policial poderá efetuar a prisão decretada, ainda que sem registro no Conselho Nacional de Justiça, adotando as precauções necessárias para averiguar a autenticidade do mandado e comunicando ao juiz que a decretou, devendo este providenciar, em seguida, o registro do mandado na forma do caput deste artigo.
>
> § 3º A prisão será imediatamente comunicada ao juiz do local de cumprimento da medida o qual providenciará a certidão extraída do registro do Conselho Nacional de Justiça e informará ao juízo que a decretou.
>
> § 4º O preso será informado de seus direitos, nos termos do inciso LXIII do art. 5º da Constituição Federal e, caso o autuado não informe o nome de seu advogado, será comunicado à Defensoria Pública.
>
> § 5º Havendo dúvidas das autoridades locais sobre a legitimidade da pessoa do executor ou sobre a identidade do preso, aplica-se o disposto no § 2º do art. 290 deste Código.
>
> § 6º O Conselho Nacional de Justiça regulamentará o registro do mandado de prisão a que se refere o caput deste artigo

Por fim, cumpre chamar atenção para as teses criminais do STJ sobre prisão preventiva:

1) A fuga do distrito da culpa é fundamentação idônea a justificar o decreto da custódia preventiva para a conveniência da instrução criminal e como garantia da aplicação da lei penal.

2) As condições pessoais favoráveis não garantem a revogação da prisão preventiva quando há nos autos elementos hábeis a recomendar a manutenção da custódia.

3) A substituição da prisão preventiva pela domiciliar exige comprovação de doença grave, que acarrete extrema debilidade, e a impossibilidade de se prestar a devida assistência médica no estabelecimento penal.

4) A prisão preventiva poderá ser substituída pela domiciliar quando o agente for comprovadamente imprescindível aos cuidados especiais de pessoa menor de 06 (seis) anos de idade ou com deficiência.

5) As medidas cautelares diversas da prisão, ainda que mais benéficas, implicam em restrições de direitos individuais, sendo necessária fundamentação para sua imposição.

6) A citação por edital do acusado não constitui fundamento idôneo para a decretação da prisão preventiva, uma vez que a sua não localização não gera presunção de fuga.

7) A prisão preventiva não é legítima nos casos em que a sanção abstratamente prevista ou imposta na sentença condenatória recorrível não resulte em constrição pessoal, por força do princípio da homogeneidade.

8) Os fatos que justificam a prisão preventiva devem ser contemporâneos à decisão que a decreta.

9) A alusão genérica sobre a gravidade do delito, o clamor público ou a comoção social não constituem fundamentação idônea a autorizar a prisão preventiva.

10) A prisão preventiva pode ser decretada em crimes que envolvam violência doméstica e familiar contra a mulher, criança, adolescente, idoso, enfermo ou pessoa com deficiência, para o fim de garantir a execução das medidas protetivas de urgência.

11) A prisão cautelar deve ser fundamentada em elementos concretos que justifiquem, efetivamente, sua necessidade.

12) A prisão cautelar pode ser decretada para garantia da ordem pública potencialmente ofendida, especialmente nos casos de: reiteração delitiva, participação em organizações criminosas, gravidade em concreto da conduta, periculosidade social do agente, ou pelas circunstâncias em que praticado o delito *(modus operandi)*.

13) Não pode o tribunal de segundo grau, em sede de habeas corpus, inovar ou suprir a falta de fundamentação da decisão de prisão preventiva do juízo singular.

14) Inquéritos policiais e processos em andamento, embora não tenham o condão de exasperar a pena-base no momento da dosimetria da pena, são elementos aptos a demonstrar eventual reiteração delitiva, fundamento suficiente para a decretação da prisão preventiva.

15) A segregação cautelar é medida excepcional, mesmo no tocante aos crimes de tráfico de entorpecente e associação para o tráfico, e o decreto de prisão processual exige a especificação de que a custódia atende a pelo menos um dos requisitos do art. 312 do Código de Processo Penal.

9.2.5. Prisão temporária

Foi instituída pela Lei 7.960, de 21 de dezembro de 1989. A medida restritiva será decretada pelo juiz, mediante requerimento do Ministério Público ou representação da autoridade policial. Diferente da prisão preventiva, não pode ser determinada de ofício pelo magistrado.

Esta restrição provisória ao direito ambulatorial só pode ser levada a efeito no curso de inquérito policial (não cabe sua decretação no bojo do processo), desde que presentes seus fundamentos, contidos no artigo 1º do mandamento legal. Assim é que, recebida a exordial acusatória, a custódia temporária deve ceder (caso não tenha sido convertida em prisão preventiva):

> HABEAS CORPUS. HOMICÍDIO DUPLAMENTE MAJORADO. PRISÃO TEMPORÁRIA. INVESTIGAÇÃO CRIMINAL. ENCERRAMENTO. OFERECIMENTO E RECEBIMENTO DA DENÚNCIA. DESNECESSIDADE DA CUSTÓDIA. CONSTRANGIMENTO ILEGAL EVIDENCIADO. 1. Uma vez oferecida e recebida a denúncia, desnecessária a preservação da custódia temporária do paciente, cuja finalidade é resguardar a integridade das investigações criminais. 2. Habeas corpus concedido a fim de, confirmando a liminar anteriormente deferida, revogar a custódia temporária do paciente[79].

O inciso I do artigo 1º da lei em análise afirma ser possível a decretação da prisão temporária quando esta for imprescindível para as investigações do inquérito policial. O inciso seguinte menciona que a restrição será possível quando o indicado não tiver residência fixa ou não fornecer elementos necessários ao esclarecimento de sua identidade. O terceiro item lista o rol de crimes compatíveis com a decretação da prisão temporária.

Eis o artigo em comento (com a inclusão da alínea 'p', determinada pela Lei 13.260/16):

> Art. 1° Caberá prisão temporária:
>
> I - quando imprescindível para as investigações do inquérito policial;
>
> II - quando o indiciado não tiver residência fixa ou não fornecer elementos necessários ao esclarecimento de sua identidade;
>
> III - quando houver fundadas razões, de acordo com qualquer prova admitida na legislação penal, de autoria ou participação do indiciado nos seguintes crimes:
>
> a) homicídio doloso (art. 121, caput, e seu § 2°);
>
> b) seqüestro ou cárcere privado (art. 148, caput, e seus §§ 1° e 2°);
>
> c) roubo (art. 157, caput, e seus §§ 1°, 2° e 3°);
>
> d) extorsão (art. 158, caput, e seus §§ 1° e 2°);
>
> e) extorsão mediante seqüestro (art. 159, caput, e seus §§ 1°, 2° e 3°);
>
> f) estupro (art. 213, caput, e sua combinação com o art. 223, caput, e parágrafo único);
>
> g) atentado violento ao pudor (art. 214, caput, e sua combinação com o art. 223, caput, e parágrafo único);
>
> h) rapto violento (art. 219, e sua combinação com o art. 223 caput, e parágrafo único);
>
> i) epidemia com resultado de morte (art. 267, § 1°);
>
> j) envenenamento de água potável ou substância alimentícia ou medicinal qualificado pela morte (art. 270, caput, combinado com art. 285);

79. STJ, 5ª Turma, HC 158.060/PA, rel. Min. Jorge Mussi, julgado em 02/09/2010, DJe em 20/09/2010.

l) quadrilha ou bando (art. 288), todos do Código Penal;

m) genocídio (arts. 1°, 2° e 3° da Lei n° 2.889, de 1° de outubro de 1956), em qualquer de sua formas típicas;

n) tráfico de drogas (art. 12 da Lei n° 6.368, de 21 de outubro de 1976);

o) crimes contra o sistema financeiro (Lei n° 7.492, de 16 de junho de 1986).

p) crimes previstos na Lei de Terrorismo.

Surge o primeiro questionamento acerca desta prisão provisória: os incisos do artigo 1º são autônomos, podendo o julgador fundamentar o decreto prisional em qualquer deles isoladamente? A resposta é negativa. A uma porque neste caso existiria hipótese de decretação automática da privação, interpretação que deve ser rechaçada (bastaria, por exemplo, que o sujeito fosse indiciado pela prática de homicídio doloso para que fosse possível a decretação da prisão temporária, independente da verificação concreta da imprescindibilidade da medida). A duas porque tal entendimento ampliaria sobremaneira as hipóteses de cabimento da prisão temporária, vez que os dois primeiros incisos não se referem a rol de crimes. Destarte, seria possível decretar tal privação provisória diante da prática de qualquer espécie delitiva, desde que fosse imprescindível para as investigações ou quando o indiciado não tivesse residência fixa, por exemplo. Vale deixar assentado que o instituto restringe direito ambulatorial do indiciado, devendo, destarte, ser interpretado restritivamente.

No que tange ao rol de crimes que admitem prisão temporária, Paulo Lúcio Nogueira, citado por Marco Antonio Vilas Boas[80] esclarece, corroborando os termos desenhados supra, que

> Os crimes que admitem a prisão temporária são os elencados na lei que a criou e na lei dos crimes hediondos, tratando-se de enumeração taxativa e não exemplificativa, dada sua gravidade, sendo assim indispensável a observância do rol estabelecido pela própria lei.

Fernando Capez[81], citando Sérgio de Oliveira Médici, aponta a existência de quatro posições acerca da exegese do dispositivo em estudo:

> Para Tourinho Filho e Júlio Mirabete, é Júlio Mirabete, é cabível a prisão temporária em qualquer das três situações previstas em lei (os requisitos são alternativos: ou um, ou outro);
>
> Antonio Scarance Fernandes defende que a prisão temporária só pode ser decretada se estiverem presentes as três situações (os requisitos são cumulativos);

80. VILAS BOAS, Marco Antonio. **Processo Penal Completo**. Saraiva, 2001, página 331.

81. CAPEZ, Fernando. **Obra acima citada**, página 243.

> Segundo Damásio E. de Jesus e Antônio Magalhães Gomes Filho, a prisão temporária só pode ser decretada naqueles crimes apontados pela lei. Nestes crimes, desde que concorra qualquer uma das duas primeiras situações, caberá prisão temporária. Assim, se a medida for imprescindível para as investigações ou se o endereço ou identificação do indiciado forem incertos, caberá a prisão cautelar, mas desde que o crime seja um dos indicados pela lei;
>
> A prisão temporária pode ser decretada em qualquer das situações legais, desde que, com ela, concorram os motivos que autorizam a decretação da prisão preventiva (CPP, art. 312). É a posição de Vicente Greco Filho.

Sugestiono uma quinta interpretação, segundo a qual a prisão temporária só poderia ser decretada na conjugação dos incisos I e III, ou quando presentes todas as hipóteses descritas no artigo 1º (incisos I, II e III). Explico. O primeiro item do artigo nunca pode, a meu ver, ficar fora da fundamentação da decretação da medida extrema, vez que admitir o contrário seria consagrar hipótese de decretação da custódia independente da necessidade concreta da medida. Repete-se o repúdio a todo exercício interpretativo que implique na imposição de restrição provisória ao direito ambulatorial não fundamentada em exigência palpável (necessária para investigação).

Ainda que bastante genérica, a hipótese autorizadora constante no inciso I, do artigo 1º, da Lei 7.960/89 impõe a demonstração da necessidade concreta da medida. A demonstração da imprescindibilidade da prisão temporária para as investigações no curso do inquérito policial deve estar presente de forma clara na representação da autoridade policial ou no requerimento do Ministério Público. Ademais, exige-se que a investigação tenha como pano de fundo um dos crimes listados pelo inciso III do mesmo artigo, como já acentuado supra.

Fundamentar o pedido de prisão temporária apenas no fato de não ter o indiciado residência fixa, sem necessidade de comprovar a imprescindibilidade da medida soa temerário. Até porque a espécie restritiva tem escasso prazo de duração e, findo este, o indiciado deve ser posto em liberdade, não existindo a garantia de que, depois de libertado, o indiciado fixará residência. Carente de fundamentação no inciso I, a prisão temporária nesta hipótese de nada serviria ao procedimento policial.

Da mesma forma se diga quanto à parte final do inciso II, do artigo 1º. O fato de o indiciado não apresentar elementos para sua identificação não deve, por si só, fundamentar a ordem prisional. É que há outras formas de se chegar à correta identificação do suspeito da prática delitiva. Não é em todo e qualquer caso que a falta deste elemento será suprido com o encarceramento temporário do suposto autor do fato. Por isso a imprescindibilidade de que a prisão seja de fato necessária ao bom curso das investigações. Sem a demonstração cabal de tal imperativo, não há que se falar em decretação da medida restritiva.

A motivação da independência do inciso I em relação ao II (vez que, como dito supra, há possibilidade de decretação da prisão conjugando-se o primeiro e o terceiro itens do artigo 1º da lei em comento) não merece muitas linhas. É que a imprescindibilidade da restrição para o bom termo do procedimento investigativo não pode ficar restrito simplesmente à hipótese em que o indiciado não tiver residência fixa ou não fornecer elementos para sua identificação. Exigir a cumulação fática dos três incisos em todos os casos seria restringir sobremaneira o alcance do mandamento legal. Não há elucubrações a fazer.

Da constatação, devidamente fundamentada, de que os incisos do artigo 1º não são autônomos emerge a conclusão de que a prisão temporária só pode ser imposta ao indiciado/investigado (exigência do inciso III do referido dispositivo). Este entendimento, como visto supra, não é pacífico, sendo certo que alguns autores, por entenderem independentes os incisos do artigo 1º da lei 7.960/89, acenam com a possibilidade de decretação da prisão temporária de pessoas estranhas à prática delituosa. Vejamos ilustração do pensamento, aqui repudiado:

> Um dos primeiros fundamentos legais que criou a prisão temporária inicia o primeiro dispositivo da Lei n. 7960/89 em justificando a violenta medida processual como imprescindível para as investigações do inquérito policial, foi mais longe que se pensou (e pasmem!) ao permitir a prisão de terceiras pessoas, ainda que não envolvidas com agentes da infração. Em benefício da investigação policial, a autoridade poderá conclamar à prisão (após autorizada pelo juiz) não só de infratores, mas também de testemunhas, informantes e outras pessoas indiretamente úteis à elucidação do caso[82].

Importante salientar que a restrição pode se imposta tanto ao indiciado (em face de quem já foi confeccionado despacho de indiciamento da lavra de delegado de polícia) quanto ao investigado (a interpretação deve ser extensiva, vez que o legislador confunde as duas figuras em diversas ocasiões).

Cumpre deixar claro que o entendimento majoritário (e pacífico), tanto da doutrina quanto da jurisprudência, é que a privação pode ser decretada quando cumulados os incisos I e III ou II e III, do artigo 1º acima transcrito. Vale dizer, a restrição só é cabível quando praticado em tese um dos delitos listados no inciso III e for a prisão imprescindível para as investigações do inquérito policial ou quando o indiciado não tiver residência fixa ou não fornecer elementos necessários ao esclarecimento de sua identidade. Neste sentido Nestor Távora e Rosmar Rodrigues Alencar[83], Rogério Greco[84] e Fernando Capez[85]. Vejamos aresto a respeito do tema[86]:

82. VILAS BOAS, Marco Antonio. **Obra acima citada**, página 331.

83. TÁVORA, Nestor e ALENCAR, Rosmar Rodrigues. **Obra acima citada**, página 543.

84. GRECO, Rogério. **Obra acima citada**, página 69.

85. CAPEZ, Fernando. **Obra acima citada**, página 328 e 329.

86. TJ/AL, HC n.º 2012.001816-9, rel. Des. Edivaldo Bandeira Rios, grifo meu.

> Habeas Corpus. Tráfico de entorpecentes. Roubo. Formação de quadrilha. Homicídio. Decreto de prisão temporária. Alegação de ausência de fundamentação. Inocorrência. Segregação provisória justificada na imprescindibilidade para as investigações e existência de indícios de autoria dos crimes elencados no inciso III do art. 1º da Lei nº 7960/89 - fundamentação idônea. Arguição de ausência de manifestação do Parquet estadual. Tese insubsistente. Constrangimento ilegal não-demonstrado recurso improvido. Unânime.

O prazo de duração da prisão é de cinco dias, prorrogáveis por igual período em caso de extrema e comprovada necessidade. Caso o crime apurado seja hediondo, o prazo será de 30 dias prorrogáveis por mais 30 dias (§ 4º, do artigo 2º, da Lei 8.072/90) – diante deste dispositivo legal, conclui-se que também é possível decretar prisão temporária quando se investiga crime listado no artigo 1º da Lei 8.072/90 (crime hediondo) e crime equiparado a hediondo (tráfico de drogas, tortura e terrorismo), ainda que o delito não esteja inserido na listagem do inciso III, do artigo 1º, da Lei 7.960/89.

Urge respeitar os reclamos legais que impõem a manutenção do preso temporário afastado dos demais encarcerados (artigo 3º da Lei 7.960/89) e a imediata soltura do indiciado depois de escoado o prazo legal, sem necessidade de expedição de alvará específico para este fim (§ 7º, do artigo 2º, do mandamento em estudo), sendo conveniente lembrar que a manutenção da restrição por lapso temporal maior que o estatuído em lei poderá importar, em tese, na prática de crime de abuso de autoridade (artigo 4º, 'i', da Lei 4.898/65).

Para melhor fixação, eis a transcrição dos artigos 2º e 3º da Lei 7.960/89:

> Art. 2° A prisão temporária será decretada pelo Juiz, em face da representação da autoridade policial ou de requerimento do Ministério Público, e terá o prazo de 5 (cinco) dias, prorrogável por igual período em caso de extrema e comprovada necessidade.
>
> § 1° Na hipótese de representação da autoridade policial, o Juiz, antes de decidir, ouvirá o Ministério Público.
>
> § 2° O despacho que decretar a prisão temporária deverá ser fundamentado e prolatado dentro do prazo de 24 (vinte e quatro) horas, contadas a partir do recebimento da representação ou do requerimento.
>
> § 3° O Juiz poderá, de ofício, ou a requerimento do Ministério Público e do Advogado, determinar que o preso lhe seja apresentado, solicitar informações e esclarecimentos da autoridade policial e submetê-lo a exame de corpo de delito.
>
> § 4° Decretada a prisão temporária, expedir-se-á mandado de prisão, em duas vias, uma das quais será entregue ao indiciado e servirá como nota de culpa.
>
> § 5° A prisão somente poderá ser executada depois da expedição de mandado judicial.
>
> § 6° Efetuada a prisão, a autoridade policial informará o preso dos direitos previstos no art. 5° da Constituição Federal.
>
> § 7° Decorrido o prazo de cinco dias de detenção, o preso deverá ser posto imediatamente em liberdade, salvo se já tiver sido decretada sua prisão preventiva.

> Art. 3° Os presos temporários deverão permanecer, obrigatoriamente, separados dos demais detentos.

Por fim, cumpre deixar claro que o Superior Tribunal de Justiça admite que o juiz decrete prisão preventiva, mesmo diante de representação pela prisão temporária:

> HABEAS CORPUS. IMPETRADO EM SUBSTITUIÇÃO A RECURSO PRÓPRIO. HOMICÍDIO DUPLAMENTE QUALIFICADO. PEDIDO DE PRISÃO TEMPORÁRIA. DECRETAÇÃO DA PRISÃO PREVENTIVA. INOCORRÊNCIA DE ILEGALIDADE. PRISÃO PREVENTIVA. RISCO DE REITERAÇÃO. NECESSIDADE DA PRISÃO PARA GARANTIA DA ORDEM PÚBLICA. FUGA DO DISTRITO DA CULPA. NECESSIDADE DE GARANTIR A APLICAÇÃO DA LEI PENAL E REGULAR INSTRUÇÃO CRIMINAL. SEGREGAÇÃO JUSTIFICADA. CONDIÇÕES PESSOAIS FAVORÁVEIS. IRRELEVÂNCIA. HABEAS CORPUS NÃO CONHECIDO. 1. O Superior Tribunal de Justiça, seguindo entendimento firmado pelo Supremo Tribunal Federal, passou a não admitir o conhecimento de habeas corpus substitutivo de recurso previsto para a espécie. No entanto, deve-se analisar o pedido formulado na inicial, tendo em vista a possibilidade de se conceder a ordem de ofício, em razão da existência de eventual coação ilegal. 2. Requerida a prisão temporária pela autoridade policial ou pelo Ministério Público, o Magistrado poderá decretar a prisão preventiva, em decisão fundamentada, na qual aponte a presença dos requisitos do art. 312 do CPP. 3. Deve ser aplicado ao tema o mesmo entendimento que preceitua a inexistência de qualquer ilegalidade na conversão do flagrante em preventiva. Não se trata de decretação da prisão de ofício, em desconformidade com o Sistema Acusatório de Processo ou com o Princípio da Inércia, adotados pela Constituição da República de 1988. Isso porque, o julgador só atuou após ter sido previamente provocado pela autoridade policial, não se tratando de postura que coloque em xeque a sua imparcialidade. O que deve ser analisado é se o ato judicial está amparada nos pressupostos exigidos pela lei (art. 312 do CPP) e calcado em fundamentos acolhidos pela doutrina e jurisprudência como válidos para o encarceramento prematuro do acusado. 4. A privação antecipada da liberdade do cidadão acusado de crime reveste-se de caráter excepcional em nosso ordenamento jurídico, e a medida deve estar embasada em decisão judicial fundamentada (art. 93, IX, da CF), que demonstre a existência da prova da materialidade do crime e a presença de indícios suficientes da autoria, bem como a ocorrência de um ou mais pressupostos do artigo 312 do Código de Processo Penal. Exige-se, ainda, na linha perfilhada pela jurisprudência dominante deste Superior Tribunal de Justiça e do Supremo Tribunal Federal, que a decisão esteja pautada em motivação concreta, sendo vedadas considerações abstratas sobre a gravidade do crime. 5. No presente caso, a prisão preventiva está devidamente justificada para a garantia da ordem pública, em razão da gravidade concreta do delito e da periculosidade do agente, evidenciada por dados da vida pregressa do paciente, notadamente pelo fato de ser reincidente em crimes violentos. Além disso, a custódia preventiva encontra-se lastreada no fato de o paciente ter fugido do distrito da culpa, destacando que seu próprio pai informou que ADJAIME deixou sua residência após os fatos e se encontrava em local incerto e não sabido. Assim, fica evidenciado ser a prisão preventiva indispensável para

> conter a reiteração na prática de crimes e garantir a ordem pública, resguardar a aplicação da lei penal e regular instrução do feito. 6. Eventuais condições subjetivas favoráveis do paciente, não comprovadas no presente caso, por si sós, não obstam a segregação cautelar, quando presentes os requisitos legais para a decretação da prisão preventiva. 7. Mostra-se indevida a aplicação de medidas cautelares diversas da prisão, quando evidenciada a sua insuficiência para acautelar a ordem pública. 8. Habeas corpus não conhecido[87].

9.2.6. Prisão domiciliar

A prisão domiciliar já era admitida pela jurisprudência tupiniquim no curso do inquérito ou do processo. Utilizava-se, para tanto, o artigo 117 da Lei de Execuções Penais - Lei 7.210/84:

> Art. 117. Somente se admitirá o recolhimento do beneficiário de regime aberto em residência particular quando se tratar de:
>
> I - condenado maior de 70 (setenta) anos;
>
> II - condenado acometido de doença grave;
>
> III - condenada com filho menor ou deficiente físico ou mental;
>
> IV - condenada gestante.

Vejamos arestos elucidativos:

> PENAL E PROCESSO PENAL. HABEAS CORPUS. PRISÃO PREVENTIVA. PRONÚNCIA. PRISÃO CAUTELAR. REQUISITOS. FUNDAMENTAÇÃO. INEXISTÊNCIA. RÉU PRESO HÁ MAIS DE 1 ANO E 9 MESES. EXCESSO DE PRAZO NO JULGAMENTO DO FEITO. CONSTRANGIMENTO ILEGAL CONFIGURADO. PACIENTE PORTADOR DE DOENÇA GRAVE. ESTADO DE SAÚDE DEBILITADO. PRISÃO DOMICILIAR DECRETADA. ORDEM CONCEDIDA. As decisões judiciais devem ser fundamentadas, sob pena de nulidade (art. 93, IX, CRFB). A prisão por pronúncia é espécie do gênero cautelar, cabível apenas por necessidade e conveniência instrumental, se presentes os requisitos autorizadores da prisão preventiva. O caráter hediondo do delito, ainda sub judice, não é bastante para coarctar, antecipadamente, a liberdade do réu, sob pena de prévio juízo de condenação e malferimento à presunção constitucional de não culpabilidade. Cumpre ao Estado, titular do jus puniendi, prover os meios necessários à aplicação da lei penal sem que, para tanto, imprima ao acusado constrangimento ilegal, à vista do excessivo prazo que marca a delonga no julgamento do feito. O princípio da razoabilidade é inato ao devido processo legal, de modo que a injustificada demora no julgamento do feito caracteriza o constrangimento ilegal corrigível pela via eleita do writ. Ordem CONCEDIDA para conceder ao paciente a prisão domiciliar[88].

---

87. STJ, HC 319.471/MG, 5ª. Turma, rel. Min. Reynaldo Soares da Fonseca, julgado em 16/06/2016, DJe 22/06/2016.

88. STJ, HC 52548/ES, 6ª Turma, rel. Min. Paulo Medina, j. 21/09/06, grifo meu.

> PROCESSO PENAL. HABEAS CORPUS. PRISÃO PREVENTIVA. PACIENTE PORTADOR DE DOENÇAS GRAVES. ESTADO DE SAÚDE DEBILITADO. SEGREGAÇÃO. PRISÃO DOMICILIAR. REQUISITOS. FLEXIBILIZAÇÃO DO ART. 117 DA LEI Nº 7.210/84. APLICAÇÃO DO PRINCÍPIO CONSTITUCIONAL FUNDAMENTAL DA DIGNIDADE DA PESSOA HUMANA. CONSTITUIÇÃO FEDERAL, ART. 1º, INCISO III. QUESTÃO NÃO SUSCITADA EM 2º GRAU. PEDIDO PREJUDICADO. ORDEM CONCEDIDA EX OFFICIO. Admite-se a prisão domiciliar, em princípio, quando se tratar de réu inserido no regime prisional aberto, ex vi art. 117 da Lei de Execução Penal. Excepcionalmente, tem a jurisprudência entendido ser possível a concessão do benefício da prisão domiciliar a réu portador de doença grave, que comprova a debilidade de sua saúde (Precedentes do STJ). No caso em exame, de acordo com os relatórios médicos juntados aos autos, o paciente está acometido de moléstias graves, submetido a vários tratamentos e em situação de sofrimento e alegado estágio terminal Questão não suscitada em segundo grau. Pedido prejudicado. Habeas Corpus CONCEDIDO DE OFÍCIO para revogar a prisão preventiva e julgar prejudicado o pedido[89].

Em verdade, as Cortes brasileiras aplicavam instituto afeto à execução penal (aplicável, em tese, apenas após o trânsito em julgado da sentença condenatória ao condenado em regime aberto) no curso do inquérito ou do processo, com lastro no princípio da dignidade da pessoa humana, de índole constitucional (artigo 1º, III, da Constituição Federal).

Com o fito de adaptar o ordenamento jurídico ao entendimento pacífico da jurisprudência, a Lei 12.403/11 enxertou no CPP a prisão domiciliar (artigos 317 e 318 – este último com a redação foi alterada pela Lei 13.257/16). Vejamos os dispositivos legais em comento:

> Art. 317. A prisão domiciliar consiste no recolhimento do indiciado ou acusado em sua residência, só podendo dela ausentar-se com autorização judicial.
>
> Art. 318. Poderá o juiz substituir a prisão preventiva pela domiciliar quando o agente for:
>
> I – maior de 80 (oitenta) anos;
>
> II – extremamente debilitado por motivo de doença grave;
>
> III – imprescindível aos cuidados especiais de pessoa menor de 6 (seis) anos de idade ou com deficiência;
>
> IV – gestante;
>
> V – mulher com filho de até 12 (doze) anos de idade incompletos;
>
> VI – homem, caso seja o único responsável pelos cuidados do filho de até 12 (doze) anos de idade incompletos.
>
> Parágrafo único. Para a substituição, o juiz exigirá prova idônea dos requisitos estabelecidos neste artigo.

89. STJ, HC 40748, 6ª Turma, rel. Min. Paulo Medina, j. 28/06/2005, grifo meu.

Andou bem o legislador ao permitir expressamente a prisão domiciliar no curso do inquérito ou do processo. Custodiar cautelarmente em estabelecimento prisional qualquer dos personagens listados no artigo 318 do CPP é medida extremamente severa e que só deve ser aplicada pontualmente em situações excepcionais. Caso não se mostre efetivamente imprescindível a decretação de prisão preventiva nestes casos, deve o julgador optar por imposição de medida cautelar diversa do cárcere (artigo 319 do CPP) ou prisão domiciliar (artigo 317 do CPP).

9.3. LIBERDADE PROVISÓRIA

Sempre perspicaz, Guilherme de Souza Nucci[90] descreve liberdade provisória como "a concedida ao indiciado ou réu, preso em decorrência de determinadas espécies de prisão cautelar, que, por não necessitar ficar segregado, provisoriamente, em homenagem ao princípio da presunção de inocência, deve ser liberado, sob determinadas condições".

O CPP trata da liberdade provisória a partir do artigo 321. Vejamos o dispositivo em comento:

> Art. 321. Ausentes os requisitos que autorizam a decretação da prisão preventiva, o juiz deverá conceder liberdade provisória, impondo, se for o caso, as medidas cautelares previstas no art. 319 deste Código e observados os critérios constantes do art. 282 deste Código.

O estudo do artigo acima transcrito revela que a conversão da prisão em flagrante em custódia preventiva e a manutenção da prisão preventiva outrora decretada dependem da verificação concreta dos requisitos e fundamentos desta (em síntese, é analisar os artigos 312 e 313 do CPP).

A liberdade provisória pode ser concedida com ou sem fiança. Fiança é uma caução prestada pela concessão da liberdade em valor a ser arbitrado de acordo com os limites desenhados no artigo 325 do CPP. Não existe nenhum parâmetro legal a ser seguido para que se conceda a liberdade provisória com ou sem fiança. O ideal é que, sendo afiançável o crime e as condições de fortuna do preso autorizem, seja arbitrada a caução.

Importante salientar que mesmo crimes inafiançáveis comportam concessão de liberdade provisória (que será concedida independentemente de fiança). Os delitos inafiançáveis são informados pela Constituição Federal, pelo Código de Processo Penal e pelas leis específicas que os regem[91] (basi-

90. NUCCI, Guilherme de Souza. **Obra acima citada**, páginas 531 e 532.

91. Artigo 5º, incisos XLLII, XLIII e XLIV, da Constituição Federal e artigo 323 do CPP, além das leis esparsas específicas.

camente os crimes de racismo, tortura, tráfico ilícito de entorpecentes e drogas afins, terrorismo, os definidos como hediondos e os crimes cometidos por grupos armados, civis ou militares, contra a ordem constitucional e o Estado Democrático).

Insta lembrar que o Supremo Tribunal Federal entendeu que os dispositivos legais que consideravam tais delitos insuscetíveis de liberdade provisória são inconstitucionais. Vejamos aresto[92] elucidativo:

> Ementa: HABEAS CORPUS. TRÁFICO DE ENTORPECENTES. RÉU PRESO EM FLAGRANTE. SENTENÇA CONDENATÓRIA. MANUTENÇÃO DA PRISÃO CAUTELAR. FUNDAMENTAÇÃO INIDÔNEA. ÓBICE À SUBSTITUIÇÃO DA PENA PRIVATIVA DE LIBERDADE POR PENAS RESTRITIVAS DE DIREIROS AFASTADO NO JULGAMENTO DO HC 97.256. HABEAS CORPUS NÃO CONHECIDO. ÓBICE DA SÚMULA 691/STF. ORDEM CONCEDIDA DE OFÍCIO. <u>1. Em tema de prisão cautelar, a garantia da fundamentação importa o dever judicante da real ou efetiva demonstração de que a segregação atende a pelo menos um dos requisitos do art. 312 do Código de Processo Penal. Pelo que a vedação legal à concessão da liberdade provisória, mesmo em caso de crimes hediondos (ou equiparados), opera uma patente inversão da lógica elementar da Constituição, segundo a qual a presunção de não-culpabilidade é de prevalecer até o momento do trânsito em julgado de sentença penal condenatória. 2. A mera alusão à gravidade do delito ou a expressões de simples apelo retórico não valida a ordem de prisão cautelar; sendo certo que a proibição abstrata de liberdade provisória também se mostra incompatível com tal presunção constitucional de não-culpabilidade.</u> 3. Não se pode perder de vista o caráter individual dos direitos subjetivo-constitucionais em matéria penal. E como o indivíduo é sempre uma realidade única ou insimilar, irrepetível mesmo na sua condição de microcosmo ou de um universo à parte, todo instituto de direito penal que se lhe aplique – pena, prisão, progressão de regime penitenciário, liberdade provisória, conversão da pena privativa de liberdade em restritiva de direitos – há de exibir o timbre da personalização. Tudo tem que ser personalizado na concreta aplicação do direito constitucional-penal, porque a própria Constituição é que se deseja assim orteguianamente aplicada (na linha do "Eu sou eu e minhas circunstâncias", como sentenciou Ortega Y Gasset). 4. O flagrante há de incidir por modo coerente com o seu próprio nome: situação de ardência ou calor da ação penalmente vedada. Ardência ou calor que se dissipa com a prisão de quem lhe deu causa. Não é algo destinado a vigorar para além do aprisionamento físico do agente, mas, ao contrário, algo que instantaneamente se esvai como específico efeito desse trancafiamento; ou seja, a prisão em flagrante é ao mesmo tempo a conseqüência e o dobre de sinos da própria ardência (flagrância) da ação descrita como crime. A continuidade desse tipo de custódia passa a exigir fundamentação judicial. <u>5. O fato em si da inafiançabilidade dos crimes hediondos e dos que lhe sejam equiparados parece não ter a antecipada força de impedir a concessão judicial da liberdade provisória, conforme abstratamente estabelecido no art. 44 da Lei 11.343/2006,</u>

92. STF, HC 103595/SP, 2ª Turma, Rel. Min. Ayres Britto, j. 07/02/2012 grifos meus.

> jungido que está o juiz à imprescindibilidade do princípio tácito ou implícito da individualização da prisão (não somente da pena). Pelo que a inafiançabilidade da prisão, mesmo em flagrante (inciso XLIII do art. 5º da CF), quer apenas significar que a lei infraconstitucional não pode prever como condição suficiente para a concessão da liberdade provisória o mero pagamento de uma fiança. A prisão em flagrante não pré-exclui o benefício da liberdade provisória, mas, tão-só, a fiança como ferramenta da sua obtenção (dela, liberdade provisória). Se é vedado levar à prisão ou nela manter alguém legalmente beneficiado com a cláusula da afiançabilidade, a recíproca não é verdadeira: a inafiançabilidade de um crime não implica, necessariamente, vedação do benefício à liberdade provisória, mas apenas sua obtenção pelo simples dispêndio de recursos financeiros ou bens materiais. Tudo vai depender da concreta aferição judicial da periculosidade do agente, atento o juiz aos vetores do art. 312 do Código de Processo Penal. 6. Nem a inafiançabilidade exclui a liberdade provisória nem o flagrante pré-exclui a necessidade de fundamentação judicial para a continuidade da prisão. Pelo que, nada obstante a maior severidade da Constituição para com os delitos em causa, tal resposta normativa de maior rigor penal não tem a força de minimizar e muito menos excluir a participação verdadeiramente central do Poder Judiciário em tema de privação da liberdade corporal do indivíduo. Em suma: a liberdade de locomoção do ser humano é bem jurídico tão superlativamente prestigiado pela Constituição que até mesmo a prisão em flagrante delito há de ser imediatamente comunicada ao juiz para decidir tanto sobre a regularidade do respectivo auto quanto a respeito da necessidade da sua prossecução. Para o que disporá das hipóteses de incidência do art. 312 do CPP, nelas embutido o bem jurídico da Ordem Pública, um dos explícitos fins dessa tão genuína quanto essencial atividade estatal que atende pelo nome de Segurança Pública (art. 144 da CF/88). 7. No julgamento do HC 97.256 (da relatoria do ministro Ayres Britto), o Supremo Tribunal Federal declarou, incidentalmente, a inconstitucionalidade da vedação à substituição da pena privativa por penas restritivas de direitos. 8. Habeas corpus não conhecido. Ordem concedida de ofício.

O artigo 322 revela que o delegado de polícia pode arbitrá-la em face de crimes cuja pena máxima não seja superior a quatro anos (antes da edição da Lei 12.403/11, a autoridade policial poderia arbitrar fiança se o crime fosse punido com pena de detenção, qualquer que fosse o limite abstrato de pena previsto para infração).

Superado o limite de quatro anos de pena máxima, apenas o magistrado pode arbitrar fiança, devendo decidir no prazo máximo de 48 horas – parágrafo único do artigo 322 do CPP (caso seja inafiançável a infração, ainda assim pode ser concedida a liberdade provisória independente de fiança, pelo magistrado).

Além dos já citados casos listados no artigo 323 do CPP, o artigo 324 do mesmo diploma legal traz situações em que a caução não pode ser arbitrada:

> Art. 324. Não será, igualmente, concedida fiança:
>
> I – aos que, no mesmo processo, tiverem quebrado fiança anteriormente concedida ou infringido, sem motivo justo, qualquer das obrigações a que se referem os arts. 327 e 328 deste Código;

> II – em caso de prisão civil ou militar;
>
> III – revogado;
>
> IV – quando presentes os motivos que autorizam a decretação da prisão preventiva (art. 312).

O artigo 325 do CPP orça os limites para o arbitramento de fiança. Ele é autoexplicativo:

> Art. 325. O valor da fiança será fixado pela autoridade que a conceder nos seguintes limites:
>
> I – de 1 (um) a 100 (cem) salários mínimos, quando se tratar de infração cuja pena privativa de liberdade, no grau máximo, não for superior a 4 (quatro) anos;
>
> II – de 10 (dez) a 200 (duzentos) salários mínimos, quando o máximo da pena privativa de liberdade cominada for superior a 4 (quatro) anos.
>
> § 1º Se assim recomendar a situação econômica do preso, a fiança poderá ser:
>
> I – dispensada, na forma do art. 350 deste Código;
>
> II – reduzida até o máximo de 2/3 (dois terços); ou
>
> III – aumentada em até 1.000 (mil) vezes.

O artigo 326 revela que a autoridade deve levar em conta as condições pessoais de fortuna e a vida pregressa do indiciado/acusado, a sua periculosidade e o valor provável das custas processuais para fixar a caução (que deve obedecer aos limites estipulados pelo artigo 325, acima transcrito):

> Art. 326. Para determinar o valor da fiança, a autoridade terá em consideração a natureza da infração, as condições pessoais de fortuna e vida pregressa do acusado, as circunstâncias indicativas de sua periculosidade, bem como a importância provável das custas do processo, até final julgamento.

Observando a condição financeira do detido, é possível ao juiz dispensar a fiança, na forma do artigo 325, § 1º, I c/c artigo 350, ambos do Código de Processo Penal:

> Art. 350. Nos casos em que couber fiança, o juiz, verificando a situação econômica do preso, poderá conceder-lhe liberdade provisória, sujeitando-o às obrigações constantes dos arts. 327 e 328 deste Código e a outras medidas cautelares, se for o caso.
>
> Parágrafo único. Se o beneficiado descumprir, sem motivo justo, qualquer das obrigações ou medidas impostas, aplicar-se-á o disposto no § 4º do art. 282 deste Código.

Nesta toada, cumpre lançar mão de interpretação extensiva, com o fito de possibilitar ao delegado de polícia, de igual sorte, dispensar o conduzido do pagamento de fiança, quando o delito for afiançável pela autoridade policial (artigo 322 do Código de Processo Penal). Explico. Como o delegado de polícia é autoridade legalmente habilitada a arbitrar fiança, deve ele também ter o poder de dispensar a caução diante do estado de miserabilidade do detido – a liberdade no curso da investigação e do processo é a regra e a fiança não pode se transmudar em impeditivo intransponível à libertação do indiciado pobre. Anote-se que a interpretação extensiva é expressamente permitida, nos termos do artigo 3º do Código de Processo Penal.

A fiança pode ser prestada em dinheiro, pedras, objetos ou metais preciosos, títulos da dívida pública, federal, estadual ou municipal, ou em hipoteca inscrita em primeiro lugar (artigo 330 do CPP). Os valores devem ser depositados à disposição do juízo processante ou entregues a depositário público (artigo 331 do CPP). O artigo 329 do CPP exige que nos juízos criminais e nas delegacias de polícia existam livros especiais para inscrição dos termos de fiança.

O destino da fiança está grafado nos artigos 336 e 337 do CPP. Vale a transcrição dos dispositivos:

> Art. 336. O dinheiro ou objetos dados como fiança servirão ao pagamento das custas, da indenização do dano, da prestação pecuniária e da multa, se o réu for condenado.
>
> Parágrafo único. Este dispositivo terá aplicação ainda no caso da prescrição depois da sentença condenatória (art. 110 do Código Penal).
>
> Art. 337. Se a fiança for declarada sem efeito ou passar em julgado sentença que houver absolvido o acusado ou declarada extinta a ação penal, o valor que a constituir, atualizado, será restituído sem desconto, salvo o disposto no parágrafo único do art. 336 deste Código.

Por fim, cumpre estudar quatro expressões usadas pelo Código de Processo Penal a respeito da fiança: o quebramento, a cassação, o perdimento e o reforço.

Quebramento significa a perda da metade da fiança. Deduzido o valor das custas processuais, o restante do montante quebrado será recolhido ao fundo penitenciário (artigos 343 e 346 do CPP). As hipóteses de quebramento da fiança estão grafadas nos artigos 328 e 341 do CPP.

A fiança será cassada quando se perceber que ela foi erroneamente arbitrada (não era hipótese possível de arbitramento de fiança e, mesmo assim, a caução foi autorizada) ou quando houver nova classificação jurídica da infração que torne o crime inafiançável (artigos 338 e 339 do CPP).

O perdimento da fiança importará na perda total do seu valor, que servirá ao pagamento das custas processuais. O restante do montante será recolhido ao fundo penitenciário (artigo 345 do CPP).

Será exigido reforço da fiança nas hipóteses do artigo 340 do CPP:

Art. 340. Será exigido o reforço da fiança:

I – quando a autoridade tomar, por engano, fiança insuficiente;

II – quando houver depreciação material ou perecimento dos bens hipotecados ou caucionados, ou depreciação dos metais ou pedras preciosas;

III – quando for inovada a classificação do delito.

Parágrafo único. A fiança ficará sem efeito e o réu será recolhido à prisão, quando, na conformidade deste artigo, não for reforçada.

9.4. RELAXAMENTO DA PRISÃO

A expressão relaxamento de prisão significa libertar o preso em face da observância de alguma ilegalidade. Essa é a palavra chave quando se fala em relaxamento: ilegalidade.

Diversas são as hipóteses de ilegalidades passíveis de redundar na soltura do indiciado/acusado. Normalmente estas são praticadas quando da captura do autor do fato em flagrante. Vejamos algumas: a) lavratura de auto de prisão em flagrante fora das hipóteses listadas no artigo 302 do CPP; b) deixar a autoridade policial de entregar nota de culpa ao preso no prazo de 24 horas (artigo 306, § 2º, do CPP); c) deixar a autoridade de comunicar a prisão à família do preso ou a pessoa por ele indicada (inciso LXII do artigo 5º da CF e artigo 306 do CPP); d) deixar a autoridade policial de comunicar imediatamente a prisão o juiz e o Ministério Público (inciso LXII do artigo 5º da CF e 306 do CPP); e) deixar a autoridade policial de enviar cópia integral do auto de prisão em flagrante ao juiz, ao MP e à Defensoria Pública (neste último caso se o preso não indicar advogado) no prazo de 24 horas (artigo 306, § 1º, do CPP); f) deixar a autoridade policial de justificar por escrito o uso de algemas (Súmula Vinculante 11 do STF); g) desrespeito ao prazo legal para conclusão do inquérito policial com indiciado preso (artigo 10 do CPP).

Constatada a ilegalidade, o juiz deve relaxar a prisão imediatamente, determinando a soltura do preso. É seguir o inciso LXV, do artigo 5º, da Carta da República. Caso o magistrado não reconheça de ofício a falha, deve ser materializado pedido de relaxamento de prisão pelo advogado/defensor público. Se este pleito for rechaçado pelo juízo processante, cabe à defesa manejar *habeas corpus* dirigido ao tribunal competente (artigo 5º, inciso LXVIII, da CF).

A prisão também pode se transmudar em custódia ilegal pelo decurso do tempo. O artigo 5º, inciso LXXVIII, da Lei Maior consagra o direito à razoável duração do processo. Como não há definição legal do lapso temporal razoável para conclusão do processo penal, o judiciário deve decidir caso a caso, verificando processo a processo se houve ou não excesso prazal de privação da liberdade provisória apto a determinar a imediata soltura do acusado. Vejamos aresto proferido pelo Tribunal da Cidadania[93]:

93. STJ, HC 130534/SP, 6ª Turma, rel. Min. Maria Thereza de Assis Moura, j. 24/04/2012.

> PROCESSO PENAL. HABEAS CORPUS. PRISÃO EM FLAGRANTE. PRESSUPOSTOS DE CAUTELARIDADE. SENTENÇA DE PRONÚNCIA. TEMA SUPERADO. NOVO TÍTULO. EXCESSO DE PRAZO. HOMICÍDIO QUALIFICADO. 3 ANOS E 6 MESES DE MEDIDA. SÚMULAS 52 E 21 DESTA CORTE. AUSÊNCIA DE DATA PARA A REALIZAÇÃO DO JÚRI. PROPORCIONALIDADE E RAZOABILIDADE DA CUSTÓDIA. ART. 5º, LXXVIII, DA CF. RELAXAMENTO QUE SE IMPÕE. 1. A sobrevinda da sentença de pronúncia faz superar a alegação de falta de requisitos da prisão em flagrante, já que constituído novo título cautelar. 2. As Súmulas nº 52 e 21 deste Tribunal não impedem o reconhecimento do excesso de prazo nos casos em que a demora da prisão fere a proporcionalidade e a razoabilidade do tempo do processo. 3. Assim, as previsões sumulares desta Corte hão de ceder espaço à previsão garantista da realização do processo em tempo hábil, ainda mais quando se observa que o paciente encontra-se preso por mais de 3 anos e 6 meses, sem data prevista para realização da sessão de julgamento. 4. Ordem concedida para relaxar a prisão cautelar.

Antes da edição da Lei 11.719/08, a doutrina e a jurisprudência fixavam em 81 dias o prazo médio para conclusão do processo penal (soma dos prazos processuais em bloco). Este seria o lapso temporal razoável para ultimar o feito penal. Mesmo convencionado um patamar prazal, as Cortes tupiniquins relativizavam tal limite, a depender da situação concreta (excessivo número de réus, demora imputada à defesa, prolação de decisão de pronúncia em procedimento do júri[94], etc.). Eis julgado exemplificativo[95]:

> CRIMINAL. HABEAS CORPUS. ROUBO MAJORADO. FORMAÇÃO DE QUADRILHA. RELAXAMENTO DA PRISÃO. EXCESSO DE PRAZO. INOCORRÊNCIA. PLURALIDADE DE AGENTES. EXPEDIÇÃO DE CARTA PRECATÓRIA. TRÂMITE REGULAR. ORDEM PARCIALMENTE CONHECIDA E, NESSA EXTENSÃO, DENEGADA. I. A matéria deduzida neste mandamus não foi objeto de debate e julgamento pelo Tribunal local, com relação a três dos quatros pacientes, motivo pelo qual não pode ser conhecida neste Tribunal Superior com relação àqueles, sob pena de indevida supressão de instância. II. Feito que tramita regularmente, não sendo o processamento de modo célere quanto desejado pelo paciente, em virtude da sua complexidade, advinda da multiplicidade de réus e da necessidade de medidas morosas, como a expedição de carta precatória. III. O prazo legalmente estabelecido para a conclusão da instrução criminal não é absoluto, devendo ser avaliado à luz do princípio da razoabilidade. IV. Ordem parcialmente conhecida e, nessa extensão, denegada.

94. Súmula 21 do STJ.

95. STJ, HC 226718/MG, 5ª Turma, rel. Min. Gilson Dipp, j. 27/03/2012.

Depois do advento da Lei 11.719/08, Pacelli[96] adverte que "a nova contagem, no rito ordinário, chegará aos 86 (oitenta e seis) dias, como regra, ressalvadas circunstâncias específicas de cada caso concreto".

Já segundo Andrey Borges de Mendonça[97]:

> O procedimento ordinário foi alterado em 2008, pela Lei 11.719, de sorte que a soma de seus prazos não é mais de 81 dias, mas passou a variar entre 105 dias, na Justiça Estadual, e 125 na Justiça Federal, podendo, no entanto, ser ampliado em razão de incidentes previstos.

O parágrafo único, do artigo 22, da Lei 12.850/13, fixou em 120 dias (prorrogáveis por igual período, por decisão fundamentada) o prazo máximo de duração da instrução criminal em processo que apure crimes praticados por organizações criminosas:

> Art. 22. Os crimes previstos nesta Lei e as infrações penais conexas serão apurados mediante procedimento ordinário previsto no Decreto-Lei nº 3.689, de 3 de outubro de 1941 (Código de Processo Penal), observado o disposto no parágrafo único deste artigo.
>
> Parágrafo único. A instrução criminal deverá ser encerrada em prazo razoável, o qual não poderá exceder a 120 (cento e vinte) dias quando o réu estiver preso, prorrogáveis em até igual período, por decisão fundamentada, devidamente motivada pela complexidade da causa ou por fato procrastinatório atribuível ao réu.

O tema é espinhoso e deve ser analisado com cautela. É certo que o prazo para duração do inquérito/processo não pode ser medido em valores absolutos e de forma puramente objetiva, sem que se sopesem dificuldades práticas e situações excepcionais. Por outro lado, não se pode sonegar o direito do réu, de envergadura constitucional, ao rápido tramitar do feito.

Pacelli[98] sentencia:

> Em resumo: a regra é a estrita observância, pelo Estado, dos prazos previstos para a prática dos atos processuais instrutórios, somente se admitindo a sua não-observância em situações excepcionais, em que se exija uma reflexão hermenêutica para além dos limites dogmáticos, na linha da necessidade de afirmação de princípios constitucionais de igual relevância.

96. DE OLIVEIRA, Eugênio Pacelli. **Obra acima citada**, página 496.
97. DE MENDONÇA, Andrey Borges. **Obra acima citada**, página 301.
98. DE OLIVEIRA, Eugênio Pacelli. **Obra acima citada**, página 497.

9.5. A REALIDADE DAS PRISÕES NO BRASIL

As prisões brasileiras, via de regra, são depósitos insalubres e escuros de seres humanos, que findam se animalizando com o passar do tempo. E não poderia ser diferente. Ser confinado em celas sem nenhum conforto, lotadas e sem a mais mínima condição de abrigar uma pessoa é pena muito mais gravosa que a determinada abstratamente nos preceitos secundários dos tipos penais.

João Batista Herkenhoff, citado por Adeildo Nunes[99], revela a realidade dos presídios brasileiros:

> Superlotação de celas, presos enjaulados em cômodos colchões ou esteiras espalhadas pelo chão, um vaso turco coletivo, sujeira, e mau cheiro, num absoluto desrespeito à dignidade humana.

Confirmando a situação acima desenhada, Cezar Roberto Bitencourt[100] arremata afirmando que a "superlotação das prisões, a alimentação deficiente, o mau estado das instalações, pessoa técnico despreparado, falta de orçamento, todos esses fatores convertem a prisão em um castigo desumano".

Se a privação da liberdade enquanto pena enfrenta estes graves problemas devido à insalubridade e à superlotação dos estabelecimentos penitenciários, o que dizer da prisão cautelar? Esta privação é imposta na defesa do processo, ainda sem manifestação definitiva do Estado acerca da culpa do réu (na fase processual vigora o princípio do estado de inocência - inciso LVII, do artigo 5º, da Lei Máxima). Parece-me muito mais penoso enfrentar essa grotesca realidade antes de ser definitivamente condenado.

Fazendo um retrospecto constitucional, vislumbramos já na Carta de 1824, outorgada por D. Pedro I a preocupação com o ambiente prisional, no artigo 179, inciso XXI. O artigo trata dos direitos civis e políticos dos cidadãos brasileiros e o item prescreve:

> XXI. As Cadêas serão seguras, limpas, o bem arejadas, havendo diversas casas para separação dos Réos, conforme suas circumstancias, e natureza dos seus crimes (sic).

A Lei de Execuções Penais (Lei 7.210/84) traça regras que, se fossem cumpridas pelo Estado, tornariam a execução da pena privativa de liberdade e as prisões provisórias experiências menos traumáticas para os custodiados.

---

99. NUNES, Aldeido. **A realidade das Prisões Brasileiras**, Editora Nossa Livraria, página 182.

100. BITENCOURT, Cezar Roberto. **Falência da Pena de Prisão: Causas e Alternativas**, Saraiva, 2012, página 230.

Certamente os índices de reincidência cairiam se nossa massa carcerária tivesse seus direitos mais mínimos observados (e a pena cumpriria um dos seus objetivos – a ressocialização).

Mesmo diante de tal realidade, convém observar que a superlotação do estabelecimento prisional ou suas condições de salubridade não são motivos para que a privação de liberdade se transmude em ilegal e a prisão seja relaxada. Vejamos aresto do Superior Tribunal Justiça[101]:

> HABEAS CORPUS. EXECUÇÃO PENAL. PÉSSIMAS CONDIÇÕES DOS ESTABELECIMENTOS PRISIONAIS. PEDIDO DE TRANSFERÊNCIA. COMPETÊNCIA DA VARA DAS EXECUÇÕES PENAIS. 1. O habeas corpus não é a medida cabível para o deferimento de transferências e incidentes na execução de pena provisória ou definitiva, sendo que o órgão competente para decidir acerca desses pleitos é a Vara de Execuções Penais ou outro órgão que a Regimento Interno do Tribunal determinar. <u>2. A superlotação e as precárias condições dos estabelecimentos prisionais não permite a concessão da liberdade aos sentenciados ou presos provisórios, visto que foram recolhidos por decisões judiciais que observaram o devido processo legal.</u> 3. Ordem denegada, com recomendação.

Mesmo diante do aresto supra, cumpre deixar consignado que o caos do sistema prisional brasileiro é tão evidente, que o Supremo Tribunal Federal reconheceu a existência de estado de coisas inconstitucional no sistema carcerário, nos autos da ADPF 347[102] (e determinou liberação de verbas do fundo penitenciário nacional com o fito de minimizar os graves problemas detectados):

> CUSTODIADO – INTEGRIDADE FÍSICA E MORAL – SISTEMA PENITENCIÁRIO – ARGUIÇÃO DE DESCUMPRIMENTO DE PRECEITO FUNDAMENTAL – ADEQUAÇÃO. Cabível é a arguição de descumprimento de preceito fundamental considerada a situação degradante das penitenciárias no Brasil. SISTEMA PENITENCIÁRIO NACIONAL – SUPERLOTAÇÃO CARCERÁRIA – CONDIÇÕES DESUMANAS DE CUSTÓDIA – VIOLAÇÃO MASSIVA DE DIREITOS FUNDAMENTAIS – FALHAS ESTRUTURAIS – ESTADO DE COISAS INCONSTITUCIONAL – CONFIGURAÇÃO. Presente quadro de violação massiva e persistente de direitos fundamentais, decorrente de falhas estruturais e falência de políticas públicas e cuja modificação depende de medidas abrangentes de natureza normativa, administrativa e orçamentária, deve o sistema penitenciário nacional ser caraterizado como "estado de coisas inconstitucional". FUNDO PENITENCIÁRIO NACIONAL – VERBAS – CONTINGENCIAMENTO. Ante a situação precária das penitenciárias, o interesse público direciona à liberação das verbas do Fundo Penitenciário Nacional. AUDIÊNCIA DE CUSTÓDIA – OBSERVÂNCIA OBRIGATÓRIA. Estão obrigados juízes e tribunais, observados os artigos 9.3 do Pacto dos Direitos Civis e

101. STJ, HC 34316/RJ, 5ª Turma, rel. Min. Laurita Vaz, j. 28/09/04, grifo meu.

102. STF, ADPF 347 MC, Relator Min. Marco Aurélio, Tribunal Pleno, julgado em 09/09/2015, processo eletrônico DJe-031, publicado em 19/02/2016.

> Políticos e 7.5 da Convenção Interamericana de Direitos Humanos, a realizarem, em até noventa dias, audiências de custódia, viabilizando o comparecimento do preso perante a autoridade judiciária no prazo máximo de 24 horas, contado do momento da prisão.

Em outro julgado interessante, o Pretório Excelso decidiu, em sede de recurso extraordinário com repercussão geral (RE 580252), que o preso tem direito a indenização pecuniária, paga em parcela única (de R$ 2.000,00, no caso analisado), em caso de violação de seus direitos fundamentais no cárcere.

Houve duas outras propostas que findaram vencidas: a) os Ministros Edson Fachin e Marco Aurélio entenderam correto o pagamento de um salário mínimo por mês de cárcere em situação de violação de direitos fundamentais; b) O Ministro Luís Roberto Barroso propôs remição de pena para compensar o vilipêndio a direitos do preso.

Eis a tese fixada pelo STF:

> Considerando que é dever do Estado, imposto pelo sistema normativo, manter em seus presídios os padrões mínimos de humanidade previstos no ordenamento jurídico, é de sua responsabilidade, nos termos do artigo 37, parágrafo 6º, da Constituição, a obrigação de ressarcir os danos, inclusive morais, comprovadamente causados aos detentos em decorrência da falta ou insuficiência das condições legais de encarceramento.

Esperamos com ansiedade o dia em que o Estado consiga suprimir do detido apenas o que a lei determina – a sua liberdade (e não sua dignidade, sua saúde física e mental, dentre outros precisos direitos atingidos pelas condições dos nossos estabelecimentos penitenciários).

9.6. CONDUÇÃO COERCITIVA EM OPERAÇÕES POLICIAIS

Além da medida extrema (prisão cautelar), estudada nos tópicos acima, afigura-se possível em operações policiais a condução coercitiva dos investigados para serem ouvidos em uma só oportunidade (dia da deflagração operação), de forma a não atrapalhar o trabalho investigativo (a ser representada pela autoridade policial e decretada pelo juízo competente).

Trata-se de alternativa menos gravosa, que pode substituir eventual representação pela decretação da prisão de alvos de operações policiais (caso a autoridade policial entenda que o encarceramento dos mesmos não é cabível ou necessário e tencione ouvi-los em um mesmo momento).

O Código de Processo Penal trata no artigo 260 da condução coercitiva do acusado (na fase pré-processual, entenda-o como investigado ou indiciado):

> Art. 260. Se o acusado não atender à intimação para o interrogatório, reconhecimento ou qualquer outro ato que, sem ele, não possa ser realizado, a autoridade poderá mandar conduzi-lo à sua presença.

Já no artigo 218, do CPP, temos a possibilidade de condução coercitiva da testemunha:

> Art. 218. Se, regularmente intimada, a testemunha deixar de comparecer sem motivo justificado, o juiz poderá requisitar à autoridade policial a sua apresentação ou determinar seja conduzida por oficial de justiça, que poderá solicitar o auxílio da força pública.

O artigo 201, § 1º, do mesmo estatuto processual conclama que até mesmo o ofendido pode ser conduzido coercitivamente à presença da autoridade caso deixe de comparecer depois de regularmente intimado:

> Art. 201. Sempre que possível, o ofendido será qualificado e perguntado sobre as circunstâncias da infração, quem seja ou presuma ser o seu autor, as provas que possa indicar, tomando-se por termo as suas declarações.
>
> § 1º Se, intimado para esse fim, deixar de comparecer sem motivo justo, o ofendido poderá ser conduzido à presença da autoridade.

A condução coercitiva, como se percebe da análise dos dispositivos transcritos, é cabível quando o intimado não comparece e não justifica sua ausência. É demonstração de força estatal em face do descumprimento de ordem de apresentação.

Mesmo diante de tal perspectiva, cumpre deixar claro que as peculiaridades que gravitam em torno da deflagração de uma operação policial clamam pela decretação da condução coercitiva de investigados mesmo sem que tenha havido qualquer intimação pretérita. Esta (a intimação), caso fosse expedida antes da deflagração da operação, prejudicaria o sigilo imprescindível ao bom termo das investigações.

Finque-se que a expedição de mandados de condução coercitiva autorizando o aparelho policial a trazer investigados imediatamente para serem ouvidos no dia da deflagração da operação festeja, em última análise, o direito de liberdade dos alvos, uma vez que deixam de ser representadas as prisões dos mesmos, como já desenhado supra.

Nesta senda, a expedição de mandados de condução coercitiva em detrimento da decretação de prisões é medida razoável e proporcional tanto para o Estado (que consegue oitivar todos os investigados em um só momento – o da deflagração da operação) quanto para os investigados (que findam não sendo presos).

É de bom tom incluir na representação solicitação para que conste nos respectivos mandados autorização para que o aparelho policial possa adentrar nas residências das pessoas a serem conduzidas, com o fim precípuo de dar cumprimento às ordens em caso de recalcitrância (caso não se tencione materializar busca e apreensão na casa do alvo).

O Supremo Tribunal Federal[103] já enfrentou o tema (possibilidade de condução coercitiva sem prévia intimação) e assim se manifestou:

> HABEAS CORPUS. CONSTITUCIONAL E PROCESSUAL PENAL. CONDUÇÃO DO INVESTIGADO À AUTORIDADE POLICIAL PARA ESCLARECIMENTOS. POSSIBILIDADE. INTELIGÊNCIA DO ART. 144, § 4º, DA CONSTITUIÇÃO FEDERAL E DO ART. 6º DO CPP. DESNECESSIDADE DE MANDADO DE PRISÃO OU DE ESTADO DE FLAGRÂNCIA. DESNECESSIDADE DE INVOCAÇÃO DA TEORIA OU DOUTRINA DOS PODERES IMPLÍCITOS. PRISÃO CAUTELAR DECRETADA POR DECISÃO JUDICIAL, APÓS A CONFISSÃO INFORMAL E O INTERROGATÓRIO DO INDICIADO. LEGITIMIDADE. OBSERVÂNCIA DA CLÁUSULA CONSTITUCIONAL DA RESERVA DE JURISDIÇÃO. USO DE ALGEMAS DEVIDAMENTE JUSTIFICADO. CONDENAÇÃO BASEADA EM PROVAS IDÔNEAS E SUFICIENTES. NULIDADE PROCESSUAIS NÃO VERIFICADAS. LEGITIMIDADE DOS FUNDAMENTOS DA PRISÃO PREVENTIVA. GARANTIA DA ORDEM PÚBLICA E CONVENIÊNCIA DA INSTRUÇÃO CRIMINAL. ORDEM DENEGADA. I – A própria Constituição Federal assegura, em seu art. 144, § 4º, às polícias civis, dirigidas por delegados de polícia de carreira, as funções de polícia judiciária e a apuração de infrações penais. II – O art. 6º do Código de Processo Penal, por sua vez, estabelece as providências que devem ser tomadas pela autoridade policial quando tiver conhecimento da ocorrência de um delito, todas dispostas nos incisos II a VI. III – Legitimidade dos agentes policiais, sob o comando da autoridade policial competente (art. 4º do CPP), para tomar todas as providências necessárias à elucidação de um delito, incluindo-se aí a condução de pessoas para prestar esclarecimentos, resguardadas as garantias legais e constitucionais dos conduzidos. IV – Desnecessidade de invocação da chamada teoria ou doutrina dos poderes implícitos, construída pela Suprema Corte norte-americana e incorporada ao nosso ordenamento jurídico, uma vez que há previsão expressa, na Constituição e no Código de Processo Penal, que dá poderes à polícia civil para investigar a prática de eventuais infrações penais, bem como para exercer as funções de polícia judiciária. V – A custódia do paciente ocorreu por decisão judicial fundamentada, depois de ele confessar o crime e de ser interrogado pela autoridade policial, não havendo, assim, qualquer ofensa à clausula constitucional da reserva de jurisdição que deve estar presente nas hipóteses dos incisos LXI e LXII do art. 5º da Constituição Federal. VI – O uso de algemas foi devidamente justificado pelas circunstâncias que envolveram o caso, diante da possibilidade de o paciente atentar contra a própria integridade física ou de terceiros. VII – Não restou constatada a confissão mediante tortura, nem a violação do art. 5º, LXII e LXIII, da Carta Magna, nem tampouco as formalidades previstas no art. 6º, V, do Código de Processo Penal. VIII – Inexis-

103. STF, *HC 107644, 1ª Turma, rel. Min. Ricardo Lewandowski, j. 06/09/2011, DJe em 18/10/2011.*

tência de cerceamento de defesa decorrente do indeferimento da oitiva das testemunhas arroladas pelo paciente e do pedido de diligências, aliás requeridas a destempo, haja vista a inércia da defesa e a consequente preclusão dos pleitos. IX – A jurisprudência desta Corte, ademais, firmou-se no sentido de que não há falar em cerceamento ao direito de defesa quando o magistrado, de forma fundamentada, lastreado nos elementos de convicção existentes nos autos, indefere pedido de diligência probatória que repute impertinente, desnecessária ou protelatória, sendo certo que a defesa do paciente não se desincumbiu de indicar, oportunamente, quais os elementos de provas pretendia produzir para levar à absolvição do paciente. X – É desprovido de fundamento jurídico o argumento de que houve inversão na ordem de apresentação das alegações finais, haja vista que, diante da juntada de outros documentos pela defesa nas alegações, a magistrada processante determinou nova vista dos autos ao Ministério Público e ao assistente de acusação, não havendo, nesse ato, qualquer irregularidade processual. Pelo contrário, o que se deu na espécie foi a estrita observância aos princípios do devido processo legal e do contraditório. XI – A prisão cautelar se mostra suficientemente motivada para a garantia da instrução criminal e preservação da ordem pública, ante a periculosidade do paciente, verificada pela gravidade in concreto do crime, bem como pelo modus operandi mediante o qual foi praticado o delito. Ademais, o paciente evadiu-se do distrito da culpa após a condenação. XII – Ordem denegada.

Por fim, cumpre deixar claro que, em que pese a medida aqui proposta ser utilizada largamente na prática, ela é fruto de uma construção jurídica (não tem sustentação legal específica). Assim é que, alternativamente à representação pela condução coercitiva dos investigados, é interessante que a autoridade policial faça constar em sua peça pleito relacionado à prisão temporária dos mesmos (se entender presentes os requisitos autorizadores da Lei 7.960/89), em festejo ao princípio da eventualidade.

9.7. PRISÃO EM FACE DE DECISÃO CONDENATÓRIA PROFERIDA POR TRIBUNAL DE SEGUNDO GRAU

O presente tópico foi enxertado na obra com o fito de analisar, ainda que brevemente, decisão do Supremo Tribunal Federal que permitiu prisão imediata de réu depois de decisão de natureza condenatória proferida por tribunal de segundo grau, em verdadeira execução provisória do *decisum* recorrível (apesar do foco da obra ser o inquérito policial, dado à relevância do entendimento pretoriano, penso ser importante seu estudo).

Como já desenhado supra, existem duas modalidades de cárcere no sistema processual penal brasileiro – a prisão cautelar e a prisão pena. A primeira é decretada no curso do inquérito policial ou do processo, quando presentes requisitos e fundamentos (basicamente com o fito de acautelar o respectivo procedimento – inquérito ou processo). A segunda é decorrência de sentença condenatória transitada em julgado e representa efetivo cumprimento do comando consignado no *decisum*.

Nos termos já ditos acima, no curso do processo é possível apenas a decretação de prisão cautelar. Não é possível, harmonizando a legislação processual penal com a *Lex Mater*, prender o acusado a título de cumprimento de comando condenatório inserido em sentença que ainda pode ser desafiada por recurso, sem demonstração de cabal necessidade do cárcere (vez que as hipóteses que autorizavam a decretação automática de privação de liberdade foram expurgadas do nosso ordenamento pela Lei 11.719/08) - em face do princípio da presunção (ou estado) de inocência.

Apesar de aparente obviedade da argumentação desenvolvida supra (que, diga-se de passagem, era o entendimento pacífico do Pretório Excelso antes da prolação do acórdão aqui estudado), o Supremo Tribunal Federal decidiu, por maioria de votos, rever posicionamento consolidado e admitir a execução provisória de sentença condenatória, mesmo pendente eventual recurso especial ou extraordinário. Eis a ementa do HC 126292/SP, relatado pelo Ministro Teori Zavascki:

> CONSTITUCIONAL. HABEAS CORPUS. PRINCÍPIO CONSTITUCIONAL DA PRESUNÇÃO DE INOCÊNCIA (CF, ART. 5º, LVII). SENTENÇA PENAL CONDENATÓRIA CONFIRMADA POR TRIBUNAL DE SEGUNDO GRAU DE JURISDIÇÃO. EXECUÇÃO PROVISÓRIA. POSSIBILIDADE. 1. A execução provisória de acórdão penal condenatório proferido em grau de apelação, ainda que sujeito a recurso especial ou extraordinário, não compromete o princípio constitucional da presunção de inocência afirmado pelo artigo 5º, inciso LVII da Constituição Federal. 2. Habeas corpus denegado[104].

O relator assentou em seu voto:

> A execução da pena na pendência de recursos de natureza extraordinária não compromete o núcleo essencial do pressuposto da não-culpabilidade, na medida em que o acusado foi tratado como inocente no curso de todo o processo ordinário criminal, observados os direitos e as garantias a ele inerentes, bem como respeitadas as regras probatórias e o modelo acusatório atual. Não é incompatível com a garantia constitucional autorizar, a partir daí, ainda que cabíveis ou pendentes de julgamento de recursos extraordinários, a produção dos efeitos próprios da responsabilização criminal reconhecida pelas instâncias ordinárias.

O Ministro Teori Zavacki fundamentou a possibilidade de execução provisória da pena, ainda, na análise do tema no cenário mundial (Inglaterra, Estados Unidos, França, Alemanha, Canadá, Argentina, Espanha e Portugal) e no fato de que os recursos são usados indiscriminadamente, apenas com o fito de protelar a efetiva execução da pena.

---

104. STF, HC 126292/SP, Tribunal Pleno, relator Ministro Teori Zavascki, julgado em 17/02/2016.

Sua Excelência contou com a concordância dos Ministros Edson Fachin, Luís Roberto Barroso, Luiz Fux, Carmen Lúcia e Gilmar Mendes. Divergiram, no sentido de manter o entendimento até então consolidado na corte, a Ministra Rosa Weber, Marco Aurélio, Celso de Mello e Ricardo Lewandowski.

O Ministro Celso de Mello, com a clareza que lhe é peculiar, fez brilhante análise histórica do princípio da não culpabilidade no início do seu voto, fundamentando as razões que o levaram a seguir a divergência inaugurada pela Ministra Rosa Weber:

> A presunção de inocência representa uma notável conquista histórica dos cidadãos em sua permanente luta contra a opressão do Estado e o abuso de poder.
>
> Na realidade, a presunção de inocência, a que já se referia Tomás de Aquino em sua "Suma Teológica", constitui resultado de um longo processo de desenvolvimento político-jurídico, com raízes, para alguns, na Magna Carta inglesa (1215), embora, segundo outros autores, o marco histórico de implantação desse direito fundamental resida no século XVIII, quando, sob o influxo das ideias iluministas, veio esse direito-garantia a ser consagrado, inicialmente, na Declaração de Direitos do Bom Povo da Virgínia (1776).
>
> Esse, pois, na lição de doutrinadores – ressalvada a opinião de quem situa a gênese dessa prerrogativa fundamental, ainda que em bases incipientes, no Direito Romano –, o momento inaugural do reconhecimento de que ninguém se presume culpado nem pode sofrer sanções ou restrições em sua esfera jurídica senão após condenação transitada em julgado.
>
> A consciência do sentido fundamental desse direito básico, enriquecido pelos grandes postulados políticos, doutrinários e filosóficos do Iluminismo, projetou-se, com grande impacto, na Declaração dos Direitos do Homem e do Cidadão, de 1789, cujo art. 9º solenemente proclamava a presunção de inocência, com expressa repulsa às práticas absolutistas do Antigo Regime.
>
> Mostra-se importante assinalar, neste ponto, Senhor Presidente, que a presunção de inocência, legitimada pela ideia democrática – não obstante golpes desferidos por mentes autoritárias ou por regimes autocráticos que absurdamente preconizam o primado da ideia de que todos são culpados até prova em contrário (!?!) –, tem prevalecido, ao longo de seu virtuoso itinerário histórico, no contexto das sociedades civilizadas, como valor fundamental e exigência básica de respeito à dignidade da pessoa humana.
>
> Não foi por outra razão que a Declaração Universal de Direitos da Pessoa Humana, promulgada em 10/12/1948, pela III Assembleia Geral da ONU, em reação aos abusos inomináveis cometidos pelos regimes totalitários nazi-fascistas, proclamou, em seu art. 11, que todos presumem-se inocentes até que sobrevenha definitiva condenação judicial.
>
> Essa mesma reação do pensamento democrático, que não pode nem deve conviver com práticas, medidas ou interpretações que golpeiem o alcance e o conteúdo de tão fundamental prerrogativa assegurada a toda e qualquer pessoa, mostrou-se presente em outros importantes documentos internacionais, alguns de caráter regional, como a Declaração Americana dos Direitos e Deveres do Homem (Bogotá, 1948, Artigo XXVI), a Convenção Americana sobre Direitos Hu-

manos (São José da Costa Rica, 1969, Artigo 8º, § 2º), a Convenção Europeia para Salvaguarda dos Direitos do Homem e das Liberdades Fundamentais (Roma, 1950, Artigo 6º, § 2º), a Carta dos Direitos Fundamentais da União Europeia (Nice, 2000, Artigo 48, § 1º), a Carta Africana dos Direitos Humanos e dos Povos/Carta de Banjul (Nairóbi, 1981, Artigo 7º, § 1º, " b") e a Declaração Islâmica sobre Direitos Humanos (Cairo, 1990, Artigo 19, " e"), e outros de caráter global, como o Pacto Internacional sobre Direitos Civis e Políticos (Artigo 14, § 2º), adotado pela Assembleia Geral das Nações Unidas em 1966.

Vê-se, desse modo, Senhor Presidente, que a repulsa à presunção de inocência – com todas as consequências e limitações jurídicas ao poder estatal que dessa prerrogativa básica emanam – mergulha suas raízes em uma visão incompatível com os padrões ortodoxos do regime democrático, impondo, indevidamente, à esfera jurídica dos cidadãos restrições não autorizadas pelo sistema constitucional.

Penso que a decisão acima transcrita (que permite a execução provisória de comando condenatório do qual pende recurso, por meio da decretação automática de prisão) consubstancia mutação constitucional[105] inconstitucional, porque incompatível com o princípio constitucional da presunção/estado de inocência ou não culpabilidade (artigo 5º, inciso LVII, da CF/88). É que, como desenhado supra, a única modalidade de cárcere passível de decretação antes do trânsito em julgado da sentença condenatória é o cautelar (depois de iniciado o processo, só é possível a materialização de prisão preventiva) e este só tem espaço diante de efetiva necessidade, demonstrada cabalmente em decisão judicial (presença de pressupostos, requisitos e fundamentos). Andou mal o Pretório Excelso[106].

9.8. QUESTÕES DE CONCURSOS PÚBLICOS

1. **(Delegado de Polícia Federal/04) Considere a seguinte situação hipotética.**

   Evandro é acusado de prática de homicídio doloso simples contra a própria esposa.

---

105. Para Pedro Lenza, mutações constitucionais "não seriam alterações físicas, palpáveis, materialmente perceptíveis, mas sim alterações no significado e no sentido interpretativo de um texto constitucional. A transformação não está no texto em si, mas na interpretação daquela regra enunciada. O texto permanece inalterado" (*in* LENZA, Pedro. **Obra acima citada**, página 144).

106. Para saber mais sobre o tema, confira artigo de minha autoria: **Mitigação do direito fundamental à não culpabilidade no bojo do HC 126292/SP – mutação constitucional inconstitucional**, publicado no livro do XXV Congresso do COPEDI em Curitiba: **Direito penal, processo penal e constituição III**, organização CONPEDI/UNICURITIBA; Coordenadores: Felipe Augusto Forte de Negreiros Deodato, Rogério Gesta Leal – Florianópolis: CONPEDI, 2016, acessível em https://www.conpedi.org.br/publicacoes/02q8agmu/a814qh38/TDfS5bWB1283SN8J.pdf (transcrevi algumas parte do texto lá publicado na presente obra).

Nessa situação, recebida a denúncia pelo juiz competente, é cabível a decretação da prisão temporária de Evandro, com prazo de 30 dias, prorrogável por igual período, haja vista tratar-se de crime hediondo.

2. **(Delegado de Polícia Federal/04) Considere a seguinte situação.**

   Em crime de extorsão mediante seqüestro, a vítima foi abordada pelos seqüestradores e conseqüentemente privada de sua liberdade no dia 2/2/2004, tendo o crime perdurado até 30/8/2004, quando a vítima foi posta em liberdade após o pagamento do preço do resgate.

   Nessa situação, de acordo com o Código de Processo Penal, a prisão em flagrante só poderia ser feita até o dia 12/2/2004, após o que seria necessária ordem judicial para se efetuar a prisão.

3. **(Delegado de Polícia Federal/04) Em crime de ação penal pública condicionada à representação, o delegado de polícia não poderá prender o autor do crime em flagrante sem a referida representação.**

4. **(Delegado de Polícia Federal/04) Em face de crime de ação penal privada, é cabível a decretação de prisão preventiva.**

5. **(Promotor de Justiça/SE/2010 - Desmembrada) Não havendo autoridade policial no lugar em que se tiver efetuado a prisão em flagrante, o preso deve ser imediatamente apresentado ao promotor ou ao juiz competente, vedada sua apresentação a autoridade policial de localidade próxima, por falta de atribuição.**

6. **(Promotor de Justiça/SE/2010 - Desmembrada) Nas hipóteses em que se livre solto, o réu deverá ser posto em liberdade, não havendo necessidade de lavratura do auto de prisão em flagrante, mas somente do boletim de ocorrência policial.**

7. **(Delegado de Polícia Civil/PB/2008 - Desmembrada) No flagrante preparado, a consequência é a soltura do indiciado, em nada influindo a preparação do flagrante na conduta típica praticada pelo agente.**

8. **(Delegado de Polícia Federal/2004) É cabível a prisão preventiva de indivíduo acusado da prática de homicídio culposo, desde que a prisão seja decretada para assegurar a aplicação da lei penal e que haja prova do crime e indícios de autoria.**

9. **(Delegado de Polícia Civil/PB/2008 - Desmembrada) A prisão preventiva pode ser decretada para garantia de aplicação da lei penal, ou seja, para impedir que o agente solto, continue a delinquir e, consequentemente, acautelar o meio social.**

10. **(Delegado de Polícia Civil/PB/2008 - Desmembrada) A prisão preventiva pode ser decretada em prol da garantia da ordem pública, havendo, nesse caso, necessidade de comprovação do iminente risco de fuga do agente.**

11. **(Delegado de Polícia Civil/PB/2008 - Desmembrada) Pode ser decretada a prisão temporária em qualquer fase do IP ou da ação penal.**

12. **(Delegado de Polícia Civil/PB/2008 - Desmembrada) A prisão temporária pode ser decretada por intermédio de representação da autoridade policial ou do membro do MP, assim como ser decretada de ofício pelo juiz competente.**

13. (Delegado de Polícia Civil/PB/2008 - Desmembrada) O prazo da prisão temporária, que em regra é de 5 dias, prorrogáveis por igual período, é fatal e peremptório, de modo que, esgotado, o preso deve ser imediatamente posto em liberdade, não podendo ser a prisão convertida em preventiva.

14. (Delegado de Polícia Civil/PB/2008 - Desmembrada) Quando a prisão temporária for requerida pela autoridade policial, por intermédio de representação, não haverá necessidade de prévia oitiva do MP, devendo o juiz decidir o pedido formulado no prazo máximo de 24 horas.

15. (Delegado de Polícia Civil/PB/2008 - Desmembrada) Não cabe prisão temporária nas contravenções nem em crimes culposos.

16. (Delegado de Polícia Civil/RN/2008 - Desmembrada) De acordo com o CPP, após uma prisão em flagrante, deve a autoridade policial que lavrar o auto providenciar, com o imediatismo possível, a comunicação para a família do preso, ou pessoa por ele indicada, ao juiz competente e à defensoria pública, no caso de não haver advogado já constituído.

17. (Delegado de Polícia Civil/RN/2008 - Desmembrada) Caso alguém, após matar sua companheira, apresente-se, voluntariamente, à autoridade policial, comunicando o ocorrido e indicando o local do crime, essa apresentação voluntária tornará inviável a prisão em flagrante assim como a preventiva, mesmo que esse indivíduo dê argumentos de que fugirá do país.

18. (Agente de Polícia Federal/2009) Não há crime quando a preparação do flagrante pela polícia torna impossível a sua consumação.

19. (Papiloscopista de Polícia Federal/2004) É cabível prisão preventiva em caso de prática de crimes dolosos ou culposos contra a vida.

20. (Agente de Polícia Federal/2012) A prisão preventiva, admitida nos casos de crimes dolosos punidos com pena privativa de liberdade máxima superior a quatro anos, pode ser decretada em qualquer fase da persecução penal, desde que haja prova da existência do crime e indício suficiente de autoria.

21. (Agente de Polícia Federal/2012) A legislação processual obsta a decretação da prisão preventiva e temporária no caso de o acusado apresentar-se espontaneamente em juízo ou perante a autoridade policial, prestar declarações acerca dos fatos apurados e entregar o passaporte, assim como no caso de o juiz verificar, pelas provas constantes dos autos, que o agente praticou o fato em estado de necessidade, legítima defesa ou no estrito cumprimento do dever legal.

22. (Agente de Polícia Federal/2012) Considere que, no curso de investigação policial para apurar a prática de crime de extorsão mediante sequestro contra um gerente do Banco X, agentes da Polícia Federal tenham perseguido os suspeitos, que fugiram com a vítima, por dois dias consecutivos. Nessa situação, enquanto mantiverem a privação da liberdade da vítima, os suspeitos poderão ser presos em flagrante, por se tratar de infração permanente.

23. (Delegado de Polícia Civil/MG/2011) Sobre a prisão preventiva é CORRETO afirmar:

A. poderá ser decretada de ofício pelo juiz na fase do inquérito policial.

B. poderá ser decretada em crime doloso, quando se tratar de reincidente, independente da pena cominada ao delito.

C. nos casos de violência doméstica poderá ser decretada independentemente da imposição anterior de medida protetiva.

D. quando houver dúvida sobre a identidade civil da pessoa poderá se decretada e mantida mesmo após superada a dúvida.

24. (Delegado de Polícia Civil/PI/2009) Sobre as espécies de prisão processual, analise as afirmativas abaixo:

1) É lícito o uso de algemas em caso de resistência e de fundado receio de fuga ou de perigo à integridade física própria ou alheia, por parte do preso ou de terceiros, desde que, segundo o STF, haja justificação escrita de tal medida.

2) No flagrante preparado, forjado ou esperado, a polícia, tomando ciência de que determinada infração ocorrerá em certo dia, hora e local, antecipa-se ao criminoso e, aguardando em atuação passiva a iniciativa delituosa, realiza a prisão quando deflagrados os atos executórios, razão pela qual o STF entende ser hipótese de crime impossível.

3) O crime de roubo não pode ensejar prisão temporária, mas poderá provocar o decreto de prisão preventiva, mediante representação da autoridade policial, se houver prova da existência do crime e indícios suficientes de autoria, além dos demais requisitos previstos no Código de Processo Penal.

Está(ão) correta(s):

A. 1, 2 e 3

B. 1 apenas

C. 2 apenas

D. 1 e 3 apenas

E. 2 e 3 apenas

25. (Delegado de Polícia Civil/AP/2010) Roberto entra em uma agência bancária e efetua o saque de quinhentos reais da conta corrente de terceiro, utilizando um cheque falsificado. De posse do dinheiro, Roberto se retira da agência. Quinze minutos depois, o caixa do banco observa o cheque com mais cuidado e percebe a falsidade. O segurança da agência é acionado e consegue deter Roberto no ponto de ônibus próximo à agência. O segurança revista Roberto e encontra os quinhentos reais em seu bolso. Roberto é conduzido pelo segurança à Delegacia de Polícia mais próxima. Considerando a narrativa acima, assinale a alternativa correta.

A. O Delegado de Polícia deve baixar a portaria de instauração do inquérito policial, tomar o depoimento de Roberto, lavrar termo de apreensão do dinheiro que havia sido sacado por ele na agência bancária, e liberá-lo, já que a situação narrada não caracterizou flagrante delito. Encerradas as investigações, deve remeter os autos do inquérito policial ao Ministério Público para que ofereça denúncia.

B. O Delegado de Polícia a quem Roberto é apresentado deve lavrar o auto de prisão em flagrante, sendo-lhe vedado tomar o depoimento do preso sem que esteja assistido por advogado. Se o autuado não informar o nome de seu advogado, o Delegado deverá solicitar a presença de um defensor público ou nomear um advogado dativo para proceder à oitiva. Após a lavratura do auto, deve comunicar a prisão ao juiz competente e entregar nota de culpa ao preso.

C. O Delegado de Polícia a quem Roberto é apresentado deve lavrar o auto de prisão em flagrante, comunicar a prisão imediatamente ao juiz competente e à família do preso ou à pessoa por ele indicada, bem como entregar a nota de culpa ao preso. Se o juiz constatar a desnecessidade da decretação de prisão cautelar, deverá conceder liberdade provisória ao preso, com ou sem fiança, independentemente de manifestação do Ministério Público ou da defensoria pública.

D. O Delegado de Polícia a quem Roberto é apresentado deve lavrar o auto de prisão em flagrante, comunicar a prisão imediatamente ao juiz competente e à família do preso ou à pessoa por ele indicada, devendo ainda remeter, em vinte e quatro horas, o auto de prisão em flagrante acompanhado de todas as oitivas colhidas ao juiz competente e, caso o autuado não informe o nome de seu advogado, cópia integral do auto à Defensoria Pública, e entregar nota de culpa ao preso.

E. O Delegado de Polícia a quem Roberto é apresentado deve lavrar o auto de prisão em flagrante, comunicar a prisão imediatamente ao juiz competente e à família do preso ou à pessoa por ele indicada, devendo ainda remeter, em vinte e quatro horas, o auto de prisão em flagrante acompanhado de todas as oitivas colhidas ao juiz competente e entregar nota de culpa ao preso. Caberá ao juiz abrir vista dos autos de comunicação de prisão ao Ministério Público e, caso o preso tenha declarado não possuir advogado, à defensoria pública.

26. (Delegado de Polícia Civil/AP/2010) Assinale a alternativa que contenha um princípio que não se aplica à prisão preventiva.

A. Taxatividade das hipóteses de aplicação.

B. Admissibilidade de aplicação automática.

C. Adequação e proporcionalidade.

D. Jurisdicionariedade das medidas cautelares.

E. Demonstração do *fumus comissi delicti* e do *periculum libertatis*.

27. (Delegado de Polícia Civil/AP/2010) Relativamente ao tema *prisão temporária*, analise as afirmativas a seguir:

I. A prisão temporária será decretada pelo Juiz, em face da representação da autoridade policial ou de requerimento do Ministério Público, e terá o prazo de 5 (cinco) dias. A prorrogação dispensará nova decisão judicial, devendo entretanto a autoridade policial colocar o preso imediatamente em liberdade findo o prazo da prorrogação.

II. Ao decretar a prisão temporária, o Juiz poderá, de ofício, determinar que o preso lhe seja apresentado, solicitar esclarecimentos da autoridade policial e submeter o preso a exame de corpo de delito.

III. Os presos temporários deverão permanecer, obrigatoriamente, separados dos demais detentos.

Assinale:

A. Se somente a afirmativa I estiver correta.

B. Se somente a afirmativa II estiver correta.

C. Se somente a afirmativa III estiver correta.

D. Se somente as afirmativas II e III estiverem corretas.

E. Se todas as afirmativas estiverem corretas.

28. (Promotor de Justiça/CE/2011) No caso de descumprimento de qualquer das obrigações impostas ao se fixar medida cautelar diversa da prisão, o juiz,

A. Depois de ouvir o infrator, deverá decretar a prisão preventiva.

B. Mediante requerimento do Ministério Público, poderá substituir a medida, impor outra em cumulação, dobrar o valor da fiança, cabendo apenas decretar a prisão preventiva em caso de crime doloso cometido por reincidente.

C. De ofício ou mediante requerimento do Ministério Público, de seu assistente ou do querelante, poderá substituir a medida, impor outra em cumulação, ou, em último caso, decretar a prisão preventiva.

D. Apenas mediante requerimento do Ministério Público poderá substituir a medida, impor outra em cumulação, ou, em último caso, decretar a prisão preventiva.

E. De ofício ou mediante requerimento do Ministério Público, poderá substituir a medida, impor outra em cumulação, decretar a prisão temporária por até 60 dias ou, em último caso, decretar a prisão preventiva até o término da instrução criminal.

29. (Promotor de Justiça/DF/2011) O Código de Processo Penal, até o advento da Lei nº 12.403/2011, preconizava a bipolaridade do sistema de medidas cautelares pessoais, quer dizer, ou se mantinha o acusado preso cautelarmente, ou então era concedida liberdade provisória substitutiva da prisão em flagrante. Considerando as inovações trazidas pela referida lei na disciplina das medidas cautelares pessoais, julgue os itens a seguir:

I. Pela atual sistemática, a fiança pode ser aplicada não só como medida substitutiva da prisão em flagrante, como também de forma autônoma, sem vínculo com anterior prisão.

II. As medidas cautelares pessoais deverão ser adequadas à gravidade do crime, circunstâncias do fato e condições pessoais do indiciado ou do acusado.

III. Para a aplicação das medidas cautelares pessoais diversas da prisão se exige a presença do *fumus comissi delicti* e do *periculum libertatis*.

IV. No caso de descumprimento injustificado das obrigações impostas pelas medidas cautelares pessoais, deverá ser decretada automaticamente a prisão preventiva.

V. A nova sistemática manteve a disposição de que não será concedida fiança se houver no processo prova de ser o réu vadio.

Estão incorretos os itens:

A. II e IV.

B. I e II.

C. III e IV.

D. IV e V.

E. I e V.

30. (Juiz/ES/2011) Acerca das prisões e da liberdade provisória, assinale a opção correta.

A. Consoante a jurisprudência do STJ, as alegações de excesso de prazo e ausência dos requisitos autorizadores da prisão preventiva não ficam superadas com o mero advento da sentença penal condenatória em desfavor do réu na qual haja ratificação da custódia cautelar, pois os requisitos para a manutenção dessa espécie de prisão devem ser verificados constantemente pela autoridade judicial.

B. Segundo a jurisprudência do STJ, ao contrário do que ocorre com as demais modalidades de prisões cautelares, a eventual ilegalidade no decreto de prisão temporária tem o condão de anular os demais atos que dele decorrerem, pois, além de restabelecer a liberdade do indiciado, refletirá nas provas porventura derivadas da segregação, na medida em que essa prisão não atinge apenas a liberdade ambulatorial, sendo decretada em razão das investigações do inquérito policial.

C. A jurisprudência do STJ sedimentou a orientação de que a regra prevista na Lei n.º 8.072/1990 em relação ao afastamento da possibilidade de concessão de fiança nos casos de prisão em flagrante de crimes hediondos ou equiparados não constitui por si só fundamento suficiente para impedir a concessão da liberdade provisória, na medida em que só não será oportunizada ao agente a concessão da liberdade mediante fiança caso estejam presentes os requisitos da prisão preventiva.

D. Na hipótese de réu preso preventivamente, os prazos indicados para a conclusão da instrução criminal servem apenas como parâmetro geral, variando conforme as peculiaridades de cada hipótese, razão pela qual somente se cogita da existência de constrangimento ilegal, por eventual excesso de prazo para a formação da culpa, quando o atraso na instrução criminal for motivado por injustificada demora ou desídia do aparelho estatal.

E. Considere que, no curso de determinada ação penal, seja decretada a prisão preventiva do réu e, verificado o excesso de prazo na formação da culpa, a defesa interponha ordem de habeas corpus no tribunal competente, demonstrando que o feito principal se encontra, ainda, em fase de oferecimento de alegações finais pelas partes. Nessa situação, caso a demora na tramitação processual não seja atribuída à defesa, o réu deverá ser posto em liberdade.

31. (Juiz/TRF 2ª Região/2011) Assinale a opção correta acerca de prisões, medidas cautelares e liberdade provisória.

A. As novas regras das prisões cautelares incidirão apenas sobre os fatos ocorridos após a entrada em vigor dessas normas, vedada sua aplicação a casos pretéritos, em face do princípio constitucional da irretroatividade da lei mais grave, perdendo força coercitiva as medidas adotadas com lastro na norma revogada. O atual diploma legislativo estabelece novas hipóteses de periculum libertatis.

B. Tratando-se da aplicação das medidas cautelares no curso do processo, assegura-se, de forma expressa, no atual disciplinamento normativo detração penal, qualquer que seja a natureza da medida.

C. O cumprimento do mandado de prisão pode ser efetivado por qualquer agente policial, independentemente de registro no Conselho Nacional de Justiça, ainda que fora da competência territorial do juiz que expediu a ordem, devendo a prisão ser imediatamente comunicada ao juiz do local de cumprimento da medida e à defensoria pública, caso o autuado não informe o nome de seu advogado.

D. Entre os critérios de aplicação das medidas cautelares pessoais no atual disciplinamento legislativo, destaca-se o da proporcionalidade, que se traduz pela necessidade e adequação dessas medidas, vedada, em qualquer hipótese, a prisão preventiva de ofício e nos crimes culposos.

E. Em atendimento ao reclamo da doutrina, a nova legislação que versa sobre a fiança permite sua concessão em todas as infrações penais, salvo nos casos em que haja vedação constitucional expressa, podendo a caução ser cumulada com outras medidas cautelares, caso não estejam presentes os requisitos da prisão preventiva; nessa legislação, os efeitos da quebra são equiparados aos da perda de fiança.

32. (Juiz/GO/2012) Em relação à prisão em flagrante delito, é correto afirmar que:

A. Qualquer do povo deverá prender quem quer que seja encontrado em flagrante delito.

B. Quem, logo após o cometimento do delito, é encontrado na posse do bem subtraído, não pode ser preso em flagrante, salvo se houver testemunhas de acusação.

C. Nas infrações permanentes, entende-se o agente em flagrante delito mesmo após a cessação da permanência.

D. Apresentado o preso à autoridade competente, será desde logo interrogado, ouvindo-se, na sequência, o condutor e as testemunhas.

E. Na falta ou no impedimento do escrivão, qualquer pessoa designada pela autoridade lavrará o auto, depois de prestado o compromisso legal.

33. (Juiz/CE/2012) Assinale a opção correta no que concerne à prisão temporária.

A. Caberá prisão temporária quando houver fundadas razões, com base em qualquer prova admitida na legislação penal, de autoria ou participação do indiciado nos crimes de homicídio doloso ou culposo, entre outros.

B. Está prevista, no procedimento da prisão temporária, a possibilidade de o juiz determinar que o preso lhe seja apresentado e que seja submetido a exame de corpo de delito.

C. A prisão temporária, para a qual está previsto o prazo improrrogável de cinco dias, será decretada pelo juiz em face da representação da autoridade policial ou de requerimento do MP.

D. Os presos sujeitos a esse tipo de prisão não são obrigados a permanecer separados dos demais detentos.

E. Não se aplica à prisão temporária o entendimento jurisprudencial do STJ segundo o qual a mera gravidade do crime imputado à pessoa não é fundamento suficiente para justificar a sua segregação, antes de a decisão condenatória transitar em julgado.

34. (Defensor Público/RS/2011) Sobre prisão e liberdade, considere as seguintes assertivas:

I. Crimes envolvendo violência doméstica contra a mulher, ainda que punidos com detenção, poderão ensejar a decretação de prisão preventiva, desde que presentes elementos concretos que a autorizem.

II. A prolação de sentença condenatória no Tribunal do Júri não impede a revogação da prisão preventiva do condenado, mesmo tendo este sido mantido preso durante a instrução do feito.

III. Não se concede fiança nos crimes punidos com reclusão em que a pena mínima cominada for superior a 2 (dois) anos, devendo esta ser computada separadamente a cada delito na hipótese de concurso material.

Está correto o que se afirma APENAS em

A. I.

B. I e II.

C. III.

D. I e III.

E. II e III.

35. (Defensor Público/SP/2012) Prisão provisória.

A. Ausentes os requisitos para a decretação da prisão preventiva poderá o juiz, no curso do processo, decretar a prisão domiciliar caso o réu esteja extremamente debilitado por motivo de doença grave.

B. Em qualquer fase da investigação policial poderá o juiz decretar, de ofício, a prisão preventiva do indiciado.

C. Em relação à prisão temporária, constata-se o *fumus comissi delicti* quando presente fundadas razões de autoria ou participação do indiciado em crimes taxativamente relacionados na Lei federal no 7.960/89, que disciplina a prisão temporária, exceto se for autorizada para outros crimes por legislação federal posterior.

D. A publicação de sentença condenatória, que impõe regime inicialmente fechado para o cumprimento da pena privativa de liberdade, constitui marco impeditivo para a concessão da liberdade provisória ao condenado.

E. A partir da entrada em vigor da Lei federal no 12.403/11, que reformou parcialmente o Código de Processo Penal, não mais se admite a decretação da prisão preventiva de acusado pela prática de crime doloso cuja sanção máxima em abstrato não ultrapasse quatro anos de reclusão.

36. (Procurador da República/26º MPF) Relativamente às medidas cautelares pessoais atualmente vigentes, é incorreto afirmar que:

A. São decretadas pelo juiz, de ofício, ou a requerimento das partes, no curso da ação penal ou, ainda, quando da investigação criminal, somente por representação da autoridade policial ou requerimento do Ministério Público.

B. O juiz que a decretar ou a mantiver, deverá reexaminá-la, obrigatoriamente, a cada sessenta dias, ou em prazo menor, quando situação excepcional assim o exigir, para, fundamentadamente, avaliar se subsistem os motivos que a ensejaram.

C. Podem ser aplicadas isolada ou cumulativamente, e, na hipótese de descumprimento, poderá o juiz, de ofício ou a requerimento do Ministério Público, de seu assistente ou do querelante, em qualquer fase da persecução, substituir a medida, impor outra por cumulação ou decretar a prisão preventiva, observando, sempre, os pressupostos da necessidade e da adequação.

D. O juiz, ao receber o pedido, determinará a intimação da parte contrária, anexando cópia do requerimento e das peças necessárias para manifestação no prazo que fixar, salvo os casos de urgência ou perigo de sua ineficácia.

37. (Procurador da República/26º MPF) De acordo com a disciplina legal da fiança, é indiscutível o seu caráter cautelar, sendo igualmente verdadeira a seguinte assertiva:

A. A fiança somente pode ser concedida aos que, no mesmo processo, não tiverem quebrado fiança anterior ou infringido as obrigações de comparecimento perante a autoridade, de não mudar de residência sem prévia permissão e de não se ausentar por mais de oito dias sem prévia comunicação,

B. A fiança somente pode ser fixada como contracautela, ou seja, em substituição da prisão em flagrante ou prisão preventiva anteriormente decretada.

C. A fiança somente pode ser prestada enquanto não transitada em julgado a sentença condenatória, não sendo possível sua concessão na pendência de recurso extraordinário ou especial.

D. A fiança somente é cabível nas infrações penais cometidas sem violência ou grave ameaça à pessoa.

38. (OAB/V Exame Unificado 2010-3) Com relação às modalidades de prisão, assinale a alternativa correta.

A. A prisão em flagrante delito somente poderá ser realizada dentro do período de vinte e quatro horas, contadas do momento em que se inicia a execução do crime.

B. A prisão temporária poderá ser decretada a qualquer tempo, desde que se mostre imprescindível para a produção da prova.

C. A prisão preventiva poderá ser decretada durante o inquérito policial.

D. Em caso de descumprimento de medida protetiva prevista na Lei 11.340/06, o juiz não poderá decretar a prisão preventiva do acusado.

39. (Procurador da República/26º MPF) A Lei n. 12.403/11, que alterou o CPP, empreendeu profunda reforma no instituto da prisão cautelar. Considerando o disciplinado em tal diploma legal, assinale a alternativa verdadeira:

A. Se a infração for inafiançável, a falta de exibição de mandado obstará a prisão.

B. Qualquer agente policial poderá efetuar a prisão determinada no mandado registrado no Conselho Nacional de Justiça, desde que dentro da competência territorial do Juiz que o expediu.

C. Quando as autoridades locais tiverem fundadas razões para duvidar da legitimidade da pessoa do executor da ordem prisional ou da legalidade do mandado que este apresentar, não poderão pôr em custódia o réu até que fique esclarecida a dúvida.

D. Se o executor do mandado prisional verificar que o réu entrou ou se encontra em alguma casa, o morador será intimado a entregá-lo, à vista da ordem de prisão. Se não for obedecido imediatamente, o executor convocará duas testemunhas e entrará a força na casa, arrombando as portas, sendo dia, se preciso for.

40. (Promotor de Justiça/AL/2012) Em relação à prisão preventiva e às medidas alternativas, é correto afirmar que:

A. A prisão preventiva não poderá ser decretada em caso de descumprimento das obrigações impostas por força de outras medidas cautelares.

B. O juiz poderá substituir a prisão preventiva pela domiciliar somente quando o agente for maior de setenta anos.

C – O juiz poderá substituir a prisão preventiva pela domiciliar quando o agente for imprescindível aos cuidados especiais de pessoa de até sete anos de idade.

D. A prisão domiciliar consiste no recolhimento do indiciado ou acusado em sua residência, só podendo dela ausentar-se com autorização judicial.

E. Será admitida prisão preventiva nos crimes dolosos punidos com pena privativa de liberdade máxima igual ou superior a quatro anos.

41. (Delegado de Polícia Civil/BA/2013) A decretação da prisão preventiva submete-se aos requisitos fáticos e normativos estabelecidos no CPP, sendo admitida em qualquer fase da persecução criminal, seja de ofício, seja por representação da autoridade policial, a requerimento do MP, do querelante ou do assistente de acusação.

42. (Delegado de Polícia Civil/AL/2012) A prisão temporária para os crimes hediondos e equiparados, em função da gravidade objetiva dessas infrações penais, é de 30 dias, prorrogável por igual período em caso de extrema e comprovada necessidade.

43. (Delegado de Polícia Civil/RJ/2013) O Delegado de Polícia não lavrará o Auto de Prisão em Flagrante, mas apenas registrará a ocorrência:

A. Nos casos de ação penal pública condicionada à representação, quando, após a prisão captura, a vítima não oferecer a representação.

B. Diante de condutas insignificantes que façam desaparecer a tipicidade material, bem como, após a prisão captura, nos crimes de ação penal privada subsidiária da pública.

C. Nos crimes de ação penal privada quando o requerimento de instauração do inquérito for formulado pelo representante legal do ofendido.

D. Nos crimes de lesão corporal culposa e homicídio culposo no trânsito.

E. Nos crimes cuja pena máxima seja igual ou inferior a 04 anos.

44. (Delegado de Polícia Civil/RJ/2013) A Lei n° 12.403/2011 introduziu, no processo penal, a possibilidade de prisão cautelar domiciliar. Sobre o tema, leia as assertivas abaixo e marque a alternativa correta.

I. O Delegado de Polícia não poderá representar pela prisão preventiva na modalidade domiciliar vez que o exame quanto à adequação desta é exclusiva do juiz. A representação deverá ser pela prisão tradicional e o juiz decidirá sobre a substituição desta pela prisão domiciliar.

II. A prisão preventiva, nos termos do art. 318 do CPP, poderá ser substituída por prisão cautelar domiciliar quando o acusado for maior de 80 anos, ou estiver extremamente debilitado por motivo de doença grave, ou for imprescindível aos cuidados especiais de pessoa menor de (06) seis anos de idade ou com deficiência, ou ainda, a gestante a partir do 7° mês ou com gravidez de alto risco.

III. Para parte da doutrina, o artigo 318 do CPP funciona como barreira, criando hipóteses nas quais o juiz não poderá decretar a prisão preventiva senão na forma domiciliar, pois, do contrário, seria a mesma inconstitucional, notadamente quando comparada aos requisitos da prisão domiciliar na Lei de Execução Penal, que são menos rígidos.

IV. A prisão cautelar domiciliar poderá ser aplicada, nos termos do art. 318 do CPP, ao maior de 70 anos; ou ao acusado acometido de doença grave; ou com filho menor ou deficiente físico ou mental, ou à gestante.

Está(ão) correta(s) apenas a(s) assertiva(s):

A. I e II.

B. II e III.

C. III e IV.

D. I e IV.

E. III.

45. (Delegado de Polícia Civil/ES/2013) Quanto à prisão processual de natureza cautelar, é correto afirmar:

A. A prisão após o trânsito em julgado da condenação pode ser decretada a título cautelar, em face da execução da pena imposta.

B. A privação cautelar da liberdade individual, qualquer que seja a modalidade autorizada pelo ordenamento positivo, se traduz em execução provisória da futura condenação.

C. Revela-se absolutamente constitucional a utilização, com fins punitivos, da prisão cautelar, pois esta pode se destinar a punir o indiciado.

D. Os elementos próprios à tipologia, bem como as circunstâncias da prática delituosa, são suficientes para respaldar a prisão preventiva.

E. Réu que não comparece à delegacia de polícia para depoimento, não autoriza a custódia cautelar.

46. (Delegado de Polícia Civil/ES/2013) Romualdo e Paulo subtraíram pertences de Cláudia, utilizando-se para tanto de um punhal, que possuía o cabo cravejado com pedras. Logo após ter sofrido a subtração de seus pertences, Cláudia

comunicou o fato a policiais civis da delegacia de polícia próxima, onde lhe apresentaram um álbum fotográfico da distrital, tendo Cláudia reconhecido Romualdo. Os policiais, então, saíram em diligência e lograram êxito em deter Romualdo que contribuiu para as investigações fornecendo o nome de seu comparsa, culminando, a seguir, com a detenção de Paulo, bem como apreenderam a arma e recuperaram a com Paulo. Você, Delegado de Plantão, apreciando toda a ocorrência e confirmando os fatos deverá:

A. Autuá-los em flagrante delito, pois se trata de flagrante ficto.

B. Autuá-los em flagrante delito, pois se trata de flagrante próprio.

C. Autuá-los em flagrante delito, pois se trata de quase flagrante.

D. Autuá-los em flagrante delito, pois se trata de flagrante impróprio.

E. Libertá-los após colher suas declarações, pois não estavam mais em flagrante delito.

47. (Delegado de Polícia Civil/ES/2013) Altair foi detido e conduzido à delegacia de polícia da circunscrição, em face de estar portando uma pistola, calibre 45, com numeração raspada. Como se tratava de uma cidade do interior, que não tinha autoridade policial todos os dias para apreciar as ocorrências policiais, Vanessa, Escrivã de Polícia, por ser altamente competente e diligente, lavrou um auto de flagrante delito e deu nota de culpa a Altair, por crime previsto no Estatuto do Desarmamento. Assim, pode-se afirmar:

A. O auto de prisão em flagrante lavrado pela Escrivã de Polícia Vanessa é nulo, bem como serão nulos todos os atos decorrentes, inclusive a ação penal e futura condenação decorrentes desse auto de prisão em flagrante serão nulas.

B. O auto de prisão em flagrante lavrado pela Escrivã de Polícia Vanessa é nulo, mas a ação penal e futura condenação decorrentes desse auto de prisão em flagrante não serão nulas.

C. O auto de prisão em flagrante lavrado pela Escrivã de Polícia Vanessa poderá ser convalidado com a posterior assinatura da autoridade policial, bem como serão nulos todos os atos decorrentes, inclusive ação penal e futura condenação decorrentes desse auto de prisão em flagrante serão nulas.

D. O auto de prisão em flagrante lavrado pela Escrivã de Polícia Vanessa não pode ser atacado por, em face de não haver nulidade em sede de inquérito policial.

E. O auto de prisão em flagrante lavrado pela Escrivã de Polícia Vanessa é nulo, entretanto permanecem os efeitos coercitivos da medida cautelar.

48. (Delegado de Polícia Civil/ES/2013) Quanto às medidas cautelares, é correto afirmar:

I. As medidas cautelares poderão ser decretadas pelo Juiz, quando houver necessidade para a investigação criminal e, nos casos expressamente previstos, para evitar a prática de infrações penais, mediante representação da autoridade policial.

II. Nos casos de urgência ou de perigo de ineficácia da medida, o Juiz, ao receber o pedido de medida cautelar, determinará a intimação da parte contrária, acompanhada de cópia do requerimento e das peças necessárias, permanecendo os autos em juízo.

III. No caso de descumprimento de qualquer das obrigações impostas, o Juiz não poderá substituir a medida, impor outra em cumulação ou decretar a prisão preventiva.

IV. A prisão preventiva não poderá ser determinada quando não for cabível a sua substituição por outra medida cautelar.

Indique a opção que contempla a(s) assertiva(s) correta(s).

A. I, II, III e IV.

B. I, II e III, apenas.

C. I e II, apenas.

D. IV, apenas.

E. I, apenas.

49. (Delegado de Polícia Civil/MA/2012) Com relação à *prisão em flagrante*, assinale a afirmativa correta.

A. O flagrante impróprio é aquele em que o agente é preso quando está cometendo a infração penal ou logo após cometê-la.

B. O flagrante esperado se diferencia do flagrante preparado, pois naquele está presente a figura do agente provocador, enquanto neste não encontramos tal figura.

C. O flagrante forjado não é considerado ilegal.

D. O flagrante protelado ou diferido é aquele em que a prisão em flagrante é retardada para um momento posterior ao cometimento do crime, mais adequado do ponto de vista da persecução penal.

E. Tanto o flagrante esperado quanto o flagrante provocado são considerados ilegais pela doutrina amplamente majoritária, tendo em vista que configuram hipótese de crime impossível.

50. (Delegado de Polícia Civil/MA/2012) Com relação ao tema prisão e medidas cautelares, assinale a afirmativa incorreta.

A. As medidas cautelares possuem natureza instrumental, existindo para a garantia do regular desenvolvimento do processo assim como para assegurar a efetividade do poder de punir do Estado.

B. Na linha da doutrina mais atual, assim como ocorre no processo civil, no campo processual penal a prisão cautelar tem que estar fundada no *fumus boni iuris* e no *periculum in mora*.

C. O princípio da presunção de inocência, na linha do entendimento majoritário dos Tribunais Superiores, não se mostra incompatível com a prisão cautelar quando presentes os seus requisitos justificadores.

D. Os princípios da razoabilidade, da proporcionalidade e da proibição de excesso são de observância obrigatória em todas as áreas do Direito, inclusive no processo penal quando da necessidade da prisão ou de qualquer medida cautelar.

E. Ao receber o auto de prisão em flagrante, o juiz poderá proferir três decisões possíveis: relaxar o flagrante se ilegal; converter a prisão em flagrante em preventiva quando presentes os requisitos do Art. 312 do CPP; conceder liberdade provisória com ou sem fiança.

51. **(Delegado de Polícia Civil/PA/2012) A prisão preventiva poderá ser decretada quando houver prova da existência do crime e indício suficiente de autoria nas seguintes ocasiões:**

I - como garantia da ordem pública.

II - como garantia da ordem econômica.

III - por conveniência da instrução criminal

IV - para assegurar a aplicação da lei penal.

Diante dessas informações, assinale a alternativa correta:

A. Somente as assertivas I e II estão corretas.
B. Somente as assertivas II e IV estão corretas.
C. Somente as assertivas I e III estão corretas.
D. Somente as assertivas III e IV estão corretas.
E. Todas as assertivas estão corretas.

52. **(Delegado de Polícia Federal/2013) Suponha que um agente penalmente capaz pratique um roubo e, perseguido ininterruptamente pela polícia, seja preso em circunscrição diversa da do cometimento do delito. Nessa situação, a autoridade policial competente para a lavratura do auto de prisão em flagrante é a do local de execução do delito, sob pena de nulidade do ato administrativo.**

53. **(Delegado de Polícia Federal/2013) A autoridade de polícia judiciária deve comunicar ao juiz competente a prisão em flagrante no prazo improrrogável de cinco dias, remetendo-lhe cópia do auto lavrado, do qual será dada vista ao MP em até vinte e quatro horas.**

54. **(Delegado de Polícia Federal/2013) Conforme entendimento pacificado do STJ, a eventual ilegalidade da prisão cautelar por excesso de prazo para conclusão da instrução criminal deve ser analisada à luz do princípio da razoabilidade, sendo permitida ao juízo, em hipóteses excepcionais, a extrapolação dos prazos previstos na lei processual penal.**

55. **(Delegado de Polícia Civil/PR/2013) Em relação à prisão temporária, considere as afirmativas a seguir.**

I. O prazo da prisão temporária é de cinco dias, sem prorrogação.

II. O despacho que decretar a prisão temporária deverá ser fundamentado.

III. Decorrido o prazo de cinco dias de detenção, o preso deverá ser posto imediatamente em liberdade, salvo se já tiver sido decretada sua prisão preventiva.

IV. A prisão temporária pode ser decretada se for imprescindível para as investigações do inquérito policial.

Assinale a alternativa correta.

A. Somente as afirmativas I e II são corretas.

B. Somente as afirmativas I e IV são corretas.
C. Somente as afirmativas III e IV são corretas.
D. Somente as afirmativas I, II e III são corretas.
E. Somente as afirmativas II, III e IV são corretas.

56. (Delegado de Polícia/DF/2015) Com base na legislação, na jurisprudência e na doutrina majoritária, assinale a alternativa correta no que se refere a prova, prisão preventiva, liberdade provisória e excludente de ilicitude.

A. Não se admite liberdade provisória em crime hediondo.
B. Dada a adoção do sistema acusatório no processo penal brasileiro, não cabe ao réu o ônus de provar a causa excludente de ilicitude.
C. De acordo com o CPP, a falta de exame complementar não pode ser suprida por meio de prova testemunhal.
D. Conforme dispositivo expresso no CPP, não se admite prisão preventiva em crime culposo.
E. Suponha-se que o juiz decrete a prisão preventiva do investigado, em virtude do descumprimento de outras medidas cautelares pessoais. Nesse caso, prescinde-se de que o crime seja punido com pena privativa de liberdade máxima superior a quatro anos.

57. (Delegado de Polícia/DF/2015) Considera-se flagrante diferido o(a)

A. Modalidade de flagrante proibida pela legislação processual penal brasileira, em que a autoridade policial, tendo notícia da prática de futura infração, coloca-se estrategicamente de modo a impedir a consumação do crime.
B. Obtido a partir de uma provocação do agente criminoso para controlar a ação delituosa e evitar o crime, com base na política criminal hodierna.
C. Realizado em momento imediatamente após a prática do crime, se o agente for encontrado com instrumentos, armas, objetos ou papéis que façam presumir ser ele o autor da infração.
D. Ação policial de monitoramento e controle das ações criminosas desenvolvidas, transferindo-se o flagrante para momento de maior visibilidade das responsabilidades penais.
E. Lavrado quando o agente é perseguido, logo após o crime, pela autoridade policial, pelo ofendido ou por qualquer pessoa em situação que indique ser ele o autor da infração.

58. (Delegado de Polícia/DF/2015) Acerca da fiança e da liberdade provisória, assinale a alternativa correta.

A. A fiança poderá ser dispensada, se assim recomendar a situação econômica do preso, observados os critérios legais.
B. A liberdade provisória, conforme a atual sistemática do CPP, será concedida sempre com fiança.
C. A autoridade policial poderá conceder fiança nos casos de infração penal punida com detenção ou prisão simples, independentemente da duração da pena.
D. Denomina-se quebra da fiança o não pagamento desta no prazo legal.

E. Em se tratando de prisão civil, é cabível a concessão de fiança pela autoridade policial.

59. (Juiz/AL/2015) Nos termos do Código de Processo Penal,

A. A prisão domiciliar implicará o recolhimento do réu à sua residência nos períodos noturnos e de folga, e pressupõe decisão judicial.

B. Julgar-se-á quebrada a fiança quando o acusado praticar ato de obstrução ao andamento do processo.

C. Há previsão da proibição de ausentar-se do país, apenas nos casos de competência da Justiça Federal.

D. O recolhimento domiciliar será permitido, não havendo exigência de residência e trabalho fixo.

E. Após a Constituição Federal de 1988 não se permite mais a internação provisória do acusado semi-imputável.

60. (Delegado de Polícia/CE/2015) De acordo com o art. 289-A, § 1° do CPP,

A. Qualquer agente policial poderá efetuar a prisão de- terminada no mandado de prisão registrado no Conselho Nacional de Justiça, ainda que fora da competência territorial do juiz que o expediu, mas desde que o juiz do local da prisão seja previamente comunicado e lance seu "cumpra-se".

B. Qualquer agente policial poderá efetuar a prisão determinada no mandado de prisão registrado no Conselho Nacional de Justiça, ainda que fora da competência territorial do juiz que o expediu.

C. Apenas o agente policial lotado em unidade sujeita à competência territorial do juiz que expediu o mandado de prisão poderá efetuar a prisão determinada no respectivo mandado fora da competência territorial do juiz que o expediu, mas desde que o mandado seja registrado no Conselho Nacional de Justiça.

D. Apenas o agente policial lotado em unidade sujeita à competência territorial do juiz que expediu o mandado de prisão poderá efetuar a prisão determinada no respectivo mandado fora da competência territorial do juiz que o expediu.

E. Qualquer agente policial poderá efetuar a prisão determinada no mandado de prisão registrado no Conselho Nacional de Justiça, mas apenas no território de competência do juiz que o expediu.

61. (Delegado de Polícia/CE/2015) A prisão temporária é cabível (I) quando imprescindível para as investigações do inquérito policial; (II) quando o indiciado não tiver residência fixa ou não fornecer ele- mentos necessários ao esclarecimento de sua identidade e (III) quando houver fundadas razões, de acordo com qualquer prova admitida na legislação penal, de autoria ou participação do indiciado em alguns crimes expressamente citados no texto da Lei n° 7.960/90, entre eles

A. A corrupção passiva (CP, art. 317).

B. A falsificação, corrupção, adulteração ou alteração de produto destinado a fins terapêuticos ou medicinais (CP, art. 273).

C. A concussão (CP, art. 316).

D. O contrabando (CP, art. 334).

E. Os contra o sistema financeiro (Lei n° 7.492/86).

62. (Delegado de Polícia/SP/2014) Em relação ao tema prisão, é correto afirmar que:

A. O emprego de força para a realização da prisão será permitido sempre que a autoridade policial julgar necessário, não existindo restrição legal.

B. A prisão poderá ser efetuada em qualquer dia e a qualquer hora, respeitadas as restrições relativas à inviolabilidade de domicílio.

C. A prisão cautelar somente ocorre durante o inquérito policial.

D. Em todas as suas hipóteses, é imprescindível a existência de mandado judicial prévio.

E. A prisão preventiva somente ocorre durante o processo judicial.

63. (Delegado de Polícia/SP/2014) A fiança:

A. Poderá ser prestada em todas as hipóteses de prisão, salvo no caso de prisão em decorrência de pronúncia.

B. Poderá ser prestada em qualquer termo do processo, inclusive após o trânsito em julgado da sentença.

C. Poderá ser prestada em qualquer termo do processo, enquanto não transitar em julgado a sentença condenatória.

D. Somente poderá ser prestada durante o inquérito policial.

E. Poderá ser prestada nas hipóteses de prisão temporária.

64. (Delegado de Polícia/RO/2014) A ordem ou o "comando implícito de soltura" é característica peculiar de uma prisão cautelar, no caso, a prisão:

A. Preventiva decorrente de conversão.

B. Em flagrante.

C. Temporária.

D. Preventiva decretada no curso do processo.

E. Domiciliar decretada no curso do processo.

65. (Delegado de Polícia/SC/2014) Considere o Código de Processo Penal quanto as medidas cautelares, analise as afirmações a seguir e assinale a alternativa correta.

I. As medidas cautelares serão decretadas pelo juiz, de ofício ou a requerimento das partes ou, quando no curso da investigação criminal, por representação da autoridade policial ou mediante requerimento do Ministério Público.

II. Não será permitido o emprego de força, mesmo a indispensável, no caso de resistência ou de tentativa de fuga do preso.

III. A prisão preventiva será determinada quando não for cabível a sua substituição por outra medida cautelar.

IV. As medidas cautelares serão decretadas pelo juiz e não poderão ser aplicadas cumulativamente.

A. Apenas I e III estão corretas.

B. Apenas II e III estão corretas.

C. Apenas III e IV estão corretas.
D. Apenas I, II e III estão corretas.
E. Todas as afirmações estão corretas.

66. (Juiz/PB/2015) A respeito da disciplina do CPP sobre a fiança, assinale a opção correta.

A. É admitida a concessão de fiança em caso de prisão civil ou militar.
B. A fiança poderá consistir em pedras, objetos ou metais preciosos.
C. O réu afiançado poderá ausentar-se de sua residência sem comunicar a autoridade processante, desde que o faça por período não superior a trinta dias.
D. Não há previsão de reforço da fiança no CPP.
E. Compete de forma exclusiva à autoridade judicial fixar fiança e decidir pela liberdade provisória.

67. (Juiz/PE/2015) José, que responde a processo pela prática do delito de roubo qualificado pelo emprego de arma de fogo e concurso de agentes, está preso preventivamente. Diante disso, é correto afirmar que:

A. Este delito não permite prisão domiciliar.
B. Este delito é inafiançável.
C. Caso o juiz revogue a prisão preventiva, não pode ele mesmo de novo decretá-la caso sobrevenham razões que a justificassem, devendo encaminhar os autos para análise por seu substituto.
D. José pode ter ficado regularmente preso temporariamente por 60 (sessenta) dias.
E. A prisão preventiva pode ter sido decretada pelo juiz no curso da ação penal a requerimento do assistente.

68. (Defensor Público/MA/2015) Sobre as prisões processuais, conforme o Código de Processo Penal e a jurisprudência do STF, é correto afirmar que

A. Não havendo autoridade no lugar em que se tiver efetuado a prisão, o preso será apresentado ao Ministério Público da comarca, que decidirá sobre a manutenção da prisão e classificação do delito.
B. As condições subjetivas favoráveis do réu, tais como emprego lícito, residência fixa e família constituída, obstam a segregação cautelar.
C. É fundamento válido para a decretação da prisão preventiva no delito de tráfico de drogas ser este um delito de origem para vários outros, especialmente que envolvem violência ou grave ameaça à pessoa, com grave perturbação da paz social.
D. A necessidade de se interromper ou diminuir a atuação de integrantes da organização criminosa enquadra-se no conceito de garantia da ordem pública, constituindo fundamentação cautelar idônea e suficiente para a prisão preventiva.
E. O auto de prisão em flagrante deverá ser lavrado somente por escrivão concursado e dotado de fé pública.

69. (Agente de Polícia Federal/2014) Nos crimes de tráfico de drogas, em caso de necessidade extrema comprovada, poderá ser decretada a prisão temporária

pela autoridade policial, que terá o prazo de vinte e quatro horas para comunicar a prisão e encaminhar a representação pertinente ao juiz competente.

70. **(Delegado de Polícia/TO/2014) Se assim recomendar a situação econômica do preso, a fiança poderá ser dispensada, e também**
    A. Reduzida até o máximo de um terço ou aumentada em até cem vezes.
    B. Reduzida até o máximo de dois terços ou aumentada em até mil vezes.
    C. Reduzida até o máximo de metade ou aumentada em até dez vezes.
    D. Reduzida até o máximo de três quintos ou aumentada em até cinquenta vezes.

71. **(Delegado de Polícia/TO/2014) A fiança ficará sem efeito e o acusado será recolhido à prisão, quando ele**
    A. Deixar de reforçar a fiança, nas hipóteses legais.
    B. Descumprir cautelar imposta cumulativamente.
    C. Resistir injustificadamente à ordem judicial.
    D. Praticar nova infração penal dolosa.

72. **(Delegado de Polícia/TO/2014) Entende-se que a prisão preventiva possui caráter rebus sic stantibus porque o juiz**
    A. Poderá revogá-la se, no correr do processo, verificar a falta de motivo para que subsista, bem como de novo decretá-la, se sobrevierem razões que a justifiquem.
    B. Deverá sempre motivar a decisão que decretar, substituir ou denegar esta modalidade de prisão cautelar.
    C. Poderá decretá-la de ofício exclusivamente no curso da ação penal, sendo proibido esse tipo de decretação na fase da investigação policial.
    D. Poderá decretá-la quando houver prova da existência do crime e indício suficiente de autoria.

73. **(Delegado de Polícia Federal/2013) Suponha que um agente penalmente capaz pratique um roubo e, perseguido ininterruptamente pela polícia, seja preso em circunscrição diversa da do cometimento do delito. Nessa situação, a autoridade policial competente para a lavratura do auto de prisão em flagrante é a do local de execução do delito, sob pena de nulidade do ato administrativo.**

74. **(Delegado de Polícia Civil/PE/2016) Considerando a doutrina majoritária e o entendimento dos tribunais superiores, assinale a opção correta a respeito da prisão.**
    A. O flagrante diferido que permite à autoridade policial retardar a prisão em flagrante com o objetivo de aguardar o momento mais favorável à obtenção de provas da infração penal prescinde, em qualquer hipótese, de prévia autorização judicial.
    B. Para a admissibilidade de prisão temporária exige-se, cumulativamente, a presença dos seguintes requisitos: imprescindibilidade para as investigações, não ter o indiciado residência fixa ou não fornecer dados esclarecedores de sua identidade e existência de indícios de autoria em determinados crimes.
    C. Configura crime impossível o flagrante denominado esperado, que ocorre quando a autoridade policial, detentora de informações sobre futura prática

de determinado crime, se estrutura para acompanhar a sua execução, efetuando a prisão no momento da consumação do delito.

D. Havendo conversão de prisão temporária em prisão preventiva no curso da investigação policial, o prazo para a conclusão das investigações, no âmbito do competente inquérito policial, iniciar-se-á a partir da decretação da prisão preventiva.

E. Havendo mandado de prisão registrado no Conselho Nacional de Justiça (CNJ), a autoridade policial poderá executar a ordem mediante certificação em cópia do documento, desde que a diligência se efetive no território de competência do juiz processante.

75. (Delegado de Polícia Civil/PE/2016) Considerando-se que João tenha sido indiciado, em inquérito policial, por, supostamente, ter cometido dolosamente homicídio simples, e que Pedro tenha sido indiciado, em inquérito policial, por, supostamente, ter cometido homicídio qualificado, é correto afirmar que, no curso dos inquéritos,

A. se a prisão temporária de algum dos acusados for decretada, ela somente poderá ser executada depois de expedido o mandado judicial.

B. João e Pedro podem ficar presos temporariamente, sendo igual o limite de prazo para a decretação da prisão temporária de ambos.

C. O juiz poderá decidir sobre a prisão temporária de qualquer um dos acusados ou de ambos, independentemente de ouvir o MP, sendo suficiente, para tanto, a representação da autoridade policial.

D. O juiz poderá decretar, de ofício, a prisão temporária de Pedro mas não a de João.

E. O juiz poderá decretar, de ofício, a prisão temporária de João e de Pedro.

76. (Delegado de Polícia Civil/GO/2016) Pedro, Joaquim e Sandra foram presos em flagrante delito. Pedro, por ter ofendido a integridade corporal de Lucas, do que resultou debilidade permanente de um de seus membros; Joaquim, por ter subtraído a bicicleta de Lúcio, de vinte e cinco anos de idade, no período matutino — Lúcio a havia deixado em frente a uma padaria; e Sandra, por ter subtraído o carro de Tomás mediante grave ameaça.

Considerando-se os crimes cometidos pelos presos, a autoridade policial poderá conceder fiança a

A. Joaquim somente.

B. Pedro somente.

C. Pedro, Joaquim e Sandra.

D. Pedro e Sandra somente.

E. Joaquim e Sandra somente

77. (Delegado de Polícia Civil/GO/2016) Será cabível a concessão de liberdade provisória ao indivíduo que for preso em flagrante devido ao cometimento do crime de

I. estelionato;

II. latrocínio;

III. estupro de vulnerável.

Assinale a opção correta.

A. Apenas os itens I e III estão certos.

B. Apenas os itens II e III estão certos.

C. Todos os itens estão certos.

D. Apenas o item I está certo.

E. Apenas os itens I e II estão certos.

78. (Delegado de Polícia Civil/GO/2016) Com relação à prisão temporária, assinale a opção correta.

A. A prisão temporária poderá ser decretada pelo juiz de ofício ou mediante representação da autoridade policial ou requerimento do Ministério Público.

B. Conforme o STJ, a prisão temporária não pode ser mantida após o recebimento da denúncia pelo juiz.

C. São três os requisitos indispensáveis para a decretação da prisão temporária, conforme a doutrina majoritária: imprescindibilidade para as investigações; existência de indícios de autoria ou participação; e indiciado sem residência fixa ou identificação duvidosa.

D. É cabível a prisão temporária para a oitiva do indiciado acerca do delito sob apuração, desde que a liberdade seja restituída logo após a ultimação do ato.

E. A prisão temporária poderá ser decretada tanto no curso da investigação quanto no decorrer da fase instrutória do competente processo criminal.

79. (Delegado de Polícia Civil/AC/2017) As funções de polícia judiciária e a apuração de infrações penais exercidas pelo delegado de polícia são de natureza jurídica, essenciais e exclusivas de Estado. A Luz do ordenamento jurídico processual, o delegado de polícia, na qualidade de autoridade policial, deve proceder a análise técnico-jurídica do fato e de maneira fundamentada. A impossibilidade de remoção arbitrária e avocatórias buscam assegurar o exercício funcional com independência na condução da investigação e apreciação dos fatos. Com efeito, qual conduta abaixo poderá ser adotada pelo delegado de polícia sem com isso configurar desídia funcional ou prevaricação?

A. Poderá o delegado deixar de acompanhar a vítima para assegurar a retirada de seus pertences do local da ocorrência ou do domicílio familiar quando necessário.

B. Poderá o delegado de polícia deixar de destruir as drogas apreendidas nos flagrantes de tráfico após a determinação judicial de sua destruição, com a guarda de amostra necessária ao laudo definitivo.

C. Na hipótese da iminência ou da prática de violência doméstica e familiar contra a mulher, a autoridade policial que tomar conhecimento da ocorrência poderá deixar de fornecer transporte para a ofendida e seus dependentes para abrigo ou local seguro, mesmo diante de risco de vida para a ofendida.

D. Diante da subtração de um pedaço da carne da alcatra no valor de R$ 16,00 (dezesseis reais), poderá o delegado de polícia deixar de lavrar o auto de prisão em flagrante, procedendo apenas com o registro de ocorrência, decidindo fundamentadamente que não se trata de crime por ausência de tipicidade material, em razão de concluir sua análise técnico-jurídica no sentido de ter incidido no caso o princípio da insignificância.

E. Deixar de instaurar o inquérito policial, mesmo tendo verificado a procedência das informações, por razões de conveniência e oportunidade da investigação.

80. (Delegado de Polícia Civil/AC/2017) Tendo em vista a correta classificação, considera-se em flagrante delito quem:

A. É encontrado, logo depois, com instrumentos, armas, objetos ou papéis que façam presumir ser ele autor da infração, ou seja, flagrante impróprio.

B. Acaba de cometer a infração penal, ou seja. flagrante próprio.

C. É perseguido, logo após, pela autoridade, pelo ofendido ou por qualquer pessoa em situação que faça presumir ser autor da infração, ou seja, flagrante presumido.

D. É preso por flagrante provocado.

E. Está cometendo a infração penal, ou seja, crime imperfeito.

81. (Defensor Público da União/2017) O STJ consolidou entendimento no sentido de que os atos infracionais anteriormente praticados pelo réu não servem como argumento para embasar a decretação de prisão preventiva.

82. (Delegado de Polícia Civil/AP/2017) A prisão domiciliar no processo penal

A. deve ser cumprida em Casa de Albergado ou, em sua falta, em outro estabelecimento prisional similar.

B. pode ser concedida à mulher grávida, desde que comprovada a situação de risco da gestação.

C. é medida cautelar diversa da prisão que pode beneficiar mulheres de qualquer idade, mas o homem apenas se for idoso.

D. pode ser concedida à mulher que tenha filho de até 16 anos de idade incompletos.

E. é cabível em caso de pessoa presa que esteja extremamente debilitada em razão de doença grave.

83. (Delegado de Polícia Civil/AP/2017) Sobre a prisão em flagrante, é correto afirmar que

A. é ato exclusivo da autoridade policial nos casos de perseguição logo após a prática do delito.

B. deve o delegado de polícia representar pela prisão preventiva, quando o agente é encontrado, logo depois, com instrumentos ou papéis que façam presumir ser ele autor da infração, dada a impossibilidade de prisão em flagrante.

C. é vedada pelo Código de Processo Penal, em caso de crime permanente, diante da possibilidade de prisão temporária.

D. a falta de testemunhas do crime impede a lavratura do auto de prisão em flagrante, devendo a autoridade policial instaurar inquérito policial para apuração do fato.

E. o auto de prisão em flagrante será encaminhado ao juiz em até 24 horas após a realização da prisão, e, caso não seja indicado o nome de seu advogado pela pessoa presa, cópia integral para a Defensoria Pública.

84. (Delegado de Polícia Civil/AP/2017) O Código de Processo Penal dispõe que no regime da prisão preventiva

A. é vedada a decretação da prisão preventiva antes do início do processo criminal.

B. a decretação da prisão preventiva como garantia da ordem pública requer indício suficiente da existência do crime.

C. a prisão preventiva decretada por conveniência da instrução criminal ou para assegurar a aplicação da lei penal possuem relação de cautelaridade com o processo penal.

D. a reincidência é irrelevante para a admissão da prisão preventiva.

E. a gravidade do delito dispensa a motivação da decisão que decreta a prisão preventiva.

9.9. GABARITO E COMENTÁRIOS

QUESITO	ASSERTIVA CORRETA	JUSTIFICATIVA
01	ERRADO	Não cabe decretação de prisão temporária depois de iniciado o processo (é privação cabível unicamente na fase de inquérito policial) – tópico 8.2.5.
02	ERRADO	Trata-se de crime permanente, sendo possível a materialização da prisão em flagrante enquanto durar a consumação do crime – inteligência do artigo 303, do CPP.
03	CERTO	A confecção de auto de prisão em flagrante significa a instauração de inquérito policial e este não poderá ser iniciado em crime de ação penal pública condicionada à representação sem que esta seja ofertada, artigo 5º, § 4º, do CPP.
04	CERTO	Vide artigo 311, do CPP, que prevê decretação de prisão preventiva pelo magistrado atendendo a requerimento do querelante.
05	ERRADO	Vide artigo 308, do CPP.
06	ERRADO	Vide artigo 304, § 1º do CPP – tópico 8.2.3.5.
07	ERRADO	Quando o flagrante é preparado, sequer existe crime, sendo atípica a conduta – tópico 8.2.3.7.
08	ERRADO	Só cabe decretação de prisão preventiva em face da prática de crime doloso, artigo 313, do CPP – tópico 8.2.4.
09	ERRADO	O fundamento da prisão preventiva garantia da aplicação da lei penal serve para evitar que o autor do fato se esquive de eventual futuro decreto condenatório. O fundamento que serve para acautelar o meio social é o da garantia da ordem pública – tópico 8.2.4.

QUESITO	ASSERTIVA CORRETA	JUSTIFICATIVA
10	ERRADO	O fundamento da prisão preventiva que necessita de comprovação de iminente risco de fuga do agente é o da garantia da aplicação da lei penal – tópico 8.2.4.
11	ERRADO	Não cabe prisão temporária no curso da ação penal – tópico 8.2.5.
12	ERRADO	Não cabe decretação de prisão temporária de ofício pelo juiz – tópico 8.2.5.
13	ERRADO	A prisão temporária pode ser convertida pelo juiz em preventiva, caso presentes os requisitos e fundamentos desta – tópico 8.2.5.
14	ERRADO	A decretação da prisão temporária exige parecer prévio do MP quando for representada pela autoridade policial, artigo 2º, § 1º, da Lei 7.960/89.
15	CERTO	Artigo 1º, III, da Lei 7.960/89.
16	CERTO	Inteligência dos artigos 5º, LXII, da CF e 306, 'caput' e § 1º, do CPP – tópico 8.2.3.5.
17	ERRADO	A apresentação espontânea não elide a prisão preventiva (artigo 317) – tópico 8.2.3.6.
18	CERTO	Trata-se de flagrante preparado (Súmula 145 do STF) – tópico 8.2.3.7.
19	ERRADO	A prisão preventiva cabe apenas quando da prática de crimes dolosos (artigo 313, do CPP) – tópico 8.2.4.
20	CERTO	Vide artigos 312 e 313, do CPP – tópico 8.2.4.
21	ERRADO	A apresentação espontânea não obsta decretação de prisão preventiva ou temporária – tópicos 8.2.3.6 e 8.2.4.
22	CERTO	É o que prescreve o artigo 303 do CPP. Vide tópico 8.2.3.4.
23	B	Artigo 313, II, CPP. Vide tópico 8.2.4.
24	B	A única assertiva correta é a primeira (Súmula Vinculante 11, do STF) – tópico 8.2.2. As outras duas estão erradas – vide tópicos 8.2.3.7 e 8.2.5.
25	D	Artigo 306, do CPP – tópico 8.2.3.5.
26	B	Vide tópico 8.2.4.
27	D	Artigo 2º, § 3º e artigo 3º da Lei 7.960/89 – vide tópico 8.2.5.
28	C	Artigo 282, § 4º, do CPP.

QUESITO	ASSERTIVA CORRETA	JUSTIFICATIVA
29	D	Não existe decretação automática da prisão preventiva e o artigo 313, II, do CPP foi alterado pela Lei 12.403/11.
30	D	Vide tópico 8.2.4.
31	C	Artigo 289-A, § 2º, do CPP.
32	E	Artigo 305 do CPP.
33	B	Artigo 2º, § 3º, da Lei 7.960/89 – vide tópico 8.2.5.
34	B	Artigos 313, III e 492, I, 'e', ambos do CPP.
35	C	Artigo 1º, III, da Lei 7.960/89 – vide tópico 8.2.5.
36	B	O artigo 316 do CPP não estipula prazo para reanálise da prisão outrora decretada.
37	A	Artigo 324, I, do CPP.
38	C	Artigo 311 do CPP – tópico 8.2.4.
39	D	Artigo 293 do CPP.
40	D	Vide tópico 8.2.6.
41	ERRADO	Vide tópico 8.2.4.
42	CERTO	Vide tópico 8.2.5.
43	A	Artigo 5º, § 4º do CPP.
44	B	Vide tópico 8.2.6.
45	E	Vide tópico 8.6.
46	A	Vide tópico 8.2.3.4.
47	B	Vide tópico 8.2.3.5.
48	C	Vide tópico 8.1.1.
49	D	Vide tópico 8.2.3.7.
50	B	Vide tópico 8.2.1.
51	E	Vide tópico 8.2.4.
52	ERRADO	Artigo 308 do CPP.
53	ERRADO	Vide tópico 8.2.3.5. e artigo 50, da Lei 11.343/06.
54	CERTO	Vide tópico 8.4.
55	E	Vide tópico 8.2.5.
56	E	Vide tópico 8.2.4. e artigo 313 do CPP.

QUESITO	ASSERTIVA CORRETA	JUSTIFICATIVA
57	D	Vide tópico 8.2.3.7.
58	A	Vide artigo 325, § 1º, I, do CPP.
59	B	Vide artigo 341, II, do CPP.
60	B	Vide artigo 289-A, § 1º, do CPP.
61	E	Vide artigo 1º, III, o, da Lei 7.960/89.
62	B	Vide artigo 283, § 2º, do CPP.
63	C	Vide artigo 334 do CPP.
64	C	Vide tópico 8.2.5.
65	A	Vide §§ 2º e 6º, do artigo 282, do CPP.
66	B	Vide artigo 330 do CPP.
67	E	Vide artigo 311 do CPP.
68	D	Vide tópico 8.2.4.
69	E	Vide tópico 8.2.5.
70	B	Vide artigo 325, § 1º, II e III, do CPP.
71	A	Vide parágrafo único, do artigo 340, do CPP.
72	A	Vide tópico 8.2.4.
73	E	Vide artigo 308 do CPP.
74	D	Estando o indiciado preso em face da decretação da prisão temporária, quando da conversão desta em preventiva, o prazo de conclusão das investigações começa a contar da decretação da preventiva – consequência do artigo 10 do CPP, já que o indiciado já está preso, mudando apenas o título da prisão.
75	A	Vide tópico 9.2.5.
76	A	Vide tópico 9.2.3.6.
77	C	Vide tópico 9.3.
78	B	Vide tópico 9.2.5.
79	D	Vide tópico 9.2.3.6.
80	B	Vide tópico 9.2.3.5.
81	ERRADO	Vide tópico 9.2.4.
82	E	Vide tópico 9.2.6.

QUESITO	ASSERTIVA CORRETA	JUSTIFICATIVA
83	E	Vide tópico 9.2.3.
84	C	Como os fundamentos conveniência da instrução criminal e assegurar a aplicação da lei penal objetivam proteger, respectivamente, a colheita de provas e a efetividade de ulterior sentença condenatória, é inegável que eles acautelam o processo penal.

10

CASUÍSTICA

10.1. INTROITO

Este tópico tem por objetivo apresentar algumas investigações reais em que foram utilizados institutos acima estudados. Todas as situações, investigações e decisões judiciais são verídicas.

10.2. CIGANOS

Em novembro do ano de 2008, a polícia militar de Pernambuco apresentou na Delegacia de Polícia Federal em Juazeiro/BA, quatro conduzidos e farto material arrecadado na residência de dois deles (era um casal e dois outros parentes). Foram amealhados na casa dos pretensos infratores certidões de nascimento, cartões de benefícios previdenciários, carimbos de cartórios, armas de fogo, munições, carteiras de trabalho e de identidades e CPF's.

Chamava atenção o fato de que em diversos dos documentos estavam estampadas fotos de pessoas idênticas (apenas em poses e/ou com roupas diferentes), em claro indício de que os conduzidos eram fraudadores do INSS (fabricavam certidões de nascimento, com o uso de carimbos cartorários falsos, tiravam documentos com suporte autêntico com base nesses registros civis fraudulentos e solicitavam benefícios previdenciários e/ou assistenciais ao INSS).

Preliminarmente foi determinada realização de consulta ao INSS em Juazeiro/BA e aos cartórios de Registro Civil de cidades do interior da Bahia, com o fito de constatar a existência de fraude. Em face da resposta positiva, findaram autuados em flagrante delito M.A.S e M.S.S, pela prática dos crimes de estelionato majorado (artigo 171, parágrafo 3º, do CP), falsificação de selo ou sinal público (artigo 296, II, do CP) e falsificação de documento público (artigo 297, do CP). Deixei de materializar a prisão em face da posse ilegal de arma de fogo, em razão do fenômeno da *abolitio criminis* temporária, gerada pelos artigos 30, 31 e 32, da Lei 10.826/03.

Observados todos os reclamos legais e constitucionais, a prisão foi comunicada ao juízo federal competente por distribuição. O magistrado findou por entender ilegal a detenção, forte no argumento de que nenhum dos crimes imputados aos indiciados tem natureza permanente e que não estava presente nenhuma das hipóteses do artigo 302, do CPP. Ainda assim, optou por não conceder liberdade provisória aos conduzidos, atendendo a pleito do Ministério Público Federal, que ao se manifestar acerca da prisão, requereu a decretação da custódia preventiva.

O procedimento inquisitivo transcorreu com prazo fatal de 15 dias, em face da custódia cautelar (prisão preventiva).

Com o fito de atestar a falsidade das certidões de nascimento apreendidas, determinei expedição de ofícios aos cartórios de registro civil respectivos. O resultado foi que quase todos os documentos arrecadados na casa dos presos eram falsos (as pessoas simplesmente não existiam).

Determinei ainda confecção de perícia nos carimbos apreendidos (depois de solicitar dos cartórios os respectivos padrões). O resultado foi mais um atestado de falsificação.

Foram ainda periciados os CPFs, carteiras de identidade e carteiras de trabalho. O corpo técnico findou constatando por meio de exames meticulosos quc as fotos usadas nos documentos eram as mesmas (atentar para importância da prova aqui produzida, vez que o laudo pericial que constatou a falsidade é prova muito mais robusta que a simples observação pessoal de quem analisa os autos de que as pessoas das fotos se parecem).

Solicitei do INSS informação acerca de benefícios assistenciais e previdenciários concedidos em favor dos nomes que simplesmente não existiam. O resultado foi positivo, tendo sido detectados inúmeros benefícios fraudulentos.

Os indiciados foram processados e ao final condenados a penas superiores a 10 anos de reclusão, em regime inicial fechado. Anote-se que as provas usadas para fundamentar o édito condenatório foram basicamente colhidas no curso da investigação (que durou apenas 15 dias). Por óbvio as perícias e documentos oficiais remetidos pelos cartórios de registro civil e pelo INSS foram submetidos ao contraditório diferido (a defesa não pôde acompanhar a produção da prova, porque encartada na fase inquisitorial, mas teve oportunidade de se manifestar acerca dela no curso do processo), mas não há como afastar o fato de que tal material probante foi coligido na fase inquisitiva.

Finque-se que no inquérito os indiciados não confessaram a prática delitógena no bojo do inquérito, mas o cabedal probante foi suficientemente robusto para demonstrar que eles eram autores de diversas falsificações e fraudes que causavam grande prejuízo aos cofres do INSS (foram ao todo 27 benefícios fraudulentos, 3 carimbos falsificados e 52 documentos contrafeitos).

Os acusados apelaram da sentença condenatória. O TRF da 5ª Região manteve o *decisum* atacado em sua essência, modificando-o apenas quanto ao reconhecimento da prescrição de um dos estelionatos e quanto à absolvição dos réus pelo crime de falsificação de selo ou sinal público (que a Corte entendeu como meio para prática das falsificações de documentos públicos), o que acarretou a redução da reprimenda para 7 anos e 6 meses de reclusão em regime inicial semiaberto. Eis o acórdão[1]:

> PROCESSUAL PENAL E PENAL. SENTENÇA CONDENATÓRIA. APELAÇÃO INTERPOSTA PELOS RÉUS. FUGA DO ESTABELECIMENTO PRISIONAL. DESERÇÃO. NÃO-RECEPÇÃO DO ART. 595 DO CÓDIGO DE PROCESSO PENAL PELA CONSTITUIÇÃO. ALEGAÇÃO DE SUSPEIÇÃO DO JUIZ. MATÉRIA JÁ DECIDIDA POR ESTA TURMA. FATO NOVO. INOCORRÊNCIA. REAPRECIAÇÃO DA QUESTÃO. DESCABIMENTO. PREJULGAMENTO PELO JUIZ A QUO. INEXISTÊNCIA. OBTENÇÃO DE BENEFÍCIOS PREVIDENCIÁRIOS COM USO DE DOCUMENTOS FALSOS. CRIME INSTANTÂNEO DE EFEITOS PERMANENTES. CONSUMAÇÃO NO MOMENTO DE RECEBIMENTO DA PRIMEIRA PRESTAÇÃO. PRESCRIÇÃO. OCORRÊNCIA QUANTO A UMA DAS CONDUTAS IMPUTADAS AOS RÉUS. ADEQUADA VALORAÇÃO DA PROVA NA SENTENÇA. FALSIFICAÇÃO DE CARIMBOS DE CARTÓRIOS DE REGISTRO CIVIL. CONDENAÇÃO POR DELITOS DE FALSIFICAÇÃO DE SINAL PÚBLICO (ART. 296, II, DO CP). ATIPICIDADE DA CONDUTA. FALSIFICAÇÃO DE DOCUMENTOS PESSOAIS. POTENCIALIDADE LESIVA QUE VAI ALÉM DOS ESTELIONATOS PRATICADOS. PRINCÍPIO DA CONSUNÇÃO. INAPLICABILIDADE. DOSIMETRIA DAS PENAS. CORREÇÃO. PROVIMENTO PARCIAL DO APELO. O Pleno do STF reconheceu que o art. 595 do Código de Processo Penal não fora recepcionado pela Constituição Federal de 1988. Fuga de condenado preso que não mais implica na deserção do recurso. Conhecimento da apelação interposta pelo réu que se encontra foragido da prisão. Alegação de suspeição do juiz sentenciante com base nos mesmos fatos que embasaram a Exceção de Suspeição Criminal n. 12-PE, julgada improcedente por esta Turma em 12/05/2009. Não cabimento de nova apreciação da matéria. A utilização de expressões reveladoras de juízo de certeza em decisões interlocutórias não é tecnicamente recomendável, mas também não implica necessariamente em prejulgamento da causa. Por mais contundentes que sejam algumas expressões utilizadas no em decisões interlocutórias proferidas no curso do processo, elas devem ser contextualizadas e entendidas como reveladoras de um juízo de certeza sobre o que está sendo decidido naquele momento (presença dos requisitos e pressupostos para manutenção da prisão provisória), e não sobre o que ainda será decidido (responsabilidade penal do acusado).ACR6892/PE (Acórdão-2). A obtenção de benefício de prestação continuada da Previdência Social com utilização de documentos falsos configura crime de estelionato e se consuma no momento do recebimento da primeira parcela do benefício. Precedente do STF (HC 95.379 - 2ª Turma). O prazo prescricional da pretensão punitiva do crime de estelionato qualificado é de 12 anos, considerando-se que sua pena máxima é de 6 anos e 8

1. TRF 5ª Região, Apelação Criminal ACR6892-PE, 2ª Turma, rel. Des. Federal Francisco Wildo Lacerda Dantas, j. 25/05/2010.

meses (art. 109, III, c/c art. 171, caput e § 3º, do CP). Dos 23 crimes de estelionato pelos quais os apelantes foram condenados, apenas um consumou-se há mais de 12 anos do recebimento da denúncia. Os outros 22 (vinte e dois) benefícios previdenciários e assistenciais indevidos foram obtidos entre janeiro de 2000 e novembro de 2008, ao passo que a denúncia foi recebida em 12/12/2008. No que se refere à valoração da prova, não há nenhum reparo a ser feito na sentença objeto de recurso. Os depoimentos prestados pelos réus-apelantes em sede de interrogatório não receberam credibilidade porque conflitantes com as demais provas dos autos. Ao revés, os testemunhos dos policiais que realizaram a apreensão dos inúmeros documentos falsos existentes na residência dos apelantes estão em perfeita consonância com as outras provas. A condenação dos apelantes pelo crime de falsificação de selo ou sinal público (art. 296, II, do CP), em continuidade delitiva, tem fundamento na falsificação de três carimbos de cartórios de registro civil apreendidos na residência dos réus. Por mais que isso evidencie que os apelantes utilizavam-nos para falsificação de documentos, os quais posteriormente seriam utilizados para pleitear benefícios à Previdência Social, não há como se enquadrar os carimbos na definição de "selo" ou "sinal". O carimbo até pode ser utilizado para produzir um "sinal público de tabelião", como previsto na parte final do art. 296, II, do Código Penal, mas a mera posse desse instrumento não configura o crime de "falsificação do selo ou sinal público". A falsificação do sinal público de tabelião pode estar no resultado da utilização dos carimbos falsificados, mas os réus não foram denunciados por tal fato, não podendo ser por ele condenados. Ademais, a utilização dos carimbos notariais falsos somente teria utilidade para falsificação de documentos cartorários, o que evidencia se tratar de simples meio para perpetração do crime de falsificação de documento público (art. 297 do CP), no qual os apelantes foram condenados. Reforma da sentença para julgar improcedente a ação penal em relação às acusações pela prática de crimes de falsificação de sinais públicos. Os apelantes foram condenados 52 vezes, em continuidade delitiva, por falsificação de documentos públicos (art. 297 do CP), em razão de terem sido apreendidos em sua residência os seguintes documentos falsos: 25 certidões de nascimento, 17 carteiras de identidade e 10 CTPS's. Ainda que tais documentos falsos tenham sido utilizados para obter benefícios indevidos, sua potencialidade lesiva não se exaure nesses estelionatos. Os documentos elencados, por sua própria natureza, poderiam ser utilizados para várias outras finalidades. Inaplicabilidade da Súmula 17 do STJ, que é expressa ao afastar a absorção do crime de falsidade pelo estelionato quando neste não se exaure a potencialidade lesiva do documento falso. Existência de concurso material entre os crimes de estelionato e de falsidade documental pelos quais os apelantes foram condenados. Improvimento do recurso neste ponto. ACR6892/PE (Acórdão-3). A dosimetria da pena foi realizada com perfeição, de modo que a sentença não merece nenhum reparo neste aspecto. Embora reconhecida a prescrição de um dos crimes de estelionato, isso não interfere no índice de aumento da reprimenda pela continuidade delitiva, visto que tanto 22 quanto 23 reiterações criminosas merece aumento no limite máximo (dois terços).- Inaplicabilidade do art. 171, § 1º, do Código Penal, pelo qual "se o criminoso é primário, e é de pequeno valor o prejuízo, o juiz pode aplicar a pena conforme o disposto no art. 155, § 2º". A uma porque essa regra não se aplica ao crime de estelionato qualificado, previsto no parágrafo terceiro do mesmo artigo; a duas porque o prejuízo causado ao INSS não foi de pequena monta, como revelam a elevada quantidade de benefícios fraudulentamente obtidos (vinte e três) e o tempo pelos quais foram pagos pelo INSS (vários anos). Conhecimento da apelação, com parcial provimento para (a) reconhecer a prescrição da pretensão punitiva quanto à obtenção indevida do benefício n. 094.031.936-5, concedido em 31/08/1988, e (b) absolver os apelantes da acusação pelos crimes de falsificação de sinais públicos, tipificados no art. 296, II, do Código Penal.- Totalização da pena privativa de liberdade em 7 (sete) anos e 6 (seis) meses de reclusão, a ser cumprida inicialmente em regime semi-aberto, nos termos do artigo 33, § 2º, letra "b", do Código Penal e 190 (cento e noventa) dias-multa.

10.3. FLAGRANTE ESPERADO EM TRÁFICO DE DROGAS

A Delegacia de Polícia Federal em Juazeiro/BA recebeu no mês de maio do ano de 2010, notícia de possível crime de tráfico de drogas, que consistia na chegada de um veículo de cor branca, carregado com pasta base de cocaína. A informação foi repassada pela Superintendência da Polícia Federal em outro Estado da federação.

A informação policial era detalhada e descrevia o veículo (modelo, cor e placas), o condutor do automotor e o efetivo dono da droga (deu condição de capturar não apenas a "mula", como é conhecido o indivíduo que transporta a droga, mas também o proprietário da mesma).

Com o fito de demonstrar a chegada do proprietário da droga na cidade de Petrolina/PE (que faz divisa com Juazeiro/BA), uma equipe policial se dirigiu ao aeroporto e solicitou a lista de passageiros embarcados no voo que pousaria na cidade. Como no bojo da informação outrora recebida constava a fotografia do suspeito, foi possível realização de vigilância, oportunizando a identificação do hotel onde este ficou hospedado (anote-se que todas as diligências foram documentadas por meio de informações policiais, de forma que o Ministério Público e mais adiante o judiciário percebam como se desenrolou o trabalho investigativo).

Identificado o hotel e mantida equipe policial na frente do mesmo para seguir os passos do proprietário da droga, foi deslocado outro grupo de policiais para um posto da PRF na rota de chegada do veículo suspeito de trazer a droga.

A espera foi longa, mas na madrugada o carro indicado na informação que inaugurou o trabalho investigativo passou pelo posto e foi prontamente abordado pela equipe policial. Entrevistado, o condutor do veículo negou estar transportando qualquer substância ilícita. Depois de análise minuciosa do automotor, o aparelho policial logrou êxito em encontrar três invólucros contendo substância assemelhada a cocaína no para-lama dianteiro esquerdo do carro.

A retirada dos invólucros foi filmada pela equipe policial (é importante levar consigo em diligências externas máquina fotográfica, filmadora, laptop, dentre outros itens que facilitem a coleta de provas). Imediatamente foi dada voz de prisão em flagrante delito ao condutor do automotor, F.C.S., tendo-lhe sido mostrada a fotografia do suposto proprietário da droga para fins de reconhecimento. Positivo o reconhecimento de R.O.C (dono da cocaína), foi dado sinal verde para que a equipe que o vigiava também lhe desse voz de prisão.

Já na delegacia, foi lavrado o auto de prisão em flagrante delito dos conduzidos, com a juntada das informações policiais que davam conta das diligências preliminares encetadas para individualização dos suspeitos. Foi confeccionado auto de reconhecimento de pessoa em que F.C.S (motorista que trazia a droga) identificava R.O.C como a pessoa que havia levado o automotor apreendido para uma oficina, havia entregue o carro posteriormente (já "carregado" com a droga) e pago quantia em dinheiro pela viagem.

Foi determinada realização de perícia nos telefones celulares dos presos, com o fito de comprovar as ligações e mensagens trocadas por eles. Foi confeccionado laudo de constatação preliminar (com reagente químico) e posterior laudo definitivo (tratava-se efetivamente de mais de 3 quilos de pasta base de cocaína). Os vídeos que gravaram o momento da retirada da droga do carro também foram periciados. No bojo do relato final representei pelo perdimento em favor da União do veículo utilizado para o transporte da droga e pelo uso do automotor pela Delegacia de Polícia Federal em Juazeiro, tudo nos termos dos artigos 61 e seguintes da Lei 11.343/06, e 243, parágrafo único, da Constituição Federal (é importante que a autoridade policial observe tais dispositivos, para dar destino útil aos bens – especialmente veículos - apreendidos que eram utilizados pelo tráfico de drogas, com o fito de causar maior desfalque financeiro às quadrilhas especializadas no delito em espeque).

O caso aqui narrado é hipótese de flagrante esperado, que foi acima definido como aquele em que "a força estatal aguarda o cometimento do crime, sem qualquer interferência ou induzimento à prática. É espécie legal e constitucional de privação da liberdade, vez que não houve qualquer influência externa na execução do crime".

A situação concreta trouxe mais uma particularidade. Depois de interrogado, o preso F.C.S pediu para ir ao banheiro. Quando ele saiu, o funcionário da delegacia encarregado da limpeza chamou a atenção dos policiais para presença de R$ 900,00 deixados no sanitário usado pelo indiciado. Apreendido o numerário e submetido a perícia, constatou-se que se tratava de moeda falsa. No bojo do relatório final do feito, findei indiciando F.C.S pelo crime de moeda falsa, na conduta típica descrita no artigo 289, parágrafo 1º, do Código Repressivo. Ainda no corpo do relato final, explicitei entendimento de que os crimes apurados (tráfico de drogas e moeda falsa) não guardavam conexão e que a melhor solução seria que o juízo estadual competente para o processo e julgamento do crime de tráfico de drogas determinasse extração de cópias do auto flagrancial, com remessa destas e do numerário falso apreendido à Procuradoria da República com atribuição para ofertar exordial acusatória em face do crime de moeda falsa. Tudo com fuste em jurisprudência do Tribunal da Cidadania:

> PENAL. CONFLITO DE COMPETÊNCIA. TRÁFICO DE ENTORPECENTES E MOEDA FALSA. CONEXÃO. NÃO-OCORRÊNCIA. DESMEMBRAMENTO DO FEITO. COMPETÊNCIA DA JUSTIÇA ESTADUAL PARA APRECIAÇÃO DO DELITO DE TRÁFICO DE DROGAS. 1. A conexão ocorre quando a situação fática se enquadrar em alguma das hipóteses previstas no art. 76 do Código de Processo Penal. 2. Inexiste a conexão quando as condutas são absolutamente distintas, não havendo nenhuma relação de dependência probatória, ainda que o autor dos delitos seja a mesma pessoa. 3. Conflito conhecido para declarar competente o Juízo de Direito da Vara Criminal de Palhoça/SC, ora suscitado[2].

> CRIMINAL. HC. TRÁFICO DE ENTORPECENTES. MOEDA FALSA. CONEXÃO PROBATÓRIA OU INSTRUMENTAL. INOCORRÊNCIA. ORDEM DENEGADA. I. Não resta evidenciado, em princípio, a ligação entre os crimes de moeda falsa e tráfico de drogas ou se as moedas seriam falsificadas para a comercialização da droga. II. O simples fato de a substância entorpecente e a suposta moeda falsa terem sido apreendidas no mesmo ato pelos policiais não significa a ocorrência de conexão probatória ou instrumental. III. Maiores incursões no campo fático-probatório que são inviáveis na via eleita. IV. Ordem denegada[3].

Os processos pendem de julgamento.

10.4. O ANONIMATO E O INQUÉRITO POLICIAL

Foi instaurado na Delegacia de Polícia Federal em Juazeiro/BA inquérito policial com fundamento em notícia de crime apócrifa que descrevia diversos crimes (tráfico de drogas, roubo, receptação, sonegação fiscal, lavagem de dinheiro, dentre outros) e os imputava a empresário da região. O documento anônimo havia sido deixado em associação comercial da região, que prontamente o encaminhou à Polícia Federal para providências.

No curso do feito foram determinadas diligências investigativas com o fito de levantar fagulha de prova que fosse das práticas delitógenas apontadas no documento que lastreou a instauração do inquérito. Nenhuma trouxe sequer indício de qualquer dos crimes imputados ao investigado. Decidi relatar o feito, sugestionando ao *Parquet* o arquivamento do mesmo, ante a falta de trilha investigativa a ser seguida (em verdade não havia sequer justa causa para sua continuidade).

2. STJ, CC 104036, 3ª Seção, rel. Min. Arnaldo Esteves Lima, j. 26/08/2009.
3. STJ, HC 23955/RS, 5ª Turma, rel. Min. Gilson Dipp, j. 18/09/2003.

Remetido o feito relatado à Procuradoria da República, eis que o investigado sagra-se vencedor das eleições municipais e se torna prefeito. O MPF em primeiro grau decide remeter o feito ao Tribunal Regional Federal da 1ª Região, em face do foro por prerrogativa de função agora ostentado pelo pretenso suspeito.

Instada a se manifestar, acerca da sugestão de arquivamento, a Procuradoria Regional da República optou por baixar o feito com pedido de diligências, indicando genericamente a necessidade de realização de busca e apreensão nas lojas e galpões de propriedade do investigado, com o objetivo de amealhar eventual prova do cometimento dos crimes apurados.

Concluso o feito para manifestação do aparelho policial acerca da cota acima resumida, exarei o seguinte despacho:

> O estudo acurado dos autos revela que o feito foi relatado pelo subscritor deste despacho, fls. 110/112. Na ocasião, posicionei-me pela inexistência de linha investigatória a seguir, já que a apuração dos fatos articulados na denúncia apócrifa de fls. 05 dependia da decretação de medidas judiciais de mitigação de direitos constitucionalmente assegurados, tais quais inviolabilidade de domicílio, sigilo fiscal, bancário, dentre outros e que não havia suporte fático a ensejar representação neste sentido.
>
> Filiei-me, à época, à orientação do Pretório Excelso, que afirmou em aresto elucidativo, in verbis:
>
> "ANONIMATO - NOTÍCIA DE PRÁTICA CRIMINOSA - PERSECUÇÃO CRIMINAL - IMPROPRIEDADE. Não serve à persecução criminal notícia de prática criminosa sem identificação da autoria, consideradas a vedação constitucional do anonimato e a necessidade de haver parâmetros próprios à responsabilidade, nos campos cível e penal, de quem a implemente" (STF, HC 84827/TO, Rel. Min. Marco Aurélio, j. 07/08/2007). O anonimato, vedado em nível constitucional (artigo 5º, IV, da Lex Legum), serve de escudo a denúncias vazias que podem vir a prejudicar o investigado, especialmente no que toca à exposição na mídia de que sua casa, empresa ou escritório foi alvo de busca por parte do Aparelho Policial. A lesão resultante de tal ação, caso levada a efeito sem a mais mínima fagulha de prova produzida formalmente é temerária e deve ser evitada pelos atores da persecussão penal, sobremaneira pelo fato de que não há como responsabilizar o autor da notícia de crime, ocultado pelo anonimato.
>
> Destarte, considerando: a) os breves argumentos desenhados supra; b) o fato de que o entendimento da Polícia Judiciária foi no sentido da ausência de trilha investigativa a seguir, fls. 110/112; c) que o Ministério Público Federal, titular da ação penal pública, não comunga com tal entendimento; d) que o cumprimento da diligência descrita às fls. 130 depende de ordem judicial, na forma do artigo 5º, XI, da Lex Mater; e) que ao Ministério Público é dado requerer ao Judiciário medidas cautelares tal qual a afirmada às fls. 130 (busca e apreensão), determino que sejam os presentes autos remetidos ao Tribunal Regional Federal da 1ª Região, no sentido de que o Parquet requeira ao referido Areópago a decretação da medida restritiva mencionada às fls. 130 que, em caso de deferimento, será imediatamente e integralmente cumprida no âmbito da Polícia Judiciária.

Tendo retornado o feito ao TRF da 1ª Região, a Procuradoria Regional da República requereu medida judicial de busca e apreensão ao Areópago. O pleito foi repelido por decisão monocrática do relator, Desembargador Federal Tourinho Neto[4], nos seguintes termos:

> Não há nem a existência de mera suspeita contra o sócio-administrador da empresa Juagro Comércio e Representações Ltda., Isaac Cavalcante de Carvalho. Há uma denúncia anônima que não diz nada de concreto. Como então proceder uma busca e apreensão no local em que, segundo o denunciante, são armazenadas cargas roubadas? Assim, é muito fácil expor qualquer pessoa a um vexame desmesurado. Daí ter dito o Delegado Márcio Alberto Gomes Silva, com precisão (fls. 137): O anonimato, vedado em nível constitucional (artigo 5º, IV, da Lex Legum), serve de escudo a denúncias vazias que podem vir a prejudicar o investigado, especialmente no que toca à exposição na mídia de que sua casa ou escritório foi alvo de busca por parte do Aparelho Policial. A lesão resultante de tal ação, caso levada a efeito SEM A MAIS MÍNIMA FAGULHA DE PROVA PRODUZIDA FORMALMENTE É TEMERÁRIA e deve ser evitada pelos atores da persecução penal, sobremaneira pelo fato de que não como responsabilizar o autor da notícia de crime, ocultado pelo anonimato (destaquei). Correto o entendimento da autoridade policial, Delegado de Policia Federal, Márcio Alberto Gomes Silva. Proferindo voto no Inq 1957/PR (Plenário, 11.05.2005) – Persecução Penal e Delação Anônima INFORMATIVO nº 393), disse o Ministro CELSO DE MELLO: Encerro o meu voto, Senhor Presidente. E, ao fazê-lo, deixo assentadas as seguintes conclusões: (a) os escritos anônimos não podem justificar, só por si, desde que isoladamente considerados, a imediata instauração da "persecutio criminis", eis que peças apócrifas não podem ser incorporadas, formalmente, ao processo, salvo quando tais documentos forem produzidos pelo acusado, ou, ainda, quando constituírem, eles próprios, o corpo de delito (como sucede com bilhetes de resgate no delito de extorsão mediante seqüestro, ou como ocorre com cartas que evidenciem a prática de crimes contra a honra, ou que corporifiquem o delito de ameaça ou que materializem o "crimen falsi", p. ex.); (b) nada impede, contudo, que o Poder Público, provocado por delação anônima ("disque-denúncia", p. ex.), adote medidas informais destinadas a apurar, previamente, em averiguação sumária, "com prudência e discrição", a possível ocorrência de eventual situação de ilicitude penal, desde que o faça com o objetivo de conferir a verossimilhança dos fatos nela denunciados, em ordem a promover, então, em caso positivo, a formal instauração da "persecutio criminis", mantendo-se, assim, completa desvinculação desse procedimento estatal em relação às peças apócrifas; e (c) o Ministério Público, de outro lado, independentemente da prévia instauração de inquérito policial, também pode formar a sua "opinio delicti" com apoio em outros elementos de convicção que evidenciem a materialidade do fato delituoso e a existência de indícios suficientes de sua autoria, desde que os dados informativos que dão suporte à acusação penal não tenham, como único fundamento causal, documentos ou escritos anônimos. Sendo assim, e consideradas as razões expostas, peço vênia, Senhor Presidente, para acompanhar

4. TRF da 1ª Região, Inquérito 2009.01.00.017973-2/BA, DJe 21/09/2009.

> o douto voto proferido pelo eminente Relator, rejeitando, em conseqüência, a questão de ordem ora sob exame desta Suprema Corte. É o meu voto. Firmou o Supremo Tribunal Federal, no julgamento deste Inq. n. 1957, o entendimento de que o "anonimato é postura afrontosa ao Estado de Direito, indigna de acolhimento ou defesa, desprovida inclusive da qualidade jurídica documental que eventualmente pretenda ter (quando escrita ou reduzida a termo), todavia, apta à deflagrar procedimento de mera averiguação da verossimilhança, se portadora de informação dotada de um mínimo de idoneidade". Segundo SÉRGIO MARCOS ROQUE, presidente da Associação dos Delegados do Estado de São Paulo (Adpesp), hoje, 70% dos casos resolvidos pela Polícia tiveram origem no Disque- Denúncia. A delação anônima é uma ferramenta tão importante para a Polícia que já não se consegue imaginar trabalhar sem ela. Mas é claro que não pode ser usada como prova e precisa de investigação preliminar, antes de ser formalizada. A Polícia toma o cuidado de agir assim. Toda denúncia recebida é antes apurada. Só é levada para as autoridades competentes, se ficar comprovada sua veracidade. Ante o exposto, indefiro o pedido de busca e apreensão requerido pelo Ministério Público Federal. Dê-se ciência à autoridade policial e ao Ministério Público Federal.

Trouxe o presente caso prático à baila para demonstrar através de exemplo prático que a notícia apócrifa pode lastrear a deflagração de inquérito policial, tal qual declinado no bojo deste trabalho (tópico 4.2), entrementes, como assentado no item mencionado, exige-se da autoridade policial a cautela de determinar a realização de diligências mínimas a fim de levantar fagulha de prova que seja da veracidade da notícia de crime anônima, antes de representar medidas judiciais que venham a mitigar caros direitos do pretenso investigado (no caso concreto apresentado as diligências apontaram a desnecessidade de tais medidas, como explicitado na decisão acima transcrita).

10.5. TRINCHEIRA CONTRA O CRIME

Em janeiro do ano de 2010 foi deflagrada na capital alagoana a operação TRINCHEIRA. As investigações iniciaram no mês de dezembro do ano de 2009 e apontavam a existência de um grupo de extermínio com atuação na cidade de Maceió/AL.

O apuratório se baseou em interceptações telefônicas judicialmente autorizadas e intenso trabalho de campo, sempre no sentido de demonstrar as ocorrências criminosas perpetradas pela quadrilha investigada. Como já declinado supra, é de suma importância que todas as conversas de conteúdo criminoso sejam transformadas em investigação de campo (com fotografias, filmagens, etc.), de forma a comprovar os atos ilícitos praticados pela quadrilha.

O grupo era liderado por um soldado da polícia militar alagoana. Além de ceifar a vida de pessoas, a quadrilha se dedicava à prática de assaltos e, em menor medida, ao tráfico de drogas na cidade de Maceió/AL.

No curso da investigação foram identificados e apurados diversos roubos, sempre praticados em sua forma qualificada (com uso de armas de fogo e mediante a participação de mais de dois quadrilheiros). Outros delitos foram levantados: falsificação de sinal de veículo automotor, uso de documento falso, receptação, associação para o tráfico de drogas e formação de quadrilha armada, apenas para exemplificar.

A operação findou sendo deflagrada depois da morte de uma vítima (montou-se complexo esquema de acionamento da Secretaria de Estado da Defesa Social alagoana, com o fito de avisar os órgãos estatais de segurança em caso de risco evidente de homicídios). Pelo menos uma morte foi efetivamente evitada em face da utilização do planejamento descrito.

É de se atentar, uma vez mais, a necessidade de, em apurações deste jaez, comunicar ao juízo o uso da técnica investigativa de ação controlada, prevista nos artigos 3º, III, e 8º, da Lei 12.850/13 (via de regra a quadrilha finda por cometer diversos delitos no trâmite da investigação e é cautela interessante comunicar a autoridade judicial do uso desta ferramenta).

Ocorre que, quando o inquérito gira em torno de delitos cometidos por grupos de extermínio (crimes dolosos contra vida), tal medida investigativa encontra grande limitação. É que não é dado à autoridade policial decidir acerca da vida ou morte de uma vítima em potencial. A solução deve sempre ser voltada à proteção da vida, ainda que isso redunde em antecipação da deflagração da operação. Óbvio que o empenho policial deve ser limitado pela possibilidade real de intervenção e de impedimento do resultado morte (caso a investigação não dê ao aparelho policial indicativo mínimo do local da ocorrência, de quem sejam as vítimas ou os autores do pretenso homicídio, não há que se falar em antecipar de forma açodada o fim da investigação, nem na possibilidade de responsabilização dos policiais envolvidos na apuração em caso de perecimento de alguma vítima).

Como a operação levantou diversos crimes praticados pela quadrilha e o inquérito principal findou se tornando muito complexo, representei à autoridade judiciária solicitando o desmembramento do feito em tantos apuratórios quantos os delitos perpetrados. Tal providência permitiu apontar de forma pontual a participação de cada quadrilheiro em cada um dos delitos. Ao final, representou-se pela decretação da prisão preventiva dos envolvidos em cada novo inquérito (ao invés de um único mandado de prisão em um inquérito muito complexo e volumoso, findaram sendo expedidos vários mandados em procedimentos mais enxutos e simplificados).

A saída acima descrita é interessante medida no sentido de evitar o excesso de prazo da prisão processual dos indiciados, vez que foram criados procedimentos "filhos" derivados da investigação principal. Isso gerou processos mais simples e ágeis, facilitando, inclusive, o trabalho da defesa.

Maioria dos réus já foi condenada em primeiro grau e segundo graus (as sentenças condenatórias proferidas foram mantidas pelo Tribunal de Justiça de Alagoas). Eis ementa que negou remédio heroico[5] impetrado em favor de um dos investigados:

> PENAL. PROCESSO PENAL. *HABEAS CORPUS.* PRISÃO PREVENTIVA. GARANTIA DA ORDEM PÚBLICA. ROUBO QUALIFICADO. ORGANIZAÇÃO CRIMINOSA. PACIENTE QUE RESPONDE A OUTROS PROCESSOS POR DIVERSOS CRIMES DE EXTREMA GRAVIDADE. RISCO CONCRETO DE REITERAÇÃO CRIMINOSA. PRISÃO DEVIDAMENTE FUNDAMENTADA. ALEGAÇÃO DE EXCESSO DE PRAZO. NÃO VERIFICADO. RAZOABILIDADE. PROPORCIONALIDADE. ORDEM CONHECIDA E DENEGADA. I – A prisão preventiva do Paciente está satisfatoriamente justificada na garantia da ordem pública, pois os autos retratam, com elementos concretos, sua periculosidade e o risco de reiteração criminosa, tendo em vista sua suposta participação em organização articulada e atuante na prática de diversos crimes graves (homicídio, tráfico, roubo, formação de quadrilha, etc.). II – Não resta configurado o excesso de prazo quando a complexidade do feito justifica pequena dilação na fase investigatória, de modo a robustecer o arcabouço indiciário para melhor instruir o persecutio criminis que será instaurado em desfavor da quadrilha. Precedentes do STJ. III – Ordem conhecida e denegada.

A operação deixou apenas um foragido. Participaram da deflagração o BOPE – Batalhão de Operações Especiais da PM/AL, o TIGRE – Tático Integrado de Grupos de Resgate, da Polícia Civil de Alagoas, além de policiais federais da Superintendência Regional em Alagoas.

10.6. COMBATENDO OS DISCÍPULOS DE LAMPIÃO

A ação dos grupos criminosos envolvidos com roubos a agências bancárias e dos Correios é, via de regra, pautada pela violência extremada. Nas regiões Norte e Nordeste, os grupos costumam tomar toda uma cidade de assalto, com o uso de armas de grosso calibre (fuzis, espingardas, metralhadoras, além de pistolas e revólveres) e, uma vez instalado o pânico na localidade, executam seu intento, não sem antes enfileirar populares na frente do banco ou agência dos correios, colocando-os na linha de tiro entre os policiais e os criminosos e levando consigo reféns para garantir a fuga.

Nesta toada, a Polícia Federal em Juazeiro/BA deflagrou no mês de junho do ano de 2010 a operação NOVO CANGAÇO, com o fito de reprimir quadrilha especializada em assaltos a agências bancárias, dos Correios e estabelecimentos comerciais, nos Estados da Bahia, Pernambuco e Piauí.

Foram mais de dois meses de intenso trabalho investigativo. Como na operação TRINCHEIRA, acima analisada, foi levado a efeito vigoroso trabalho

5. TJ/AL, HC 2010.002742-3, Rel. Des. Sebastião Costa Filho, DJe 04/10/2010.

de campo, destinado a demonstrar todos os crimes praticados pela quadrilha (foram roubos, receptação, falsificação de documentos públicos, dentre outros delitos).

A interceptação telefônica judicialmente autorizada teve sua força probante encorpada por fotografias, filmagens, declarações de vítimas e reconhecimentos por fotografia dos indiciados.

Ao final foram presos 15 quadrilheiros oriundos dos Estados de São Paulo e Pernambuco, que planejavam sequência de roubos a banco com uso de armamento pesado e explosivos. Foram apreendidos quatro fuzis, doze carregadores de fuzil, 564 munições de fuzil, uma metralhadora calibre .45 com carregador, 78 munições .45, uma espingarda calibre .12, 22 munições cal. 12, 3 pistolas, 60 munições de pistola, 51 munições de metralhadora calibre .30, 1 revólver calibre .38, 4 coletes balísticos e 2 artefatos explosivos, além de carros e motos usados pela quadrilha nas rapinas. No curso da operação foram recuperados um laptop e dois veículos roubados pelo bando.

A deflagração da operação trouxe à tona situação interessante. A maioria das armas foi apreendida em uma propriedade rural em que não havia nenhum quadrilheiro hospedado. Já no sítio onde foi presa a maioria dos integrantes da quadrilha havia apenas algumas munições. Este fato demonstra a necessidade de uma investigação séria e atenta a todos os artifícios dos criminosos para encobrir os delitos por eles praticados. Havia nos autos material probante suficientemente robusto para demonstrar a ligação entre presos, armas e assaltos outrora praticados.

Os réus foram condenados em primeiro grau a penas que variam de 3 a 18 anos e 8 meses de reclusão. Vejamos decisão do Tribunal de Justiça de Pernambuco[6] que denegou à unanimidade o remédio heroico impetrado por um dos réus:

> Penal e Processual Penal. 'Habeas corpus'. Organização criminosa voltada para assaltos a bancos e tráfico ilícito de entorpecentes. Prática reiterada de assaltos por parte dos pacientes. Réus presos em flagrante na posse de vasto arsenal de armas e munições de uso restrito, bem como de documentos falsificados. Periculosidade dos agentes. Demonstração. Ameaça à ordem pública. Necessidade de decretação da prisão preventiva. Extensão dos efeitos de medida judicial que revogou a custódia cautelar de co-denunciada. Inexistência de identidade processual. Impossibilidade. Coação ilegal. Inocorrência. Ordem denegada. Decisão unânime. I - Incabível a incursão aprofundada no conjunto fático-probatório na via estreita do 'habeas corpus', o que impede a análise de eventual alegação de inocência dos acusados. II - Tendo o Juiz se arrimado, ainda que de forma sucinta, na prática reiterada de delitos pelos pacientes, ressaltando a periculosidade dos agentes, na medida em que fazem da delinqüência o seu 'modus vivendi',

6. TJ/PE, HC 0014040-90.2010.8.17.0000, rel. Des. Alderita Ramos de Oliveira, DJ 04/10/2010.

não há que se falar em carência de fundamentação do decreto preventivo. Precedentes do S.T.J. III - Não se admitir a extensão dos efeitos da decisão que revogou a prisão preventiva da co-ré, concedendo-lhe liberdade provisória, quando medida foi decretada com base em outro fundamento, de caráter genérico, não se verificando, por tal motivo, similitude entre a situação jurídico-processual da beneficiada com aludida revogação e os pacientes. Precedente do S.T.J. IV - Ordem denegada à unanimidade.

A operação contou com a participação do Comando de Operações Táticas da Polícia Federal – COT, da Companhia Independente de Operações e Sobrevivência na Área de Caatinga da PM/PE - CIOSAC, GATI, da PM/PE, 5º Batalhão da Polícia Militar de Pernambuco, além de policiais federais de vários estados.

Destaca-se que todos os criminosos foram presos sem que fosse disparado um só tiro (o que é uma raridade em operações de combate a assalto a banco) e com todos os mandados de busca e prisão cumpridos (o único foragido foi capturado no mês de setembro de 2010 – cerca de três meses depois da deflagração da operação).

10.7. VAZAMENTO DO ENEM/2010

Nos dias 06 e 07 do mês de novembro do ano de 2010 foi realizado o ENEM – Exame Nacional do Ensino Médio. O certame é porta de entrada para diversas Universidades Federais do Brasil.

No dia 06 de novembro, sábado, a prova versou sobre Ciências Humanas e suas Tecnologias e Ciências da Natureza e suas Tecnologias. Já no dia 07 de novembro de 2010, domingo, o teste versou sobre Redação, Linguagens, Códigos e suas Tecnologias e Matemática e suas Tecnologias.

No domingo, um professor de curso pré-vestibular concedeu entrevista a uma rádio da cidade de Petrolina/PE, dando conta de possível vazamento do tema da redação da prova. Eis a notícia de crime: ele disse ter sido procurado por um aluno, que afirmou ter recebido telefonema advindo da cidade de São Raimundo Nonato, no Piauí, informando que o tema da prova havia vazado e seria relacionado a "Trabalho e Escravidão". O aluno então pediu dicas de como se posicionar na prova.

O estudante procurou três professores de redação e um de história para colher dicas de como escrever sobre o tema. Estes não acreditaram que o tema efetivo do ENEM fosse o informado, vez que não se tratava de assunto polêmico e que estivesse em evidência na mídia.

Quando os alunos saíram da prova, o professor constatou que o tema informado pelo estudante havia sido quase idêntico a um dos textos de apoio da prova (a redação tinha como tema "O Trabalho na Construção da Dignidade Humana" e contava com dois textos de apoio, "O que é Trabalho Escravo" e "O

Futuro do Trabalho"). Tal coincidência motivou a concessão da entrevista e a notícia de crime.

A partir da propagação da notícia, o caso passou a ser investigado pela Delegacia de Polícia Federal em Juazeiro/BA. Optou-se por materializar levantamento preliminar, antes da efetiva instauração de inquérito policial (em festejo ao preceituado pelo § 3º, do artigo 5º, do CPP). Realizadas diligências iniciais, constatou-se que um caderno de provas ampliado (destinado a deficientes visuais) foi aberto pela coordenação de um dos colégios onde foi aplicada a prova na cidade de Remanso/BA antes do horário previsto para o início do certame. Os trabalhos de campo revelaram que aplicadores da prova tiveram acesso à prova, que a mãe do estudante acima mencionado havia trabalhado como fiscal e tinha feito ligação do telefone fixo do colégio depois de ter visto o famigerado caderno ampliado.

Diante de indícios efetivos da existência do vazamento, foi instaurado inquérito policial para apurar cabalmente a prática do delito tipificado no artigo 325, § 2º, do Código Penal (violação de sigilo funcional, em sua forma qualificada).

Os professores, o estudante e uma colega dele foram oitivados (os dois últimos tiveram suas declarações gravadas, com consentimento dos mesmos). O rascunho da prova do estudante foi apreendido e analisado (a análise revelou que o candidato estava tão influenciado pelo tema que lhe foi repassado que só escreveu sobre a relação trabalho/escravidão). Diligenciamos na cidade de Remanso/BA e foram materializadas as oitivas dos pais do estudante (declarações também gravadas, com consentimento dos oitivados).

Os investigados confessaram a prática delitiva e revelaram a dinâmica dos fatos: a) a mãe do estudante, professora municipal e aplicadora da prova do ENEM/2010 em colégio na cidade de Remanso/BA, teve acesso ao caderno de prova ampliado, destinado a deficientes visuais, aberto sem intenção maliciosa pela coordenação de aplicação de prova horas antes do início do certame; b) depois de ter visualizado muito rapidamente o referido caderno, e pensando que o tema da redação girava em torno da expressão "Trabalho e Escravidão" (a investigada, em verdade, atentou para um dos textos de apoio da prova de redação, já que o tema efetivo era "O Trabalho na Construção da Dignidade Humana"), telefonou do aparelho fixo da escola para casa de sua sogra e falou com seu esposo, informando-lhe o tema que havia visto e pedindo para que este ligasse para o filho de ambos; c) o genitor efetuou rápida pesquisa em sites da internet em seu computador pessoal e ligou para seu filho, contando acerca do tema, mas omitindo a fonte; d) chegando ao local onde ia prestar o ENEM, o candidato, sem saber que estava expondo sua genitora, comentou com alguns professores do seu curso pré-vestibular que soube que o tema da redação tinha vazado (criando a história de que o vazamento havia se dado em São Raimundo Nonato/PI) e pedindo dicas de como se posicionar na redação diante do tema "Trabalho e Escravidão"; e) diante da grande coincidência entre o tema alardeado pelo estudante e um dos textos de apoio da redação do ENEM, um dos professores procurados pelo aluno antes da prova, resolveu conceder entrevista aos meios de comunicação, noticiando o fato.

Com o fito de melhor provar os fatos, representei a quebra do sigilo telefônico dos terminais envolvidos (o resultado do afastamento do sigilo demonstrou a ligação originada do colégio para casa da sogra da indiciada no horário por ela informado) e apreendi o computador pessoal do genitor do estudante (a máquina foi periciada e o trabalho técnico constatou sete acessos a páginas de pesquisa na internet relacionadas a "trabalho e escravidão" no dia da prova, depois do telefonema e cerca de duas horas antes do horário marcado para o início do certame).

Nesta investigação aliou-se o trabalho de campo, a análise de documentos, a quebra de sigilo telefônico, a perícia, a prova testemunhal e confissões devidamente gravadas em vídeo.

10.8. DETALHES DE UM ESQUEMA DE DESVIO

Os delitos relacionados ao desvio de dinheiro público possuem grande potencialidade lesiva. Apesar de não serem cruentos, estes crimes retiram do ente lesado fôlego financeiro para materializar investimentos importantes em áreas vitais para sociedade, como saúde, educação, segurança, lazer, dentre outras.

O crime de peculato cometido por meio da nomeação de "laranjas" para cargos em comissão e a posterior inversão dos valores referentes aos vencimentos dos mesmos para as contas do autor do delito ou de pessoas a ele ligadas é uma das funestas formas de perpetração da prática acima descrita.

No caso presente, um Deputado Estadual da Bahia figurou como personagem central de esquema de desvio de dinheiro público através da nomeação de assessores parlamentares que não desempenham suas funções efetivamente e que só serviam para verter seus vencimentos para o parlamentar ou pessoas a ele ligadas, através de saques e transferências diretas. Os "fantasmas" auferiam entre R$ 3.000,00 e R$ 8.000,00. Foram detectadas várias transferências bancárias das contas destes para o parlamentar, sua companheira e seus filhos.

O inquérito, instaurado no âmbito da Delegacia de Polícia Federal de Juazeiro/BA, apurou os crimes de peculato, sonegação fiscal, lavagem de dinheiro e formação de quadrilha (hoje associação criminosa).

O procedimento inquisitorial foi apoiado em RIF elaborado pelo COAF (Conselho de Controle de Atividades Financeiras, do Ministério da Fazenda), trabalho de campo (que mostrou que vários dos investigados não eram efetivamente assessores), análise em bancos de dados, quebra de sigilos bancário e fiscal e perícias contábeis.

No mês de abril do ano de 2012, a operação DETALHES foi deflagrada. Foram cumpridos 12 mandados de busca e apreensão nas cidades de Juazeiro/BA, Uauá/BA, Salvador/BA e Petrolina/PE. A Assembleia Legislativa da Bahia foi alvo de dois mandados judiciais. As ordens foram expedidas pelo Tribunal Regional Federal da 1ª Região.

Grande parte dos investigados foi ouvida no dia da deflagração da operação. O esquema criminoso foi confirmado nas oitivas, que foram gravadas em vídeo.

Os envolvidos foram denunciados ao Tribunal Regional Federal da 1ª Região, mas em virtude de excessiva demora no recebimento da exordial acusatória (em face da adoção da providência descrita no artigo 514 do CPP - o Areópago preferiu não adotar, no caso concreto, a Súmula 330 do STJ), houve prescrição da pretensão punitiva em face do crime de sonegação fiscal, com envio do feito ao Tribunal da Justiça da Bahia.

FOTOS DAS OPERAÇÕES CIGANOS

Material apreendido: documentos falsos, armas e munições

Material apreendido: documentos falsos, armas e munições

FLAGRANTE ESPERADO EM TRÁFICO DE DROGAS

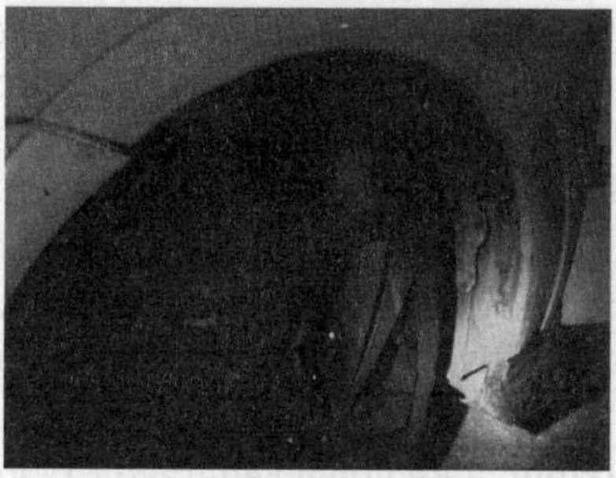

Local onde a droga estava escondida

Droga apreendida

TRINCHEIRA CONTRA O CRIME

Arma, camisas e bonés da concessionária de energia elétrica de Alagoas apreendidos.

VAZAMENTO DO ENEM 2010

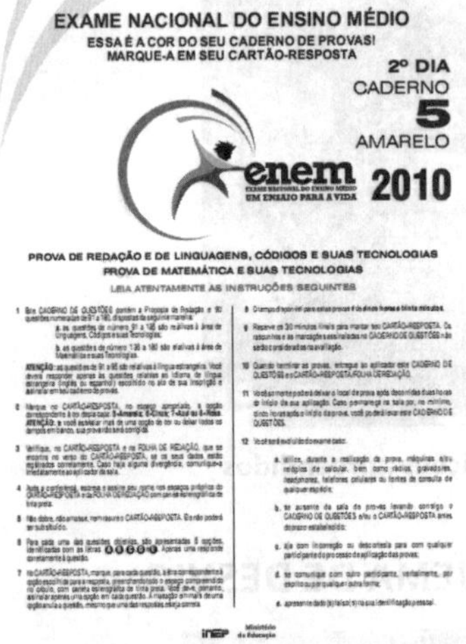

Caderno de provas do ENEM 2010 amarelo

COMBATENDO OS DISCÍPULOS DE LAMPIÃO

Armamento e munições apreendidos

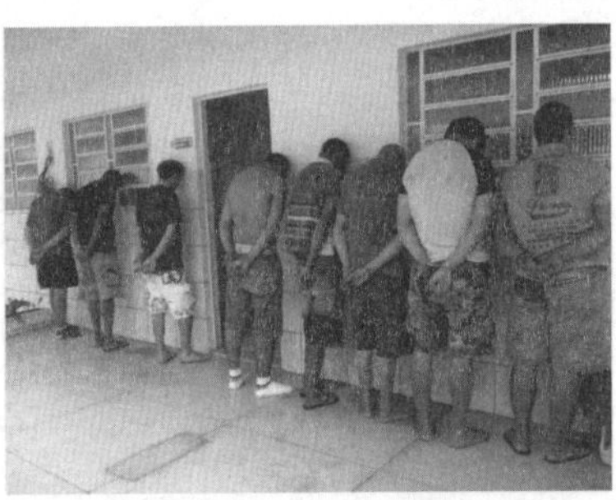

Presos na operação

Explosivo apreendido

Coletes, armamento e munições apreendidos

DETALHES DE UM ESQUEMA DE DESVIO

11

CONSIDERAÇÕES DERRADEIRAS

Cumpre fechar este despretensioso trabalho da mesma forma como foi iniciado. De forma direta. O texto acima desenhado teve por objetivo situar o interlocutor frente aos principais dilemas vividos pelos atores da fase pré-processual.

As dúvidas frequentes dos delegados de polícia e demais personagens que gravitam em torno do inquérito policial tentaram ser solvidas no curso da obra. Óbvio que não há como prever todas as situações reais que se apresentam aos profissionais que labutam na fase investigativa. Como dito supra nada prepara para prática, senão a própria prática. O profissional tem que forjar sua trilha profissional através de suas próprias decisões. São elas que escrevem a história da pessoa. O que se tentou neste trabalho foi apenas apresentar possibilidades que, ao lado das tantas outras sugestionadas pela doutrina de escol, por certo tornarão menos angustiante as decisões a serem tomadas no calor dos acontecimentos.

Outro norte deste livro foi demonstrar a importância do inquérito policial para o processo que dele deriva. Provas bem coligidas na fase pré-processual abrem as portas para correta aplicação do direito penal. É antes do processo que são colhidos elementos probantes caros às partes para defesa dos seus pontos de vista e ao juiz para formação da sua convicção. Uma boa preservação de local de crime, seguida de uma perícia bem-feita, com consequente apreensão dos vestígios do delito, formam importante cadeia de provas que se mostrarão imprescindíveis tanto à materialização da acusação, quanto ao exercício do direito de defesa.

Assim é que tratei de princípios, do procedimento inquisitivo em si, da ação penal, da competência, dos sujeitos processuais, das provas produzidas na fase pré-processual e das modalidades de prisão provisória e medidas cautelares diversas da prisão possíveis antes do início do processo. O estudo de casos reais serviu para demonstrar de forma pragmática como os conceitos teóricos podem ser materializados no curso do inquérito.

Exultou-se a observância de todos os postulados constitucionais e legais. O cuidado em não descurar da forma prescrita na Lei Maior e na legislação de regência para prática dos atos inquisitivos, de forma a não macular a prova colhida e evitar futuras alegações de vilipêndio a direitos e garantias do investigado, de declarantes e testemunhas. Enfim, tentou-se aliar a teoria à prática, trazendo soluções possíveis e viáveis para uma correta coleta probante, suficiente para lastrear futura ação penal com aplicação efetiva do direito de punir estatal.

12

REFERÊNCIAS BIBLIOGRÁFICAS

ALVES, Reinaldo Rossano. **Direito Processual Penal**, Impetus, 2013.

ARAÚJO REIS, Alexandre Cebrian. RIOS GONÇALVES, Victor Eduardo. **Processo Penal – Parte Geral**. Saraiva, 2005.

AVOLIO, Luiz Francisco Torquato. **Provas Ilícitas – Interceptações telefônicas, ambientais e gravações clandestinas**. Revista dos Tribunais, 2010.

BADARÓ, Gustavo. **Processo Penal**, Elsevier, 2012.

BARBOSA, Manoel Messias. **Inquérito Policial**, Método, 2009,

BITENCOURT, Cezar Roberto. **Falência da Pena de Prisão: Causas e Alternativas**, Saraiva, 2012.

BONFIM, Edilson Mougenot. **Júri: do inquérito ao plenário,** Saraiva, 2012.

BONFIM, Edílson Mougenot. **Processo Penal 1 – Dos fundamentos à sentença**. Saraiva, 2005.

CABETTE, Eduardo Luiz Santos. **Interceptação Telefônica**. Revista dos Tribunais, 2011.

CABRAL, Bruno Fontenele e DE SOUZA, Rafael Pinto Marques. **Manual Prático de Polícia Judiciária**, Juspodivm, 2012.

CAPEZ, Fernando. **Curso de Processo Penal**. Saraiva, 2010.

CAPEZ, Fernando e COLNAGO, Rodrigo. **Prática Forense Penal**, Saraiva, 2010

COUCEIRO, João Cláudio. **A Garantia Constitucional do Direito ao Silêncio**, Revista dos Tribunais, 2004.

DAURA, Anderson Souza. **Inquérito policial: competência e nulidades dos atos de polícia judiciária**. Juruá, 2009.

DE MENDONÇA, Andrey Borges. **Prisão e outras Medidas Cautelares Pessoais**. Método, 2011.

DE OLIVEIRA, Eugênio Pacelli. **Curso de Processo Penal**, Lumen Juris, 2009.

FERREIRA, Aurélio Buarque de Holanda. **Novo Dicionário da Língua Portuguesa**. Nova Fronteira, 1986.

FILHO, Fernando da Costa Tourinho. **Manual de Processo Penal**. Saraiva, 2013.

FREITAS, Jayme Walmer de. **Prisão Temporária**. Saraiva, 2004.

GOMES, Luiz Flávio. **Direito Penal - Parte Geral.** Revista dos Tribunais, 2006.

GOMES, Luiz Flávio e MACIEL, Silvio. **Interceptação Telefônica**. Revista dos Tribunais, 2013.

GRECO, Rogério. **Atividade Policial**, Impetus, 2010.

GRECO, Rogério. **Curso de Direito Penal – Parte Geral**. Impetus, 2006.

ISHIDA, Válter Kenji. **Processo Penal**, Atlas, 2010.

LENZA, Pedro. **Direito Constitucional Esquematizado**, Método, 2006.

LOPES JR., Aury e GLOECKNER, Ricardo Jacobson. **Investigação Preliminar no Processo Penal**. Saraiva, 2013.

MACHADO, Antonio Alberto. **Teoria Geral do Processo Penal**, Atlas, 2009.

MALCHER, José Lisboa da Gama. **Manual de Processo Penal**. Freitas Bastos, 2002.

MINAGÉ, Thiago. **Da prisão, das Medidas Cautelares e da Liberdade Provisória**, EDIPRO, 2011.

MIRABETE, Julio Fabbrini. **Processo Penal.** Atlas, 2004.

MORAES, Alexandre de. **Direito Constitucional.** Atlas, 2002.

MOURA, Maria Thereza Rocha de Assis. **As Reformas no Processo Penal – As novas leis de 2008 e os projetos de reforma**, Revista dos Tribunais, 2008.

NUCCI, Guilherme de Souza. **Leis Penais e Processuais Penais Comentadas**, 3ª edição, Revista dos Tribunais.

NUCCI, Guilherme de Souza. **Manual de Direito Penal**. Revista dos Tribunais, 2008.

NUCCI, Guilherme de Souza. **Manual de Processo Penal e Execução Penal**. Revista dos Tribunais, 2006.

NUCCI, Guilherme de Souza. **Prisão e Liberdade**, 5ª tiragem, Revista dos Tribunais, 2011.

NUCCI, Guilherme de Souza. **Provas no Processo Penal**, 2ª edição, Revista dos Tribunais, 2011.

NUNES, Aldeido. **A realidade das Prisões Brasileiras**, Editora Nossa Livraria.

PESSOA, Eduardo. **Dicionário Jurídico**, Quileditora, 2010.

RANGEL, Paulo. **Direito Processual Penal**. Lúmen Júris, 2006.

REIS, Alexandre Cebrian Araújo e GONÇALVES, Victor Eduardo Rios. **Direito Processual Penal Esquematizado**, Saraiva, 2013.

RIOS GONÇALVES, Daniela Cristina. **Prisão em flagrante.** Saraiva, 2004.

ROCHA, Luiz Carlos. **Manual do Delegado de Polícia**. Edipro, 2002.

SAMPAIO FILHO, Walter Francisco. **Prisão em flagrante – Aplicação do devido processo legal**. Rideel.

SILVA, Márcio Alberto Gomes. **Organizações Criminosas – Uma análise jurídica e pragmática da Lei 12.850/13**, 2ª edição, Rio de Janeiro, Lumen Juris, 2017.

TOURINHO FILHO, Fernando da Costa. **Manual de Processo Penal**. Saraiva, 2013.

TOURINHO FILHO, Fernando da Costa. **Processo Penal 3**. Saraiva, 2006.

TOURINHO FILHO, Fernando da Costa. **Prática de Processo Penal**, Saraiva, 2010.

TÁVORA, Nestor e ALENCAR e Rosmar Rodrigues. **Curso de Direito Processual Penal**, Podium, 2010.

VILAS BOAS, Marco Antonio. **Processo Penal Completo**. Saraiva, 2001.

EDITORA
JusPODIVM
www.editorajuspodivm.com.br